桥梁船撞分析

VESSEL-BRIDGE COLLISION ANALYSIS

樊伟 刘斌 著

人民交通出版社股份有限公司

北京

内 容 提 要

本书综合了作者15年来持续在桥梁船撞，特别是船撞下桥梁与防护结构计算分析方法方面的研究成果。全书共12章，第1章介绍了桥梁船撞问题与分析方法概论，第2～12章按照船撞荷载与需求分析方法、墩柱抗撞能力分析方法以及典型桥梁船撞防护结构分析方法的顺序，着重介绍了桥梁船撞需求分析的相互作用模型法、时程荷载法、冲击谱法、精细与高效的墩柱抗撞能力估计方法，以及典型防护结构的分析与设计方法等内容。

本书主要适用于高等院校、研究院所、桥梁施工与管理单位等开展桥梁船撞分析与设计工作的科研人员，也可作为土木类专业高年级本科生或研究生学习桥梁船撞设计与防护的教材。鉴于方法的一般性，本书对于从事或需要了解其他构筑物(如海洋平台与风机)船撞分析的研究人员或工程技术人员，亦具有重要的参考价值。

图书在版编目(CIP)数据

桥梁船撞分析/樊伟,刘斌著.—北京:人民交通出版社股份有限公司,2022.10
ISBN 978-7-114-17798-9

Ⅰ.①桥… Ⅱ.①樊…②刘… Ⅲ.①桥梁结构—船舶碰撞—研究 Ⅳ.①U443

中国版本图书馆 CIP 数据核字(2021)第 276982 号

Qiaoliang Chuanzhuang Fenxi

书　　名：	桥梁船撞分析
著 作 者：	樊　伟　刘　斌
责任编辑：	卢俊丽
责任校对：	刘　芹
责任印制：	刘高彤
出版发行：	人民交通出版社股份有限公司
地　　址：	(100011)北京市朝阳区安定门外外馆斜街3号
网　　址：	http://www.ccpcl.com.cn
销售电话：	(010)59757973
总 经 销：	人民交通出版社股份有限公司发行部
经　　销：	各地新华书店
印　　刷：	北京印匠彩色印刷有限公司
开　　本：	787×1092　1/16
印　　张：	24.5
字　　数：	596 千
版　　次：	2022 年 10 月　第 1 版
印　　次：	2022 年 10 月　第 1 次印刷
书　　号：	ISBN 978-7-114-17798-9
定　　价：	130.00 元

(有印刷、装订质量问题的图书,由本公司负责调换)

作者简介

樊伟，湖南大学教授，**博士生导师**。2012年获同济大学工学博士学位后参加工作，曾先后在中国地质大学(本科)、美国普渡大学(联合培养)、加拿大多伦多大学(访问教授)学习和工作。入选湖湘青年科技人才支持计划、岳麓学者、全国高校黄大年式教师团队核心成员，现担任建筑安全与节能教育部重点实验室副主任、风工程与桥梁工程湖南省重点实验室副主任，湖南大学桥梁工程系副主任。主讲课程"桥梁工程"入选国家首批一流本科课程，曾指导学生获评世界大学生桥梁设计大赛特等奖、中国国际"互联网+"大学生创新创业大赛金奖、湖南省优秀硕士学位论文等。主要从事结构抗冲击与振动、高性能桥梁结构、多尺度与复合分析方法研究，已主持国家自然科学基金项目、国家重点研发计划子课题、湖南省重点研发计划项目、省部级与实际运用课题等项目20余项，出版著作3部，主编湖南省标准1部，参编中国公路学会标准1部，发表论文60余篇，其中高质量JCR一区及ASCE期刊论文30余篇(H指数20)，授权或公开发明专利9项，转化专利2项。注重成果质量与转化并逐步形成完备的体系，研究成果运用于广州北斗大桥、铜靖湘江大桥、肇庆大桥、马房特大桥等多座桥梁的抗冲击设计与防护。现为《中国公路学报》《湖南大学学报》青年编委、*Advances in Mechanical Engineering*(SCI)编委、ASCE和IAPS会员，多次受邀做大会报告或特邀报告。

刘斌，**博士后**。2019年获湖南大学博士学位，同年入站进行博士后科研工作。作为项目主持人承担了国家自然科学基金项目、中国博士后面上基金项目、广西自然科学基金项目以及长沙市自然科学基金项目等多项国家级或省级课题，发表论文10余篇，授权或公开发明专利5项。长期从事桥梁碰撞分析方法与防撞技术科研工作，完成多座桥梁工程碰撞能力与防撞性能提升专题工作，在桥梁碰撞研究方面有着较为深厚的研究基础和丰富的实践经验。

序

近几年,我国因船撞导致的桥梁安全事故时有发生,造成了不同程度的人员伤亡和经济损失。这些事故发生的直接原因是主、客观因素造成船舶偏航,但也与我国交通事业快速发展、跨航道桥梁增多、通航船舶密度显著加大的大背景紧密相关。

在这样的背景下,不少学者致力于研究桥梁船撞问题,一些防护措施与结构也已经用于实际工程防护中。桥梁船撞问题在1980年美国阳光高架桥船撞垮塌事故之后才被充分关注,在我国,更是在2007年广东九江大桥事故发生后才被重视。在桥梁研究领域,桥梁船撞问题总体上说来属于亟待深入研究的课题。2020年12月,中华人民共和国交通运输部、国家铁路局、国铁集团联合印发了《船舶碰撞桥梁隐患治理三年行动实施方案》,大大推动了桥梁船撞研究。

湖南大学青年教授樊伟在过去的15年中一直专心致志、持之以恒地从事桥梁抗撞与防护领域研究。在"如何确定荷载与需求""如何高效合理估计结构抗撞能力"以及"如何进行高效合理防护"等基础性、关键性问题的研究中取得了一系列研究成果。主要代表性成果有:①建立了确定桥梁船撞荷载及动力需求的新方法与理论体系(包括基于非线性宏观单元的相互作用模型法、基于谱近似的时程荷载法、冲击谱法等);②建立了强非线性碰撞下墩柱抗撞能力分析的精细与高效方法;③提出了防撞结构高效设计方法及基于UHPC的高性能抗撞防护新结构。三项成果形成有机整体,为桥梁抗撞分析与防护提供了全新的思路与方法。

本书是樊伟和他的团队多年研究与学习的总结。全书涵盖了船撞荷载及动力需求分析方法、墩柱抗撞能力分析方法以及典型防撞结构的高效分析与设计方法等内容。细读此书可以发现以下特色:①从船-桥相互作用本质出发,建立全过程的分析方法,突出其结构动力学内涵,物理含义明确;②注重分析方法在实际工程中的适用性、计算效率及便捷性,所建立的方法既能反映问题的本质,又显著提高了计算效率;③全书3篇内容相辅相成,形成了有机整体。相信本书的出版,将会引起该领域研究者的广泛兴趣,为分析和解决桥梁船撞问题提供帮助。

陈政清

2021年12月

前 言

古语云"船到桥头自然直"。然而,随着桥多船密,似乎并不能如此想当然。事实上,近年来国内外船撞桥恶性事故频发,造成了大量的人员伤亡、桥梁倒塌、经济损失和负面的社会影响。尤其是在我国,随着陆路和水路立体化交通的迅速发展,近年来恶性船撞桥事故呈现高发特点。2017年广东省8个月内连续发生3起恶性船撞桥事故,2020年下半年以来发生了船撞致江西太阳埠大桥和江苏南通英雄大桥等垮塌的恶性事故。为此,2020年12月中华人民共和国交通运输部、国家铁路局、国铁集团联合发文,要求"对我国通航水域所有服役桥梁开展船舶碰撞桥梁隐患治理三年行动",凸显了解决桥梁防撞问题的紧迫性和必要性。

1980年的美国阳光高架桥(Sunshine Skyway Bridge)船撞垮塌事故是桥梁船撞研究中的标志性事件之一,其如同1940年塔科马(Tacoma)海峡大桥风毁事故对桥梁抗风研究的影响一样,唤起了桥梁设计人员对船撞问题的重视。也正是在此事故的驱动下,美国11个州和联邦公路管理局在1988年共同资助了一项桥梁防撞设计的研究计划,并于1991年制定、出版了世界上最早的桥梁船撞设计指南(常简称为AASHTO规范),为桥梁船撞设计与研究奠定了坚实的基础。在我国,虽然在20世纪八九十年代就有学者关注桥梁船撞问题,但直到2007年6月15日的广东九江桥梁船撞事故之后我国桥梁界才开始重视这一问题,此后越来越多的学者开始致力于开展桥梁船撞研究,推动了桥梁船撞领域研究的快速发展。然而,正如第二版AASHTO规范指出的:相比桥梁抗震与抗风,桥梁抗撞研究尚处于初级阶段;为了确保桥梁防撞安全,诸多基础而关键性的问题("如何确定荷载""如何估计抗撞能力""如何防护")亟待深入研究。此外,虽已有桥梁船撞相关著作出版,但相比桥梁抗震与抗风领域仍然较少,尤其是侧重分析方法与理论的著作鲜有出版。

2007年3月15日,我在导师袁万城教授的指导下,开始接触桥梁船撞研究。三个月之后,发生了影响巨大的九江大桥船撞垮塌事故,在此事故的影响和导师的鼓励下,自此我开始了长达15年持续不间断的桥梁船撞研究。在多年研究和指导研究生的过程中,我渐渐感到业界需要一本能系统阐述船-桥碰撞过程中的相互作用机理及分析方法的参考书,从而帮助刚接触该领域的研究人员系统地理解船撞作用的特点、船-桥相互作用过程中的结构动力学内涵,以及如何合理开展桥梁及防护结构的船撞分析。

基于上述原因,秉着抛砖引玉的想法,我将我和我的团队过去15年研究中与桥梁船撞分析方法相关的内容进行总结,撰写成了本书。

本书共12章,第1章为桥梁船撞问题与分析方法概论,第2~12章分为3篇,按照船撞荷载与需求分析方法(第1篇)、墩柱抗撞能力分析方法(第2篇)、典型桥梁船撞防护结构分析方法(第3篇)的顺序编排,力图突出桥梁船撞的相互作用机理、分析方法的结构动力学内涵,从而有助于抓住桥梁船撞分析中的关键与本质。

第1章主要介绍了桥梁船撞事故频发的背景,回顾了桥梁船撞及典型防护结构分析法的主要进展,明确了本书的主要内容及其意义。第2章主要论述了采用基于非线性宏观单元的相互作用模型进行桥梁船撞动力需求分析的方法框架与实现,探讨了典型船首力(P)-撞深(a)曲线的整体和局部特征等。第3章介绍了碰撞时船-桥相互作用的过程及关键影响参数,给出了两类船舶(驳船与货船)生成船撞动力荷载的方法。第4章推导了近似解析解的驳船船撞冲击谱计算公式,提出了适用船撞冲击谱分析的振型组合方法,给出了基于冲击谱计算桥梁船撞动力需求的具体过程及步骤,探讨了冲击谱法在船撞荷载构建中的重要作用。第2~第4章有机联系、彼此支撑,形成了船撞荷载与需求分析方法与理论框架,为本书的第1篇内容。第5章主要介绍了侧向冲击下钢筋混凝土柱的损伤演化过程及破坏机理,探讨了轴压比、配筋率、高径比对墩柱抗冲击性能的影响。第6章探讨了冲击作用下受压钢筋混凝土墩柱的精细有限元模拟方法。第7章探讨了侧向冲击后钢筋混凝土柱剩余承载能力及其主要影响因素。第8章介绍了一种基于撞后状态近似的受压钢筋混凝土柱剩余承载能力分析方法。第9章介绍了基于纤维梁柱单元的钢筋混凝土构件抗撞能力高效分析方法。第5~第9章形成了多尺度的墩柱抗撞能力分析方法,为本书的第2篇内容。第10章针对典型的桩承式防撞结构,建立了考虑桩土相互作用的桩承防撞结构接触碰撞有限元模型,分析了桩承防撞结构在船撞作用下的破坏模式及响应特点。第11章建立了基于P-a曲线的桩承结构防撞简化分析与设计方法。第12章针对典型的钢套箱防护结构,介绍了基于半经验半理论公式的高效分析与设计方法。第10~第12章形成了典型桥梁船撞防护结构分析方法,为本书的第3篇内容,为简便、高效地设计防撞结构提供了依据。

本书的成果是我的团队集体劳动和智慧的结晶,其中第1章、第1篇、第3篇的第10章和第11章主要为我博士期间研究所得,第2篇主要为我指导刘斌博士过程中与刘斌博士共同研究所得,第3篇第12章主要由我与硕士生张泽文共同探讨所得。全书由我总结形成,赖柯羽、吴青霖、叶旭东、钟正午、马凌飞、潘祎杰等参与了部分书稿编辑与整理工作。在开展这些研究过程中,我和我的团队非常有幸获得了国家自然科学基金项目(51978258、52008163、51308202)、湖湘青年科技创新人才项目(2020RC3018)、湖南省重点研发计划项目(2021SK2052)、湖南省自然科学基金项目(2020JJ4186)、湖南省交通运输厅科技进步与创新计划项目(202027)、长沙市自然科学基金项目(kq2014052)等多项纵向课题和来自企业界多项横向课题的资助。这些资助不仅使我和我的团队有了开展研究的经费,更是一次次鼓励我和我的团队不断在桥梁船撞领域深耕细作,竭力不负信任与支持。在漫漫求学与工作过程中,除了得到导师袁万城教授的悉心指导与关爱外,我也非常幸运地得到了刘光栋教授、陈政清院士、邵旭东教授、方志教授、华旭刚教授、李寿英教授、Gary R. Consolazio 教授、Oh-song Kwon 教授、陈波副教授、陈柏生先生、黄叙博士、Cancan Yang 博士、Michael T. Davidson 博士,以及以贺耀北、苏振宁、吴腾、蒋娜芳、肖运栋、张建强等为代表的老同学,还有风工程与桥梁工程湖南省重点实验室全体同仁、昔日于同济大学等高校求学期间相识相知的诸多好友等的鼎力支持与帮助。而本书的出版,亦离不开刘斌、郭伟、徐鑫、张志勇、张泽文、孙洋、杨涛、徐晗、毛薇、申东杰、何阳、孙文彪、宿华祥、吴青霖、钟正午、谢瑞洪、王泓翔、赖柯羽、叶旭东、马凌飞、潘祎杰等硕士或博士研究生的辛苦付出。本书出版过程中,更是得到人民交通出版社股份有限公司卢俊丽编辑的大力支持与悉心帮助,其字斟句酌,以善此书。

由于我学识有限,书中不当之处在所难免,敬请读者批评指正。

樊 伟
2021 年 12 月

目　录

第1章　桥梁船撞问题与分析方法概论 ··· 1
1.1　概述 ··· 1
1.2　桥梁船撞事故及其影响 ··· 1
1.3　桥梁船撞分析的发展历程 ··· 6
1.4　桥梁防撞措施及其设计 ··· 19
1.5　本书的主要内容与联系 ··· 25
本章参考文献 ··· 26

第1篇　船撞荷载与需求分析方法

第2章　基于非线性宏观单元的相互作用模型法 ··· 38
2.1　概述 ··· 38
2.2　基于非线性宏观单元需求分析的基本思路与方程 ··· 39
2.3　非线性宏观单元的构建与分析 ··· 41
2.4　桥梁承台对船首 $P\text{-}a$ 曲线的影响分析 ··· 53
2.5　基于非线性宏观单元相互作用模型法的实现 ··· 63
2.6　基于非线性宏观单元相互作用模型法的验证与分析 ··· 64
2.7　本章小结 ··· 78
本章参考文献 ··· 79

第3章　船撞下桥梁动力需求分析的时程荷载法 ··· 83
3.1　概述 ··· 83
3.2　船-桥相互作用的基本特点分析 ··· 83
3.3　驳船船撞时程荷载法的构建 ··· 85
3.4　驳船船撞时程荷载法的实例应用及分析 ··· 90

3.5 基于 P-a 曲线第二类船舶船撞时程荷载法的构建 ·············· 92

3.6 基于 P-a 曲线构建船撞时程荷载的要素合理性分析 ············ 104

3.7 第二类船舶船撞时程荷载法的实例验证与分析 ················ 108

3.8 本章小结 ·· 111

本章参考文献 ·· 112

第 4 章 桥梁船撞冲击谱法与运用 ·················· 114

4.1 概述 ·· 114

4.2 驳船船撞冲击谱的构建 ·· 114

4.3 驳船冲击谱的比较与讨论 ······································ 121

4.4 基于冲击谱法计算船撞动力需求的一般过程 ···················· 122

4.5 船撞冲击谱分析中的振型组合方法构建 ·························· 126

4.6 基于冲击谱规范静力法的局限性剖析 ···························· 140

4.7 基于冲击谱近似的船撞动力荷载构建探讨与分析 ················ 152

4.8 本章小结 ·· 158

本章参考文献 ·· 159

第 2 篇 墩柱抗撞能力分析方法

第 5 章 侧向冲击下受压 RC 墩柱的损伤演化过程 ·············· 164

5.1 概述 ·· 164

5.2 侧向冲击试验概况 ··· 164

5.3 侧向冲击下受压 RC 墩柱破坏过程与分析 ······················ 171

5.4 本章小结 ·· 183

本章参考文献 ·· 184

第 6 章 侧向冲击下受压圆形 RC 墩柱精细有限元模拟方法 ······ 188

6.1 概述 ·· 188

6.2 混凝土本构在低速碰撞模拟中的性能分析 ······················ 188

6.3 冲击荷载作用下受压 RC 墩柱的有限元模拟 ···················· 198

6.4 冲击荷载作用下受压圆形 RC 墩柱改进有限元模型 ············ 207

6.5 冲击荷载作用下受压 RC 墩柱 2D 动力分析模型 ················ 217

6.6 本章小结 ·· 222

本章参考文献 · · · · · · 223

第7章 侧向冲击后RC墩柱剩余轴向承载能力 · · · · · · 226

7.1 概述 · · · · · · 226

7.2 RC墩柱剩余轴向承载能力试验概况 · · · · · · 226

7.3 完好RC墩柱轴向承载能力基准试验 · · · · · · 227

7.4 冲击受损RC墩柱剩余轴向承载能力试验 · · · · · · 231

7.5 本章小结 · · · · · · 236

本章参考文献 · · · · · · 236

第8章 基于撞后状态近似的受压RC墩柱剩余轴向承载能力分析方法 · · · · · · 238

8.1 概述 · · · · · · 238

8.2 基于撞后状态有限元分析模型建模过程 · · · · · · 238

8.3 有限元模型 · · · · · · 240

8.4 关键参数影响分析 · · · · · · 245

8.5 本章小结 · · · · · · 249

本章参考文献 · · · · · · 250

第9章 冲击作用下RC梁和柱的高效分析方法 · · · · · · 251

9.1 概述 · · · · · · 251

9.2 弯曲破坏为主的RC梁的高效分析模型 · · · · · · 251

9.3 RC构件剪切破坏模拟 · · · · · · 260

9.4 轴向受压RC墩柱的建模和验证 · · · · · · 278

9.5 本章小结 · · · · · · 284

本章参考文献 · · · · · · 285

第3篇 典型桥梁船撞防护结构分析方法

第10章 考虑桩土相互作用的桩承防撞结构精细化分析 · · · · · · 292

10.1 概述 · · · · · · 292

10.2 桩承防撞结构性能分析的接触碰撞模型 · · · · · · 292

10.3 土体初始应力场分析方法及讨论 · · · · · · 297

10.4 船舶-防撞结构-土体接触碰撞分析结果与讨论 · · · · · · 301

10.5 本章小结 · · · · · · 308

本章参考文献 ·· 309

第 11 章　桩承结构抗撞能力高效分析方法 ·· 311

11.1　概述 ·· 311
11.2　船舶-防撞结构相互作用模型及运动方程 ·· 311
11.3　独立桩承防撞结构的等效抗力分析与讨论 ······································ 313
11.4　防撞结构等效质量的确定及分析 ·· 321
11.5　非线性两自由度模型的验证及讨论 ·· 324
11.6　桩承防撞结构的设计思路 ·· 328
11.7　本章小结 ·· 330
本章参考文献 ·· 331

第 12 章　桥梁防撞钢套箱高效分析与设计方法 ······································ 334

12.1　概述 ·· 334
12.2　钢套箱构件变形机理分析 ·· 334
12.3　钢套箱抗撞性能的解析计算方法 ·· 337
12.4　基于解析计算方法估计固定式钢套箱能力曲线 ······························ 346
12.5　浮式钢套箱碰撞响应特点 ·· 355
12.6　基于内置钢板 D 型橡胶护舷的性能优化 ·· 359
12.7　基于解析计算方法预测浮式钢套箱能力曲线 ·································· 360
12.8　浮式钢套箱的简化设计 ·· 364
12.9　本章小结 ·· 374
本章参考文献 ·· 375

第1章 桥梁船撞问题与分析方法概论

1.1 概述

自20世纪80年代起,我国在宽阔水域、外海深水环境下建设的桥梁日益增多[1,2],对公路、铁路交通事业的高速发展以及国民经济的增长起到了不可或缺的作用。然而,这些位于通航深水水域的桥梁,对于水上运输的船舶而言却是人工构筑的障碍物[3],存在船撞风险,且这种风险在桥梁的全寿命期内都客观存在。一旦发生船撞事故,桥梁可能需要承受巨大的侧向冲击荷载,因此在设计通航水域内的桥梁时必须对船撞问题予以充分考虑。否则,将可能导致桥梁发生严重破坏,甚至完全倒塌,造成巨大的经济损失、人员伤亡以及负面的社会影响。

船撞作用显著区别于地震、风荷载等其他动力荷载作用,其通常具有以下特点:①作用时间短,瞬态特征明显,作用持时1~3s,明显短于地震与风荷载持时,从而导致其动力行为与其他动力作用也存在显著区别;②作用局部化,损伤局部化特征明显,也显著区别于地震等全局输入型动力荷载;③作用偶然性,不论是荷载的大小还是荷载作用位置、方式都存在显著的不确定性;④作用单向性,与地震往复加载形式不同,撞击作用具有明显的单向性。此外,上述这些特点也适用于其他类型的碰撞作用,如车撞和滚石撞击,但车撞和滚石撞击作用通常表现为撞击物质量相对小、速度相对大,而船撞作用具有撞击物质量大、速度小的特点。前两者持时通常为100~200ms级甚至更短,其往往比结构振动周期要短,使得总体表现为冲量控制型。而船撞作用持时达到了秒级,与结构振动周期相当,使得其结构动力学特征更为明显,相互作用过程更为复杂。因此,鉴于船撞作用具有上述独特的特点,侧重结构动力学内涵,系统地阐述碰撞过程中船-桥相互作用过程、分析方法是十分必要的,这样不仅有助于掌握分析方法,而且有助于抓住桥梁船撞的本质,这也是本书编写的目的。

作为本书的第1章,本章将首先介绍桥梁船撞事故及其影响,其有助于读者了解桥梁船撞问题的危害程度与影响。然后较为全面地介绍桥梁船撞分析的发展历程,以及桥梁防撞措施及其设计,力图通过这些概貌性的描述帮助读者了解桥梁船撞研究发展的主要脉络。最后简要介绍本书的主要内容及各部分内容的联系,为理解本书后续章节提供基础。

1.2 桥梁船撞事故及其影响

据统计[4-7],1960—2002年间,世界上至少有31座重要桥梁因船舶撞击而倒塌,造成了巨大的经济损失和至少342人死亡。此外,Harik等[8]统计分析表明:1951—1988年间发生在美国的114起桥梁倒塌事故(包括89座完全倒塌和25座部分倒塌)中,至少有19座桥梁是因遭受船舶撞击而倒塌。在此基础上,Wardhana和Hadipriono[9]又对1989—2000年间发生在美国的503例桥梁破坏事故进行了类似的分析。汇总两者的数据[8,9]得出:1951—2000年间,大约有17%的桥梁由于各类碰撞而倒塌,碰撞是造成美国桥梁结构破坏的第二大原因,远远高于风和地震所造成破坏的比例。在此基础上,Lee等[10]对1980—2012年间美国发生的1062起桥梁事故进行了统计分析。统计结果表明,碰撞导致桥梁破坏的事故共有163起,占比15.3%,是导致桥梁破坏的主要原因之一,如图1-1所示。

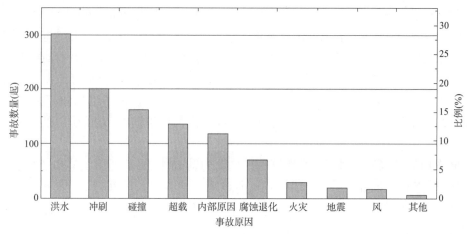

图1-1　1980—2012年美国桥梁破坏原因及比例

注:该图为作者根据文献[10]数据绘制。

1980年,位于美国佛罗里达州坦帕湾的阳光高架桥(Sunshine Skyway Bridge),不幸遭受35000DWT空载散装货船撞击后倒塌(图1-2),造成了近400m长的桥面坍塌和35人丧生[4-9]。这次事故,如同1940年塔科马(Tacoma)海峡大桥风毁事故对桥梁抗风研究的影响[11,12],使得美国乃至全世界工程师开始重视通航水域桥梁的船撞安全问题[4-7]。也正是在此次事故影响下,美国11个州和联邦公路管理局在1988年共同资助了一项桥梁防撞设计的研究计划,旨在制定合理的桥梁船撞设计指导性规范[4]。

图1-2　美国阳光高架桥船撞垮塌事故(35000DWT空载散装货船撞击,1980年)

2002年5月26日,美国俄克拉何马州阿肯色河上,一艘拖轮顶着两艘运油的空驳船撞上一座有20年历史的公路桥的一个桥墩,造成公路桥坍塌(图1-3),至少有17辆汽车从

20m 高空坠入河中,造成 17 人死亡。事故发生的原因是船长突发疾病。这次事故严重阻碍了横穿俄克拉何马的 40 号州际高速公路的交通,修理并重新开放这座大桥花了 6 个月时间。在此事故的影响下,以 Gary R. Consolazio 教授等为代表的一批学者[13-20]开始重点关注驳船碰撞桥梁问题。相比阳光高架桥垮塌事故中的肇事货船,驳船具有吨位大、机动性能差、吃水浅、组成形式(即可多种拖驳船组合形成船队)多样、船首结构相对简单等特点,因此其碰撞分析方法也有所不同。此外,在美国,未造成桥梁倒塌但造成了轻微或较为严重破坏的船撞事故,更是难以计数。美国海岸警卫队和水道运营商的报告显示[5,21]:1992—2001 年间,美国共发生 2692 起造成轻微或中等破坏的船撞桥事故。这些事故虽没有造成人员伤亡,但是造成了较大的经济损失,说明了桥梁船撞风险不可低估。

图 1-3　阿肯色跨河大桥船撞事故(运油空驳船撞击,2002 年)

1959—2004 年间,我国船撞桥事故至少发生 251 起,共涉及 68 座桥梁,其中发生在长江干线的就有 177 起[22,23],远比我们想象的更为频繁。尤其是 2007 年 6 月 15 日广东佛山九江大桥遭受运沙船碰撞后垮塌(图 1-4),再次警示我们在解决船-桥矛盾上仍需要付出更多的努力。Tan 等[24]对我国 2009—2019 年期间公开报道的 418 起桥梁破坏进行的分析表明:碰撞是导致桥梁破坏的第三大原因,有 18.7% 的桥梁因碰撞而发生破坏或倒塌,如图 1-5 所示。

图 1-4　广东佛山九江大桥船撞事故(1599t 运沙船撞击,2007 年)
注:事故造成了 3 个桥墩和 200m 长桥面垮塌,4 辆汽车坠江,8 人落水死亡以及 4500 万元的经济损失。

与此同时,作为综合运输体系的重要组成部分,水路运输(简称水运)在我国货运周转中占据重要地位,水运货运周转量占总量的比例曾高达 60% 以上,近几年为 50% 左右,随着"公转水""铁水联运"的推广,水运将继续发展,通航船舶将进一步趋于大型化、快速化和高密度化[25]。因此,在我国通航水域桥梁结构越来越复杂、水运货运周转量不断提高的客观背景下,船-桥矛盾必将日益突出,发生恶性船撞桥事故的可能性也将越来越高。表1-1给出了2017—2021年国内外报道的桥梁船撞事故。由表可以发现,发生在我国的桥梁船撞事故以撞击桥梁下部结构为主。

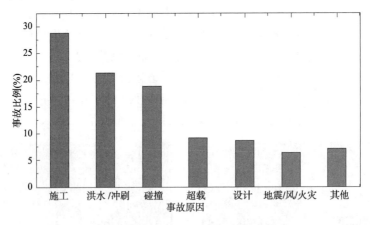

图1-5 我国2009—2019年桥梁事故统计[24]

2017—2021年国内外报道的桥梁船撞事故 表1-1

序号	时间	桥名	撞击部位	损伤情况
1	2017年1月8日	中国广东广州洪奇沥大桥	桥墩	桥墩被撞歪,桥面下沉
2	2017年4月1日	中国广东珠海莲溪大桥	桥墩	梁体横移1m以上
3	2017年8月23日	中国广东珠海磨刀门特大桥	桥墩	墩柱受损,梁体偏移
4	2017年6月25日	中国江西景德镇乐平省道韩家渡大桥	桥跨	桥跨受损
5	2018年7月30日	中国安徽蚌埠津浦铁路淮河大铁桥	桥墩	未受太大损伤
6	2018年9月4日	日本关西国际机场联络桥	桥墩与主梁	钢箱梁受损严重,横向偏位4m
7	2018年9月4日	日本兵库县西宫市鸣尾桥	桥墩	梁体位移40cm
8	2018年9月13日	中国江苏如皋下原曙光村曙光桥	桥墩	被船撞断两根斜杆
9	2018年9月16日	中国广东广州琶洲大桥	桥墩	船体卡在两桥墩之间
10	2018年9月25日	加拿大安大略省斯坦利港的升降桥	梁体	未受太大损伤
11	2018年10月22日	日本山口县大岛大桥	主梁	主梁受损16处
12	2018年11月25日	中国广东东莞市万江桥	主梁支撑肋	主梁右侧支撑肋破损
13	2019年1月25日	美国纽约州奥尔巴尼哈德逊河利文斯顿大道铁路桥	桥墩与梁体	未受太大损伤
14	2019年3月14日	美国田纳西州新约翰逊维尔的70号高速公路跨田纳西桥	桥墩	未受太大损伤
15	2019年2月28日	韩国釜山市广安里大桥	梁体	支撑桥体的铁制构造物破损
16	2019年4月6日	巴西莫居河桥	桥墩	大桥垮塌200m
17	2019年5月3日	美国伊利诺伊州东圣路易斯的伊兹桥	主拱	未受太大影响
18	2019年5月21日	中国广东佛山顺德水道三善大桥	主跨	主跨孔底横梁附属铁条凹陷
19	2019年5月31日	中国浙江杭州老德胜桥	主拱	主拱圈拱内破损
20	2019年6月14日	中国广东东莞高埗大桥	主梁	主梁受到轻微擦碰

续上表

序号	时间	桥名	撞击部位	损伤情况
21	2019年7月10日	中国湖南衡阳衡东县洋塘河坝水电站桥	桥跨	未受太大损伤
22	2019年7月16日	中国广西平南大桥	桥墩	未受太大损伤
23	2019年9月9日	日本横滨港南本牧码头桥	梁体	梁体严重受损(未垮塌)
24	2019年9月20日	美国得克萨斯州休斯敦东侧跨圣哈辛托河I-10洲际公路桥	桥墩	桥墩受损严重(未垮塌)
25	2019年11月17日	美国弗吉尼亚州汉普顿的布克罗钓鱼码头桥	不详	梁体部分倒塌
26	2020年6月29日	孟加拉国布里甘加大桥	梁体	梁体受损
27	2020年7月7日	中国江西鄱阳太阳埠大桥	桥墩	被撞桥跨落梁,桥墩并未垮塌
28	2021年1月5日	中国江苏南通九圩港英雄大桥	桥墩	中跨桥面垮塌
29	2021年1月18日	中国广东珠海莲溪大桥	主梁	桥面位移10cm,梁体破损
30	2021年6月8日	中国江苏丹阳九曲河桥路巷桥	桥墩	桥面断裂,桥梁垮塌
31	2021年7月13日	中国广东番禺北斗大桥	桥墩	桥墩受损开裂
32	2021年7月23日	中国湖南长沙猴子石大桥	桥墩	未受太大影响

注:表格由作者团队马凌飞、孙文彪统计所得。

通过对上述船撞事故进行分析发现,这些恶性船撞事故都是船舶偏航后撞击非通航孔桥墩引发的,而不是通常想象中的撞击通航孔桥墩(主墩),如图1-6所示。这些恶性船撞事故的发生,一方面是由于非通航孔桥墩一般比主墩抗撞能力弱,另一方面是由于过去设计人员对非通航孔桥墩防撞关注不够。值得指出的是,当前在桥梁船撞设计与设防过程中,仍然存在一些仅进行通航孔桥墩防撞设计的不当做法,如图1-6中的美国I-40公路桥仅在通航孔设置了独立式防撞墩。然而,事实上对除通航孔桥墩(主墩)之外的其他涉水桥墩开展防撞设计也是至关重要的,AASHTO规范[5]将3倍于设计代表船长范围的桥墩视作与主墩同等重要,从而对其进行防撞分析与设计。

在船撞桥恶性事故频发且船-桥矛盾日益突出的背景下,近年来国内外许多学者致力于桥梁船撞问题,做了许多有意义的研究工作,包括:桥梁船撞风险分析[4,5,23,26-29]、船撞力估计与计算[4-6,16,30-40]、防撞措施与策略[41-45],以及桥梁船撞的数值模拟技术[46-49]等。若从需求与能力的角度来看,船撞力估计与碰撞数值模拟技术的研究是为合理确定船撞作用下被撞结构的需求与能力而服务的;而桥梁船撞风险研究则需要通过相关研究得出适当的方法,用以合理确定船撞作用下被撞结构的需求与能力,否则无法正确地估计结构的失效概率,从而影响风险评估结果的可靠性;考虑到"投资-效益"的平衡,防撞措施与策略研究也需要在明确桥梁的船撞需求与能力的情况下进行,使研究和设计防撞措施与策略时能做到有的放矢,明确是否需要防撞措施,需要时怎样的抗撞性能才更为经济合理。因此,从需求与能力的角度探讨桥梁船撞问题,更能明确桥梁船撞研究工作的目的与方向,而建立船撞作用下被撞结构需求与能力的合理分析方法则是研究的关键所在,这也是本书论述的主要内容及关键点。

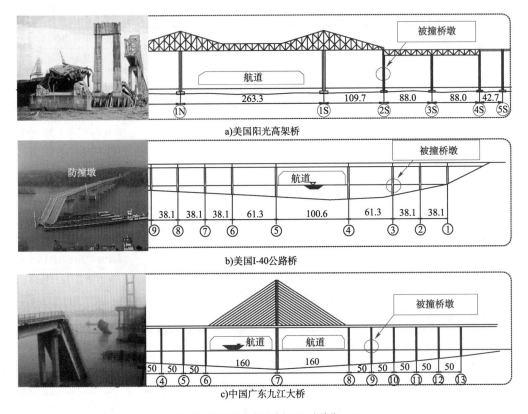

图1-6 典型船撞事故分析(尺寸单位:m)

1.3 桥梁船撞分析的发展历程

对于结构可能涉及的任何荷载,首要的任务就是明确结构在这种荷载作用下的需求及能力,从而使设计做到有的放矢。随着人们对结构荷载认识水平的提高,结构需求与能力分析方法都得到不断的完善,使设计的结构更符合期望的性能要求。

以结构抗震研究为例。随着研究水平的提高,在国内外结构抗震设计工作中,确定地震响应(需求)的方法已经由早期的静力法发展到了反应谱法、线性和非线性时程分析方法等[50-55],需求的层面也由基于不倒塌的抗力(强度)需求发展到基于性能的延性需求和位移需求等[50-55],使结构抗震理论更臻完善。同样,在塔科马海峡大桥风毁事故发生之前,人们常把风对结构的作用仅看成由定常风所引起的静力作用,主要关注桥梁结构的静风强度需求,此次事故后才开始研究风与结构的动力相互作用机制,重视风致振动下结构动力稳定的要求[12]。事物发展的规律总具有一定相似性,船撞与地震、风一样,同为作用于桥梁结构体系上的动力荷载,其正在发展的需求与能力分析方法研究正在演绎着结构抗震与抗风研究的发展历程。基于此,下面将从规范(经验)静力法、非线性接触有限元法和简化动力分析法三个方面来介绍桥梁船撞分析方法的发展历程及国内外研究现状。

1.3.1 规范(经验)静力法

采用规范或经验静力法确定船撞作用下桥梁结构响应(需求)时,主要将船撞作用视为等效静力荷载作用于结构被撞位置,从而计算确定结构的响应。经过学者们 60 多年来的研究,这种方法已由最早借鉴船-船碰撞经验公式[30-32],发展为通过采用非线性有限元技术模拟实际的船-桥碰撞情形来确定等效的船撞力[16,36-38,56,57]。静力法目前仍然被广泛运用于桥梁船撞分析中。下面将简要地回顾这一方法的发展历程及现状,并指出它可能存在的问题和不足。

1)船-船碰撞经验公式

1959 年 Minorsky[30]开展了船-船碰撞研究,采用半经验、半解析的能量法分析了 26 起船-船碰撞事故,得到了抗力系数(R_T)和耗能(E_T)之间的经验公式[30]:

$$E_T = 47.2R_T + 32.7 \tag{1-1}$$

此后,Reardon 和 Sprung[58]、Chen[59]和 Zhang[60]等对式(1-1)进行了修正和完善,使得 Minorsky 公式成了一种更为普遍的估算平均船撞力的公式[19],也使得将其运用于桥梁船撞研究成为可能[6,61]。

1967—1976 年间,为了保护核动力船舶的反应堆在受其他船舶撞击时不被损坏,联邦德国学者 Woisin[32]在汉堡开展了船-船碰撞模型试验研究。Woisin 采用如图 1-7 所示的试验装置,分别进行了 12 组缩尺比例为 1∶12 和 12 组缩尺比例为 1∶7.5 的船-船碰撞模型试验,获得如图 1-8 所示的试验结果,且结果与当时其他研究的结果较好地吻合[4,5,63]。根据这些试验结果,Woisin 建立了时间平均撞击力 $\overline{P}(t)$ 和撞深平均撞击力 $\overline{P}(a)$ 之间的关系公式[4]:

$$\overline{P}(t) = 1.25\overline{P}(a) \tag{1-2}$$

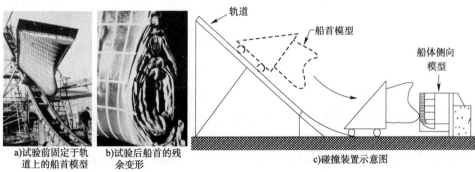

图 1-7 Woisin 开展的船-船碰撞缩尺模型试验[4,5,32]

同时,Woisin 还指出影响平均撞击力的主要因素,以重要性降序排列,依次有[4,32]:①船舶的吨位(DWT);②船舶的类型;③船首的外形及结构;④船首的压载水量;⑤撞击速度。值得指出的是,以 Woisin 开展的试验形式(船首正撞)来看,前三个因素可归纳为一个更为本质的原因,即船首刚度性质的影响。此外,在 Minorsky 建立的式(1-1)基础上,Woisin 还提出了直接计算平均撞击力的经验公式[6]:

$$P_0 = \frac{v^{2/3} L^2}{1100} \tag{1-3}$$

式中,P_0 为平均撞击力(MN);v 为船舶撞击速度(m/s);L 为船舶的长度(m)。

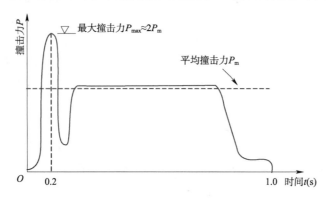

图 1-8 Woisin 等碰撞试验的船撞荷载时程[4,5,32,62]

2) 美国桥梁船撞规范及其发展

显然,早期研究主要是针对船-船碰撞的问题,直到 1980 年美国阳光高架桥在船撞下发生严重的倒塌事故之后(图 1-2),人们才开始真正重视桥梁船撞问题,除将上述的船-船碰撞研究成果加以发展并运用于桥梁船撞问题外,还开始制定针对性的桥梁结构船撞设计规范[4,5]。

在此背景下,1983 年美国国家科学研究委员会(NRC)成立了专门的货船和驳船船撞研究委员会,完成了跨越航道桥梁船撞风险与损失的研究。次年,路易斯安那州运输与发展部制定了船撞下桥墩的设计标准[64]。1988 年,由美国 11 个州与美国联邦公路管理局(FHWA)共同提供联合基金用于制定供桥梁工程师使用的船撞设计指南,最终于 1991 年形成了第一版 AASHTO《公路桥梁船舶碰撞设计规范与说明》[4,7]。1994 年,该规范的主要内容被新修订的 AASHTO 桥梁设计规范(*AASHTO LRFD Bridge Design Specifications*)采用[65],正式成为桥梁总体设计中不可或缺的一项内容。2009 年,在总结第一版 AASHTO《公路桥梁船舶碰撞设计规范与说明》的使用经验和过去二十多年的研究成果的基础上,AASHTO 出版了第二版《公路桥梁船舶碰撞设计规范与说明》[5]。在此期间,虽然有学者认识到桥梁船撞问题属于动力问题范畴[64,66,67],但等效静力的方法仍然被第二版 AASHTO 规范[5]和大多数实际工程采用[68-70]。

考虑到船舶类型的差异对等效船撞力的影响,第二版 AASHTO 规范将船舶分为两大类:第一类为内河中吃水较浅的驳船;第二类为近海或者内河深水区航行的散货船[4,5,65]。针对这两类船舶,第二版 AASHTO 规范分别给出不同形式的等效船撞力计算公式。

对于第二类船舶,首先是 Saul 和 Svensson 基于 Woisin 的试验成果[4,5,32],针对速度约为 16 节、吨位大于 40000DWT 的散装货轮,拟合得到平均撞击力计算公式(图 1-9)[33]:

$$\overline{P}(t) = 0.88 \mathrm{DWT}^{1/2} \pm 50\% \tag{1-4}$$

式中,$\overline{P}(t)$ 为平均船撞力(MN);DWT 为船舶载重吨位(t),常用来衡量船舶大小。在式(1-4)的基础上,采用图 1-10 所示过程,第二版 AASHTO 规范给出了这类船舶的等效船撞力计算公式[4,5]:

$$P_s = 1.2 \times 10^5 v\text{DWT}^{1/2} \tag{1-5}$$

式中,P_s 为等效静力船撞力(N);DWT 为船舶载重吨位(t);v 为船撞速度(m/s)。值得指出的是,式(1-5)是基于确定需求(即最不利情况)建立的。这是因为,式(1-5)采用 DWT 来考虑船舶质量影响,即默认了是在满载情况下的计算,没有考虑压载和偏载等情况下的折减,而且没有考虑撞击角度的影响。此外,图 1-10 右侧给出了建立式(1-5)过程中存在的假设,也同样值得注意,其能够帮助我们更进一步明确式(1-5)的适用范围。

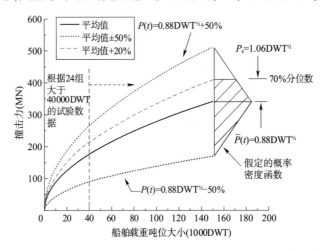

图 1-9 船撞力的概率密度函数及 70%分位数确定的等效船撞力[4,5,32]

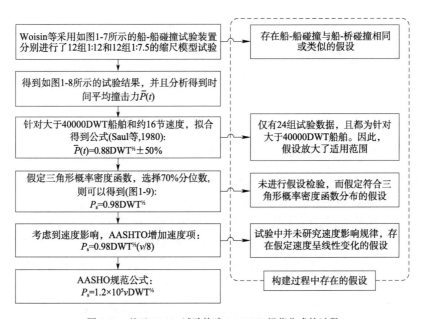

图 1-10 基于 Woisin 试验构建 AASHTO 规范公式的过程

基于 Meir-Dornberg[4,15,71]的研究工作,对于驳船,AASHTO 规范采用下式来计算等效撞击力[4,5]:

$$P_{\mathrm{B}} = \begin{cases} 60a_{\mathrm{B}}R_{\mathrm{B}}, & a_{\mathrm{B}} < 0.1\mathrm{m} \\ (6 + 1.6a_{\mathrm{B}})R_{\mathrm{B}}, & a_{\mathrm{B}} \geqslant 0.1\mathrm{m} \end{cases} \quad (1\text{-}6)$$

式中,P_{B} 为驳船等效静力荷载(MN);$R_{\mathrm{B}} = B_{\mathrm{B}}/10.7$,为宽度比,其中 B_{B} 为驳船宽(m);a_{B} 为驳船撞深(m),可由下式确定[4,5]:

$$a_{\mathrm{B}} = \frac{3.1}{R_{\mathrm{B}}}(\sqrt{1 + 0.13\mathrm{KE}} - 1) \quad (1\text{-}7)$$

式中,KE 为驳船的初始碰撞动能(MJ)。Consolazio 等[46]利用有限元技术对该公式进一步研究发现,该公式没有考虑被撞结构的形状对撞击力的影响,这是不合理的。Yuan 等[19,36]针对驳船船队也进行了类似的研究,并得到了考虑撞击持时和被撞结构形状等因素的经验公式。

此外,1983 年,AASHTO 规范最主要的制定者 Knott[4,5]在新建的美国阳光高架桥船撞设计研究中,考虑了船舶速度、船舶偏载等因素的影响,将 Saul 和 Svensson 提出的式(1-4)修正如下[6]:

$$P_{\max} = 0.88 \mathrm{DWT}^{1/2}(v/8)^{2/3}(D_{\mathrm{act}}/D_{\max})^{1/3} \quad (1\text{-}8)$$

式中,D_{act} 为碰撞时的船舶排水量(t);$D_{\max}$ 为满载时的船舶排水量(t)。

3) 欧洲桥梁船撞规范及其发展

1983 年 6 月,在丹麦 Great Belt 大桥建设的背景下,国际桥梁与结构工程协会学术大会(IABSE)在丹麦首都哥本哈根举行"船舶与桥梁及近海结构的碰撞"国际学术研讨会[63],全球学者首次较全面地交流和探讨桥梁船撞问题的最新研究进展,促进了欧洲桥梁船撞规范及设计的发展。其中,较为有影响力的是 Pedersen[35]和 Larsen[6]的研究工作。Pedersen[35]通过广泛的数值计算,给出了 500DWT 至 300000DWT 船舶正撞撞击力的经验公式:

$$P_{\mathrm{bow}} = \begin{cases} P_0\overline{L}[\overline{E}_{\mathrm{imp}} + (5.0 - \overline{L})\overline{L}^{1.6}]^{0.5}, & \overline{E}_{\mathrm{imp}} \geqslant \overline{L}^{2.6} \\ 2.24P_0[\overline{E}_{\mathrm{imp}}\overline{L}]^{0.5}, & \overline{E}_{\mathrm{imp}} < \overline{L}^{2.6} \end{cases} \quad (1\text{-}9)$$

其中,

$$\overline{L} = L_{\mathrm{pp}}/275, \quad \overline{E}_{\mathrm{imp}} = E_{\mathrm{imp}}/1425, \quad E_{\mathrm{imp}} = m_x v_0^2/2 \quad (1\text{-}10)$$

式中,P_{bow} 为船首最大撞击荷载(MN);P_0 为参考撞击荷载,取为 210MN;E_{imp} 为塑性变形所吸收的能量(MN·m);L_{pp} 为船舶的长度(m);m_x 为船舶的计算质量(10^6 kg),沿船舶方向运动时等于船舶质量的 1.05 倍;v_0 为船舶的初始速度(m/s)。

与 AASHTO 规范类似,被广泛参考的欧洲规范(Eurocode)[72,73]同样对桥梁船撞设计作了较为详细的规定。该规范(Eurocode)将内河船舶和海轮加以区别,分别给出了推荐的等效设计船舶力,如表 1-2 和表 1-3 所示。值得注意的是,相比 AASHTO 规范的第一版与第二版,1998 版欧洲规范(ENV 1991-2-7:1998)[72]与新版欧洲规范(EN 1991-1-7:2006)[73]之间的区别是非常大的(表 1-2 和表 1-3),而且两者差别大的原因尚无资料说明,也反映了人们对此问题的认识仍需提高。另外,相比 AASHTO 规范[4,5],新版的欧洲规范[73]指出:在船撞作用下,需要考虑结构的动力放大效应。该规范规定[73],在采用表 1-2 和表 1-3 推荐的设计船撞力基础上,在正撞情况下放大系数为 1.3,而在侧撞情况下放大系数为 1.7。

欧洲规范内河船舶设计船撞力[72,73] 表 1-2

CEMT 分类[a]	船长 l(m)	质量 m(t)[b]	横桥向设计船撞力(kN)[c]	
			ENV 1991-2-7:1998	EN 1991-1-7:2006
Ⅰ	30~50	200~400	4000	2000
Ⅱ	50~60	400~650	5000	3000
Ⅲ	60~80	650~1000	6000	4000
Ⅳ	80~90	1000~1500	7000	5000
Ⅴa	90~110	1500~3000	11000	8000
Ⅴb	110~180	3000~6000	15000	10000
Ⅵa	110~180	3000~6000	11000	10000
Ⅵb	110~190	6000~12000	15000	14000
Ⅵc	190~280	10000~18000	22000	17000
Ⅶ	300	14000~27000	22000	20000

注:a. 欧盟理事会 1993 年批准的船舶分类标准;
 b. 此质量是指船舶总质量,包括船舶结构、货物和燃料等质量,通常称为船舶排水吨位;
 c. 包括附加水质量的影响。

欧洲规范海上船舶设计船撞力[72,73] 表 1-3

船舶类型	船长 l(m)	质量 m(t)[a]	横桥向设计船撞力(kN)	
			ENV 1991-2-7:1998[b]	EN 1991-1-7:2006[c]
小型	50	3000	15000	30000
中型	100	10000	25000	80000
大型	200	40000	40000	240000
超大型	300	100000	80000	460000

注:a. 此质量是指船舶总质量,包括船舶结构、货物和燃料等质量,通常称为船舶排水吨位;
 b. 撞击力所对应的速度为 2m/s;
 c. 撞击力所对应的速度为 5m/s。

此外,挪威则曾采用以下经验公式来确定桥梁船撞作用下的需求[6]:

$$P = 0.5 \text{DWT}^{1/2} \tag{1-11}$$

式中,P 为等效静力的船撞荷载(MN)。

4)我国桥梁船撞规范及其发展

我国直到 2020 年才出台专门的桥梁船撞设计规范[74]。在此之前,仅在《公路桥涵设计通用规范》(JTG D60—2004)[39]和《铁路桥涵设计基本规范》(TB 10002.1—2005)[40]中对等效静力的船撞荷载作了相关的规定。《公路桥涵设计通用规范》(JTG D60—2004)在形式上类似于欧洲规范[72,73],将船舶分成内河船舶和海轮两大类,并规定当缺乏实际调查资料时,内河船舶和海轮撞击作用标准值可按表 1-4 和表 1-5 取值。《公路桥涵设计通用规范》(JTG D60—2015)中保留了表 1-5,但将表 1-4 中的内河一至三级航道相关规定删除,并规定:船舶的撞击作用设计值宜按专题研究确定,当缺乏实际调查资料时,内河四至七级航道可采用表 1-4 中数值确定。

内河船舶撞击作用标准值[《公路桥涵设计通用规范》（JTG D60—2004）][39]　　表1-4

内河航道等级	船舶吨级(t)	横桥向撞击作用(MN)	顺桥向撞击作用(MN)
一	3000	1.4	1.10
二	2000	1.1	0.90
三	1000	0.8	0.65
四	500	0.55	0.45
五	300	0.4	0.35
六	100	0.25	0.20
七	50	0.15	0.125

注：四至七级航道内的钢筋混凝土桩墩，顺桥向撞击作用可按表1-4所列数值的50%考虑。

海轮撞击作用标准值[39]　　表1-5

船舶吨级(t)	3000	5000	7500	10000	20000	30000	40000	50000
横桥向撞击(MN)	19.6	25.4	31.0	35.8	50.7	62.1	71.7	80.2
顺桥向撞击(MN)	9.8	12.7	15.5	17.9	25.3	31.05	35.85	40.1

在《铁路桥涵设计基本规范》（TB 10002.1—2005）[40]中，假定船舶作用于墩台的有效动能全部转化为碰撞力所做的静力功，得到如下等效静力公式：

$$P = \gamma v \sin\alpha \sqrt{\frac{W}{C_1 + C_2}} \tag{1-12}$$

式中，P 为船舶撞击力(MN)；v 为船舶撞击墩台的速度(m/s)；W 为船舶的重量(MN)；C_1，C_2 为船舶的弹性变形系数和墩台圬工的弹性变形系数(m/MN)，即单位力作用下产生的变形，当无实测资料时，可取 $C_1 + C_2 = 0.5\text{m/MN}$；$\alpha$ 为船只驶近方向与墩台撞击点处切线所成的夹角(°)，应根据具体情况确定，如有困难可采用 $\alpha = 20°$；γ 为动能折减系数($\text{s/m}^{1/2}$)，当船只斜向撞击墩台（指船只驶近方向与撞击点处墩台面法线方向不一致）时取0.2，正向撞击墩台（指船只驶近方向与撞击点处墩台面法线方向一致）时取0.3。

在我国，近来也有学者利用非线性有限元方法的计算结果[37,38,57]或船撞桩基础的离心机试验结果[75]，回归得到了船撞静力经验公式，使得经验静力法得到进一步的丰富和发展。我国在国内外研究成果的基础上，参考美国AASHTO规范和欧洲规范，出台了《公路桥梁抗撞设计规范》（JTG/T 3360-02—2020）。该规范为行业推荐性标准，与现行行业强制性标准《公路桥涵设计通用规范》（JTG D60—2015）中有关船撞方面的规定有诸多不同，设计时通常强制性标准优先级更高。类似欧洲规范，该规范中包括了静力和动力两种分析方法。

5）规范（经验）静力法的局限与不足

毫无疑问，经过半个多世纪的发展，基于规范（经验）静力法计算桥梁结构的船撞响应内容得到了极大的发展和丰富。然而，由这些计算公式或表格确定的船撞力往往差异较大。以中、美、欧三地的设计规范[5,39,73]为例，分别由表1-5、式(1-5)、表1-3计算得到的海轮设计船撞力差别非常大，如图1-11所示。图1-11表明：大吨位船舶以较高速度碰撞时，欧洲规范计算的船撞力（不包括动力放大效应）是AASHTO规范的2.5倍，是我国《公路桥涵设计通用规范》（JTG D60—2004）的4.2倍。

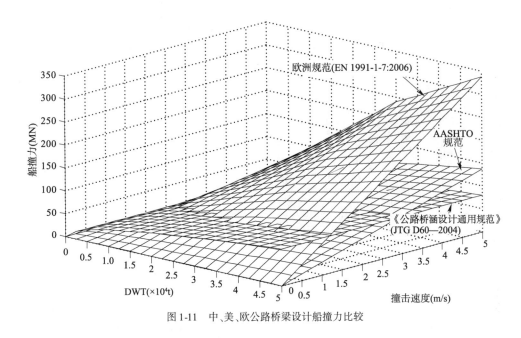

图1-11 中、美、欧公路桥梁设计船撞力比较

造成各规范或经验公式之间结果差异显著的主要原因可能有:(1)各国的造船标准不同,船首结构和形式等也不尽相同,从而使得船撞力有所不同;(2)上述的公式和表格,大多基于非常有限的试验数据和经验性分析得到,试验和理论支撑都较为薄弱,使得所采用的公式和标准受主观经验影响较大;(3)选择确定静力船撞荷载的标准不一致,有的采用碰撞过程最大值[如式(1-9)],有的采用平均值(如 AASHTO 规范)。由此,也同样反映了目前我们对桥梁船撞问题的认识水平较为有限,有待进一步提升。

更为重要的是,规范(经验)静力法虽有简单实用的特点,但却难以反映船桥相互作用的动力本质,不能考虑惯性力的影响[13,14,76-78]。Consolazio 等[13,14]在 2004 年进行了旧 St. George Island Causeway(圣乔治岛航道)桥梁驳船碰撞试验[图 1-12a)],并以图 1-12b)中(B3T4 工况[13,14])的实测撞击力时程作为输入荷载,采用图 1-12c)所示的数值分析模型进行分析,得到了如图 1-12d)所示结果。结果表明:①动力分析的结果远大于静力分析的结果,说明船撞作用下桥梁结构的动力效应对响应的影响十分显著;②在确定桥梁结构船撞需求时,如果对动力效应不加以考虑,即便是采用船撞力最大值作为静力计算荷载(而实际中,大多规范采用了平均值作为等效静力船撞荷载),也存在严重低估需求的风险,使得结构在船撞作用下的安全性得不到保证;③AASHTO 规范计算结果也远小于动力分析结果,说明了目前体系上较为完整的 AASHTO 规范也有待进一步的完善。

回顾结构抗震研究历程发现,结构抗震研究初期,忽略结构的动力特性且仅考虑地震加速度对结构破坏影响的静力法(区别于当前方兴未艾、考虑结构动力特性影响的非线性静力Pushover 方法[52,79-81]),也曾一度被采用[54,55]。但随着结构抗震试验、理论和方法体系的不断完善,在目前结构抗震设计中则很少采用这类静力法来确定结构的响应(需求)。抗震研究历程启示着我们,虽然限于我们对船撞问题的认识,目前很多时候仍然采用静力法来确定船撞需求；但随着桥梁船撞研究的深入，可以预见当前船撞分析中的规范或经验静力法，由于经验性较强、理论支撑薄弱，且没有考虑显著的动力效应等，将难逃抗震研究早期静力法的宿命，必将被更为合理的动力分析法或考虑动力效应的等效静力法替代。

a) 旧St.George Island Causeway桥驳船碰撞试验

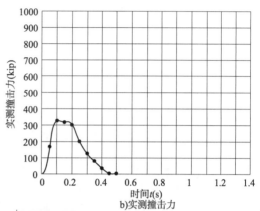

b) 实测撞击力

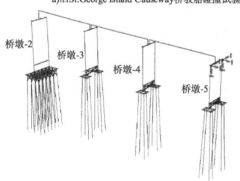

c) 试验数值分析模型

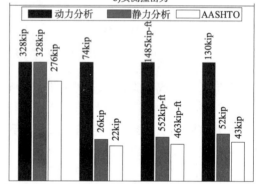

d) 桥墩静动力响应比较分析

图 1-12　旧 St. George Island Causeway 桥梁驳船碰撞试验[13]

注：1kip＝4.448kN。

1.3.2　非线性接触有限元法

1) 非线性接触有限元概述

自 20 世纪中叶 Clough 等提出"有限元"术语以来，伴随着计算力学、数值分析方法，以及计算机科学和技术的快速发展，有限元法现已成为工程技术领域应用最为广泛的数值计算方法之一[82-86]，是继理论分析法和试验方法之后，解决当前工程技术问题的主要手段之一。

随着计算接触力学和显式非线性有限元技术的不断发展和成熟，有限元法也成了求解接触-碰撞问题时行之有效的手段[86,87]。虽然接触-碰撞问题是最复杂的非线性问题之一，常常同时涉及三种非线性（既涉及由大变形引起的几何非线性和材料非线性，又涉及由界面接触引起的非线性），并且响应往往不是平滑的[82]，但是对高度非线性的接触-碰撞问题进行全过程的有限元数值模拟则早已可以实现，而且正逐步成为工程设计及优化中的一个重要组成部分[86,88,89]。

此外，自 20 世纪 70 年代以来，众多优秀的大型商业非线性动力分析软件（如 LS-

DYNA[90,91], MSC. DYTRAN[92], ADINA[93], ABAQUS[94]等)的涌现,使得面对实际工程中的接触-碰撞问题时,分析人员能够从复杂的计算接触力学理论及数值算法实现工作中解脱出来,采用交互式界面完成几何定义、网格离散、材料本构和边界(接触)定义以及求解算法的选取等工作,极大地推动了非线性有限元分析技术在工程中的接触-碰撞问题分析中的应用。目前,这些软件[90-94]在求解强非线性的瞬态接触-碰撞问题时,大多都采用显式时间积分方法,其主要原因是[82]:

(1)显式时间积分存在稳定性的要求,通常选取的计算时间步很小,使得接触-碰撞的不连续性对计算的影响较为有限。

(2)显式时间积分方法既不需要线性化,也不需要通过迭代方法(如 Newton-Raphson 方法)来求解非线性的动力方程,因此避免了接触-碰撞的不连续性对迭代求解收敛性的影响。

(3)在显式时间积分方法的每一个时间步中,不论接触与否,物体各部分首先完全独立地被积分。这种非耦合的求解,能够正确地反映物体的哪个部分将在时间步结束时发生接触。然后,采用非耦合的形式将接触条件施加到已更新的物体上,不需要如同隐式积分方法一样通过迭代方法来建立界面。

相反,无条件稳定的隐式积分方法,由于一般选用较大的时间步,则往往不适用于求解不连续的响应。此外,接触-碰撞问题也会在 Jacobian 矩阵中引入不连续性,这往往使得隐式积分方法中的迭代不能收敛而无法得到所需要的结果。

2)在桥梁船撞研究中的运用

作为一种强有力的数值分析技术,非线性接触有限元也为船-桥碰撞问题的研究提供了新的研究思路和手段,从而帮助我们更进一步地认识桥梁船撞问题。目前,国内外已有不少学者采用非线性接触有限元技术来分析船-桥碰撞问题,使得桥梁船撞研究的内容更为丰富。2002 年,Consolazio 等[13]在旧 St. George Island Causeway 桥驳船碰撞试验(图 1-12)的前期研究工作中,利用 LS-DYNA 对驳船碰撞桥梁的过程进行了模拟。在该研究中[13],他们建立了 AASHTO 规范中推荐的典型驳船和被撞桥墩的精细有限元模型,并对模拟中涉及的关键性问题进行了较为详细的讨论(如桩土相互作用模式、材料模型及参数选取等),为后续船-桥碰撞模拟提供了参考。2003 年,Consolazio 和 Cowan[46]又利用 ADINA 对驳船与不同形状(圆形和方形)桥墩的接触-碰撞问题进行了数值分析(图 1-13),得到驳船撞击力与撞深的曲线,且发现不同形状的桥墩对该曲线影响显著,指出了 AASHTO 规范中该曲线不包括形状参数的不合理性。这些基于非线性接触有限元技术的研究,也为后续提出简便而高效的驳船船撞分析方法建立了基础。此后,Yuan 等[18,19]也采用非线性接触有限元技术进行了驳船及船队碰撞问题的研究,并以此为基础探讨了等效驳船船撞力[36]及驳船船队的合理相互作用模式[95]等问题。

在国内,2002 年刘建成和顾永宁[47,96]采用 MSC. DYTRAN 模拟了 4 万吨级油轮碰撞长江上某斜拉桥的过程。在此基础上,他们分析了碰撞过程中碰撞力、船首变形、桥梁结构变形与损伤的特点,且将计算的碰撞力与经验公式结果进行了比较。此后,越来越多的学者[38,41,48,49,95,97-101]开始采用显式非线性接触有限元技术建立精细的有限元模型,进行船舶与桥梁或防撞设施之间的碰撞模拟,使该方法在桥梁船撞研究中得到了进一步的发展,为我们理解船-桥碰撞过程中相互作用机理及被撞结构物的力学行为提供了帮助。

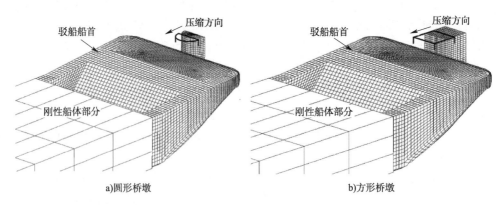

图 1-13 驳船与不同形状桥墩的接触-碰撞分析[46]

3) 广泛用于船撞动力分析时的瓶颈

相比经验性较强的静力法,非线性接触有限元分析技术能够模拟船-桥碰撞时相互作用的全过程,得到桥梁结构在船撞作用下的瞬态动力响应,而不是忽略动力效应的静力响应,从而确定在船撞作用下桥梁结构的动力需求与能力。但该方法的进一步发展与应用受到了较大的制约,尤其是在广泛采用该方法来进行船撞分析方面,主要原因包括[76-78,102]:

(1) 相比隐式积分方法,当前采用的接触算法和显式时间积分方法的数值稳定性,使得对计算结果的判断与分析更为重要且困难,从而也对使用者提出更高的要求。以 LS-DYNA 采用的中心差分法[90,91]为例,对于采用与应变率无关材料的常应变单元,稳定时间步长 Δt 为[82,90]:

$$\Delta t = \alpha \Delta t_{cr}, \Delta t_{cr} = \frac{2}{\omega_{max}} \leq \min_{e,l} \frac{2}{\omega_l^e} = \min_e \frac{l_e}{c_e} \quad (1-13)$$

式中,ω_{max} 为线性系统的最大频率;α 为考虑非线性对稳定性影响的折减系数,较为合理的取值范围为 $0.8 \leq \alpha \leq 0.98$,LS-DYNA 中默认值为 0.9[90,91];c_e 为单元 e 的波速;l_e 为单元 e 的特征长度。l_e 和 c_e 因单元的类型而异,具体见表 1-6。

单元特征长度及单元波速[82,90]   表 1-6

单元类型	单元特征长度 l_e	单元波速 c_e
梁(杆)单元[a]	单元的长度 L	$c_e = \sqrt{E/\rho}$
壳单元[b]	$l_e = \dfrac{A_e(1+\beta)}{\max\{L_1, L_2, L_3, (1-\beta)L_4\}}$	$c_e = \sqrt{\dfrac{E}{\rho(1-\nu)}}$
实体单元	$\begin{cases} l_e = V_e/A_e, & 8\text{ 节点} \\ l_e = \text{单元最小高度}, & 4\text{ 节点} \end{cases}$	$c_e = \sqrt{\dfrac{E(1-\nu)}{(1+\nu)(1-2\nu)\rho}}$

注:a. 若采用 Belytschko 梁单元且考虑与弯曲相关的控制时间步长,则单元波速不能采用此式,具体参见文献[90]和[91];
b. LS-DYNA 对于壳单元提供多种估算控制时间步长的方法,这里为缺省情况下的公式。
ρ 为密度;ν 为泊松比;E 为材料弹性模量;A_e 为单元的面积;V_e 为单元的体积;β 为形状系数,对于四边形壳单元 $\beta=0$,对于三角形壳单元 $\beta=1$;L_1、L_2、L_3、L_4 分别为壳单元四条边的长度。

显然,相比隐式积分方法,最小时间步长的合理选取对显式时间积分方法更为关键。若使用者选择了不合理的时间步长、质量缩放和接触算法等,则会造成一定程度的数值不稳定。并且由于显式时间积分方法不进行隐式积分方法的收敛性判断,所以很少因为不正确的参数而终止计算。此时,若对非线性接触有限元缺乏一定理论背景及对计算结果的判断能力,则往往会将不合理的结果误认为可靠的模拟结果,从而会错误地估计结构船撞作用的需求。Belytschko 等[82]在《连续介质及结构的非线性有限元法》一书中也指出:在进行非线性有限元分析时,若分析者不能理解所分析问题的内容以及选择了不合理的时间步长和接触算法等,将会适得其反,得出错误的结果及判断。

(2)建模和计算耗时耗力,使得该方法在桥梁船撞设计(尤其在概念设计阶段)中普遍运用不切实际,更不太适合用于开展系统而详细的影响因素分析以及设计优化等工作。为了合理地描述船-桥碰撞过程中的接触行为,往往要求采用精细的网格来近似船舶和桥梁结构复杂的几何外形(尤其是船首部分,如图1-13所示)。显然,这样不但会在建立船-桥碰撞模型时投入大量的时间,而且由于显式时间积分方法的时间步受整个模型中最小网格的时间步长控制(表1-6),接触区域局部的精细网格,必将对计算机性能及机时提出较高的要求。此外,在接触-碰撞分析中,为了提高计算的效率,往往采用缩减积分的低阶单元进行计算,但却需要额外对沙漏模式(零能模式)进行控制,否则将可能导致计算结果不正确。

(3)模拟被撞结构物时常采用实体单元来模拟混凝土,采用梁单元来模拟钢筋,这将会使我们过多地关注选取或构建混凝土材料本构模型(以 LS-DYNA 为例,至少有10种本构已用于或曾用于描述混凝土[90,91,103-106])、钢筋与混凝土相互作用模式等细节问题,不利于抓住桥梁船撞设计的主要问题。

同样,回顾结构抗震研究发现,在探讨地震作用下桩-土动力相互作用问题时,也曾采用基于接触模拟的实体有限元模型进行分析,但该技术却不为广大的抗震研究者和设计师们所青睐[107,108]。因此,广泛采用该技术来确定桥梁船撞作用下的动力响应,将很难突破上述瓶颈。此外,一些学者[109-111]在研究结构抗爆问题时指出,将非线性接触有限元分析技术广泛用于结构抗爆分析也存在类似的局限性。

1.3.3 简化动力分析法

由上述分析可知,规范或经验静力法和非线性接触有限元法都存在一定的不足,不能高效合理地确定船撞作用下被撞结构的响应。鉴于此,研究介于上述两种方法之间的简化动力分析法是非常必要的,其相比规范或经验静力法更能够反映动力相互作用本质,相比复杂且低效的非线性接触有限元法更能准确而高效地抓住问题的主要矛盾。为此,有学者先后采用简化动力分析方法或思路来计算船撞桥动力响应。例如,Pedersen 等[35]在总结了多种吨位船舶的撞击力(P)与撞深(a)关系曲线(简称为 P-a 曲线)的基础上,采用假定四分之一周期正弦函数形式的船首力和位移曲线来估计碰撞的持时,但他们讨论的重点是峰值船撞力[式(1-9)],并未对简化动力分析思路进行明确的论述。1993年,Larsen[6]在总结国际桥梁船撞会议报告中指出可采用船撞力和撞深关系或撞击力时程来进行简化动力分析。此后,Grob 等[112]、Jensen 等[113]、梁文娟等[114]、钱铧[115]、李雅宁[116]和欧碧峰[100]等也曾采用或提及基于简化动力的思路来分析桥梁船撞问题。但遗憾的是,这些工作大多没有对所提及的方法或思路进行充分的验证分析及讨论,因此未能引起足够的注意。

2003年后,Consolazio等[117-119]开始较为系统地研究一种基于耦合模型的简化动力分析(Coupled Vessel Impact Analysis,CVIA)法,如图1-14所示。针对驳船船撞问题,他们明确地指出了将驳船视为非线性的单自由度体系,并采用由拟静力法得到的非线性撞击力(P)和撞深(a)关系曲线来模拟驳船船首特性,通过与多自由度的桥梁结构在碰撞点耦合来建立计算模型,用于分析船撞作用下桥梁结构的动力响应。同时,他们对FB-Pier软件进行二次开发,实现了上述方法,并采用更为一般的非线性接触有限元模型进行较为详细的验证,表明了该方法不但有效,而且能够大大提高计算效率[117,118]。此后,Consolazio及他的学生通过研究丰富和发展了CVIA法,不但对驳船船首P-a曲线进行了影响参数分析[46,119-121]和模型化[15,17,122]研究,而且以该方法为基础发展了其他一些物理含义明确的方法[15,16,123,124],并对桥梁船撞倒塌概率进行了探讨[28,125]。其中,值得一提的是,Cowan在其博士论文中[15]利用Consolazio等建立的理想弹塑性的驳船船首P-a曲线,基于能量和结构动力学分析,提出了驳船撞击桥梁的时程分析法(Applied Vessel Impact Load History Method,AVIL),而后又采用振型分析及回归拟合等手段,将AVIL法进一步发展为驳船船撞反应谱法(Impact Response Spectrum Analysis,IRSA)。Getter等[16]以CVIA方法及模型化的驳船船首P-a曲线为基础,提出了考虑动力效应的等效静力法,进一步丰富了桥梁船撞需求分析方法的内容。与此同时,在Whitney和Harik[126-128]早期工作的基础上,Yuan和Harik[18,95]将Consolazio等[117-119]建立的简化动力相互作用分析方法加以发展并运用于驳船船队碰撞桥墩的分析中,表明了该方法可用于计算驳船船队碰撞桥墩的动力响应。此外,类似的方法与思路也用于海洋平台的船撞分析中[129-133],并逐渐被设计规范接受。例如,挪威船级社(Det Norske Veritas,DNV)[129]推出基于船首P-a曲线,以及能量和动量守恒分析的设计方法,非常值得桥梁船撞设计人员借鉴和学习。

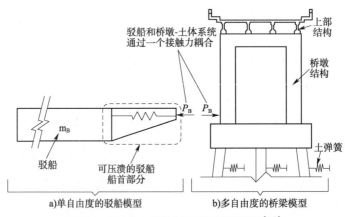

图1-14 彼此独立但耦合的驳船与桥墩模型[118]

上述学者的研究和探讨,使得采用各种不同形式的简化动力分析法来探讨桥梁船撞问题成为可能,尤其是使合理地确定被撞结构物的动力性能成为可能。尽管如此,这种正在发展的简化动力分析法仍然存在较多的关键性问题,有待我们完善或解决。例如,Consolazio等的工作主要集中于驳船问题,而目前对AASHTO第二类船舶碰撞下桥梁动力需求分析的高效方法尚探讨较少。此外,在他们的工作中,尚没有考虑船首钢材的应变率效应对强度的影响[117-119]，因此可能会导致船首 P-a 曲线中的撞击力被低估，进而低估结构的动力需求。同时，Cowan 在研究驳船冲击反应谱时，通过数值拟合得到冲击谱，而且采用了适合地震分析的 SRSS（Square root of sum of squares）和 CQC（Complete quadratic combination）振型组合方法[50,52,53,134-136]以及基于质量参与系数来判断所需振型数的方法。显然，由于船撞与地震荷载特点的差异，将这些适用于地震分析的方法直接用于船撞冲击谱分析是值得商榷的。在这样的背景下，作者及团队针对建立简便高效的桥梁船撞分析方法开展了系统的研究，主要研究成果将在本书后续章节进行介绍。

1.4 桥梁防撞措施及其设计

1.4.1 桥梁防撞措施概述

对通航水域内桥梁进行船撞设计时，可采用图 1-15 所示的基本思路。在桥梁结构初步设计中，首先采用合理的方法估计桥梁结构船撞动力需求 D 和抗撞能力 C，如果需求与能力满足期望的性能要求，则设计完成；否则，需要研究改善桥梁结构防撞性能的方案，并从可靠性、经济性、耐久性和美观性等几个方面，综合给出最优的方案。通常情况下，改善桥梁结构防撞性能（或降低船撞风险）有四种不同的途径：

（1）改变桥跨布置或方案，从而规避船舶碰撞桥梁下部结构的风险。例如，1981 年 1 月，瑞典 Tjörn 桥旧上承式钢管拱桥遭货轮碰撞后完全垮塌，而新桥则采用了主跨跨径 366m 的斜拉桥，一跨过江以规避船撞风险[34,137]。

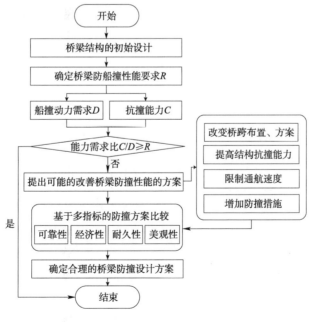

图 1-15 桥梁船撞设计的基本思路

（2）提高结构自身抗撞能力，如增加桩基数目或采用斜桩等来提高基础的水平抗力，这适合用于桥位水位及地质情况较好的情况。例如,1981年,位于美国Rhold Island的Newport悬索桥在满载31800DWT(总质量为45000t)船舶碰撞下仅桥墩轻微损伤,但船首撞深达3.5m[4,5,34,138]。这是因为桥墩抗撞能力强,碰撞能量主要由船舶吸收。此外,挪威的Helgeland斜拉桥、瑞典主跨414m的Uddevalla斜拉桥和越南的My Thuan斜拉桥都通过加强自身基础来提高抗撞能力[34]。

(3)限制通航速度。例如,希腊Rion-Antirion桥对于18000t的海轮进行航速不大于16节(≈30km/h)的限制[137-139]。

(4)增加额外的防撞措施。通常情况下,防撞措施可分为导航性质的主动防撞措施和物理的被动防撞措施两大类。对于桥梁工程师而言,由于对大多主动的导航措施及船舶航行特点不熟悉,而较少考虑导航性质的主动防撞措施,往往主要考虑采用物理的被动防撞措施或简单的警示标识[4-6]。物理的被动防撞措施根据其与桥梁结构在空间上的布置关系,又可以分为两大类[4,5,34]:①与被保护的桥梁结构分离的独立式防撞结构,如重力式防撞墩、桩承防撞结构和浮式防撞系统等;②与桥梁结构相连的附着式防撞结构,如橡胶、木结构、混凝土结构或钢结构组成的护舷防护系统以及人工岛等。这些物理的被动防撞措施,由于与被保护桥梁的空间布置关系、材料及结构形式等方面的差异,各自的防护特点及适用范围有所不同,具体可见表1-7。

主要防撞结构的防护特点及适用范围 表1-7

类型[a]	与结构的空间布置关系	防护特点及适用范围	工程实例
木护舷 (Timber Fender)	附着式	特点:通过木护舷结构的弹塑性变形及破坏来耗散船撞动能; 优点:经济、取材方便; 缺点:耗能能力有限; 适用性:适合较低能量碰撞	美国Commodore John Barry大桥[4,5] Richmond-san Rafael桥[140] 总体上,运用较少
橡胶护舷 (Rubber Fender)	附着式	特点:通过橡胶的压、弯和剪等弹性变形来耗散碰撞动能; 优点:经济、可选的形式多; 缺点:耗能能力有限; 适用性:适合较低能量碰撞	美国Passyunk Avenue桥[4,5] 日本濑户大桥[140] 总体上,运用较少
混凝土结构护舷 (Concrete Fender)	附着式	特点:一般由中空薄壁的混凝土箱形结构组成,通过混凝土板的屈曲、压溃等破坏来耗散船舶碰撞动能; 优点:较经济、耐久性好; 缺点:当发生较大塑性变形时,较难计算明确结构耗能的特征; 适用性:适合中低能量碰撞	美国Francis Scott Key大桥[4,5] 中国平潭海峡大桥方案[99,140] 总体上,运用较少

续上表

类型[a]	与结构的空间布置关系	防护特点及适用范围	工程实例
钢结构护舷 (Steel Fender)	附着式	特点:一般为由薄壁钢板和型钢组成的箱形的钢套箱结构,通过钢构件的压弯、屈曲和断裂来耗散碰撞动能; 优点:较经济; 缺点:易腐蚀,维护成本高,需避免易燃船舶碰撞时直接钢-钢接触造成火灾或爆炸; 适用性:适合中低能量碰撞	日本 Bisan-Seto 桥(图1-16)[4,5,136,141] 中国湛江海湾大桥[41] 中国广东官洲河大桥[142] 中国武汉天兴洲长江大桥[143] 中国黄石长江大桥[144] 中国珠江特大桥[145] 中国上海长江大桥[146] 中国江苏苏通长江大桥[147] 中国嘉绍大桥[148] 中国舟山金塘大桥[149]
桩承防撞结构 (Pile-supported Systems)	独立式或附着式	特点:一般由群桩基础及连接的承台组成,通过桩基础的延性弯曲变形来耗散碰撞动能; 优点:耗能能力大,易设计成可控延性耗能形式; 缺点:在桥位地质不良时,经济性不好; 适用性:适合中高能量碰撞	挪威 Tromsø 桥[4,5,150] 澳大利亚 Tasman 桥[4,5] 阿根廷 Rosario-Victoria 桥[43-45] 委内瑞拉 Orinoco 桥[34] 德国 Rhine 桥[34] 阿根廷 Chaco-Corrientes 大桥[151] 中国荆州长江公路大桥[152]
重力式防撞墩 (Dolphin Protection)	独立式	特点:一般由按格子形打入的钢板桩、碎石填料、混凝土板及墩帽组成;当结构较刚时,主要由船首发生变形耗散碰撞动能;当结构较柔时,通过结构的平动和扭转变形来耗散能量。 优点:较为经济,维护成本低。 缺点:船舶可能发生较为明显的损伤。 适用性:适合中高能量碰撞	美国阳光高架桥(图1-2)[4-6,137,153] 美国 Outerbridge Crossing[4,5,153] 美国 Betsy Ross 大桥[4,5,153] 美国 Dame Point 大桥[4,5,153] 阿根廷 Zarate-Brazo Largo 桥方案[34] 巴西 Rio-Niteroi 大桥[6]
人工岛 (Artifical Island)	附着式	特点:一般由砂和石料组成,表面采用力学性能较好的岩石来抵御波浪、水流等冲刷作用,通过将桥梁结构与肇事船舶隔离,仅使有限的船舶力作用传递给基础; 优点:在高能碰撞下提供有效的防护、船舶损伤小,深受船主、船员及环境保护者青睐; 缺点:对桥位航道及水文环境影响较大、依赖性较强; 适用性:适合水深不大情况下的高能量碰撞	美国新阳光高架桥(图1-17)[4-6,137,153] 美国 Baytown 大桥[4,5,153] 美国 James River 大桥[4,5,153] 加拿大 Laviolette 大桥[4,5,153] 加拿大 Annacis Island 大桥[154] 丹麦 Great Belt 大桥[155] 英国 Orwell 大桥[156] 中国香港汲水门大桥[34]

续上表

类型[a]	与结构的空间布置关系	防护特点及适用范围	工程实例
浮式防撞系统 (Floating Protection Systems)	独立式	特点：一般由柔性的系锚索、浮筒等构成，具体形式较多，通过浮筒和系锚索的移动及破坏来耗散碰撞动能； 优点：可随水位变化，船舶损伤小； 缺点：可靠性不高，对斜型船首容易失效，冬季在漂流冰长期作用下耐久性不高，容易被破坏； 适用性：适合用于对船舶保护要求较高、中低能量的碰撞	日本 Honshu-Shikoku 大桥[4,5,153] 澳大利亚 Tasman 大桥[4,5,153] 意大利 Taranto 大桥[4,5,153] 阿根廷 Zarate-Brazo Largo 桥[34] 中国台州椒江二桥方案[157] 中国杭州湾大桥[158]

注：a. 分类主要参考文献[4]~[6]、[137]、[153]；某些新材料的护舷式防撞结构近年来在我国涌现较多，基于一方面这些产品实践时间不长，另一方面已有部分产品在实践过程中出现一些问题（特别是长期服役性能方面），故未列于表中，以避免潜在的误导；作者及团队提出的钢-UHPC 组合高性能防撞结构，可有效解决既有同类防撞结构耐久性、耐撞性等不足的问题，已运用于实际工程中；由于相关运用方兴未艾，将在后续著作中专门论述，感兴趣的读者可查阅相关论文。

由表 1-7 可发现，目前运用较为广泛的防护措施为：护舷式（包括浮动式和固定式等）、桩承防撞结构、重力式防撞墩以及人工岛等。此外，我国在防撞设施选用上与国外的工程有着较为明显的区别，国外主要选用耗能可靠性较高、偏于保守的独立防撞结构（如桩承防撞结构、重力式防撞墩和人工岛），而我国近年来则广泛采用以护舷形式为主的措施[143-147]。以较早的日本 Bisan-Seto 大桥的钢结构护舷为例（图 1-16），设计最大防护仅为 500 吨级船舶 8 节速度（≈4.1m/s）的碰撞，最大可接受撞击能量近似为 10.17MJ[4,5,141,159]。然而，在我国，护舷形式却用于设计防护为 5000DWT 至 50000DWT 船舶 4~5m/s 碰撞的情况[126,128-131]，耗能需求提高了至少 2 倍，甚至达到 60 倍。在实际工程中，有时护舷式防撞结构仅作为辅助性措施，实际仍然以结构自身抗撞为主，有时亦要求护舷式防撞结构吸收一定能量，减小撞击力。然而，目前总体上该类防撞装置的分析与设计方法相对工程运用是滞后的，相关试验较为缺乏，且常见明显有疑问的数值分析模型用于实际设计。在如此背景下，如此大量、广泛地运用护舷式防撞措施是值得考虑及探讨的。

1.4.2 防撞措施设计方法及研究现状

就规范方面而言，目前只有 AASHTO 规范[5]对桥梁结构的防撞措施设计或分析方法做了相关规定或说明。AASHTO 规范指出[5]：对于防撞结构而言，需要根据可接受的工程实践经验，采用基于能量的，或基于力-加速度（$F = ma$）的方法来进行设计分析。当进行基于能量的分析时，则可以采用下式来计算：

$$\mathrm{KE} = \int F(x) \mathrm{d}x \tag{1-14}$$

第 1 章　桥梁船撞问题与分析方法概论

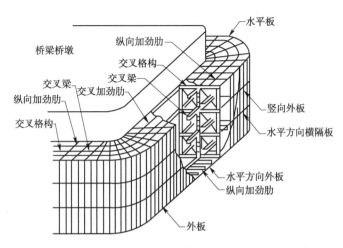

图 1-16　日本 Bisan-Seto 大桥钢结构护舷防撞系统[4,5,141,159]

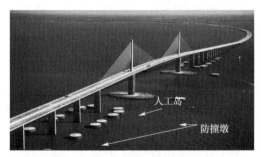

a) 新阳光高架桥

b) 重力式防撞墩

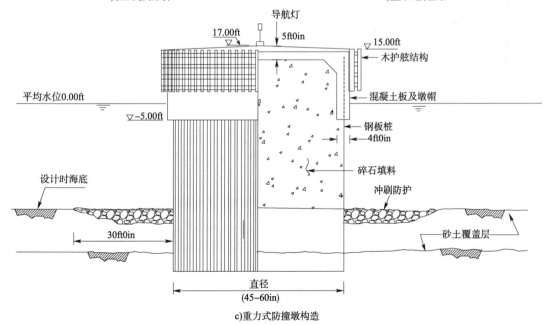

c) 重力式防撞墩构造

图 1-17　美国新阳光高架桥重力式防撞墩[4,5,141,159]

注：ft, in 为高程单位，1ft = 0.3048m, 1in = 2.54cm。

式中，KE 为设计代表船舶的碰撞动能，这里设计代表船舶为 AASHTO 规范基于风险方法确定的设防标准船舶；$F(x)$ 为防撞结构的抗力，是结构位移 x 的函数。根据防撞结构抗力 F 与由式(1-5)计算的等效静力船撞力 P_s 的关系，对防撞结构设计有三种不同的情况，结合作者的理解(图 1-18)，分别为：

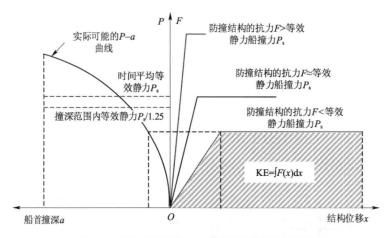

图 1-18　防撞结构不同抗力函数情况的设计分析示意

（1）当防撞结构的抗力小于或远小于式(1-5)计算的等效船撞力时，则假定碰撞动能完全由防撞结构吸收，采用式(1-14)进行分析和设计，使结构满足耗能需求。例如，浮式防撞系统通常情况下属于这种类型。

（2）当防撞结构的抗力大于或远大于式(1-5)计算的等效船撞力时，则假定碰撞动能完全由船舶变形耗散，采用式(1-5)进行分析和设计，使结构满足强度要求。例如，刚度较大的重力式防撞墩往往属于此类型。

（3）当防撞结构的抗力与式(1-5)计算的等效船撞力相当时，则由船舶和防撞结构两者共同的变形来耗散船舶的初始碰撞动能。AASHTO 规范指出[5]：这种情况下，涉及较为复杂的船舶-防撞结构的动力相互作用，需要依据设计者的经验加以设计和处理。通常，中等刚度的桩承式防撞结构可能属于这种情况。

由图 1-18 可知，实际船体或船首的 $P\text{-}a$ 关系曲线将随撞深增大而呈现逐渐上升趋势(本书将在第 2 章详细探讨)，对于上述第一种和第二种情况，由于船舶-防撞结构之间的强度差异较大，故非此即彼的耗能假设是可以接受的。但需要指出的是，防撞结构的动力效应对设计分析的影响情况仍然是值得探讨的，而 AASHTO 规范采用以式(1-5)为基础的分析，与前面论述的桥梁结构响应分析一样，忽略了动力效应的影响。此外，对于第三种情况，由于船舶与防撞结构强度大体相近(实际上由于 $P\text{-}a$ 关系曲线从零开始变化，因此这种情况总是会存在的)，船舶与防撞结构的动力相互作用不但会影响两者的耗能情况，而且会影响结构的破坏模式及抗撞能力，这更亟待我们进一步的研究。

除此以外，一些学者也曾针对具体某类防撞结构的设计与分析问题，进行了较为详细的探讨。对于我国广泛运用的钢结构护舷而言，主要采用近年来发展的非线性接触-碰撞有限元技术来进行分析[41,97-99,140,145,147,148]。尽管这种数值手段能够较为精细地模拟整个船舶与套箱式等防撞结构的相互作用过程,但是限于前述的计算效率等原因,其往往仅作为一种设计完成后性能评估的手段,不适用于反复的性能优化设计中,尤其是在概念设计或方案比选阶段。值得一提的是,人工岛的防撞措施由于具有防撞能力强、船舶损伤小和用材简单等优点已被广泛地运用于实际工程。以这些实际工程为背景,有不少学者[154,155,160-163]采用数学计算模型和缩尺模型试验相结合的方法进行了设计和分析研究,所以该类防撞措施的设计相对较为成熟。在丹麦 Great Belt 大桥建设背景下,Brink-Kjær 等[160]对防撞人工岛开展了缩尺比例为 1∶94 和 1∶79,船舶为 250000DWT、150000DWT 和 50000DWT 的近 500 次试验。试验结果表明:人工岛的几何形状设计应以尽可能地延长船舶的运动路径为目的,使得传递给桥墩的水平力显著地降低。在此基础上,Havnø 和 Knott[161]在设计美国新阳光高架桥的人工岛时,也进行了计算模型和物理试验分析。分析结果表明:采用考虑船舶六自由度运动的模型计算所得结果能够与物理模型试验结果较好地吻合。而对于重力式防撞墩,Heins[164]和 Kim 等[165]曾采用简化动力的方法进行了分析,为该类型防护措施进行考虑动力效应影响的设计提供了参考。相比较而言,另外一种广泛运用的桩承式防撞结构,目前大多采用基于简单能量[式(1-14)]或等效静力分析的方法来进行设计[34,43-45,151],鲜有探讨该类防撞结构与船舶碰撞时的动力相互作用特点、破坏模式以及高效合理的设计方法等问题。而实际上,这种防撞结构与船舶碰撞,可能属于上述 AASHTO 规范中的第三种情况,涉及较为复杂的碰撞动能由两者变形共同耗散的情形[151],因此为了合理设计防撞结构,分析船舶与防撞结构之间的动力相互作用过程及特点是非常必要的。

综上所述,与船撞作用下桥梁结构合理的动力分析方法一样,防撞结构的合理设计分析方法尚研究较少,亟待进一步研究,从而为简便、高效地设计和优化防撞结构提供基础[166]。

1.5 本书的主要内容与联系

在上述背景下,作者及团队针对桥梁船撞与防护结构分析方法开展了长达 15 年的持续研究,在此基础上总结形成了本书。考虑船撞作用荷载(需求)、结构抗撞能力及防护结构分析三个方面,将全书主要内容分为如下三篇:

(1)第 1 篇:船撞荷载与需求分析方法。第 1 篇主要论述如何高效地考虑船撞作用进行桥梁动力分析,构建了相应的分析方法,包括基于非线性宏观单元的相互作用模型法、时程荷载法、冲击谱法及其在船撞荷载构建中的作用。在本篇中,侧重刻画船撞作用及其对应动力分析,因此在本篇皆假设被撞结构为弹性状态。从这个意义上讲,本篇所求解的桥梁结构动力响应可视为结构的动力需求,即要使结构保持弹性所要求的最小能力。值得指出的是,在本书中船撞动力需求有两方面的含义:其一,桥梁结构船撞需求考虑动力效应的影响(如惯性力效应),而不是采用以往规范中的方法计算的静力需求;其二,结构需求分析意味着假定了其是所有碰撞情况下最大(极端)的响应,从而减少了构建分析方法时的困难。

(2)第 2 篇:墩柱抗撞能力分析方法。第 2 篇以受压钢筋混凝土柱落锤冲击试验为基础,探讨了钢筋混凝土柱在侧向冲击作用下的损伤演化过程、破坏模式与机理,以及撞后剩余承载能力等。在此基础上,建立了抗撞能力分析的精细有限元分析方法、撞后剩余承载能力估计方法以及高效的抗撞能力估计方法等。将第1篇中的船撞作用近似方法与第2篇钢筋混凝土柱模拟方法相结合,就可以形成考虑桥梁结构非线性的船撞分析。

(3)第3篇:典型桥梁船撞防护结构分析方法。以前两篇工作为基础,第3篇在给出常用的桩承防撞结构、钢套箱两类防护结构防撞消能机理的基础上,建立了两类防护结构简便高效的分析与设计方法,为实际设计与运用这两类防护结构提供基础。

尽管上述三篇内容中仍然有些内容值得进一步深入研究,但通过作者及团队的研究,三者已形成了有机的整体,其内容将有助于读者深入理解碰撞过程中船-桥相互作用过程及其结构动力学内涵,抓住桥梁船撞分析的本质。

本章参考文献

[1] 项海帆. 中国桥梁史纲[M]. 上海:同济大学出版社,2013.

[2] 项海帆. 中国公路桥梁建设的成就和不足[J]. 中国公路,2002,11:20-24.

[3] 项海帆,范立础,王君杰. 船撞桥设计理论的现状与需进一步研究的问题[J]. 同济大学学报(自然科学版),2002,30(4):386-392.

[4] AASHTO. Guide Specification and Commentary for Vessel Collision Design of Highway Bridges [S]. Washington, D. C. :AASHTO,1991.

[5] AASHTO. Guide Specifications and Commentary for Vessel Collision Design of Highway Bridges [S]. 2nd ed. Washington, D. C. :AASHTO,2009.

[6] LARSEN O D. Ship collision with bridges:the interaction between vessel traffic and bridge structures[M]. Zurich:IABSE,1993.

[7] KNOTT M,PRUCZ Z. Vessel collision design of bridges[M]. Boca Raton, FL:CRC Press, 2000.

[8] HARIK I,SHAABAN A,GESUND H,et al. United States bridge failures,1951-1988[J]. Journal of Performance of Constructed Facilities,1990,4(4):272-277.

[9] WARDHANA K,HADIPRIONO F C. Analysis of recent bridge failures in the United States [J]. Journal of Performance of Constructed Facilities,2003,17(3):144-150.

[10] LEE G C,MOHAN S,HUANG C,et al. A study of US bridge failures(1980-2012)[M]. Buffalo, NY:MCEER,2013.

[11] HOLMES J D. Wind loading of structures[M]. London:CRC Press,2007.

[12] 项海帆,葛耀君. 现代桥梁抗风理论及其应用[J]. 力学与实践,2007,29(1):1.

[13] CONSOLAZIO G R,LEHR G B,COOK R A. Barge impact testing of the St. George Island Causeway Bridge, Phase III:physical testing and data interpretation[R]. Gainesville:University of Florida,2006.

[14] MCVAY M,WASMAN S,BULLOCK P. St. George geotechnical investigation of vessel pier impact[R]. Gainesville:Engineering and Industrial Experiment Station, University of Florida,2005.

[15] COWAN D R. Development of time-history and response spectrum analysis procedures for determining bridge response to barge impact loading[D]. Gainesville:University of Florida,2007.

[16] GETTER D J,CONSOLAZIO G R,DAVIDSON M T. Equivalent static analysis method for barge impact-resistant bridge design[J]. Journal of Bridge Engineering,2011,16(6):718-727.

[17] CONSOLAZIO G R,DAVIDSON M T,COWAN D R. Barge bow force-deformation relationships for barge-bridge collision analysis[J]. Transportation Research Record,2009,2131(1):3-14.

[18] YUAN P. Modeling, simulation and analysis of multi-barge flotillas impacting bridge piers[D]. Kentucky:University of Kentucky,2005.

[19] YUAN P,HARIK I E,DAVIDSON M T. Multi-barge flotilla impact forces on bridges[R]. Kentucky:University of Kentucky Transportation Center,2008.

[20] CONSOLAZIO G R,LEHR G B,COOK R A. Barge impact testing of the St. George Island Causeway Bridge:Phase I:feasibility study[R]. Gainesville:University of Florida,2002.

[21] U S COAST GUARD. Report of the U. S. Coast Guard-American Waterways Operaters[R]. 2003.

[22] 戴彤宇,聂武. 船撞桥事故综述[J]. 黑龙江交通科技,2003,26(2):1-3.

[23] 林铁良. 船舶撞击桥梁风险评价[D]. 上海:同济大学,2006.

[24] TAN J-S,ELBAZ K,WANG Z-F,et al. Lessons learnt from bridge collapse:a view of sustainable management[J]. Sustainability,2020,12(3):1205.

[25] 中投顾问. 2010—2015 年中国水运行业投资分析及前景预测报告[R]. 2010.

[26] 耿波. 桥梁船撞安全评估[D]. 上海:同济大学,2007.

[27] GENG B,WANG H,WANG J. Probabilistic model for vessel-bridge collisions in the Three Gorges Reservoir[J]. Frontiers of Architecture and Civil Engineering in China,2009,3(3):279-285.

[28] DAVIDSON M T. Probability assessment of bridge collapse under barge collision loads[D]. Gainesville:University of Florida,2010.

[29] WHITNEY M W,HARIK I E,GRIFFIN J J,et al. Barge collision design of highway bridges[J]. Journal of Bridge Engineering,1996,1(2):47-58.

[30] MINORSKY V U. An analysis of ship collision to protection of nuclear powered plant[J]. Journal of Ship Research,1959(1):1-4.

[31] WOISIN G,GERLACH W. On the estimation of forces developed in collisions between ships and offshore lighthouses[C]. Stockholm:International Conference on the Lighthouses and Other Aids to Navigation,1970.

[32] WOISIN G. The collision tests of the GKSS[J]. Jahrbuch der Schiffbautechnischen Gesellschaft,1976,70(2):465-487.

[33] SAUL R,SVENSSON H. On the theory of ship collision against bridge piers[C]. Copenhag-

en,1980.

[34] SVENSSON H. Protection of bridge piers against ship collision[J]. Steel Construction: Design and Research,2009,2(1):21-32.

[35] PEDERSEN P T,VALSGAARD S,OLSEN D,et al. Ship impacts:bow collisions[J]. International Journal of Impact Engineering,1993,13(2):163-187.

[36] YUAN P,HARIK I E. Equivalent barge and flotilla impact forces on bridge piers[J]. Journal of Bridge Engineering,2010,15(5):523-532.

[37] 胡志强,顾永宁,高震,等. 基于非线性数值模拟的船桥碰撞力快速估算[J]. 工程力学,2005,22(3):235-240.

[38] 陈诚. 桥梁设计船撞力及损伤状态仿真研究[D]. 上海:同济大学,2006.

[39] 中华人民共和国交通部. 公路桥涵设计通用规范:JTG D60—2004[S]. 北京:人民交通出版社,2004.

[40] 中华人民共和国铁道部. 铁路桥涵设计基本规范:TB 10002.1—2005[S]. 北京:中国铁道出版社,2005.

[41] WANG L,YANG L,HUANG D,et al. An impact dynamics analysis on a new crashworthy device against ship-bridge collision[J]. International Journal of Impact Engineering,2008,35(8):895-904.

[42] WUT TRICH R,WEKEZER J,YAZDANI N,et al. Performance evaluation of existing bridge fenders for ship impact[J]. Journal of Performance of Constructed Facilities,2001,15(1):17-23.

[43] PATSCH A,GERBAUDO C F,PRATO C A. Analysis and testing of piles for ship impact defenses[J]. Journal of Bridge Engineering,2002,7(4):236-244.

[44] SAUL R,HUMPF K,PATSCH A. Bridge protection system for the Rosario Victoria Bridge across the river Parana in Argentina[C]. Beijing:International Conference on Innovation and Sustainable Development of Civil Engineering in the 21st Century,2002.

[45] SAUL R,HUMPF K,PATSCH A. The Rosario-Victoria cable-stayed bridge across the river Paraná in Argentina and its ship impact protection system[C]. PUSAN:Proceedings of the First International Conference on Steel and Composite Structures,2001:1011-1018.

[46] CONSOLAZIO G R,COWAN D R. Nonlinear analysis of barge crush behavior and its relationship to impact resistant bridge design[J]. Computers & Structures,2003,81(8-11):547-557.

[47] LIU J C,GU Y N. Simulation of the whole process of ship-bridge collision[J]. China Ocean Engineering,2002,16(3):369-382.

[48] 何勇,金伟良,张爱晖,等. 船桥碰撞动力学过程的非线性数值模拟[J]. 浙江大学学报:工学版,2008,42(6):1065-1070.

[49] 杨智,袁万城,樊伟. 飘浮体系斜拉桥全桥船撞动力响应数值模拟[J]. 结构工程师,2010,26(2):63-69.

[50] PRIESTLEY M N,SEIBLE F,CALVI G M. Seismic design and retrofit of bridges[M]. New York:John Wiley & Sons,1996.

[51] CHEN W F,DUAN L. Bridge engineering:seismic design[M]. Boca Raton,FL:CRC Press,2003.

[52] CHOPRA A K. Dynamics of structures:theory and applications to earthquake engineering[M]. New York:Pearson Education Inc. ,2007.

[53] SHIBATA A. Dynamic analysis of earthquake resistant structures[D]. Sendai-shi:Tohoku University,2010.

[54] 叶爱君,管仲国. 桥梁抗震[M]. 2版. 北京:人民交通出版社,2011.

[55] 范立础. 桥梁抗震[M]. 上海:同济大学出版社,1997.

[56] GETTER D J. A static analysis method for barge impact design of bridges with consideration of dynamic amplification[D]. Gainesville:University of Florida,2010.

[57] 王君杰,陈诚,汪宏,等. 基于碰撞数值模拟的桥梁等效静力船撞力——基本公式[J]. 公路交通技术,2009(2):66-70.

[58] REARDON P,SPRUNG J. Validation of Minorsky's ship collision model and use of the model to estimate the probability of damaging a radioactive material transportation cask during a ship collision [C]. San Francisco:Proceedings of the International Conference on Design and Methodologies for Collision and Grounding Protection of Ships,1996.

[59] CHEN D. Simplified ship collision model[D]. Virginia:Virginia Tech,2000.

[60] ZHANG S. The mechanics of ship collisions[D]. Kongens Lyngby:Pepartment of Naval Architecture and Offshore Engineering,Technical University of Denmark,1999.

[61] PARKER J. Ship impact protection for Hungerford Bridge,London,UK[J]. Proceedings of the Institution of Civil Engineers-Structures and Buildings,2009,162(1):11-19.

[62] KUZMANOVIĆ B O,SANCHEZ M R. Design of bridge pier pile foundations for ship impact[J]. Journal of Structural Engineering,1992,118(8):2151-2167.

[63] IABSE. IASBE Colloquium on Ship Collision with Bridges and Offshore Structures. 3 Volumes (Introductory,Preliminary,and Final Reports)[M]. Larsen OD ed. Copenhagen, Denmark:International Association for Bridge and Structural Engineering,1983.

[64] PRUCZ Z,CONWAY W B. Design of bridge piers against ship collision[C]. Orlando,FL: Bridges and transmission line structures. ASCE,1987:209-223.

[65] AASHTO. AASHTO LRFD bridge design specifications and commentary[M]. Washington, D. C. :American Association of State Highway and Transportation Officials,1994.

[66] GERWICK B J. Structural design to resist impact[C]. Copenhagen:IABSE Colloquium, Preliminary Report,1983,42:467-472.

[67] ROIVAINEN T,TIKKANEN E. Effects of a ship collision with a bridge[C]. Copenhagen: IABSE Colloquium,Preliminary Report,1983,42:187-194.

[68] WASA Y,OSHITARI M. Ship collision with the Tokyo Bay Crossing Bridge-Tunnel[C].

Copenhagen: IABSE Colloquium, Preliminary Report, 1983, 42: 443-450.

[69] UND FARö-BRüCKEN S, JENSEN A O, SØRENSEN E A. Ship collision and the Farø Bridges[C]. Copenhagen: IABSE Colloquium, Preliminary Report, 1982: 451-458.

[70] KNOTT M, BONYUN D. Ship collision against the sunshine skyway bridge[C]. Copenhagen: IABSE Colloquium on Ship Collision with Bridges and Offshore Structures, 1983: 153-162.

[71] MEIR-DORNBERG K. Ship collisions, safety zones, and loading assumptions for structures in inland waterways[J]. VDI-Berichte, 1983, 496(1): 1-9.

[72] CEN. Eurocode 1: Basis of Design and Actions on Structures: Part 2-7, Actions on Structures-Accidental Actions due to Impact and Explosions[S]. CEN, 1998.

[73] BSI. Eurocode 1: Actions on Structures. Part 1-7: General Actions-Accidental Actions[S]. London: British Standard Institution, 2006.

[74] 中华人民共和国交通运输部. 公路桥梁抗撞设计规范: JTG/T 3360-02—2020[S]. 北京: 人民交通出版社股份有限公司, 2020.

[75] CHU L, ZHANG L. Centrifuge modeling of ship impact loads on bridge pile foundations[J]. Journal of Geotechnical and Geoenvironmental Engineering, 2011, 137(4): 405-420.

[76] 樊伟, 袁万城, 杨智, 等. 高桩承台桥梁船撞动力需求的时程分析法[J]. 同济大学学报: 自然科学版, 2010, 38(12): 1719-1724.

[77] FAN W, YUAN W C, ZHOU M. A nonlinear dynamic macro-element for demand assessment of bridge substructures subjected to ship collision[J]. Journal of Zhejiang University-Science A, 2011, 12(11): 826-836.

[78] FAN W, YUAN W C, YANG Z, et al. Dynamic demand of bridge structure subjected to vessel impact using simplified interaction model[J]. Journal of Bridge Engineering, 2011, 16(1): 117-126.

[79] GUPTA B, KUNNATH S K. Adaptive spectra-based pushover procedure for seismic evaluation of structures[J]. Earthquake Spectra, 2000, 16(2): 367-391.

[80] CHOPRA A K, GOEL R K. A modal pushover analysis procedure to estimate seismic demands for buildings: theory and preliminary evaluation[R]. Civil and Environmental Engineering, 2001.

[81] CHOPRA A K, GOEL R K. A modal pushover analysis procedure for estimating seismic demands for buildings[J]. Earthquake Engineering & Structural Dynamics, 2002, 31(3): 561-582.

[82] BELYTSCHKO T, LIU W K, MORAN B, et al. Nonlinear finite elements for continua and structures[M]. New York: John Wiley & Sons, 2013.

[83] COOK R D. Concepts and applications of finite element analysis[M]. New York: John Wiley & Sons, 2007.

[84] LOGAN D L. A first course in the finite element method[M]. Boston: Cengage Learning, 2016.

[85] ZIENKIEWICZ O C,TAYLOR R L,ZHU J Z. The finite element method:its basis and fundamentals[M]. Amsterdam:Elsevier,2005.

[86] 王勖成. 有限单元法[M]. 北京:清华大学出版社,2003.

[87] WRIGGERS P. Computational contact mechanics[M]. Berlin:Springer,2006.

[88] PIFKO A B,WINTER R. Theory and application of finite element analysis to structural crash simulation[J]. Computers & Structures,1981,13(1-3):277-285.

[89] BATHE K,GUILLERMIN O,WALCZAK J,et al. Advances in nonlinear finite element analysis of automobiles[J]. Computers & Structures,1997,64(5-6):881-891.

[90] HALLQUIST J O. LS-DYNA theory manual[J]. Livermore Software Technology Corporation,2006(3):25-31.

[91] LSTC. LS-DYNA keyword user's manual version 971[M]. Livermore,California:Livermore Software Technology Corporation,2007.

[92] MSC. Dytran theory manual[M]. Los Angeles,California:MSC Software Corporation,2004.

[93] ADINA Research and Development Inc.. ADINA theory and modeling guide[M]. Watertown:Report 01-7,2001.

[94] ABAQUS D. Abaqus theory manual[M]. Paris:Dessault Systémes,2014.

[95] YUAN P,HARIK I E. One-dimensional model for multi-barge flotillas impacting bridge piers[J]. Computer-Aided Civil and Infrastructure Engineering,2008,23(6):437-447.

[96] 刘建成,顾永宁. 船-桥碰撞力学问题研究现状及非线性有限元仿真[J]. 船舶工程,2002(5):4-9.

[97] 潘晋. 船桥碰撞机理及桥墩防护装置研究[D]. 武汉:武汉理工大学,2003.

[98] 姜河蓉. 船和桥墩防撞装置碰撞仿真模拟研究[D]. 武汉:武汉理工大学,2004.

[99] 孙霁. 桥梁及防撞设施数值模拟分析[D]. 上海:同济大学,2005.

[100] 欧碧峰. 基于微平面模型的桥梁船撞数值模拟与简化动力分析[D]. 上海:同济大学,2008.

[101] 杨智. 船撞作用下桥梁的合理简化模型研究[D]. 上海:同济大学,2011.

[102] FAN W,YUAN W. Shock spectrum analysis method for dynamic demand of bridge structures subjected to barge collisions[J]. Computers & Structures,2012,90:1-12.

[103] FAN W,YUAN W,YANG Z,et al. Evaluation of concrete material model for vessel-bridge collision simulation and its application[C]. Changsha:International Symposium on Lifecycle Performance of Bridges and Structures,2010.

[104] SHUGAR T A,HOLLAND T J,MALVAR L J. Applications of finite element technology to reinforced concrete explosives containment structures[R]. Port Hueneme:Naval Civil Engineering Lab,1992.

[105] YONTEN K,MANZARI M T,ESKANDARIAN A,et al. An evaluation of constitutive models of concrete in LS-DYNA finite element code[C]. New York:15th ASCE Engineering Mechanics Conference,Columbia University,2002.

[106] TU Z, LU Y. Evaluation of typical concrete material models used in hydrocodes for high dynamic response simulations[J]. International Journal of Impact Engineering, 2009, 36(1):132-146.

[107] MOSTAFA Y E, NAGGAR M H E. Dynamic analysis of laterally loaded pile groups in sand and clay[J]. Canadian Geotechnical Journal, 2002, 39(6):1358-1383.

[108] VARUN. A non-linear dynamic macroelement for soil structure interaction analyses of piles in liquefiable sites[D]. Atlanta:Georgia Institute of Technology, 2010.

[109] EL-DAKHAKHNI W, MEKKY W, REZAEI S C. Validity of SDOF models for analyzing two-way reinforced concrete panels under blast loading[J]. Journal of Performance of Constructed Facilities, 2010, 24(4):311-325.

[110] EL-DAKHAKHNI W, MEKKY W, CHANGIZ-REZAEI S. Vulnerability screening and capacity assessment of reinforced concrete columns subjected to blast[J]. Journal of Performance of Constructed Facilities, 2009, 23(5):353-365.

[111] 师燕超. 爆炸荷载作用下钢筋混凝土结构的动态响应行为与损伤破坏机理[D]. 天津:天津大学, 2009.

[112] GROB J, HAJDIN N. Ship impact on inland waterways[J]. Structural Engineering International, 1996, 6(4):230-235.

[113] JENSEN J L, SVENSSON E, EIRIKSSON H, et al. Ship-induced derailment on a railway bridge[J]. Structural Engineering International, 1996, 6(2):107-112.

[114] 梁文娟, 金允龙, 陈高增. 船舶与桥墩碰撞力计算及桥墩防撞[C]. 中国土木工程学会桥梁及结构工程学会第十四届年会, 2000.

[115] 钱铧. 桥梁船舶碰撞的简化分析[D]. 上海:同济大学, 2003.

[116] 李雅宁. 船-桥碰撞非线性有限元仿真研究[D]. 上海:上海交通大学, 2003.

[117] CONSOLAZIO G R, HENDRIX J L, MCVAY M C, et al. Prediction of pier response to barge impacts with design-oriented dynamic finite element analysis[J]. Transportation Research Record, 2004, 1868(1):177-189.

[118] CONSOLAZIO G R, COWAN D R. Numerically efficient dynamic analysis of barge collisions with bridge piers[J]. Journal of Structural Engineering, 2005, 131(8):1256-1266.

[119] HENDRIX J L. Dynamic analysis techniques for quantifying bridge pier response to barge impact loads[D]. Gainesville:University of Florida, 2003.

[120] ZHANG B. Influence of pier nonlinearity, impact angle, and column shape on pier response to barge impact loading[D]. Gainesville:University of Florida, 2004.

[121] GAYLORD-COWAN D R. Numerically efficient nonlinear dynamic analysis of barge impacts on bridge piers[D]. Gainesville:University of Florida, 2004.

[122] FAN W, YUAN W. Ship bow force-deformation curves for ship-impact demand of bridges considering effect of pile-cap depth[J]. Shock and Vibration, 2014, 2014(1):1-19.

[123] CONSOLAZIO G R, DAVIDSON M T. Simplified dynamic analysis of barge collision for bridge design[J]. Transportation Research Record,2008,2050(1):13-25.

[124] DAVIDSON M T. Simplified dynamic barge collision analysis for bridge pier design[D]. Gainesville:University of Florida,2007.

[125] DAVIDSON M T, CONSOLAZIO G R, GETTER D J, et al. Probability of collapse expression for bridges subject to barge collision[J]. Journal of Bridge Engineering,2013, 18(4):287-296.

[126] WHITNEY M W. Analysis and design of bridges susceptible to barge impact[D]. Kentucky: University of Kentucky,1996.

[127] WHITNEY M W, HARIK I E. Dynamic design of bridges susceptible to barge impact[J]. Structures under Shock and Impact IV,1996:161-170.

[128] WHITNEY M W, HARIK I E. Analysis and design of bridges susceptible to barge impact [R]. Kentucky:University of Kentucky Transportation Center,1997.

[129] DNV. Recommended practice DNV-RP-C204:design against accidental loads[C]. Oslo: Det Norske Veritas,2010.

[130] STERNDORFF M J, WAEGTER J, EILERSEN C. Design of fixed offshore platforms to dynamic ship impact loads [J]. Journal of Offshore Mechanics and Arctic Engineering-ASME,1992,114:146-153.

[131] GJERDE P, PARSONS S, IGBENABOR S. Assessment of jack-up boat impact analysis methodology[J]. Marine Structures,1999,12(4-5):371-401.

[132] VISSER W P. Ship collision and capacity of brace members of fixed steel offshore platforms [R]. Research Report of Health and Safety Executive(HSE),The Netherlands,2004.

[133] JIN W L, SONG J, GONG S F, et al. Evaluation of damage to offshore platform structures due to collision of large barge[J]. Engineering Structures,2005,27(9):1317-1326.

[134] CLOUGH R W, PENZIEN J. Dynamics of structures[M]. 3rd ed. Berkeley:Computer & Structure Inc.,1995.

[135] ROSENBLUETH E. A basis for aseismic design[D]. Chicago:University of Illinois,1951.

[136] KIUREGHIAN A D. A response spectrum method for random vibration analysis of MDF systems[J]. Earthquake Engineering & Structural Dynamics,1981,9(5):419-435.

[137] 项海帆. 桥梁概念设计[M]. 北京:人民交通出版社,2011.

[138] KUESEL T R. Newport bridge collision [C]. Copenhagen:International Association for Bridge and Structural Engineering(IABSE)Colloquium,1983.

[139] COMBAULT J, PECKER A, TEYSSANDIER J-P, et al. Rion-antirion bridge, Greece-concept, design, and construction [J]. Structural Engineering International, 2005, 15(1): 22-27.

[140] 孙振. 桥梁防船撞设施的比较研究[D]. 上海:同济大学,2007.

[141] NAMITA Y, NAKAMISHI H. Analysis of framed buffer structure around bridge pier[C].

Copenhagen: IABSE Colloquium, Preliminary Report, 1983, 319-326.

[142] 吴卫国,姜河蓉,杨茨祥.桥墩防护装置在船舶撞击载荷作用下的动态响应分析[J].武汉理工大学学报:交通科学与工程版,2004,28(4):482-484.

[143] 陈炜,肖波,高宗余.武汉天兴洲公铁两用长江大桥1号墩防撞设计与分析[J].世界桥梁,2006(2):78-80.

[144] 史元熹,金允龙,徐骏.黄石长江大桥主墩防撞设施设计[C].中国土木工程学会桥梁及结构工程学会第十四届年会,2000.

[145] 曹卫力.防撞钢套箱在碰撞中的响应分析[J].广东公路交通,2005(4):12-14,18.

[146] 上海船舶运输科学研究所.上海长江大桥工程基础防撞专题研究[R].2005.

[147] 游庆仲,董学武,吴寿昌.苏通大桥基础工程的挑战与创新[J].中国工程科学,2007,9(6):22-26.

[148] 姜河蓉,黄伟忠,金允龙.嘉绍大桥主墩防撞设施结构方案研究[J].上海船舶运输科学研究所学报,2011,34(2):103-108.

[149] 陈卫国,唐衡.金塘大桥索塔墩1600t防撞钢套箱安装施工技术[J].公路,2009(1):133-138.

[150] TAMBS-LYCHE P. Vulnerability of Norwegian Bridges Across Channels[C]. Copenhagen: IABSE Colloquium, Preliminary Report, 1982: 47-56.

[151] PINTO F, PRATO C A, HUERTA P J. Vessel colission protection for chaco corrientes bridge by means of energy absorbing drilled shafts[J]. Mecánica Computacional, 2008(11):813-832.

[152] 郭杰锋.高桩基础防撞试验及防撞设计新方法研究[D].杭州:浙江大学,2010.

[153] TAMBS-LYCHE P. Vulnerability of Norwegian Bridges across Channels[C]//Copenhagen: IABSE Colloquium on Ship Collision with Bridges and Offshore Structures, 1983.

[154] SEXSMITH R. Bridge risk assessment and protective design for ship collision[C]. Copenhagen: IABSE Colloquium, 1983: 425-433.

[155] DENVER H. Geotechnical model tests for the design of protective islands[J]. IABSE Reports, 1983, 42: 353-356.

[156] FLETCHER M. Pier protection by man-made islands for Orwell Bridge, UK[J]. IABSE Reports, 1983, 42: 327-352.

[157] FAN W, YUAN W, LI G, et al. Numerical analysis of floating protection system for bridge structure subjected to vessel impact[C]. Lushan: IEEE 2011 International Conference on Electric Technology and Civil Engineering(ICETCE), 2011: 476-479.

[158] 高家镛,张甫杰,马雪泉.桥梁防撞设施物理模型试验[J].上海船舶运输科学研究所学报,2011,34(1):1-7.

[159] MATSUZAKI Y, JIN H. Design specification of buffer structure[C]. Copenhagen: IABSE Colloquium on Preliminary Report, 1983.

[160] BRINK-KJÆR O, BRODERSEN F P, NIELSEN A H. Modelling of ship collisions against

protected structures essais sur modèle de collisions de navires contre des structures de protection[J]. IABSE Reports,1982,41:147.

[161] HAVNØ K,KNOTT M. Risk analysis and protective island design for ship collisions[C]. Tokyo:Proceedings of International Association for Bridge and Structural Engineering(IABSE)Colloquium,IABSE Reports,1986:181-188.

[162] MINORSKY V U. Evaluation of ship bridge pier impact and of islands as protection[C]. Copenhagen:IABSE Colloquium on Ship Collision with Bridges and Offshore Structures,1983.

[163] SAUL R,SVENSSON H. Means of reducing consequences of ship collisions with bridges and offshore structures[C]. Copenhagen:IABSE Colloquium on Ship Collision with Bridges and Offshore Structures,1983.

[164] HEINS C P. Bridge dolphins subjected to impact[C]. Copenhagen:IABSE Colloquium on Ship Collision with Bridges and Offshore Structures,1983.

[165] KIM H-J,LIM J,PARK W,et al. Risk assessment of dolphin protected bridge pier considering collision point analysis[J]. Civil Engineering Topics,2011(4):163-172.

[166] 樊伟.船撞下桥梁结构动力需求及桩承结构防撞能力分析方法[D].上海:同济大学,2012.

第1篇
船撞荷载与需求分析方法

第2章　基于非线性宏观单元的相互作用模型法
第3章　船撞下桥梁动力需求分析的时程荷载法
第4章　桥梁船撞冲击谱法与运用

第2章 基于非线性宏观单元的相互作用模型法

2.1 概 述

宏观单元(macro-element)是以一个结构或构件的一部分作为一个单元进行分析,是相对于根据有限元法直接离散结构或构件来达到分析目的的微观单元而言的。对于两种结构或构件之间的相互作用问题,往往可采用基于宏观单元的模型或方法进行分析,这样不但可以提高计算效率,而且更便于抓住问题的主要矛盾。例如,自Winker地基梁模型提出以来,基于宏观单元的弹簧与阻尼单元来考虑土-结构相互作用的基本思路,已被广泛地运用于结构分析与设计中,尤其是在研究地震作用下结构动力响应或需求过程中[1-5]。近来,有学者[2,5]提出能够考虑借助液化的非线性宏观单元来描述地震作用下的桩-土相互作用问题,更使得该方法与思路的研究趋于完善。由此可知,基于宏观单元分析结构或构件之间的相互作用可能是一种行之有效的手段。

正如第1章所述,采用规范(经验)静力法来研究船-桥碰撞问题不能反映动力相互作用本质,而采用复杂的非线性接触有限元法则不但效率低下,而且不利于抓住问题的主要矛盾。因此,研究介于上述两种方法之间的动力分析法用于确定桥梁船撞下的动力需求是非常必要的。而船-桥碰撞问题实质上是一种船舶与桥梁结构之间的动力相互作用问题。显然,对于这类相互作用问题,可以采用类似于桩-土相互作用问题研究中基于宏观单元分析的方法与思路。为此,有些学者先后采用类似于基于宏观单元的动力分析的思想来计算船撞桥动力响应,但大多没有论述该方法的基本思路或验证该方法的有效性[6-8]。直到2003年,Consolazio等[9-11]才较为明确地针对美国内河中典型的驳船,即AASHTO规范[12]3.5节中定义的第一类船舶,提出了一种基于耦合(通过接触力将简化的驳船单自由度模型与多自由度的桥梁结构耦合)模型的简化动力分析法(CVIA法),用来计算桥梁结构的动力响应,为该类方法研究提供了基本思路。然而,他们的研究主要针对典型吃水较浅的内河驳船,且采用没有考虑应变率效应的非线性撞击力(记为P)和撞深(记为a)关系的静力曲线来描述宏观单元的特性,导致被撞结构物的响应有可能会被低估。

鉴于此,本章针对吃水较深的货船(即AASHTO规范[12]3.5节中定义的第二类船舶),构建一种合理、高效的基于非线性宏观单元的桥梁船撞动力需求分析方法。首先,论述基于非线性宏观单元需求分析的基本思路。然后,探讨确定宏观单元参数的方法与过程,以及基于非线性宏观单元的相互作用模型法的实现。最后,对所构建方法的有效性和合理性进行验证,并将该方法与规范(经验)静力法和接触碰撞模型进行比较。

2.2 基于非线性宏观单元需求分析的基本思路与方程

2.2.1 基本思路

在考虑桥梁结构在船撞作用下的需求时,通常都认为船首正撞桥梁结构时[图 2-1a)]的需求(响应)是控制性的[6,12-15],因此下面将主要针对这种情况,探讨构建基于非线性宏观单元的桥梁船撞动力需求分析方法。

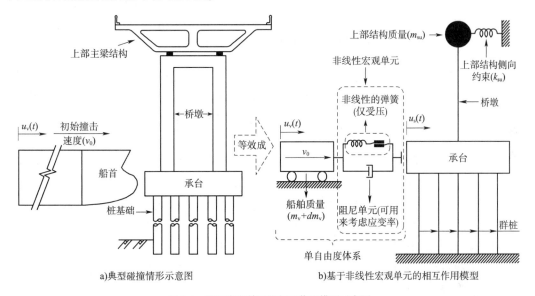

a)典型碰撞情形示意图　　　　b)基于非线性宏观单元的相互作用模型

图 2-1　基于宏观单元的相互作用模型示意图

由以往的船撞桥事故[12,15]和试验[16-19]可知,船舶发生变形和损伤的部位主要是其首部结构,而船首结构以外的大部船体结构均不发生显著变形,因此可忽略其对碰撞动能的耗散作用。鉴于此,根据图 2-1a)所示的典型碰撞情形,可构建图 2-1b)所示的基于非线性宏观单元的相互作用模型,使其简便、高效地运用于确定桥梁结构在船撞作用下的动力需求。由图 2-1 可知,在构建的基于非线性宏观单元的船-桥相互作用模型中,船舶被等效成一个特殊的单自由度模型,而与被撞结构接触的船首部分则用一个非线性宏观单元来描述其碰撞特性。作为设计的重点,被撞的桥梁结构仍采用多自由度模型来分析。

由图 2-1 可知,被用于描述船首碰撞特性的非线性宏观单元主要由两部分组成:①由弹性元件和塑性元件组成的非线性弹簧单元;②与速度相关的阻尼单元。非线性弹簧单元可以用来宏观地描述船首静力或拟静力压屈过程中的力学行为,可通过反映船首刚度性质的(拟)静力非线性接触力与撞深关系曲线来定义(简称为静力 $P\text{-}a$ 曲线),如图 2-2 所示。采用基于 $P\text{-}a$ 曲线的宏观单元描述船首特性的优势在于:仅需进行一次给定船舶及基本情况下的拟静力试验或者有限元分析,一旦获得了相应的 $P\text{-}a$ 曲线,即可存储在数据库中为今后进行船-桥碰撞研究提供依据,而不需要每次都进行耗时的整船碰撞试验或有限元分析研究[10]。

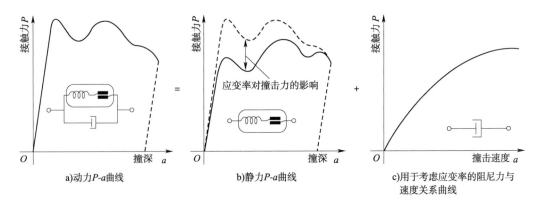

图 2-2　非线性宏观单元物理含义描述

此外,不同荷载作用下的应变速率存在很大的差异,常见荷载作用下的应变率如图2-3所示。尽管目前尚无文献明确指出船-桥碰撞时应变率所处的范围,但可以认为船撞桥的应变率范围与汽车碰撞情况接近,且考虑到船舶航行速度常低于汽车速度,故一般位于图2-3中所示范围。虽然船撞作用不像爆炸作用一样属于高应变率范畴,但考虑到船首所用低碳钢是应变率敏感材料[20,21],应变率对撞击力的提高作用仍较为显著,使试验或者数值求解得到的静力 $P\text{-}a$ 曲线与桥梁船撞过程中表现出来的动力力学特点有所区别。因此,在提出的宏观单元模型中,采用一个与加载率相关的单元(可视为阻尼单元)来考虑应变率对撞击力的影响是必要的(图2-2),避免了由于采用静力曲线而低估桥梁结构在船撞作用下的动力需求,使结构设计偏于不安全。综上所述,船-桥碰撞过程中船首动力 $P\text{-}a$ 曲线,可通过非线性弹簧单元和阻尼单元并联得到(图2-2)。需要说明的是,整个非线性宏观单元都应该是只能受压,不能受拉的。

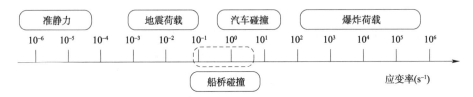

图 2-3　常见荷载作用下的应变率[22,23]

2.2.2　相互作用模型的基本动力方程

在图2-1所示的基于宏观单元的相互作用模型中,船舶单自由度体系的运动方程可写为:

$$(m_\text{v} + dm_\text{v})\ddot{u}_\text{v}(t) + P_\text{d}(t) = 0 \quad (2\text{-}1)$$

式中,m_v 为船舶的质量;$\ddot{u}_\text{v}(t)$ 为船舶的加速度响应;$P_\text{d}(t)$ 为船舶与桥梁之间的动接触力;dm_v 为附连水质量,对于深水水域一般可取为[6]:

船首碰撞　　　　　　　$dm_\text{v} = 0.05 m_\text{v} - 0.10 m_\text{v}$

船舷侧撞　　　　　　　$dm_\text{v} = 0.40 m_\text{v} - 0.50 m_\text{v}$ 　　　　　(2-2)

而对于多自由度的桥梁结构,其运动方程可以写为:

$$M\ddot{u}_s(t) + C\dot{u}_s(t) + Ku_s(t) = LP_d(t) \tag{2-3}$$

式中，M、C 和 K 分别为结构的质量矩阵、阻尼矩阵和刚度矩阵；$\ddot{u}_s(t)$、$\dot{u}_s(t)$ 和 $u_s(t)$ 分别为结构的加速度、速度和位移响应；L 为荷载因子，在相互作用模型中，仅在碰撞位置为非零值且等于 1.0。

同时，在船舶与结构没有发生分离的情况下，应该满足如下变形协调条件：

$$a(t) = u_v(t) - u_{sp}(t) \tag{2-4}$$

式中，$a(t)$ 为船首的撞深；$u_{sp}(t)$ 为被撞结构碰撞位置的位移。

显然，根据上述的基本思路和动力方程，如果能得到合理描述非线性宏观单元的特征曲线，那么采用适当的数值分析手段来求解上述方程并不困难。因此，接下来讨论的重点将是如何得到描述非线性宏观单元性质的曲线，以及基于构建的非线性宏观单元确定桥梁船撞动力需求的可靠性和有效性。

2.3 非线性宏观单元的构建与分析

2.3.1 船舶及有限元模型

由船首的拟静力强度试验，可以得到反映船首碰撞过程中刚度性质的 P-a 曲线[18,24,25]。若能基于这些试验结果构建桥梁船撞动力需求分析中的非线性宏观单元，将是非常有益的。然而，目前由于试验费用昂贵等因素，这类试验的数量非常少，适用于桥梁船撞动力需求分析的更是寥寥无几。因此，为了得到构建非线性宏观单元的基本参数，且能较方便地验证基于非线性宏观单元的相互作用模型法的有效性，需要建立精细的船舶有限元模型。

本章以在我国通航量较大的两种不同吨位的船舶为原型，建立了相应的精细有限元模型，并以此为例说明构建非线性宏观单元的一般过程。一种是主要航行于长江中下游的 5000DWT 散货船（图 2-4），为球首、双尾鳍、艉机型、双机双桨推进的节能船型。另一种是 10000DWT 江海直达货船（图 2-5），该船舶的设计满足中国近海航区及 B 级冰区和长江 A、B 级航区的航行要求，为双底、双舷、单甲板结构，双机双桨推进，球首双尾的节能船型。两种船舶的基本特征参数如表 2-1 所示。

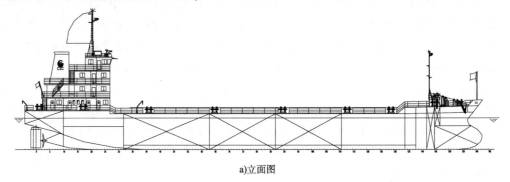

a) 立面图

图 2-4

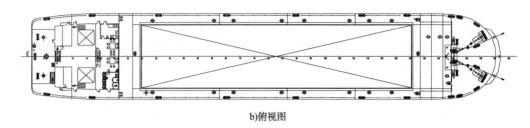

b)俯视图

图 2-4　5000DWT 散货船

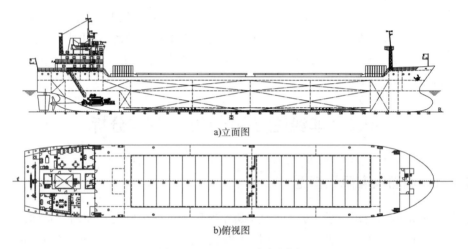

a)立面图

b)俯视图

图 2-5　10000DWT 江海直达货船

船舶基本特征参数　　　　　　　　　　表 2-1

吨位	总长(m)	型宽(m)	型深(m)	设计吃水(m)	设计排水量(t)[a]	设计载货量(t)
5000DWT	100.1	17.0	6.4	5.0	6878	5000
10000DWT	121.0	20.0	9.0	6.0	11937	9440

注：a. 设计排水量不考虑附连水质量(dm_v)。

为了合理构建可用于确定桥梁船撞动力需求的非线性宏观单元,在船舶有限元模型中,将尽可能精细地建立能够反映船舶首部结构力学行为的有限元模型。同时,鉴于除船舶首部结构外的船体结构对碰撞动能的吸收和耗散非常有限,故出于减少单元数量、提高计算效率和减少建模负担的考虑,船舶有限元模型中除船首外的其余部分可进行适当的简化[9-11,16]。基于上述考虑,由图 2-4 和图 2-5 所示两船舶的设计图纸,通过采用 MSC.PATRAN 进行网格划分和材料模型初步定义等,并采用 LS-PREPOST 进行接触及边界条件定义,建立了两船舶的精细有限元模型,其船首部分的有限元模型分别如图 2-6 和图 2-7 所示。两船舶模型中,全船所有部分主要采用四节点缩减积分的 Hughes-Liu 壳单元来模拟。在 5000DWT 船舶有限元模型中,共有 101820 个单元,其中船首部分有 57781 个单元。而在 10000DWT 船舶有限元模型中,共有 86991 个单元,其中船首部分有 70761 个单元。两船首部分网格尺寸满足现有研究建议的 5~10 倍板厚要求。

对于重点关注的两船船首结构部分,都采用 LS-DYNA 中的 MAT_PLASTIC_KINEMATIC

（MAT_03）[26,27]弹塑性材料模型来模拟,其应力-应变关系如图2-8所示。在显式有限元分析中,该材料模型常用于模拟钢材在冲击荷载作用下的力学特性[28,29],且能够较方便地考虑钢材在动力加载过程中的应变率效应。而对于除船首外的船体部分,基于节省计算成本的考虑,采用LS-DYNA中的MAT_RIGID（MAT_20）[26,27]模型来模拟。由于两船主体结构主要采用船用低碳普通钢（CCSA）建造,因此根据我国船级社《钢质内河船舶建造规范》[30]和低碳钢的基本力学性质[31,32],采用表2-2所示的船用钢材材料参数进行后续的静力和动力分析。需要说明的是,由于精细有限元模拟可为构建合理的桥梁船撞需求分析方法提供基础,因此为了不低估船撞下桥梁结构的需求,在缺乏试验的情况下,材料参数应采用取值范围的上限值。

a)船首结构有限元模型　　　　b)船首内部结构(隐去主甲板和横舱壁板)

图2-6　5000DWT船首有限元模型

a)船首结构有限元模型　　　　b)船首内部结构(隐去主甲板和横舱壁板)

图2-7　10000DWT船首有限元模型[23]

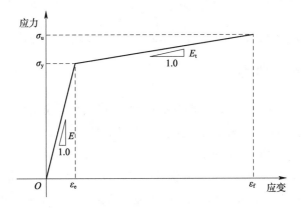

图2-8　船首钢材本构模型的应力-应变关系

船用钢材模型参数[a]   表 2-2

类型	密度 ρ (kg/m³)	弹性模量 E (Pa)	泊松比 ν	硬化模量 E_t (Pa)	屈服应力 σ_y (Pa)	最大失效应变 ε_f
MAT_03	7850	2.06×10^{11}	0.3	8.85×10^8	2.35×10^8	0.30
MAT_20	根据需要调整[b]	2.06×10^{11}	0.3	—	—	—

注：a. 该表是依据早期船用钢确定的，近年来船用钢趋于高强化，多为 A32 和 A36 钢，此时不能用该表中参数进行模拟；

b. 船舶满载、偏载或空载压舱时，MAT_20 可根据相应需求调整密度。

由图 2-3 可知，船撞桥过程中的应变率介于地震荷载和爆炸荷载之间，属于中等应变率范畴（$10^{-1} \sim 10 \mathrm{s}^{-1}$ 之间）。为了尽可能不低估船撞下桥梁结构的需求，在船撞动力分析过程中，采用在爆炸[28]和碰撞[29]分析中常用的 Cowper-Symonds 经验模型来考虑钢材的应变率效应，即[21]：

$$\frac{\sigma_d}{\sigma_0} = 1 + \left(\frac{\dot{\varepsilon}}{C}\right)^{1/D} \tag{2-5}$$

式中：σ_d 为钢材的静态应力；σ_0 为钢材的动态应力；C 和 D 为 Cowper-Symonds 模型常数。对于船舶所用的低碳钢，可取 $C = 40.4 \mathrm{s}^{-1}$ 和 $D = 5$，多位学者的试验结果与 Cowper-Symonds 公式（当 $C = 40.4 \mathrm{s}^{-1}$ 和 $D = 5$ 时）的对比如图 2-9 所示。Getter 等[33]采用摆锤装置系统地研究了船用钢材的应变率，表明低速冲击作用下的钢应变率效应不像图 2-9 所示结果那么显著。这里的取值是趋于使撞击力和结构响应偏大的。

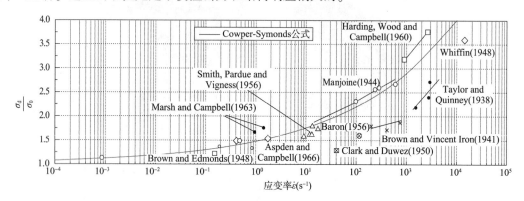

图 2-9 多位学者的试验结果与 Cowper-Symonds 公式（当 $C = 40.4 \mathrm{s}^{-1}$ 和 $D = 5$ 时）的对比[23]

2.3.2 静力 P_s-a 曲线

正如 2.2.1 节所述，静力 P_s-a 曲线是反映船首在静力或拟静力压屈过程中刚度性质的曲线，一旦获得，可作为确定船撞下桥梁结构需求时的基本曲线。此外，该曲线也可以表征船首发生弹塑性变形而耗散能量的情况，辅以能力保护思想，则可用于设计和优化防撞措施。相比动力试验，不论是操作性还是确保数据可靠性和可重复性方面，静力或拟静力试验都更具优势。正因为如此，目前以研究船-船碰撞为背景开展的船首试验[24,25]，大多为拟静力试验。为了使得本章构建的方法在将来可能开展的针对确定桥梁船撞需求的船首静力试验中仍然适用,本节采用类似于 Consolazio 等[10]的方法,通过基于非线性有限元技术的拟静力压屈分析来获得船首静力 P_s-a 曲线,用于定义图 2-2 所示宏观单元中的非线性弹簧单元部分。

采用图 2-6 和图 2-7 的模型,建立了图 2-10 所示的船首拟静力压屈分析模型。在拟静力分析中,船体部分(船首除外)所有节点的 6 个自由度都被约束,一个足够大的刚性墙以较低的恒定速度(本章取 0.3m/s)逐步压屈船首部分,从中分别获得 P_s-t 曲线和 a-t 曲线,消除变量 t,最终形成静力 P_s-a 曲线。在两个分析模型中(图 2-10),刚性墙都采用壳单元模拟,同时采用 CONTACT_AUTOMATIC_SURFACE_TO_SURFACE 来定义船首与刚性墙之间的接触,采用 CONTACT_SINGLE_SURFACE 来定义船首内部在压屈变形后构件之间的接触。由图 2-11 可知,在该分析中有:

$$\begin{cases} W_E = E_I + E_S + KE \\ E_I/W_E \to 1, KE/E_I \to 0 \end{cases} \quad (2-6)$$

式中,W_E 为系统中的外力功;E_I 为由于船首结构变形产生的内能;E_S 为船首与刚性墙接触滑移产生的滑移能;KE 为系统中的动能。由此可知,在此分析中外力功主要转换成船首变形能,且系统内动能相比于变形能是可以忽略的,说明惯性力的影响是可忽略的,符合拟静力分析的要求。

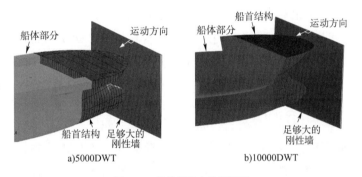

图 2-10 船首拟静力分析模型

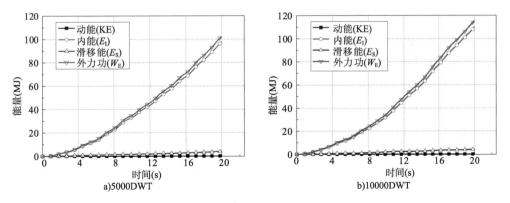

图 2-11 拟静力分析能量曲线

由图 2-10 所示的模型,通过显式非线性接触有限元分析,得到图 2-12 所示的静力 P_s-a 曲线以及对应的 E_p-a 曲线。其中,E_p 的定义为:

$$E_p(a) = \int_0^a P(a)\,\mathrm{d}a \tag{2-7}$$

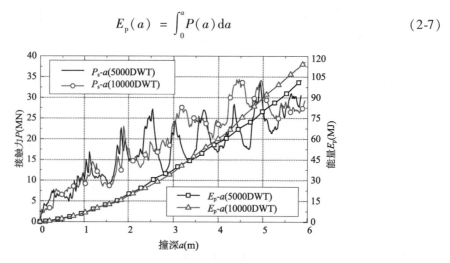

图2-12 船首静力 P_s-a 曲线以及对应的 E_p-a 曲线

2.3.3 船首 P-a 曲线的整体特征分析

由图 2-12 可知，无论是静力 P_s-a 曲线，还是对应的 E_p-a 曲线，5000DWT 船舶与 10000DWT 船舶之间都相差不大，尤其当船首撞深小于 4m 时(即 $a<4$m)。以往的试验和理论研究表明[7,14,34,35]，接触力 P(或称为船首抗力)可表达成以下因素的函数：

$$\begin{cases} P = f(A, \sigma_y, n_T, n_X, n_L, \cdots) \\ \dfrac{\partial P}{\partial A} \geq 0, \dfrac{\partial P}{\partial \sigma_y} \geq 0, \dfrac{\partial P}{\partial n_T} \geq 0, \dfrac{\partial P}{\partial n_X} \geq 0, \dfrac{\partial P}{\partial n_L} \geq 0, \cdots \end{cases} \tag{2-8}$$

式中，A 为截面面积；σ_y 为钢材的屈服应力；n_T 为船首中 T 形连接构件[图 2-13a)]的数量；n_X 为船首中 X 形连接构件[图 2-13b)]的数量；n_L 为船首中 L 形连接构件[图 2-13c)]的数量。由表 2-1、图 2-6 和图 2-7 可知，尽管 10000DWT 船首相比 5000DWT 船首有较大的型高和型宽，但 10000DWT 船首内部构件相比 5000DWT 船首而言并不多，相应的 T 形、X 形、L 形等连接构件并不一定比 5000DWT 船首多，故由式(2-8)可知，10000DWT 的接触力与 5000DWT 的接触力相差不大是可能的。

船首中 T 形、X 形和 L 形构件如图 2-13 所示。

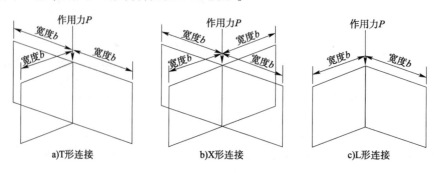

图2-13 船首中 T 形、X 形和 L 形构件示意图

此外，由图 2-12 所示的 P_s-a 曲线也可以得到撞深内平均接触力值（$\overline{P}$），其定义为[36]：

$$\overline{P}_s(a) = \frac{E_p(a)}{a} = \frac{\int_0^a P_s(a)\,\mathrm{d}a}{a} \tag{2-9}$$

由式（2-9）和图 2-12 可分别得到 5000DWT 和 10000DWT 船首撞深内平均接触力 $\overline{P}_s(a)$，如图 2-14 和图 2-15 所示。

由图 2-12、图 2-14b) 和图 2-15b) 可知，随着船首撞深的增加，5000DWT 和 10000DWT 总体上都呈现为平均接触力不断增大的趋势。其主要原因是：由于船首撞深不断地增加，刚性墙与船首的接触面积增大，各种抗力构件（T 形、X 形和 L 形连接构件）数量总体上也在增加，故由式（2-8）可知，平均接触力 $\overline{P}_s(a)$ 总体上将逐渐增大。值得一提的是，图 2-14 和图 2-15 中的 $\overline{P}_s$-a 曲线与 $\overline{P}_s(a)$ 函数物理含义是不同的，前者表示 $a \in (0, a_1)$ 时，P_s 为恒定值 $\overline{P}_s(a_1)$，而后者表示当 $a = a_1$ 时，$\overline{P}_s(a_1)$ 函数求出了在撞深 a_1 范围内的平均接触力值。

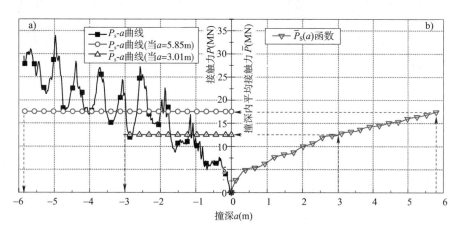

图 2-14　5000DWT 船首撞深内平均接触力 $\overline{P}_s(a)$ 函数

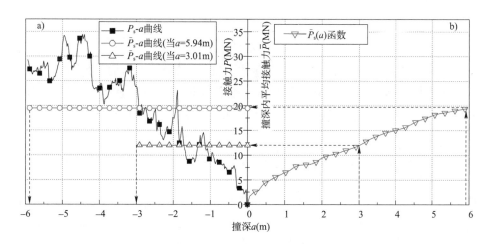

图 2-15　10000DWT 船首撞深内平均接触力 $\overline{P}_s(a)$ 函数

2.3.4 船首 P-a 曲线的局部特征分析

进一步由图 2-12、图 2-14 和图 2-15 可知,除了平均接触力总体呈不断增大的趋势外,两船首 P_s-a 曲线在局部撞深内都呈现出峰值和谷值较为规律地交替出现的现象。以 5000DWT 船舶为例,当前一个肋间水平板完全失效而退出工作时,如图 2-16a)所示(当 $a=1.55\text{m}$ 时),对应图 2-16d)中的谷值(极小值)。随后,由于后一个肋间水平板的参与,接触力迅速增大,直至纵向水平板达到极值型失稳的临界状态,如图 2-16b)所示(当 $a=1.84\text{m}$ 时),此时船首抗力达到局部的峰值(极大值)。此后,这些纵向水平板如前一个肋间水平板一样逐渐被压溃而使得接触力再次出现局部的极小值,如图 2-16c)所示(当 $a=2.07\text{m}$ 时)。

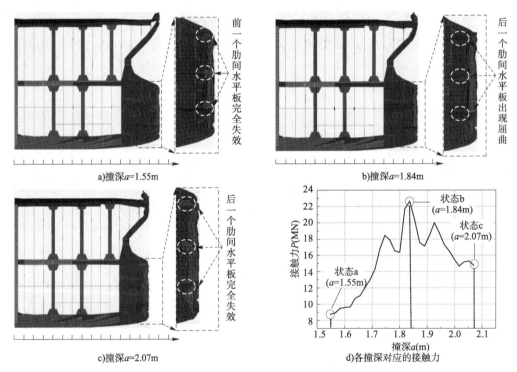

图 2-16 船首 P_s-a 曲线局部特征分析

综上所述,船首 P-a 曲线具有以下两个基本特征:①随撞深的增加,整体平均接触力(船首抗力)逐渐增加,主要是因为接触面积增大和船首钢构件的数量总体上增加;②局部撞深内接触力峰值和谷值交替出现,主要是因为随着撞深的变化,不断地有构件由开始参与贡献发展到被压溃、失效而退出工作。

2.3.5 动力 P_d-a 曲线及阻尼单元参数分析

由图 2-3 可知,船撞桥中的应变率属于中等应变率水平,结合式(2-5)可以估计这个应变率水平可能导致船首低碳钢强度提高约 40%。为了不低估桥梁船撞下的动力需求,本节将在 Consolazio 等[10,37]提出的基于静力 P_s-a 曲线分析思路的基础上,进一步讨论构建能够考虑应变率效应的动力 P_d-a 曲线,从而更为合理地反映船-桥动力相互作用的过程。本章通过增加一个与加载率相关的阻尼单元来考虑这个问题（详见 2.2.1 节），由于其不必事先假定与应变率相关的速度变化规律，所以该方法更具一般性。因此，如何确定动力 P_d-a 曲线问题，转变为如何确定加载率相关单元的参数，下文将予以详细讨论。

根据图 2-2 所示的非线性宏观单元基本原理，式（2-1）和式（2-3）中的 $P_d(t)$ 可以表达为：

$$P_d(t) = P_s(t) + P_v(t) \tag{2-10}$$

式中，$P_s(t)$ 为非线性弹簧接触力，如图 2-2b）所示；$P_v(t)$ 为与加载率相关的阻尼力，即因应变率效应接触力提高的部分，如图 2-2c）所示。

由式（2-5）和式（2-10）知，$P_d(t)$ 和 $P_s(t)$ 之间的关系可写为：

$$\frac{P_d(t)}{P_s(t)} = \frac{\sigma_d}{\sigma_0} = 1 + \left(\frac{\dot{\varepsilon}}{C}\right)^{1/D} \tag{2-11}$$

其中，

$$\dot{\varepsilon} = \frac{\partial \varepsilon}{\partial t} = \frac{1}{l_0} \cdot \frac{dl}{dt} \approx \frac{\dot{a}(t)}{l_0} \tag{2-12}$$

式中，l_0 为变形体的初始长度；dl 为变形体长度的变化量；$\dot{a}(t)$ 为非线性宏观单元中的瞬时加载率。由于在宏观单元中非线性弹簧单元与阻尼单元并联，所以宏观单元的位移 $[a(t)]$ 与非线性弹簧单元的位移 $[a_s(t)]$ 和阻尼单元的位移 $[a_v(t)]$ 相同。因此，相应的位移一阶导数（即速度）有：

$$\dot{a}(t) = \dot{a}_v(t) = \dot{a}_s(t) \tag{2-13}$$

将式（2-11）、式（2-12）和式（2-13）代入式（2-10），可得

$$P_v(\dot{a}) = P_s \left(\frac{\dot{a}}{l_0 C}\right)^{1/D} \tag{2-14}$$

显然，式（2-14）中 P_s 和 $\dot{a}$ 可由基于相互作用模型的动力分析来更新，C 和 D 作为 Cowper-Symonds 模型常数，可分别取为 40.4s^{-1} 和 5，而对于参数 l_0，不同的船舶（船首）l_0 有所不同。因此，接下来将讨论对于不同船首如何确定参数 l_0。

出于简便考虑，令 $\beta = P_d/P_s$，$\beta - 1 = P_v/P_s$，式（2-14）可以写成：

$$\ln(\beta - 1) = \frac{1}{D}\ln\dot{a} - \frac{1}{D}\ln(Cl_0) \tag{2-15}$$

将式（2-15）改写成线性函数形式：

$$\tilde{\beta} = \frac{1}{D}\tilde{\dot{a}} - A \tag{2-16}$$

其中，

$$\begin{cases} \tilde{\beta} = \ln(\beta - 1) \\ \tilde{\dot{a}} = \ln\dot{a} \\ A = \frac{1}{D}\ln(Cl_0) \end{cases} \tag{2-17}$$

为了得到 l_0，采用最小二乘法（least square method，LSM）先估计参数 A，再由 A 与 l_0 的关系可估计 l_0。由式（2-16）和最小二乘法，有：

$$\left.\frac{\partial}{\partial A}\sum_{i=1}^{N}\left[\tilde{\beta}_i - \left(\frac{1}{D}\tilde{\dot{a}}_i - A\right)\right]^2\right|_{A=\tilde{A}} = 0 \tag{2-18}$$

式中,$\tilde{A}$ 是参数 A 的最小二乘估计。求解式(2-18),则有:

$$\tilde{A} = \frac{\frac{1}{D}\sum_{i=1}^{N}\tilde{\dot{a}}_i - \sum_{i=1}^{N}\tilde{\beta}_i}{N} \tag{2-19}$$

由式(2-17)和式(2-19),得 l_0 的最小二乘估计 $\tilde{l}_0$ 为:

$$\tilde{l}_0 = \frac{\mathrm{e}^{C\tilde{A}}}{D} \tag{2-20}$$

若已知$(\beta_i, \dot{a}_i)$数据对,则$\tilde{l}_0$ 可由式(2-19)和式(2-20)计算得到。因此,首先需获得合理的$(\beta_i, \dot{a}_i)$数据。鉴于目前可用的试验数据尚非常有限,本研究采用前面建立的精细有限元模型来得到$(\beta_i, \dot{a}_i)$数据对。对于考虑应变率效应的 5000DWT 和 10000DWT 两种船首,刚性墙分别以不同的恒定速度(0.5~5m/s,每 0.5m/s 为一个间隔)压屈船首。以 5m/s 为例(图 2-17),与上述的静力 P-a 曲线相比,在相同撞深位置,动力接触力有了较为明显的提高。此外,在不同撞深位置,动、静力接触力比值(β)差别非常大,如图 2-18 所示。因此,很难通过直接对比静力曲线和恒定速度的动力曲线来确定 β_i。为了克服这种困难,有必要寻求一种更为合理的方法确定 β_i。如图 2-17 所示,通过对静动力曲线进行积分,可以得到相应的静动力的耗散能量曲线,分别记为 E_{ps}-a 曲线和 E_{pd}-a 曲线,E_{pd} 与 E_{ps} 之比为:

$$\frac{E_{pd}}{E_{ps}} = \frac{\int_0^a P_d(a)\mathrm{d}a}{\int_0^a P_s(a)\mathrm{d}a} = \frac{\{1 + [\dot{a}/(l_0C)]^{1/D}\}\int_0^a P_s(a)\mathrm{d}a}{\int_0^a P_s(a)\mathrm{d}a} = \beta = 1 + \left(\frac{\dot{a}}{l_0C}\right)^{1/D} \tag{2-21}$$

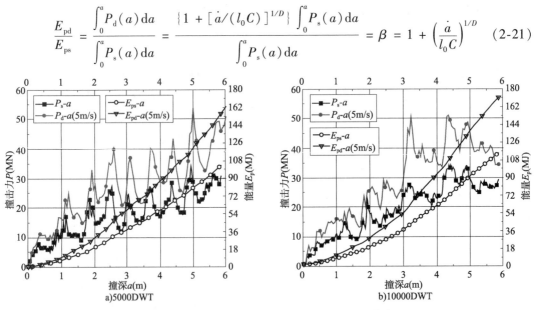

图 2-17　船首静动力 P-a 曲线与相应的静动力 E_p-a 曲线

根据式(2-21)、图 2-18 中的结果,能够得到$(\beta_i, \dot{a})$数据对。由图 2-18 可知,尽管采用 E_{pd}/E_{ps} 来确定数据对,对于不同的撞深仍然有差异,但是相比直接采用 P_d/P_s 来确定,这种差异小了很多。鉴于此,本研究将采用 E_{pd}/E_{ps} 计算得到的平均动力提高系数($\bar{\beta}$)来确定估计

l_0 所需的数据对。

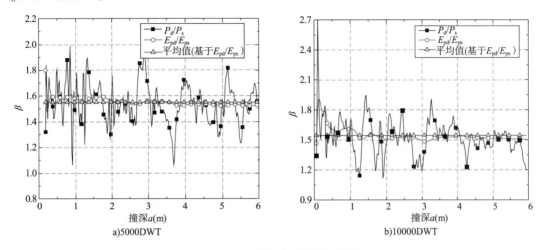

图 2-18　船首计算提高系数的方法分析

两船相应的数据对如图 2-19 所示。根据式（2-19）～式（2-21），得到 5000DWT 船舶的 $l_0=3.07\mathrm{m}$，而 10000DWT 船舶的 $l_0=3.41\mathrm{m}$。相应的拟合曲线见图 2-19，并采用下式进行相关性分析：

$$R^2 = 1 - \frac{\mathrm{SSE}}{\mathrm{SST}} \tag{2-22}$$

其中，

$$\begin{cases} \mathrm{SST} = \sum_{i=1}^{N}(\beta_i - \overline{\beta})^2 \\ \mathrm{SSE} = \sum_{i=1}^{N}(\beta_i - \widetilde{\beta}_i)^2 \end{cases} \tag{2-23}$$

式中，R^2 为相关系数，越接近于 1.0 表明相关性越好；β_i 是原始数据；$\widetilde{\beta}_i$ 为由回归公式得到的值；$\overline{\beta}$ 为 β_i 的平均值。

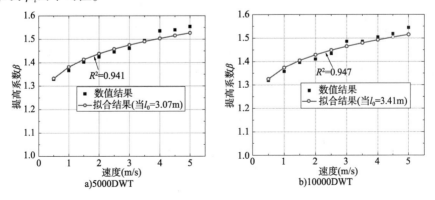

图 2-19　船首参数 l_0 的确定

由图 2-19 可知,5000DWT 的相关系数 $R^2 = 0.941$,而 10000DWT 的 $R^2 = 0.947$,表明拟合结果与原始数据吻合较好,这为后续实现基于非线性宏观单元的船撞动力需求方法提供了良好的基础。

2.3.6 船首 P-a 曲线卸载刚度的确定

在实际船-桥碰撞事故中,通常认为船舶以某一初始速度与被撞结构发生碰撞。随着船首和被撞结构的变形,初始动能逐渐转变成船首和被撞结构的变形能,直至船舶速度为零,此阶段可称为加载过程。随后,船首变形能中的弹性变形部分开始释放,船首逐渐与被撞结构脱离直至完全不接触,此阶段称为卸载过程。上文基于刚性墙结果讨论了用于加载过程中的静动力 P-a 曲线,为了使基于非线性宏观单元的方法不但能够合理确定需求(往往发生在加载过程),而且能够完整地描述船-桥碰撞中的相互作用过程,有必要对卸载过程也加以考虑。因此,在图 2-10 所示模型基础上,修改初始条件和边界条件,分析船首卸载过程中的特征。以 5000DWT 船舶初速度 3m/s 为例,可得到图 2-20 所示结果。由图 2-20 可知,尽管船首卸载表现出一定的非线性,但是总体上可以认为船首卸载为线弹性卸载,且卸载刚度值较大。因此,图 2-20 所示的卸载过程,满足如下能量守恒方程:

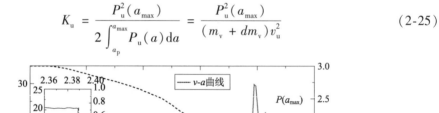

$$\frac{1}{2}(m_v + dm_v)(v_u^2 - 0) = \int_{a_p}^{a_{\max}} P_u(a)\mathrm{d}a = \frac{1}{2}K_u(a_{\max} - a_p)^2 = \frac{1}{2}\frac{P_u^2(a_{\max})}{K_u} \quad (2\text{-}24)$$

式中,v_u 为船舶与被撞结构完全脱离后的反向速度(m/s),如图 2-20 中的 0.18m/s 所示;$a_{\max}$ 为最大撞深;a_p 为撞击力降为零时所对应的撞深;$P_u(a)$ 为卸载时的 P-a 曲线,$P_u(a_{\max})$ 则为最大撞深($a_{\max}$)对应的接触力;K_u 为等效线性卸载刚度,由式(2-24)可写成:

$$K_u = \frac{P_u^2(a_{\max})}{2\int_{a_p}^{a_{\max}} P_u(a)\mathrm{d}a} = \frac{P_u^2(a_{\max})}{(m_v + dm_v)v_u^2} \quad (2\text{-}25)$$

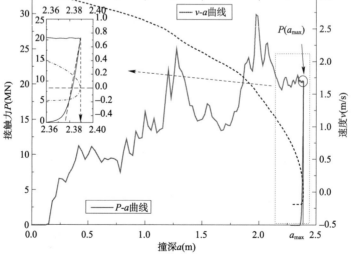

图 2-20 5000DWT 船舶 P-a 曲线和 v-a 曲线(初速度为 3m/s)

由式(2-25)和两船以 1~5m/s 初速度撞击刚性墙的数值计算结果,可以得到图 2-21 所示的卸载刚度值。尽管不同速度下结果存在差异,但总体都大于 $1.0 \times 10^9 \text{N/m}$,且考虑到卸载刚度仅在非常小的撞深范围内运用,可以预见其对重点关注的动力需求影响较为有限。出于简便,可采用平均值作为后续基于非线性宏观单元船撞需求分析中的卸载刚度值,对于 5000DWT 和 10000DWT 船舶分别为 $1.55 \times 10^9 \text{N/m}$ 和 $1.63 \times 10^9 \text{N/m}$。

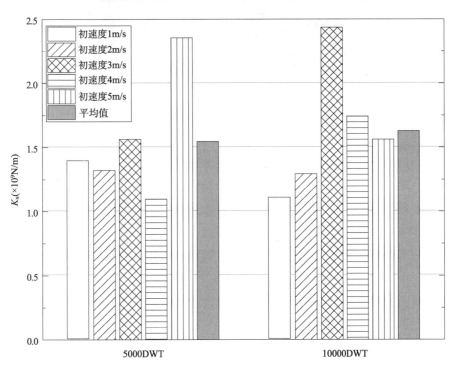

图 2-21 不同初速度下两种船舶的卸载刚度值

2.4 桥梁承台对船首 *P-a* 曲线的影响分析

由式(2-8)可知,船舶与被撞结构物之间的接触面积对接触力(P)影响较大。采用船首与刚性墙之间的非线性接触碰撞分析,接触面积显然和实际船首与桥梁承台的碰撞有所区别。鉴于此,下面将探讨桥梁承台的高度对船首 *P-a* 曲线的影响。与上述获得静动力 *P-a* 曲线类似,采用不同高度的刚体(图 2-22)来压屈船首,同样可以获得不同高度的 *P-a* 曲线。假定应变率效应和承台高度影响之间相互独立,为了提高计算效率,以下采用刚体以恒定 5m/s 速度运动的情况进行分析。

2.4.1 5000DWT 船首

对于 5000DWT 船首,采用图 2-22 所示的有限元模型,根据图 2-23 所示的接触情况,分析得到了表 2-3 所示工况的结果。

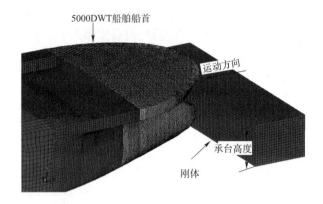

图 2-22 5000DWT 船首承台高度影响分析模型

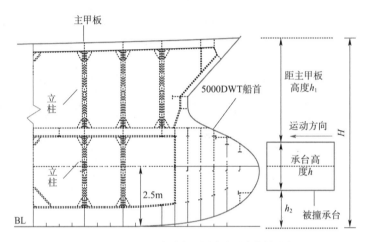

图 2-23 5000DWT 船首与不同高度承台接触示意

5000DWT 船首与不同高度承台接触分析工况　　　　　　表 2-3

工况号	承台高度 h(m)	高度比 h/H	距底板高度 h_2(m)	距主甲板高度 h_1(m)
A1	3.00	0.375	1.00	4.00
A2	4.00	0.500	0.50	3.50
A3	5.00	0.625	0.00	3.00
A4	6.00	0.750	0.00	2.00
A5	6.50	0.813	0.00	1.50
A6	7.00	0.875	0.00	1.00

注：表中 h、h_1、h_2 及 H 的含义见图 2-23。

由图 2-24 和式(2-8)可知，由于承台与船首之间、刚性墙与船首之间的接触面积存在差异，故承台的接触力小于刚性墙结果，但两曲线的变化特征大体相同。由图 2-24 中 P-a 和 E-a 曲线可知，随撞深的变化，承台高度对接触力(P)的影响所有不同。其中，用于描述承台高度对接触力影响的系数 β_h 可写成如下形式：

$$\beta_{\mathrm{h}}\left(\frac{h}{H}, a\right) = \frac{P_{\mathrm{h}}(a)}{P_{\mathrm{w}}(a)} \tag{2-26}$$

式中，h 为承台高度，如图 2-23 所示；H 为船舶底部基线到顶部甲板的高度，对于本章研究的 5000DWT 船舶为 8.0m，10000DWT 船舶为 11.8m；h/H 为高度比；P_{h} 为承台高度为 h 时的接触力值；P_{w} 为与刚性墙碰撞时的接触力值。

以图 2-24 所示的 $h=4\mathrm{m}$ 为例，由式(2-26)计算的结果如图 2-25 所示，图中 β_{h} 随撞深增大总体上呈下降趋势，并最后趋于稳定。与 2.3 节中采用 $P_{\mathrm{d}}/P_{\mathrm{s}}$ 确定动力提高系数 β 类似，$P_{\mathrm{h}}/P_{\mathrm{w}}$ 确定的 β_{h} 值也较为离散，不利于进一步的分析与讨论。因此，与 2.3 节相同，可采用对应的 $E_{\mathrm{h}}/E_{\mathrm{w}}$ 加以分析。其中，$E_{\mathrm{h}}/E_{\mathrm{w}}$ 与 $P_{\mathrm{h}}/P_{\mathrm{w}}$ 存在如下关系：

$$\frac{E_{\mathrm{h}}(a)}{E_{\mathrm{w}}(a)} = \frac{\int_0^a P_{\mathrm{h}}(a)\mathrm{d}a}{\int_0^a P_{\mathrm{w}}(a)\mathrm{d}a} = \frac{\int_0^a \beta_{\mathrm{h}}(h/H, a) P_{\mathrm{w}}(a)\mathrm{d}a}{\int_0^a P_{\mathrm{w}}(a)\mathrm{d}a} \tag{2-27}$$

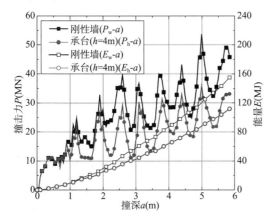

图 2-24　刚性墙与承台($h=4\mathrm{m}$)的 P-a 曲线及 E-a 曲线

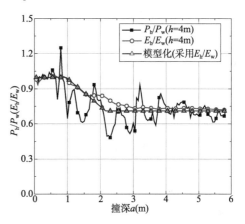

图 2-25　$P_{\mathrm{h}}/P_{\mathrm{w}}$ 与 $E_{\mathrm{h}}/E_{\mathrm{w}}$ 确定的比值

与 2.3 节 $E_{\mathrm{pd}}/E_{\mathrm{ps}}$ 与 $P_{\mathrm{d}}/P_{\mathrm{s}}$ 关系不同的是，由于 β_{h} 受撞深 a 的影响，理论上 $E_{\mathrm{h}}/E_{\mathrm{w}}$ 与 $P_{\mathrm{h}}/P_{\mathrm{w}}$ 是有差异的。将式(2-27)左右两边求导，可得：

$$\beta_{\mathrm{h}}\left(\frac{h}{H}, a\right) = \frac{E_{\mathrm{h}}(a)}{E_{\mathrm{w}}(a)} + \frac{\mathrm{d}[E_{\mathrm{h}}(a)/E_{\mathrm{w}}(a)]}{\mathrm{d}a} \cdot \frac{\int_0^a P_{\mathrm{w}}(a)\mathrm{d}a}{P_{\mathrm{w}}(a)} \tag{2-28}$$

显然，式(2-28)右边第二项的存在使得 β_{h} 与 $E_{\mathrm{h}}/E_{\mathrm{w}}$ 有所区别。通过比较图 2-25 中 $P_{\mathrm{h}}/P_{\mathrm{w}}$ 和 $E_{\mathrm{h}}/E_{\mathrm{w}}$ 值之间的差异，可以发现式(2-28)右边第二项的影响较为有限。基于这一认识，下面将首先采用 $E_{\mathrm{h}}/E_{\mathrm{w}}$ 进行主要规律的分析，然后讨论式(2-28)右边第二项可能存在的影响。

对表 2-3 所示工况的结果，采用式(2-27)分析得到图 2-26 所示的结果。由图 2-26 可得到以下几点认识：①当撞深 $a<0.95\mathrm{m}$ 时，所有高度的 $E_{\mathrm{h}}/E_{\mathrm{w}}$ 值总体上接近 1.0，这主要是因为撞深较小时，刚性墙和船首之间的接触面积与具有一定高度的承台和船首之间的接触面积基本相同（图 2-27），为了后续叙述方便，将此撞深范围内记为阶段 I；②当 $0.95\mathrm{m}\leqslant a\leqslant$

1.65m 时,所有高度的 E_h/E_w 值变化仍然较为一致,呈线性下降趋势,其原因是承台和船首的接触面积与刚性墙和船首的接触面积逐渐不同,且随着撞深增加,前者相比后者越来越小,如图 2-28 所示,将此撞深范围内记为阶段 Ⅱ;③当 $a>1.65$m 时,不同承台高度下 E_h/E_w 逐渐呈现差异,且这种差异随着撞深增加逐渐变大,同时呈现出承台高度越大,则 E_h/E_w 值越大,由式(2-8)可知这是合理的,此阶段记为阶段 Ⅲ;④当 $h \geqslant 6$m 时,随着撞深的增加,在阶段 Ⅲ 中后半部分呈现出 E_h/E_w 值增大的现象,这主要是因为承台高度较大时,承台面与船首上部变形部分发生摩擦,且摩擦力逐渐增大,如图 2-29 所示。

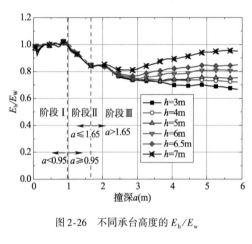

图 2-26 不同承台高度的 E_h/E_w

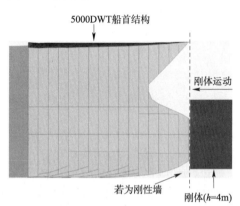

图 2-27 阶段 Ⅰ 船首与刚体接触情况

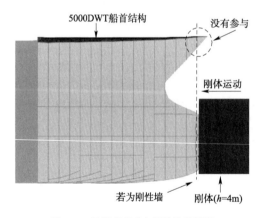

图 2-28 阶段 Ⅱ 船首与刚体接触情况

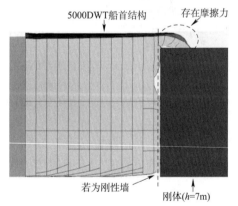

图 2-29 阶段 Ⅲ 船首与刚体接触情况

在阶段 Ⅰ 中,由于承台和船首之间的接触面积与刚性墙和船首之间的接触面积没有区别,故在研究的承台高度范围内,可忽略承台高度的影响,即当 $0 \leqslant a < 0.95$m 时,$E_h/E_w = 1.0$。根据式(2-28)有:

$$\beta_h\left(\frac{h}{H}, a\right) = 1.0 + \frac{d(1.0)}{da} \cdot \frac{\int_0^a P_w(a)\,da}{P_w(a)} = 1.0, \quad 0 \leqslant a < 0.95 \quad (2\text{-}29)$$

阶段 Ⅱ 中,不同承台高度下,E_h/E_w 都呈规律线性下降的趋势,因此可采用线性函数描述。对图 2-26 中不同高度承台的结果,采用最小二乘法进行线性拟合(图 2-30)。为了使结果在 $a=0.95\mathrm{m}$ 处连续,拟合时施加拟合约束条件($a=0.95\mathrm{m}, E_\mathrm{h}/E_\mathrm{w}=1.0$),有:

$$\frac{E_\mathrm{h}(a)}{E_\mathrm{w}(a)} = 1.23 - 0.24a, \quad 0.95 \leq a \leq 1.65 \tag{2-30}$$

由图 2-30 可知,式(2-30)结果与无约束条件情况差异不大,相关系数 R^2 下降很小,说明式(2-30)能够较好地拟合该撞深范围内 $E_\mathrm{h}/E_\mathrm{w}$ 的值。同样,由式(2-28)有:

$$\beta_\mathrm{h}\left(\frac{h}{H},a\right) = 1.23 - 0.24a - \frac{0.24\int_0^a P_\mathrm{w}(a)\mathrm{d}a}{P_\mathrm{w}(a)} \leq 1.23 - 0.24a, \quad 0.95 \leq a \leq 1.65 \tag{2-31}$$

显然,式(2-31)与图 2-25 中结果是吻合的,即 $E_\mathrm{h}/E_\mathrm{w}$ 值大于 $P_\mathrm{h}/P_\mathrm{w}$ 值。但考虑此阶段撞深间距较小,且求解式(2-31)等号右边第三项的过程复杂且不便于应用,故在实际运用中建议忽略第三项的影响,采用其上限值计算。

阶段Ⅲ相比前两个阶段,不同高度承台的结果出现差异,主要是因为承台与船首之间的接触面积不同,故较大高度承台中摩擦力贡献也大,使得该阶段分析相对困难。总体上,当 $E_\mathrm{h}/E_\mathrm{w}$ 值随撞深增大而减小时,则曲线的斜率为负值,此时 β_h 值小于 $E_\mathrm{h}/E_\mathrm{w}$ 值,如图 2-26 中承台高度 $h=3\mathrm{m}$ 时;反之,$E_\mathrm{h}/E_\mathrm{w}$ 值随撞深增大而增大时,曲线的斜率为正值,β_h 值将大于 $E_\mathrm{h}/E_\mathrm{w}$ 值,如图 2-26 中承台高度 $h=7\mathrm{m}$ 时。因此,出于简便,采用所研究的最大撞深位置的 $E_\mathrm{h}/E_\mathrm{w}$ 值来描述该阶段,不同承台高度的结果如图 2-31 所示。采用最小二乘法对不同承台高度的结果进行拟合,对于考虑约束条件($h/H=1.0, \beta_\mathrm{h}=1.0$)与不考虑约束条件,结果分别如下:

$$\begin{cases} \beta_\mathrm{h} = 3.49 \times 10^{-3} \exp\left(\dfrac{5h}{H}\right) + 0.66, & \text{无约束条件} \\ \beta_\mathrm{h} = 0.11 \exp\left(\dfrac{1.58h}{H}\right) + 0.47, & \text{约束条件为}\left(\dfrac{h}{H} = 1.0, \beta_\mathrm{h} = 1.0\right) \end{cases} \tag{2-32}$$

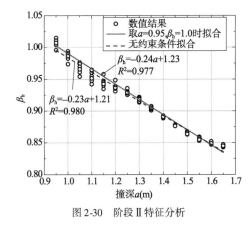

图 2-30 阶段Ⅱ特征分析

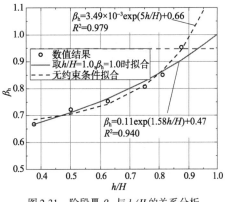

图 2-31 阶段Ⅲ β_h 与 h/H 的关系分析

由式(2-32)和图 2-31 可知有约束条件和无约束条件下的结果差异并不大。但是,采用式(2-32)中的第二式拟合的 β_h 物理含义更明确,即:

$$\beta_\mathrm{h}\left(\frac{h}{H},a\right)=0.11\exp\left(\frac{1.58h}{H}\right)+0.47, \quad a\geqslant 1.65 \tag{2-33}$$

同时考虑到式(2-31)与式(2-33)的连续性,由式(2-29)、式(2-31)和式(2-33)得:

$$\beta_\mathrm{h}\left(\frac{h}{H},a\right)=\begin{cases}1.0, & 0\leqslant a<0.95\\ 1.23-0.24a\geqslant 0.11\exp\left(\frac{1.58h}{H}\right)+0.47, & a\geqslant 0.95\end{cases} \tag{2-34}$$

由式(2-34)可以得到图 2-25 所示的结果。由此可知,对于 5000DWT 船首,利用式(2-34)能简单且合理地体现承台高度的影响规律。但是,采用式(2-34)确定不同承台高度时的 $P\text{-}a$ 曲线,需要选取基准曲线作为基础。其中,刚性墙的 $P_\mathrm{w}\text{-}a$ 曲线或常用承台高度的 $P_\mathrm{h}\text{-}a$ 曲线都可以作为基准曲线,即有:

$$\begin{cases}P(a,h=h_x)=\beta_{h_x}(a)P_\mathrm{w}(a)=\dfrac{\beta_{h_x}(a)}{\beta_{h_0}(a)}P(a,h=h_0)\\ \overline{P}_\mathrm{s}(a)=\dfrac{E_\mathrm{p}(a)}{a}=\dfrac{\int_0^a P_\mathrm{s}(a)\mathrm{d}a}{a}\end{cases} \tag{2-35}$$

式中,h_x 为待定 $P\text{-}a$ 曲线承台的高度;h_0 为通常采用的承台高度(在此 $h_0=4\mathrm{m}$,即 $h_0/H=0.5$)。如果以有限元计算结果作为 x 轴,由式(2-35)计算的值作为 y 轴,则两者越满足 $y=x$ 的关系,相关系数 R^2 越接近 1.0,结果越合理,如图 2-32 所示。对选取上述两种基准曲线的方式的结果进行相关性分析,结果如图 2-33 所示。由图 2-33 可知,两种方式与目标曲线都呈现出较好的一致性,也说明了上述采用刚性墙 $P_\mathrm{w}\text{-}a$ 曲线作为基准来构建公式的合理性。此外,当 $h\in[3,6.5]$ 时,采用一定高度的 $P_\mathrm{h}\text{-}a$ 曲线作为基准曲线相关性更高,表明该曲线对不同承台高度的 $P\text{-}a$ 曲线的局部特征描述更为合理,也能更好地确保基于非线性宏观单元动力需求分析的有效性。若承台高度较大,$P\text{-}a$ 曲线的特征则可能更为接近刚性墙结果,这也是 $h=7\mathrm{m}$ 时以刚性墙结果作为基准相关性略好的主要原因(图 2-33)。需说明的是,这里是以恒定速度 5m/s 时 $P_\mathrm{d}\text{-}a$ 曲线来讨论的,对应的非线性宏观单元中的静力 $P_\mathrm{s}\text{-}a$ 基准曲线则可由式(2-21)和上述的 $P_\mathrm{d}\text{-}a$ 基准曲线计算得到。

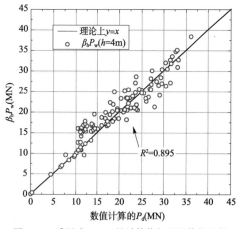

图 2-32 采用式(2-35)的计算值与理论值的比较

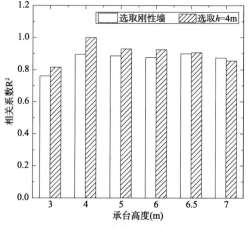

图 2-33 基准曲线的选取分析

2.4.2 10000DWT 船首

同样,对于 10000DWT 船首,采用图 2-34 所示的分析模型及图 2-35 所示的接触情况,分析了表 2-4 所列工况,具体结果与分析如下。

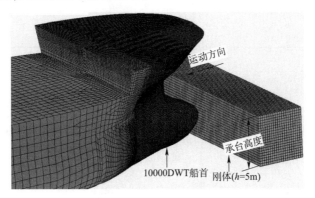

图 2-34 10000DWT 船首承台高度影响分析模型

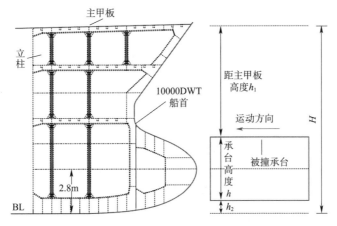

图 2-35 10000DWT 船首与不同高度承台接触示意

10000DWT 船首与不同高度承台接触分析工况　　　　表 2-4

工况号	承台高度 h(m)	高度比 h/H	距底板高度 h_2(m)	距主甲板高度 h_1(m)
B1	3.00	0.254	1.30	7.50
B2	4.00	0.339	0.80	7.00
B3	5.00	0.424	0.00	6.80
B4	6.00	0.508	0.00	5.80
B5	7.00	0.593	0.00	4.80
B6	8.00	0.678	0.00	3.80
B7	9.00	0.763	0.00	2.80
B8	10.00	0.847	0.00	1.80
B9	11.00	0.932	0.00	0.80

注:表中 h、h_1、h_2 以及 H 的含义见图 2-35。

由图 2-36 可知，与 5000DWT 船舶类似，承台与刚性墙 P_w-a 曲线无论整体还是局部特征都类似，也由于两者接触面积的差异，故承台的结果小于刚性墙结果。同样，考虑到由 P_h/P_w 计算得到的 β_h 值相对离散，因此仍采用 E_h/E_w 进行分析和讨论，且 P_h/P_w 与 E_h/E_w 之间仍满足式(2-27)和式(2-28)的关系。采用式(2-27)对不同承台高度的计算结果进行分析，可得到图 2-37 所示结果。

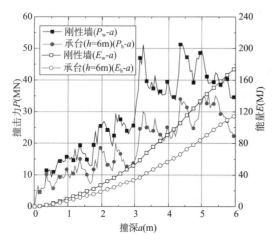

图 2-36　刚性墙与承台（$h=6\text{m}$）的 P-a 曲线及 E-a 曲线（10000DWT 船首）

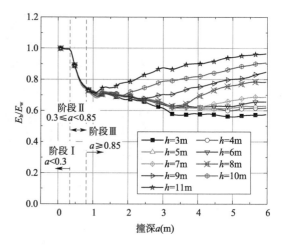

图 2-37　不同承台高度的 E_h/E_w（10000DWT 船首）

图 2-37 表明：①与 5000DWT 船首结果类似，随着撞深 a 的增加，可将结果分为三个不同的阶段，即无折减的阶段Ⅰ（满足 $E_h/E_w \approx 1.0$）、共同下降的阶段Ⅱ和各高度差异化的阶段Ⅲ，也说明了这三个阶段具有一定普遍性，为今后大量研究承台高度对各种吨位船首 P-a 曲线的影响提供了思路；②由于船首结构的区别，各阶段的临界值与 5000DWT 船首不同，即当 $a<0.3\text{m}$ 时为阶段Ⅰ，当 $0.3\text{m} \leq a<0.85\text{m}$ 时为阶段Ⅱ，而当 $a\geq 0.85\text{m}$ 时为阶段Ⅲ；③阶段Ⅲ中，当承台高度较大时，也出现随撞深的增加 E_h/E_w 值逐渐增大的现象，这也是承台面与船首之间的摩擦力贡献所致，类似图 2-29。

由上述分析可知，利用与 5000DWT 船首分析相同的思路，对各阶段分别进行分析能够更好地刻画承台高度对船首 P-a 曲线的影响。阶段Ⅰ中，不同高度承台与船首之间的接触面积与刚性墙结果没有差别，由式(2-28)同样可认为在所研究的承台高度范围内，满足下式：

$$\beta_h\left(\frac{h}{H}, a\right) = 1.0 + \frac{\mathrm{d}(1.0)}{\mathrm{d}a} \cdot \frac{\int_0^a P_w(a)\,\mathrm{d}a}{P_w(a)} = 1.0, \quad 0 \leq a < 0.3 \tag{2-36}$$

对于阶段Ⅱ，所有承台高度的 E_h/E_w 值都随撞深增大而下降，但与 5000DWT 船首不同的是，并不呈现出显著的线性关系。因此，对于 10000DWT 船首，为了使我们对阶段Ⅱ认识更为全面，除利用线性函数外，还采用非线性函数进行拟合分析，结果见表 2-5 和图 2-38。

阶段 II 分析结果（10000DWT 船首）　　　　表 2-5

类型	方程[a]	$R^2 = 1 - SSE/SST$
无约束条件线性	$E_h(a)/E_w(a) = -0.51a + 1.13$	0.945
有约束条件线性[b]	$E_h(a)/E_w(a) = -0.57(a-0.3) + 1.0$	0.926
无约束条件非线性	$E_h(a)/E_w(a) = 0.14/a + 0.57$	0.975
有约束条件非线性	$E_h(a)/E_w(a) = 0.12/a + 0.60$	0.957

注：a. 方程采用最小二乘法拟合（LSE）；
　　b. 约束条件是指当 $a = 0.3$m 时，$E_h(0.3)/E_w(0.3) = 1.0$。

图 2-38 和表 2-5 表明：四种不同拟合方式都与数值结果较好地吻合，其中以无约束条件的非线性双曲线函数拟合结果最佳（$R^2 = 0.975$），且线性拟合都略逊于非线性双曲线函数拟合，说明了 10000DWT 船首的阶段 II 具有一定的非线性。但考虑到式（2-28）中 $E_h(a)/E_w(a)$ 变换成 $\beta_h(h/H, a)$ 的复杂性，且阶段 II 撞深范围较小，故在实际中仍采用有约束条件线性函数（即表 2-5 中的第二式）的上限值来计算，即有：

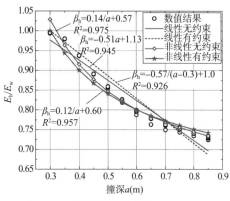

图 2-38　阶段 II 特征分析（10000DWT）

$$\beta_h\left(\frac{h}{H}, a\right) = 1.17 - 0.57a - \frac{0.57\int_0^a P_w(a)\mathrm{d}a}{P_w(a)} \leq 1.17 - 0.57a, \quad 0.3 \leq a < 0.85 \quad (2\text{-}37)$$

类似地，相比前两个阶段，阶段 III 不同承台高度的结果差异较大。为此采用与 5000DWT 船首相同的分析思路，即利用最大撞深位置的 E_h/E_w 值来描述该阶段，结果见图 2-39。采用最小二乘法对 E_h/E_w 进行拟合，结果如下：

$$\begin{cases} \beta_h = 0.11\exp\left(\dfrac{1.80h}{H}\right) + 0.40, \text{无约束条件} \\ \beta_h = 0.45\exp\left(\dfrac{0.80h}{H}\right) + 0.01, \text{约束条件为}\left(\dfrac{h}{H} = 1.0, \beta_h = 1.0\right) \end{cases} \quad (2\text{-}38)$$

由图 2-39 可知，式（2-38）中两者差异很小。同样，为了使 β_h 物理含义更为清楚，当 $a \geq 0.85$m 时，可以采用式（2-38）中的第二式来描述。

由式（2-36）~式（2-38），且为了使各式之间在边界处连续，可得到：

$$\beta_h\left(\frac{h}{H}, a\right) = \begin{cases} 1.0, & 0 \leq a < 0.3 \\ 1.17 - 0.57a \geq 0.45\exp\left(\dfrac{0.80h}{H}\right) + 0.01, & a \geq 0.3 \end{cases} \quad (2\text{-}39)$$

类似地，利用式（2-39）和式（2-35）计算得到的 $P\text{-}a$ 曲线与接触碰撞分析的结果的相关性如图 2-40 和图 2-41 所示。

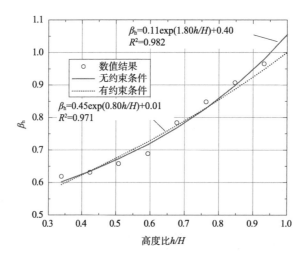

图 2-39　阶段Ⅲ平均 β_h 值与 h/H 的关系分析（10000DWT）

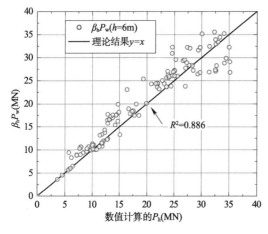

图 2-40　采用式(2-39)计算值与理论值的比较　　图 2-41　基准曲线的选取分析（10000DWT）

图 2-41 表明：无论是选取刚性墙，还是承台 $h_0=6m$（即 $h_0/H\approx0.5$）的 P-a 曲线作为基准曲线，与 5000DWT 船首结果类似，总体上采用式(2-39)计算的结果都与理论结果吻合较好，R^2 平均值分别为 0.889 和 0.916；对于较小的承台高度，采用 $h_0=6m$ 时的 P-a 曲线略好于采用刚性墙时的结果，而对于较大的承台高度，则选用刚性墙 P_w-a 曲线作为基准更好一些，这也与 5000DWT 船首计算的结果大体相同。因此，在实际运用中，可以在承台较薄时采用某承台高度的 P_h-a 曲线作为基准线，而对于较厚的承台，则采用刚性墙结果更为合理。

由 5000DWT 和 10000DWT 船首的分析可以看出承台高度对船首 P-a 曲线的影响可分为三个阶段，即无折减的阶段Ⅰ、共同下降的阶段Ⅱ和差异化的阶段Ⅲ。通过对两种船首的三个阶段特征的讨论，得出可以分别采用式(2-34)和式(2-39)来合理考虑承台高度对两船首 P-a 曲线的影响。理论上，上述的思路与方法不仅可运用于其他 DWT 船首研究，而且若有较多的不同吨位及类型的船舶模型或试验数据,可进一步讨论不同 DWT 对此分析的影响及规律。目前限于模型数,暂不予以讨论。

2.5 基于非线性宏观单元相互作用模型法的实现

对于每个时间步,由式(2-14)可知,与应变率相关的 P_v 依赖于弹塑性弹簧的抗力 P_s。因此,上文构建的用于计算船撞动力需求的非线性宏观单元往往不能在现有的大型通用商业有限元软件中找到[26,27,38-40]。鉴于此,根据式(2-1)~式(2-4)的基本控制方程,以及后续用于确定船首 P-a 曲线的相关公式与方法,编制了基于非线性宏观单元计算船撞动力需求的相应 MATLAB 程序,其具体的计算流程如图 2-42 所示。

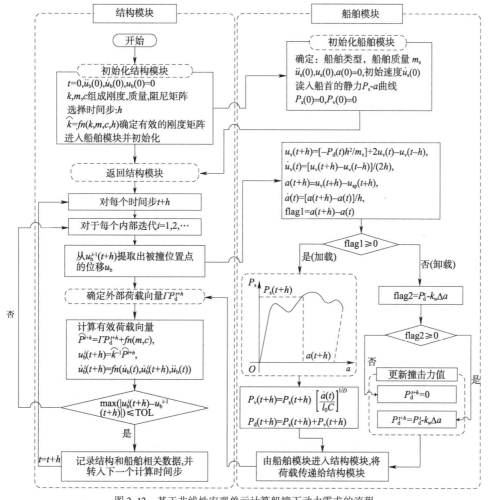

图 2-42 基于非线性宏观单元计算船撞下动力需求的流程
注:TDL 为容许误差。

该程序主要由两个模块组成,即被撞结构模块和船舶模块。结构模块的动力分析,采用广泛运用且算法成熟的 Newmark-β 平均加速度法[41,42]来求解式(2-4)。与 Consolazio 等[37]

工作类似,对于船舶模块,采用简单的中心差分法求解式(2-1)。值得注意的是,由式(2-3)与式(2-4)可知,船撞力荷载与结构位移响应是相互耦合的,因此必须增加一个迭代过程来求解结构的位移响应,如图2-42所示。此外,采用两个状态变量(flag1和flag2,见图2-42)来判断船舶运动的三种状态(即加载过程、卸载过程或重新加载状态),使其能够从相应的P-a曲线中确定结构的合理荷载值并用于结构模块的计算。

2.6 基于非线性宏观单元相互作用模型法的验证与分析

2.6.1 5000DWT船舶验证与分析

1) 验证的有限元模型及参数

考虑通航情况及5000DWT船舶的几何特征,选取跨越长江的某大桥作为被撞结构。该大桥主桥为连续钢箱梁桥,桥跨布置为102m+4×185m+102m,南引桥为八联混凝土连续箱梁桥,北引桥为四联混凝土连续箱梁桥[43]。考虑到船撞作用是较为典型的局部动力荷载,则可认为距离通航航道较远的引桥部分对所关注的结构动力需求影响较小,因此不予以考虑。主桥钢箱梁由上、下行分离的两个单箱单室箱型截面组成,具体见文献[43]。在主桥结构中,主墩和过渡墩每个桥墩有两个独立的矩形截面立柱,两墩柱间的横桥向间距为17.00m,采用C45混凝土。基础为典型的高桩承台基础,矩形承台采用C35混凝土,主墩采用桩长分别为79m、80m和85m的斜钢管桩,见图2-43a)[43],过渡墩基础采用桩长分别为79m和83m的斜钢管桩,见图2-43b)[43],桩基采用C35水下填芯混凝土。

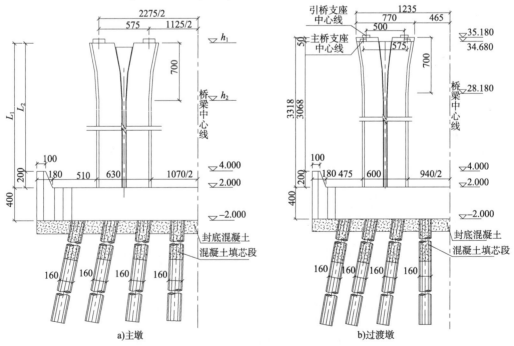

图2-43 主桥桥墩立面示意图(尺寸单位:mm;高程单位:m)

为了验证上述构建的基于非线性宏观单元相互作用模型法的合理性和有效性,分别建立整船-全桥的接触碰撞模型(图 2-44)和基于非线性宏观单元的分析模型(图 2-45)。在接触碰撞模型中,船舶采用上述构建的 5000DWT 船舶;在被撞结构中,与船首直接碰撞接触部分的矩形承台,采用单点积分的实体单元模拟;为了减少计算成本,桥墩墩柱、上部结构和群桩基础都采用空间梁单元来模拟,非被撞承台(除桥墩 4# 以外)都假定为刚体,采用集中质量模拟承台质量,并通过 CONSTRAINED_NODE_RIGID_BODY 与桥墩和桩基础连接 [图 2-44c)]。主梁和桥墩的材料和截面特性分别见表 2-6 和表 2-7[43]。桥梁的支座设置方式为:固定墩为两个双向固定支座,滑动墩为两个纵桥向滑动支座。在有限元模型中,将墩顶两个支座合并为一个支座,具体的支承连接条件模拟见表 2-8[43]。接触定义与构建船首 P-a 曲线过程一致。

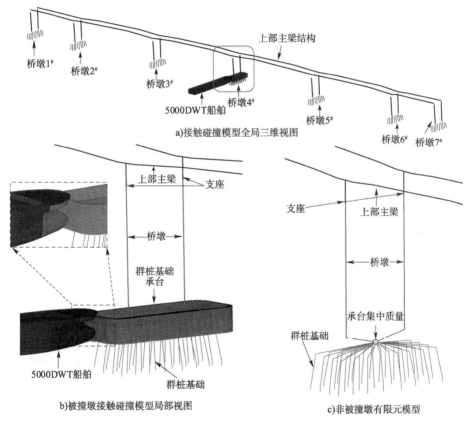

图 2-44 5000DWT 船舶与高桩桥梁的接触碰撞有限元模型

在基于非线性宏观单元的相互作用模型(图 2-45)中,采用构建的非线性宏观单元来代替接触碰撞模型中的船舶模型,单元参数可由碰撞条件和承台特征(图 2-43),采用 2.3 节和 2.4 节的方法确定,最终按图 2-42 所示的流程进行分析计算。同时,为了进一步讨论考虑应变率和承台高度影响的必要性,分别采用三种方式来定义非线性宏观单元中的参数:①采用式(2-21)考虑应变率效应,且采用式(2-34)考虑承台影响,简记为:基于 P_d-a 曲线的分析;②不考虑应变率效应,但采用式(2-34)考虑承台影响,记为:基于 P_s-a 曲线的分析(即 Consolazio 等[10,37]建议的方法);③采用式(2-21)考虑应变率效应,但采用刚性墙 P_w-a 曲线定义非线性弹簧部分,记为:基于 P_w-a 曲线的分析。

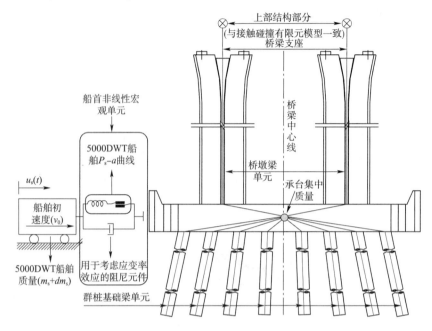

图 2-45 基于非线性宏观单元的相互作用模型示意图(5000DWT 船舶)

主梁和桥墩的材料参数[43]　　　　　　　　　　　表 2-6

构件	弹性模量 (kN/m²)	密度 (kg/m³)	构件	弹性模量 (kN/m²)	密度 (kg/m³)
主梁	2.1×10^8	7.9×10^3	承台	3.15×10^7	2.6×10^3
桥墩	3.35×10^7	2.6×10^3	填芯混凝土	3.15×10^7	2.4×10^3

主梁和桥墩的截面特性[43]　　　　　　　　　　　表 2-7

构件	面积 A(m²)	抗扭惯矩 J(m⁴)	抗弯惯矩 I_2(m⁴)	抗弯惯矩 I_3(m⁴)
主梁	0.828~1.624	2.356~15.38	16.81~24.57	1.469~23.67
主桥非过渡墩	14.56~23.55	38.71~57.17	61.78~126.7	13.83~21.81
主桥过渡墩	17.83~36.56	36.05~167.4	53.33~181.4	13.15~68.73
主桥钢管桩	2.01	0.81	0.4	0.4

主桥支承连接条件[43]　　　　　　　　　　　表 2-8

位置	自由度					
	UX	UY	UZ	RX	RY	RZ
除桥墩 4#	0	1	1	1	0	1
桥墩 4#	1	1	1	1	0	1

注:X 为纵桥向;Y 为横桥向;Z 为竖向;0 代表相应自由度释放;1 代表相应自由度约束。

2)计算结果分析与讨论

由图2-44和图2-45所示两种分析模型及相应的参数,分别采用LS-DYNA和图2-42所述的流程,计算得到了5000DWT船舶以2m/s和4m/s初始撞击速度碰撞该桥的动力响应,如图2-46~图2-50所示。

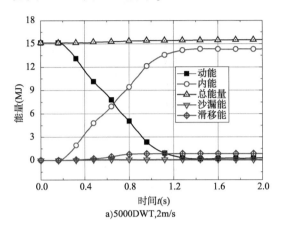
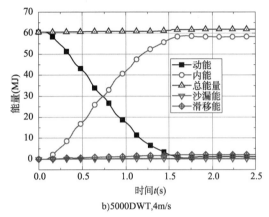

图2-46 接触碰撞模型中能量交换

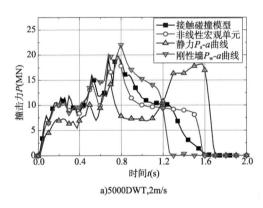
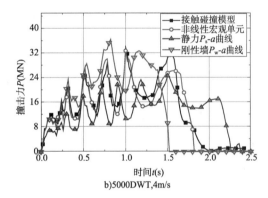

图2-47 撞击力比较

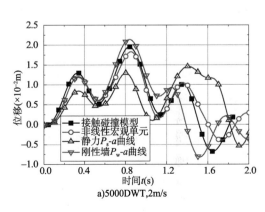
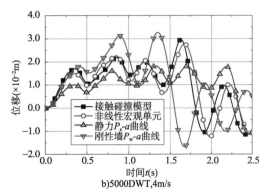

图2-48 承台位移比较

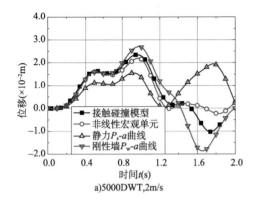
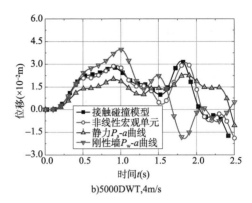

图 2-49 墩顶位移比较

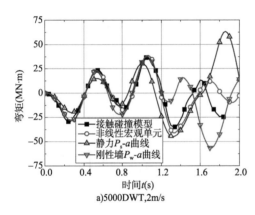
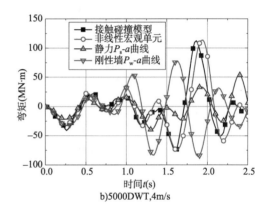

图 2-50 墩底弯矩比较

为了合理地评价基于不同 $P\text{-}a$ 曲线计算的有效性，将不同 $P\text{-}a$ 曲线计算的峰值响应与接触碰撞模型进行比较（图 2-51），且采用 Pearson 积矩法相关系数(r)[44]评价各 $P\text{-}a$ 曲线的结果与接触碰撞模型结果变化规律的相关性（图 2-52）。其中，峰值响应比较由下式确定：

$$\text{Ratio} = Y_m / X_m \tag{2-40}$$

式中，X_m 为接触碰撞模型计算得到的各响应峰值；Y_m 为基于不同 $P\text{-}a$ 曲线计算得到的各响应峰值。而 Pearson 积矩法相关系数(r)定义为[44]：

$$r = \frac{\sum_{i=1}^{n}(X_i - \overline{X})(Y_i - \overline{Y})}{\sqrt{\sum_{i=1}^{n}(X_i - \overline{X})^2}\sqrt{\sum_{i=1}^{n}(Y_i - \overline{Y})^2}} \tag{2-41}$$

式中，X_i 和 $\overline{X}$ 分别为接触碰撞模型各时刻的响应值和响应均值；Y_i 和 $\overline{Y}$ 分别为基于不同 $P\text{-}a$ 曲线各时刻的响应值和响应均值；n 为各响应时程的个数。通常，$r \in [-1.0, 1.0]$。若 $r \to 1.0$，则表明两者存在良好的线性相关性，且变化规律一致（在此表现为随时间响应值涨落一致）；若 $r \to -1.0$，则表明两者的变化是异相的，即 Y 随着 X 的增大而减小；若 $|r| \to 0.0$，则表明两者不存在线性相关性[44]。

由图 2-46 可知,在两种不同的初始速度下,接触碰撞模型中总能量总体上保持不变,从碰撞开始至船舶反向运动,船舶碰撞的初始动能逐渐转变成内能(变形能),且沙漏能远远小于其他能量,这在一定程度上说明了接触碰撞模型的可靠性和有效性,也为采用接触碰撞模型来验证本章构建的基于宏观单元的分析法提供了较为合理的基础。

由图 2-47 ~ 图 2-50 所示结果以及图 2-51 和图 2-52 的比较分析可知,相比基于静力 P_s-a 曲线和基于刚性墙 P_w-a 曲线的结果,在两种不同速度情况下,基于动力 P_d-a 曲线的非线性宏观单元分析,无论是撞击力,还是承台位移、墩顶位移和墩底弯矩响应都能与接触碰撞模型更好地吻合,说明了基于非线性宏观单元计算桥梁船撞动力需求的合理性和有效性。值得注意的是,基于式(2-40)的峰值响应比较分析中,基于 P_d-a 曲线得到的撞击力和承台位移等略低于接触碰撞模型的结果,这是因为采用基于平均值建立的式(2-21)和基于能量比值建立的式(2-34),存在使得撞击力略偏小的可能性。在实际运用中,为了使得桥梁船撞设计有一定的安全富余,可在 P_d-a 曲线分析结果的基础上乘一个适当的安全系数。

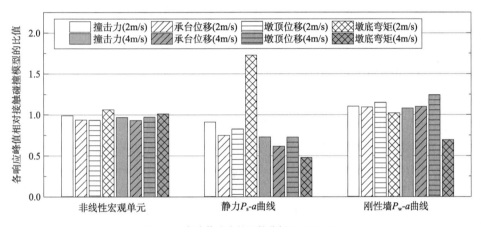

图 2-51 各峰值响应的比较分析(5000DWT)

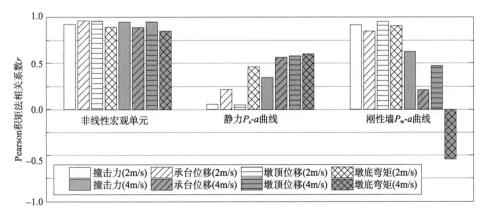

图 2-52 不同 P-a 曲线与接触碰撞模型相关性分析(5000DWT)

同时,由图 2-47 ~ 图 2-52 可知,基于 P_s-a 曲线的分析,由于没有考虑应变率效应,船撞力时程与接触碰撞模型结果有较为明显的差异,且总体上撞击力小于接触碰撞模型的结果,从而导致了承台位移和墩顶位移等响应都明显地小于接触碰撞模型计算值(图2-51),且与接触碰撞模型的Pearson积矩法相关系数r值都相对较小(图2-52),表明了两者时程变化规律差异也较大。值得一提的是,当初始碰撞速度为2m/s时,基于P_s-a曲线分析得到的墩底弯矩远远大于接触碰撞模型的墩底弯矩,其主要原因是在卸载之前的撞击力峰值(图2-47)使得承台与墩顶之间的位移差较大,从而导致此时墩底弯矩过大。

此外,由图2-47~图2-52中基于P_w-a曲线分析的结果可知,尽管大多数情况下其响应值大于接触碰撞模型的结果(图2-51),但是由于刚性墙P_w-a曲线与一定承台高度时P_h-a曲线特征有所差异,故其结果与接触碰撞模型的相关系数较小,两者变化规律差异较大,甚至出现异相的情况(图2-52中,初速度为4m/s时墩底弯矩的Pearson积矩法相关系数r = −0.54)。此外,由于接触力的差异,承台与墩顶位移差偏小,从而存在低估墩底弯矩的可能性(图2-51)。

综上所述,无论是图2-47~图2-50所示的具体响应结果,还是相应的评价指标,都表明了本章提出的基于P_d-a曲线的非线性宏观单元分析结果优于另外两者(基于P_s-a曲线和基于P_w-a曲线)的结果,能够较好地对船撞下结构动力需求进行估计,而另外两种P-a曲线计算结果则存在一定的不足,在实际设计中运用需谨慎。

2.6.2 10000DWT船舶验证与分析

1)验证的有限元模型及参数

为了进一步验证上述构建的基于非线性宏观单元的相互作用模型分析法,下面将以某设有港区专用航道的连续刚构桥[45]作为研究对象[图2-53a)],对10000DWT船首P_d-a曲线及式(2-39)的有效性与合理性进行分析。该刚构桥桥跨布置为:140 + 268 + 140 = 548(m),上下分幅布置,单幅桥面宽16.5m,两幅主梁之间净距1.0m,见图2-53a)。上部结构为预应力混凝土变截面单室箱梁,见图2-53b)。主墩墩身采用空心双薄壁墩,平面尺寸为2.5m × 7.5m,见图2-53c)。主墩采用42根直径为2.5~2.8m的变直径钻孔灌注桩基础,梅花形布置,南、北主墩桩长分别为115.3m和104.3m,承台高度为7.0m,具体见图2-53d)。过渡墩采用分离式直径为1.8m的钻孔灌注桩基础,每幅桥按行列式布置,桩长110.0m,承台平面布置为14m × 14m,高度为4.0m。

根据图2-53所示的桥跨布置和主要构造,以及图2-5的10000DWT船舶,采用非线性接触有限元法建立相应的船-桥接触碰撞有限元模型(图2-54)。对于桥梁结构部分,为了节约计算成本及存储空间,与5000DWT船舶算例相同,除直接接触船首的承台采用8节点的实体单元外,其他部分都采用空间梁单元模拟,材料参数见表2-9。

连续刚构桥梁主要构件材料参数 表2-9

材料参数	上部主梁结构	主墩[a]	桩基础	过渡墩[b]
弹性模量(N/m²)	3.25×10^{10}	3.25×10^{10}	3.15×10^{10}	3.25×10^{10}
材料密度(kg/m³)	2.60×10^3	2.60×10^3	2.60×10^3	2.60×10^3

注:a. 主墩包括南、北主墩;
　　b. 过渡墩包括南、北过渡墩。

在基于非线性宏观单元的相互作用模型(图 2-55)中,用构建的非线性宏观单元取代接触碰撞模型中的 10000DWT 船舶,具体参数可由 2.3 节和 2.4 节的方法确定,并按图 2-42 所示的流程来进行分析。为了讨论考虑应变率和承台高度影响的必要性,与 5000DWT 算例一致,分别采用三种方式定义非线性宏观单元中的参数,分别简称为 P_d-a 曲线、P_s-a 曲线,以及 P_w-a 曲线。

2) 计算结果分析与讨论

由图 2-54 和图 2-55 所示两种不同的分析模型及相应的参数,分别采用 LS-DYNA 和图 2-42 所示的流程计算 10000DWT 船舶以 2m/s 和 4m/s 初始速度撞击该桥的动力响应,结果如图 2-56 ~ 图 2-61 所示。

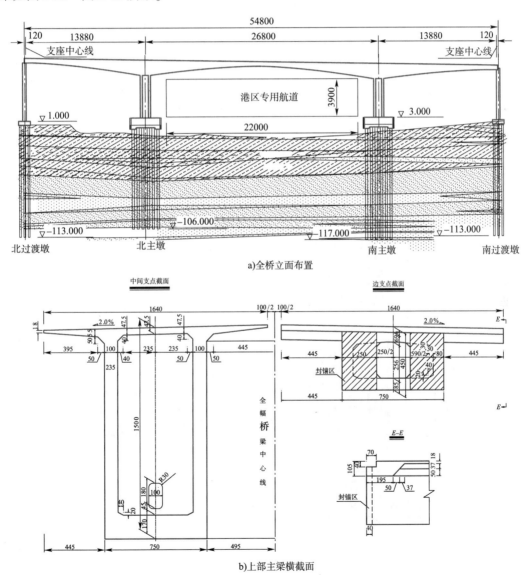

图 2-53

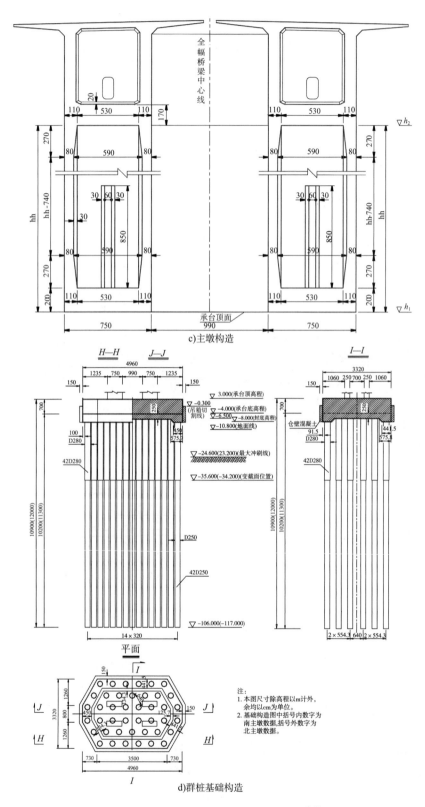

图 2-53 连续刚构桥梁的立面布置及主要构造[45]

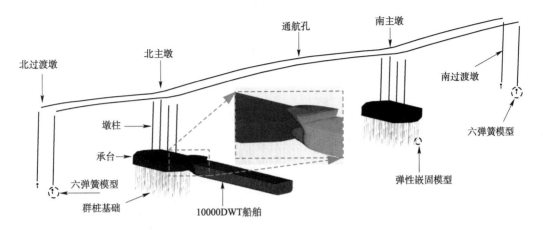

图 2-54　10000DWT 船舶与连续刚构桥的接触碰撞有限元模型

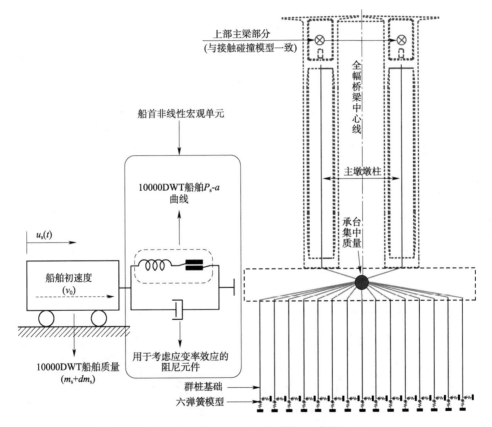

图 2-55　基于非线性宏观单元的相互作用模型示意图(10000DWT)

在进行两种模型结果比较之前,有必要首先对接触碰撞模型采用有条件稳定的显式中心差分法(即需满足:$\Delta t < 2/\omega_{max}$,其中 ω_{max} 为有限元模型的最大固有圆频率)[27,46]求解的结果进行判断。通常,可通过系统的能量情况来判断,若数值计算不稳定,则往往在系统能量上有所反映。图 2-56 表明:与 5000DWT 船舶验证分析时相同,在接触碰撞模型中,系统内

的总能量较好地满足能量守恒定理。因此,可以图2-54所示的接触碰撞模型为基础来验证本章构建的基于非线性宏观单元的相互作用模型。

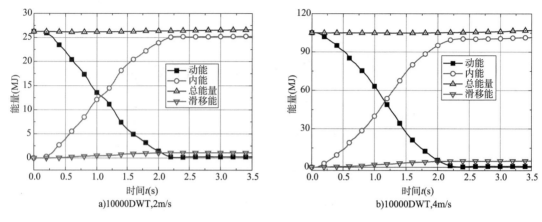

图2-56 接触碰撞模型中能量交换(10000DWT)

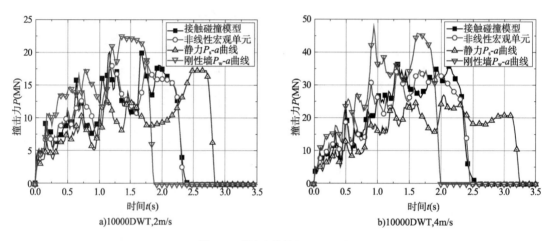

图2-57 撞击力比较(10000DWT)

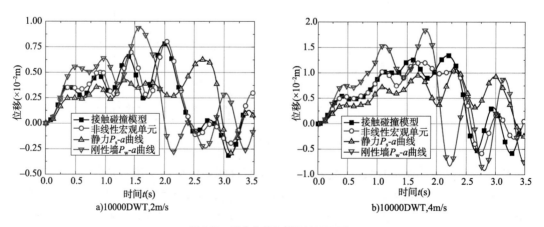

图2-58 承台位移比较(10000DWT)

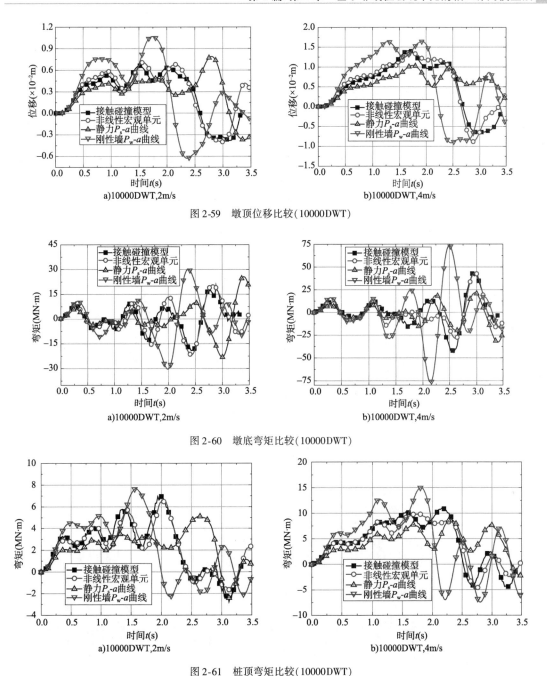

图 2-59 墩顶位移比较（10000DWT）

图 2-60 墩底弯矩比较（10000DWT）

图 2-61 桩顶弯矩比较（10000DWT）

图 2-57～图 2-61 表明：①与 5000DWT 验证分析结果类似，即与基于 P_s-a 曲线和 P_w-a 曲线计算结果相比而言，基于 P_d-a 曲线的分析，无论是撞击力，还是结构的动力响应（承台位移、墩顶位移、墩底和桩顶弯矩）都能与接触碰撞模型结果更好地吻合；②基于 P_s-a 曲线的分析，同样由于没有考虑应变率效应，故撞击力总体上低于接触碰撞模型的结果，而荷载持时有所增长（约 0.5s），由动量守恒定理（$\int P(t)\mathrm{d}t = m_v v_0$）可知，这一现象是显而易见的；③基于 P_w-a 曲线的分析结果及规律，与 5000DWT 船舶验证分析时的结果也是大同小异的，

由此也说明了这些结果及规律具有一般性。值得指出的是,当 $v_0=2\text{m/s}$,采用 $P_s\text{-}a$ 曲线分析时,由于需更大的撞深来耗散碰撞动能,故后续撞击力较大(图2-57),进而导致相应的动力响应并不比接触碰撞模型计算结果低。

同样,采用式(2-40)和式(2-41)分别进行荷载及结构响应的峰值比较和时程结果变化规律的相关性分析,结果分别如图2-62和图2-63所示。图2-62表明:与上述分析相同,$P_d\text{-}a$ 曲线峰值与接触碰撞模型结果最为接近,Ratio 平均值为0.97,即平均相对误差为3%;$P_s\text{-}a$ 曲线结果总体偏小,平均值为0.87;而 $P_w\text{-}a$ 曲线结果则总体偏大,平均值为1.35,即误差为35%。因此,若以计算动力需求(即峰值响应)为目的,$P_s\text{-}a$ 曲线和 $P_w\text{-}a$ 曲线都存在一定的不足,而采用 $P_d\text{-}a$ 曲线分析则能够较好地对船撞动力需求进行估计。

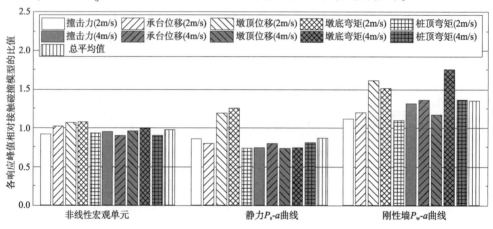

图 2-62 峰值响应的比较分析(10000DWT)

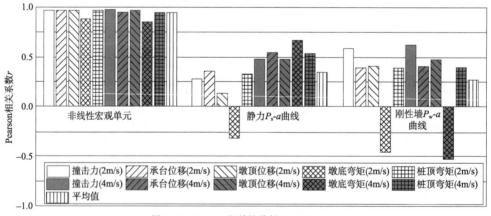

图 2-63 Pearson 相关性分析(10000DWT)

各响应的时程变化的相关性分析结果(图2-63)表明:基于 $P_d\text{-}a$ 曲线的结果明显优于基于 $P_s\text{-}a$ 曲线和 $P_w\text{-}a$ 曲线的结果;同样,由于 $P_w\text{-}a$ 曲线与一定承台高度时 $P_h\text{-}a$ 曲线特征有所差异,故与接触碰撞模型结果相关性较小,且常出现异相的情况。总体上看,三者按性能从高到低排序为:$P_d\text{-}a$ 曲线、$P_s\text{-}a$ 曲线、$P_w\text{-}a$ 曲线。值得注意的是,三者的墩底弯矩响应相比其他响应,相关系数都有所下降。这主要是因为墩底弯矩受上部结构惯性力等因素的影响而较为复杂,且相互作用模型与接触碰撞模型本身也存在一些差别。

综上所述,10000DWT 船舶的验证与 5000DWT 结果一致,都表明了本章构建的基于 P_d-a 曲线的非线性宏观单元分析结果,能够较好地与接触碰撞模型结果吻合。由此也充分说明了采用基于 P_d-a 曲线的非线性宏观单元能够合理地估计船撞作用下结构的动力需求,而其他两种 P-a 曲线存在一定的不足。

2.6.3 动力结果与规范静力结果的比较

与此同时,将上述计算结果与相应的规范静力计算结果比较。其中,规范包括 AASHTO 规范[12]、我国的《公路桥涵设计通用规范》(JTG D60—2015)[13]和《铁路桥涵设计基本规范》(TB 10002.1—2005)[47]。将图 2-47 和图 2-57 中的峰值响应结果,与采用式(1-5)、表 1-4 中内河四至七级航道相关规定和式(1-12)确定的各规范船撞力一起列于图 2-64 中。图 2-64 表明:①各规范计算的船撞力存在显著的差异,其中,由《铁路桥涵设计基本规范》(TB 10002.1—2005)计算的结果明显偏小,由此反映了目前对桥梁船撞问题只形成了较为初步的认识;②对研究的四种工况而言,AASHTO 规范结果与动力结果总体上较为接近,但是由于 AASHTO 规范计算公式[式(1-5)]是根据 Woisin 对大于 40000DWT 船舶试验结果分析得到的[12],因此理论上讲其并不能用于评判我国内河或近海船舶模型的有效性;③对于我国《公路桥涵设计通用规范》(JTG D60—2015)而言,由于没有考虑初始碰撞速度的影响,故其不能反映初始碰撞速度的变化对船撞力的影响。事实上,初始碰撞速度对船撞力影响是显著的,初始碰撞速度增加则必然导致碰撞能量的提高,对同一被撞结构,若碰撞能量提高,则必然导致撞深增加,进而使得船撞力增大。

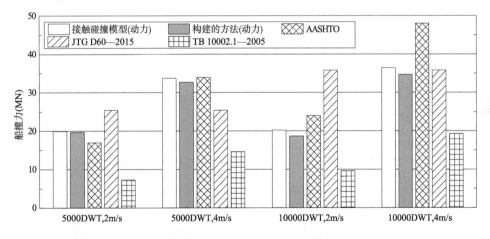

图 2-64 船撞力峰值与规范值的比较

在此基础上,对这些由规范确定的等效船撞力和动力分析的峰值船撞力进行静力分析,得到相应的等效静力响应(需求),以墩底弯矩为例,结果如图 2-65 所示。

图 2-65 表明:无论采用哪种等效的静力船撞力,也无论规范确定的船撞力是否大于动力分析的峰值,采用静力分析法得到墩底弯矩的结果都远小于动力的结果。以图 2-65 中的墩底弯矩为例,造成这一现象的主要原因是:静力分析由于忽略结构的动力特性,尤其是上部结构的惯性效应,故得到的桥墩变形模式与动力分析得到的桥墩变形模式有着显著的差异,造成了墩顶与承台的位移差远远小于动力分析的结果(图 2-66),而墩底弯矩响应恰恰

主要与墩顶-承台位移差相关(图2-67),从而导致了静力分析得到的墩底弯矩远远小于动力分析的结果。值得注意的是,这一现象的突出程度主要取决于桥墩与上部结构侧向刚度和质量之间的关系,相关分析将在后续章节予以进一步的讨论。这表明了规范(经验)静力法存在明显的不足,即可能会远远低估船撞下结构的需求,使得实际工程设计偏于不安全。

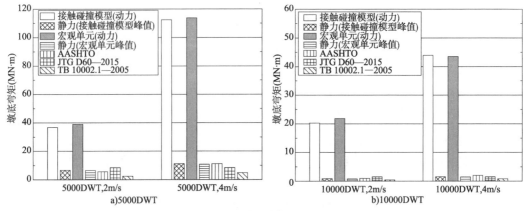

图2-65　静动力需求的比较分析

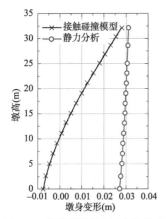

图2-66　墩底弯矩最大时的墩身变形(5000DWT,4m/s)

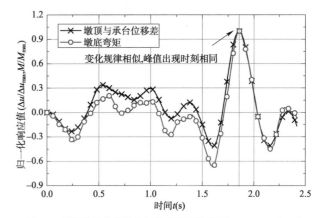

图2-67　墩顶-承台位移差与墩底弯矩的关系(5000DWT,4m/s)

2.6.4　与接触碰撞模型其他方面性能的比较

表2-10给出了关于上述两种模型(即基于非线性宏观单元的相互作用模型和接触碰撞模型)的计算效率、硬盘资源、接触定义、沙漏控制等综合性能的比较。由表2-10可知,相比接触碰撞模型,基于非线性宏观单元的相互作用模型不仅避免了重复定义复杂的接触、沙漏控制问题[26,27,38-40]以及费时耗力地建立实体的被撞结构模型和复杂的船舶模型等,而且突破了接触碰撞模型算法的限制,即可采用无条件稳定的隐式积分算法,从而避免了验证和判断计算结果稳定可靠的过程,也降低了对计算人员的接触有限元理论及分析经验的要求。加之概念明确、计算简单,在不断完善P-a曲线的情况下,以上这些优点将使基于非线性宏观单元的相互作用模型成为今后计算船撞力需求的一个重要方法。不过,基于非线性宏观单元的相互作用模型,需要额外定义一个非线性宏观单元,而且对摩擦型侧撞等情况还需进一步研究和完善。

基于非线性宏观单元的相互作用模型与接触碰撞模型的性能比较　　　表 2-10

性能	基于非线性宏观单元的相互作用模型	接触碰撞模型
计算效率	约 2 分/工况	约 10 时/工况[a]
硬盘资源	<100.0MB/工况	约 3.2GB/工况[b]
数值积分算法	可用显、隐式积分算法	目前仅能用显式积分算法
接触定义	不需要	需定义复杂的接触
沙漏控制	不需要	需定义合理的沙漏控制
非线性宏观单元	需要	不需要

注：a. 仅对上述计算工况，若在模型中采用损伤混凝土本构等，计算时间将进一步加长；
　　b. 以 5000DWT 船舶验证分析算例为例。

2.7　本章小结

在本章中，主要针对吃水较深、吨位较大的货船（即 AASHTO 规范 3.5 节中定义的第二类船舶），建立了一种高效合理的基于非线性宏观单元的相互作用模型，用于分析船撞作用下桥梁结构的动力需求，主要工作及结论如下：

（1）论述了基于非线性宏观单元的相互作用模型分析法的基本思路及动力方程。在构建非线性宏观单元的相互作用模型时，船舶被等效成一个特殊的单自由度体系，与被撞结构接触的船首部分采用一个非线性宏观单元来描述其在船-桥碰撞过程中的特性。同时，考虑到船用钢材的应变率效应，非线性宏观单元由两部分组成，即由采用 P_s-a 曲线描述的非线性弹簧单元和与应变率相关的阻尼单元组成。

（2）基于作者及团队建立的 5000DWT 和 10000DWT 精细的船舶有限元模型，采用非线性接触碰撞有限元法分析得到了相应的静力 P_s-a 曲线。以此为基础，分别对船首 P-a 曲线的整体特征和局部特征进行了讨论，结果表明：①整体上，由于船首撞深不断地增加，刚性墙与船首的接触面积增大，各抗力构件（T 形、X 形和 L 形连接构件）数量总体也在增加，故船舶的平均接触力不断增大；②局部撞深内，随着撞深的增加，不断地有构件由开始参与贡献演变成被完全压溃而退出工作，从而使得 P-a 曲线中峰值和谷值交替出现。

（3）以静力 P_s-a 曲线为基础，讨论了确定考虑应变率效应的动力 P_d-a 曲线，以及基于 Cowper-Symonds 模型确定非线性宏观单元中与加载率相关单元参数的方法，结合相应的数值分析结果，给出了考虑应变率对接触力影响的计算公式。

（4）考虑到船撞力受接触面积影响，探讨了承台高度对 P-a 曲线的影响，结果表明：承台高度对船首 P-a 曲线的影响可分为三个阶段，分别为无折减的阶段Ⅰ、共同下降的阶段Ⅱ和差异化的阶段Ⅲ。并通过分析两种船首三个阶段的特征，得到了相应的计算公式，可用于考虑承台高度对船首 P-a 曲线的影响。

（5）根据上述构建的静动力 P-a 曲线，以精细的非线性接触碰撞有限元模型分析结果为基准，采用多种碰撞工况，分析验证了基于非线性宏观单元的相互作用模型，结果表明：本章构建的基于动力 P_d-a 曲线的非线性宏观单元分析结果与接触碰撞模型结果较为一致，说明了基于宏观单元分析船撞动力需求的有效性及合理性。此外，从具体的响应结果和相应的评价指标来看，基于 P_d-a 曲线的结果都优于基于 P_s-a 曲线及基于 P_w-a 曲线的结果，由此也说明了考虑应变率和承台高度对船首 P-a 曲线的影响是必要的。

(6)通过将动力分析结果与规范静力结果进行对比,结果表明:无论采用哪种等效静力的船撞力,也无论规范确定的船撞力是否大于动力分析的峰值,由于忽略结构惯性效应的影响,尤其是上部结构的惯性效应影响,静力分析的结果都可能小于甚至远远小于动力分析的结果。这进一步说明了采用规范(经验)静力法确定船撞的需求存在明显的不足,即存在远远低估船撞下结构需求的风险,使得实际工程设计偏于不安全。

(7)将提出的基于非线性宏观单元的相互作用模型与接触碰撞模型的综合性能(包括计算效率、硬盘资源、接触定义、沙漏控制等)进行了比较,结果表明:基于非线性宏观单元的相互作用模型不但可以提高计算效率,而且可避免重复定义复杂的接触和沙漏控制等问题,同时也突破了数值积分算法的限制。因此,在不断完善 P-a 曲线的情况下,基于非线性宏观单元的相互作用模型可成为高效、合理分析桥梁船撞动力需求的方法。

本章提出的研究方法与思路具有一般性,可拓展到其他吨位及类型船舶,并不局限于本章所研究的船舶。

本章参考文献

[1] MOSTAFA Y E, NAGGAR M H E. Dynamic analysis of laterally loaded pile groups in sand and clay[J]. Canadian Geotechnical Journal, 2002, 39(6):1358-1383.

[2] VARUN. A non-Linear dynamic macroelement for soil structure interaction analyses of piles in liquefiable sites[D]. Atlanta: Georgia Institute of Technology, 2010.

[3] RHA C, TACIROGLU E. Coupled macroelement model of soil-structure interaction in deep foundations[J]. Journal of Engineering Mechanics, 2007, 133(12):1326-1340.

[4] TACIROGLU E, RHA C, WALLACE J W. A robust macroelement model for soil-pile interaction under cyclic loads[J]. Journal of Geotechnical and Geoenvironmental Engineering, 2006, 132(10):1304-1314.

[5] BRANDENBERG S J. Behavior of pile foundations in liquefied and laterally spreading ground [D]. Davis: University of California, 2005.

[6] LARSEN O D. Ship collision with bridges: the interaction between vessel traffic and bridge structures [M]. Iurich: IABSE, 1993.

[7] PEDERSEN P T, VALSGAARD S, OLSEN D, et al. Ship impacts: bow collisions[J]. International Journal of Impact Engineering, 1993, 13(2):163-187.

[8] 梁文娟,金允龙,陈高增. 船舶与桥墩碰撞力计算及桥墩防撞[C]//第十四届全国桥梁学术会议论文集,2000:566-571.

[9] CONSOLAZIO G R, HENDRIX J L, MCVAY M C, et al. Prediction of pier response to barge impacts with design-oriented dynamic finite element analysis[J]. Transportation Research Record, 2004, 1868(1):177-189.

[10] CONSOLAZIO G R, COWAN D R. Numerically efficient dynamic analysis of barge collisions

with bridge piers[J]. Journal of Structural Engineering,2005,131(8):1256-1266.

[11] HENDRIX J L. Dynamic analysis techniques for quantifying bridge pier Response to barge impact loads[D]. Gainesville:University of Florida,2003.

[12] AASHTO. Guide Specifications and Commentary for Vessel Collision Design of Highway Bridges[S]. 2nd ed. Washington, D. C.:AASHTO,2009.

[13] 中华人民共和国交通运输部. 公路桥涵设计通用规范:JTG D60—2015[S]. 北京:人民交通出版社股份有限公司,2015.

[14] ZHANG S M. The mechanics of ship collisions[D]. Kongens Lyngby:Technical University of Denmark,1999.

[15] AASHTO. Guide Specification and Commentary for Vessel Collision Design of Highway Bridges[M]. Washington, D. C.:AASHTO,1991.

[16] CONSOLAZIO G R, LEHR G B, COOK R A. Barge impact testing of the St. George Island Causeway Bridge, Phase Ⅲ:physical testing and data interpretation[R]. Gainesville:University of Florida,2006.

[17] WOISIN G, GERLACH W. On the estimation of forces developed in collisions between ships and offshore lighthouses[C]. Stockholm:International Conference on the Lighthouses and Other Aids to Navigation,1970.

[18] WOISIN G. The collision tests of the GKSS[J]. Jahrbuch der Schiffbautechnischen Gesellschaft,1976,70(2):465-487.

[19] MCVAY M, WASMAN S, BULLOCK P. St. George geotechnical investigation of vessel pier impact [R]. Gainesville:Engineering and Industrial Experiment Station, University of Florida,2005.

[20] 马晓青,韩峰. 高速碰撞动力学[M]. 北京:国防工业出版社,1998.

[21] JONES N. Structural impact[M]. Cambridge:Cambridge University Press,2011.

[22] 李国豪. 工程结构抗爆动力学[M]. 上海:上海科学技术出版社,1989.

[23] NGO T, MENDIS P, HONGWEI M, et al. High strain rate behaviour of concrete cylinders subjected to uniaxial compressive impact loading[C]. Proceedirgs of 18th Australasian Conference on the Mechanics of Structures and Materials,2004.

[24] YAMADA Y, ENDO H. Experimental and numerical study on the collapse strength of the bulbous bow structure in oblique collision[J]. Marine Technology and SNAME News,2008,45(1):42-53.

[25] ENDO H, YAMADA Y, KITAMURA O, et al. Model test on the collapse strength of the buffer bow structures[J]. Marine Structures,2002,15(4-5):365-381.

[26] HALLQUIST J. LS-DYNA-keyword user's manual, Version 971[M]. Livermore, California:Livermore Soft Technology Corporation(LSTC),2007.

[27] HALLQUIST J O. LS-DYNA theory manual[J]. Livermore Software Technology Corporation, 2006(3):25-31.

[28] SHI Y, HAO H, LI Z X. Numerical derivation of pressure-impulse diagrams for prediction of RC column damage to blast loads[J]. International Journal of Impact Engineering,2008,35

(11):1213-1227.

[29] HUANG Y,WU K,CHIEN H,et al. Effect of crushable bow on the overall crashworthiness in ship collision(Ed. by Soares C and Fricke W in Advances in Marine)[M]. London:Taylor & Francis Group,2011.

[30] 中国船级社. 钢质内河船舶建造规范[M]. 北京:人民交通出版社,2009.

[31] 王世斌,亢一澜. 材料力学[M]. 北京:高等教育出版社,2008.

[32] 孙训方,方孝淑,关来泰. 材料力学[M]. 5 版. 北京:高等教育出版社,2009.

[33] GETTER D J,KANTRALES G C,CONSOLAZIO G R,et al. Strain rate sensitive steel constitutive models for finite element analysis of vessel-structure impacts[J]. Marine Structures,2015(44):171-202.

[34] YAMADA Y,PEDERSEN P. A benchmark study of procedures for analysis of axial crushing of bulbous bows[J]. Marine Structures,2008,21(2-3):257-293.

[35] YANG P,CALDWELL J. Collision energy absorption of ships' bow structures[J]. International Journal of Impact Engineering,1988,7(2):181-196.

[36] YUAN P. Modeling, simulation and analysis of multi-barge flotillas impacting bridge piers[D]. Kentucky:University of Kentucky,2005.

[37] CONSOLAZIO G R,COWAN D R. Nonlinear analysis of barge crush behavior and its relationship to impact resistant bridge design[J]. Computers & Structures,2003,81(8-11):547-557.

[38] ADINA Research and Development Inc.. ADINA theory and modeling guide[R]. Watertown:ADINA Research and Development Inc.,2001.

[39] DYTRAN M. Theory manual[M]. Santa Ana,CA:Wydawnictwo MSC,2002.

[40] HIBBITT Karlsson and Sorensen Inc.. Abaqus theory manual[M]. State College:Hibbitt karlsson and Sorensen Inc.;2003.

[41] PRIESTLEY M N,SEIBLE F,CALVI G M. Seismic design and retrofit of bridges[M]. New York:John Wiley & Sons,1996.

[42] CLOUGH R W,PENZIEN J. Dynamics of structures[M]. New York:Computers & Structures,1995,

[43] 叶爱君,等. 崇明至启东长江公路通道工程崇启大桥(江苏段)结构抗震性能研究[R]. 上海:同济大学土木工程防灾国家重点实验室,2008.

[44] DAVIES O L,PEARSON E S,HARTLEY H O. Biometrika tables for statisticians,Volume I[J]. Applied Statistics,1955,4(1):72.

[45] 中交公路规划设计院,江苏省交通规划设计院,同济大学建筑设计研究院. 苏通长江公路大桥跨江大桥工程施工图设计—第三册辅桥设计说明[M]. 2003.

[46] CHOPRA A K. Dynamics of structures:theory and applications to earthquake engineering[M]. New York:Pearson Education Inc.,2007.

[47] 中华人民共和国铁道部. 铁路桥涵设计基本规范:TB 10002.1—2005[S]. 北京:中国铁道出版社,2005.

第3章 船撞下桥梁动力需求分析的时程荷载法

3.1 概　　述

在第2章中,研究了基于非线性宏观单元的相互作用模型法,并采用接触碰撞模型验证了方法的有效性。在该方法中,船撞力时程由整体相互作用模型得到,由于宏观单元的存在,其在形式上与其他动力荷载(如地震和爆炸)的时程分析有所不同。若能够构建合理的船撞时程荷载,采用与地震或爆炸作用一样的时程分析方法,将更有利于实际工程中船撞问题的分析。对地震与爆炸冲击荷载,尤其是前者的分析中,很少考虑结构的动力特性对荷载的影响,而船撞桥问题中存在明显的船-桥相互作用过程,船撞动力荷载受结构特性的影响程度尚不明确。因此,若要构建合理的船撞时程荷载法,则需要进一步的研究与探讨。

许多学者[1-3]都曾以船撞力时程曲线作为外加动力荷载来计算结构的船撞需求。Jensen 等[3]采用假定的船撞力时程曲线分析了铁路桥梁在船撞下的结构响应,但遗憾的是,没有采用其他方法来验证所采用的船撞时程荷载的合理性。也有学者[2]采用简单的拟合数值模拟结果的方法来构建荷载时程,由于其动力荷载很难反映该问题的力学本质,故普适性存在疑问。值得一提的是,Cowan[1]在其博士论文中详细地论述了基于理想弹塑性的驳船船首 P-a 曲线,根据能量守恒和动量定理来构建驳船时程荷载的过程,并采用 Consolazio 等[4]建立的 CVIA 法进行了验证,使构建过程更具说服力。然而,他在构建驳船时程荷载过程中,先在假设结构为刚性的情况下得到相应的计算公式,然后通过对数值模拟结果的分析发现需考虑被撞结构刚度对荷载时程的影响,这种推导的逻辑存在欠缺,且没有分析被撞结构的质量(即惯性力)对船撞时程荷载的影响,使其存在一定的不足。

基于上述考虑,本章将针对驳船,探讨更为一般的构建船撞时程荷载的过程。基于两自由度模型以及能量比与刚度比、质量比的关系,推导确定驳船时程荷载的计算公式,并加以应用和分析。同时,由第2章可知,对于 AASHTO 规范中的第二类船舶(货船)采用类似于驳船的理想弹塑性的 P-a 曲线进行分析可能过于理想而不合理,故以第2章构建的 P-a 曲线为基础,旨在构建一种高效可靠地分析货船撞击下桥梁结构响应的时程荷载法,使得桥梁设计者能够在掌握地震或者爆炸荷载时程分析法的基础上,迅速地采用类似的思路分析桥梁船撞问题。

3.2 船-桥相互作用的基本特点分析

在探讨构建船撞时程荷载法之前,首先有必要采用简要的模型来分析船-桥相互作用的特点。以第2章中基于非线性宏观单元的分析思路为基础,采用图3-1所示的两自由度相互作用模型,分阶段分析船撞桥过程中的基本特征和方程,为后续构建船撞时程荷载提供理论基础。

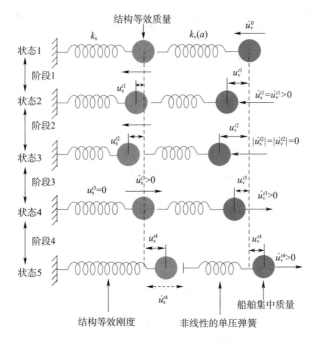

图 3-1　简化的船-桥相互作用分析模型

阶段 1:船舶开始接触并碰撞桥梁结构物,迫使桥梁结构运动。在此阶段中,船舶做减速运动,桥梁结构因被撞而加速,直至满足下式:

$$\dot{u}_s(t_1) \approx \dot{u}_v(t_1) \geq 0 \tag{3-1}$$

式中,t_1 为图 3-1 中状态 1 所对应的时刻。

此时,船舶的初始碰撞动能主要转变成船首发生塑性变形的内能,同时也有部分能量转换成结构的变形能及动能。各能量之间的比例关系取决于分析模型中结构与船首的刚度比和质量比之间的关系,这将在后续章节中详细讨论。

阶段 2:被撞结构进一步变形,直至满足式(3-2)时为止。

$$|\dot{u}_s(t_2)| \approx |\dot{u}_v(t_2)| = 0 \tag{3-2}$$

由状态 1 至状态 3,假定忽略结构局部的损伤和摩擦作用等耗散的能量,对于图 3-1 所示的两自由度体系而言,碰撞系统的能量守恒方程为:

$$\underbrace{\int_0^{a(t_2)} P_d(a)\mathrm{d}a}_{E_d} + \underbrace{\int_0^{u_s(t_2)} k_s u_s \mathrm{d}u_s}_{\mathrm{IE}_s} = \underbrace{\frac{1}{2}(m_v + dm_v)v_0^2}_{\mathrm{KE}} \tag{3-3}$$

式中:$P_d(a)$ 为描述船首特征的动力 P_d-a 曲线函数;$a(t_2)$ 为 t_2 时的撞深,由于此刻速度为零,则又可以称为最大撞深($a_{\max}$);k_s 为结构等效刚度;u_s 为结构等效位移;v_0 为船舶初始撞击速度(简称初速度);E_d 为船舶的弹塑性势能;IE_s 为结构的弹性势能;KE 为船舶的初始碰撞动能。显然,阶段 1 和阶段 2 可以统称为加载阶段,也可视为结构受迫振动阶段。对于船

舶而言,动量方程为:

$$\int_0^{t_2} P_\mathrm{d}(t_2)\mathrm{d}t_2 = (m_\mathrm{v} + dm_\mathrm{v})\dot{u}_\mathrm{v}(t_2) \tag{3-4}$$

阶段 3:弹簧 k_s 的弹性变形能释放,使得结构和船舶都发生反向加速运动,相对前面的加载过程而言,可视为卸载阶段。

阶段 4:由于弹簧 k_s 对结构运动的约束作用和弹簧 k_v 弹性变形能的释放,$\dot{u}_s$ 逐渐变小而 $\dot{u}_v$ 不断增大,最终船舶与结构脱离,结构由受迫振动阶段转变为自由振动阶段。

实际船-桥碰撞过程中,由于结构高阶振型等原因,不可能明确地出现上述两自由度相互作用模型中的四个阶段。但是,对于船舶而言,至少有碰撞速度由初始速度降至零的加载过程和船舶反向运动直至与被撞结构脱离的卸载过程;对于被撞结构,则有受船舶约束的受迫振动阶段和船舶脱离后的自由振动阶段。接下来,将以上述船-桥相互作用特点及方程为基础,就 AASHTO 规范中的两类船舶分别探讨构建船撞时程荷载的方法与过程。

3.3 驳船船撞时程荷载法的构建

尽管 Cowan[1] 已经基于 Consolazio 等[5] 提出的驳船船首 P-a 曲线,推导了驳船撞击下时程荷载的计算公式,然而由于其首先假定被撞结构为刚性,故其推导过程的一般性有所欠缺。因此,对于驳船船撞时程荷载的构建,本节将讨论一种区别于 Cowan[1] 的推导过程,为后续构建另外一类船舶的时程荷载提供思路。

3.3.1 基于两自由度的驳船-桥梁相互作用分析

在 3.2 节基础上,针对驳船撞击桥梁,可进一步分析相互作用的过程及特点。为了便于区别两类船舶,将式(2-1)中 $m_\mathrm{v} + dm_\mathrm{v}$ 记为 m_b,图 3-1 所示的两自由度相互作用模型的运动方程可写为:

$$\begin{cases} m_\mathrm{b}\ddot{u}_\mathrm{b}(t) + P(a) = 0 \\ m_\mathrm{s}\ddot{u}_\mathrm{s}(t) + k_s u_\mathrm{s}(t) - P(a) = 0 \end{cases} \tag{3-5}$$

同样,式(3-5)也需满足式(2-4)的变形协调条件。显然,上述微分方程是否具有解析解或者近似的解析解取决于 $P(a)$ 的函数形式。若 $P(a)$ 非常复杂或者是无显式的表达式(图 2-12),则往往需要采用数值方法求解式(3-5)。AASHTO 规范中根据 Meier-Dörnberg 的试验规定了图 3-2 所示的双线性 P-a 曲线。近来,Consolazio 等[5,6] 在实船试验和大量的非线性有限元分析的基础上,提出图 3-2 所示的基于理想弹塑性的驳船船首 P-a 曲线,并给出了详细确定该曲线参数的流程和公式。他们的研究表明[5,6],驳船船首屈服力与被撞结构的形状和尺寸相关,而 AASHTO 规范中的曲线不合理之处在于其尚不能考虑这些因素的影响。因此,本章采用 Consolazio 等提出的基于理想弹塑性

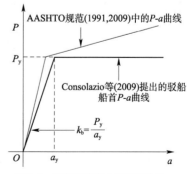

图 3-2 驳船的撞击力和撞深曲线

的驳船船首 P-a 曲线作为基础,讨论驳船时程荷载的构建。

当 $a(t) = u_b(t) - u_s(t) < a_y$,即船首为弹性时,式(3-6)是典型的两自由度体系的自由振动方程,可写成:

$$\begin{bmatrix} m_b & \\ & m_s \end{bmatrix} \begin{Bmatrix} \ddot{u}_b \\ \ddot{u}_s \end{Bmatrix} + \begin{bmatrix} k_b & -k_b \\ -k_s & k_s+k_b \end{bmatrix} \begin{Bmatrix} u_b \\ u_s \end{Bmatrix} = \begin{Bmatrix} 0 \\ 0 \end{Bmatrix} \tag{3-6}$$

求解上述动力方程特征值(固有频率)及特征向量(振型),并根据振型叠加原理,可以分别求得质点 m_b 和 m_s 的位移与速度时程表达式:

$$u_b(t) = \frac{r_1 v_0}{\omega_1(r_1 - r_2)} \sin(\omega_1 t) + \frac{r_2 v_0}{\omega_2(r_2 - r_1)} \sin(\omega_2 t) \tag{3-7}$$

$$u_s(t) = \frac{v_0}{\omega_1(r_1 - r_2)} \sin(\omega_1 t) + \frac{v_0}{\omega_2(r_2 - r_1)} \sin(\omega_2 t) \tag{3-8}$$

$$\dot{u}_b(t) = \frac{r_1 v_0 \cos(\omega_1 t)}{r_1 - r_2} + \frac{r_2 v_0 \cos(\omega_2 t)}{r_2 - r_1} \tag{3-9}$$

$$\dot{u}_s(t) = \frac{v_0 \cos(\omega_1 t)}{r_1 - r_2} + \frac{v_0 \cos(\omega_2 t)}{r_2 - r_1} \tag{3-10}$$

其中,$\omega_{1,2}^2$ 为式(3-6)方程的两个特征值,由结构动力学易知:

$$\omega_{1,2}^2 = \frac{m_b(k_b + k_s) + m_s k_b \mp \sqrt{[m_b(k_b+k_s)+m_s k_b]^2 - 4 m_b m_s k_b k_s}}{2 m_b m_s} \tag{3-11}$$

式(3-7)~式(3-10)中,r_1 和 r_2 为 $\omega_{1,2}^2$ 所分别对应的特征向量,可认为是无量纲量。若令两质点的质量比为 $\xi = m_b/m_s$、刚度比为 $\eta = k_b/k_s$,则有:

$$r_1 = \frac{2}{1 - \xi(1 + 1/\eta) + \sqrt{(\xi + \xi/\eta + 1)^2 - 4\xi/\eta}} \tag{3-12}$$

$$r_2 = \frac{2}{1 - \xi(1 + 1/\eta) - \sqrt{(\xi + \xi/\eta + 1)^2 - 4\xi/\eta}} \tag{3-13}$$

若 $a(t) = u_b(t) - u_s(t) \geq a_y$,则式(3-5)可写为:

$$\begin{cases} m_b \ddot{u}_b + k_b a_y = 0 \\ m_s \ddot{u}_s + k_s u_s - k_b a_y = 0 \end{cases} \tag{3-14}$$

显然,式(3-14)中的两个方程是解耦的,能够单独求解。两质点的位移和速度响应可以表示为:

$$u_b(t') = -\frac{P_y {t'}^2}{2 m_b} + \dot{u}_b(t_0) t' + u_b(t_0) \tag{3-15}$$

$$\dot{u}_b(t') = -\frac{P_y t'}{m_b} + \dot{u}_b(t_0) \tag{3-16}$$

$$u_s(t') = D_1 \sin(\omega_n t' + \theta_1) + \frac{P_y}{k_s} \tag{3-17}$$

$$\dot{u}_s(t') = D_1 \omega_n \cos(\omega_n t' + \theta_1) \tag{3-18}$$

式中,$t' = t - t_0$,其中,在 t_0 时刻有 $a = a_y$;$\dot{u}_b(t_0)$ 为驳船在 t_0 时刻的速度,可由式(3-9)得

到; $u_b(t_0)$ 为驳船在 t_0 时刻的位移,可由式(3-7)得到; $P_y = k_b a_y$ (图3-2); $\omega_n = (k_s/m_s)^{1/2}$;根据边界条件, θ_1 和 D_1 可分别写为:

$$\begin{cases} \theta_1 = \arctan\left\{\dfrac{[u_s(t_0) - P_y/k_s]\omega_n}{\dot{u}_s(t_0)}\right\} \\ D_1 = \sqrt{\left[u_s(t_0) - \dfrac{P_y}{k_s}\right]^2 + \dfrac{m_s \dot{u}_s^2(t_0)}{k_s}} \end{cases} \quad (3\text{-}19)$$

式中, $\dot{u}_s(t_0)$ 为等效结构在 t_0 时刻的速度,可由式(3-10)得到; $u_s(t_0)$ 为等效结构在 t_0 时刻的位移,可由式(3-8)确定。

3.3.2 驳船碰撞时程荷载的构建

在上述分析的基础上,可进一步由两自由度相互作用模型建立驳船碰撞时程荷载,用于计算驳船撞击桥梁的动力需求。下面将具体讨论构建时程荷载的过程。

同样,当 $a(t) < a_y$ 时,则有:

$$IE_v = \int_0^a P(a)\,\mathrm{d}a = \frac{1}{2} k_b a^2 \quad (3\text{-}20)$$

由式(3-3)、式(3-8)和式(3-10),等效被撞结构的弹性变形能 IE_s 满足:

$$IE_s = \frac{1}{2} m_s \dot{u}_s^2(t) + \frac{1}{2} k_s u_s^2(t) \leq IE_s' = \frac{1}{2} k_s \left\{ \left[\frac{v_0}{\omega_1(r_1 - r_2)}\right]^2 + \left[\frac{v_0}{\omega_2(r_2 - r_1)}\right]^2 \right\} \quad (3\text{-}21)$$

因此,根据式(3-3)和式(3-21),船舶初始碰撞能量(KE)与等效被撞结构弹簧可能的弹性变形能(IE_s)之比可表达为:

$$\frac{KE}{IE_s} \geq \frac{KE}{IE_s'} = \frac{(r_1 - r_2)^2}{\dfrac{k_s}{m_b}\left(\dfrac{1}{\omega_1^2} + \dfrac{1}{\omega_2^2}\right)} \quad (3\text{-}22)$$

其中,根据式(3-11),假定 $\xi = m_b/m_s$, $\eta = k_b/k_s$,则有:

$$\frac{k_s}{m_b} \cdot \frac{1}{\omega_{1,2}^2} = \frac{2}{\xi(1+\eta) + \eta \mp \sqrt{[\xi(1+\eta) + \eta]^2 - 4\xi\eta}} \quad (3\text{-}23)$$

根据式(3-12)、式(3-13)和式(3-23)可知,能量比(KE/IE_s')取决于质量比 ξ 和刚度比 η,而不是单独的 m_b, m_s, k_b 和 k_s(图3-3)。

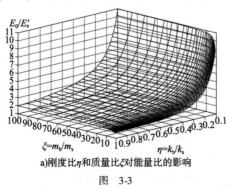

a)刚度比 η 和质量比 ξ 对能量比的影响

图 3-3

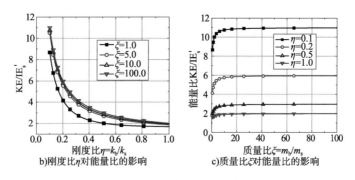

图 3-3 能量比 KE/E_S'、质量比 ξ 和刚度比 η 的关系

图 3-3 表明:①当刚度比趋于 1.0 时,能量比则趋于 2.0 [图 3-3a)、b)],说明当驳船与结构刚度相当时,系统能量由两者均分;②能量比主要取决于驳船与结构的刚度比 η,而不是质量比 ξ,尤其当 $\xi>5$ 时更是如此。换言之,当刚度比 η 为定值而质量比 $\xi \in (5,\infty)$ 时,能量比则基本保持定值。因此,由于被撞结构的等效质量 (m_s) 对该体系中的能量分布影响很小,故根据能量守恒原理构建驳船碰撞时程荷载时,在两自由度相互作用模型中可将 m_s 视为零。换言之,可将相互作用的两自由度模型简化成仅考虑被撞结构刚度影响的单自由度模型,如图 3-4 所示。

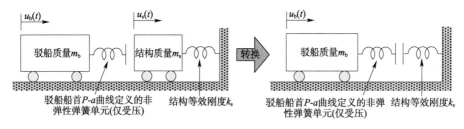

图 3-4 驳船-结构相互作用的两自由度模型及构建驳船时程的单自由度模型

基于上述认识,若驳船船首为弹性,基于构建时程荷载的单自由度模型和式(3-3),有:

$$P_m = v_0 \sqrt{k_e m_b} = v_0 c_p \leqslant P_y \tag{3-24}$$

式中,$k_e = (1/k_b + 1/k_s)^{-1}$ 为等效驳船-桥梁弹簧刚度,如图 3-4 所示;与文献[1]一样,由于其与速度相乘,故将 $c_p = (k_e m_b)^{1/2}$ 定义为伪阻尼系数。同样,由图 3-4 易知,当 $v_0 c_p \leqslant P_y$ 时,则有:

$$P(t) = P_m \sin(\pi t/t_d) \tag{3-25}$$

式中,由冲量定理,且考虑到图 3-4 所示的单自由度质点在 t_d 时的速度大小与 v_0 相等,方向与初速度方向相反[由 $\dot{u}_b(t) = v_0 \cos(\pi t/t_d)$ 可知,$\dot{u}_b(t_d) = -v_0$],则有:

$$t_d = \pi m_b v_0 / P_m \tag{3-26}$$

当 $v_0 c_p > P_y$ 时(即驳船船首屈服),求解情况略复杂于弹性情况。为了方便,根据图 3-4 的单自由度模型和各阶段特点,可将其分为三个阶段:①阶段Ⅰ,弹性加载阶段;②阶段Ⅱ,恒载加载阶段;③阶段Ⅲ,弹性卸载阶段。各阶段满足下式:

$$P(t) = \begin{cases} P_y \sin(\omega_y t), & 0 \leq t < t_y, \omega_y = \dfrac{\pi}{2t_y} \\ P_y, & t_y \leq t < t_p + t_y \\ P_y \sin[\omega_u(t - t_d + 2t_u)], & t_p + t_y \leq t < t_d, \omega_u = \dfrac{\pi}{2t_u} \end{cases} \quad (3\text{-}27)$$

其中，t_y 为阶段 I 持时（即弹性加载持时），确定过程为先利用能量守恒定理，求得阶段 I 末的速度为 v_y，再根据该阶段的冲量定理，得：

$$t_y = \frac{\pi m_b}{2P_y}\left[v_0 - \sqrt{v_0^2 - \left(\frac{P_y}{c_p}\right)^2}\right] \quad (3\text{-}28)$$

同理，t_p 为阶段 II 持时（即恒载加载持时），考虑到此阶段末驳船运动速度应该为零，则根据冲量定理（$m_b v_y = P_y t_p$）有：

$$t_p = \frac{m_b}{P_y}\sqrt{v_0^2 - \left(\frac{P_y}{c_p}\right)^2} \quad (3\text{-}29)$$

t_u 为阶段 III 持时（即弹性卸载持时），其同样可由能量守恒方程和冲量定理联立求得：

$$t_u = \frac{\pi m_b}{2c_p} \quad (3\text{-}30)$$

t_d 则为以上三个阶段的总持时，即 $t_d = t_y + t_p + t_u$，将式（3-28）、式（3-29）和式（3-30）分别代入，则有：

$$t_d = \frac{\pi m_b}{2P_y}\left[v_0 + \frac{P_y}{c_p} + \left(\frac{2}{\pi} - 1\right)\sqrt{v_0^2 - \left(\frac{P_y}{c_p}\right)^2}\right] \quad (3\text{-}31)$$

如果给出相应的初始条件，如 m_b、P_y 和 v_0 等，两种典型的驳船船撞时程荷载可以根据式（3-24）~ 式（3-31）确定，如图 3-5 所示。值得一提的是，式（3-27）与 Cowan[1] 采用数值模拟校正后的公式相同，从而也佐证了上述推导方法和过程的合理性，为后续进一步探讨驳船动力需求分析的冲击谱法提供了良好的基础。

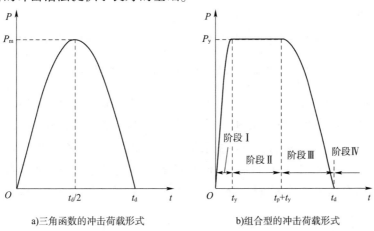

a) 三角函数的冲击荷载形式 b) 组合型的冲击荷载形式

图 3-5　两种典型的驳船船撞荷载形式[1]

3.4 驳船船撞时程荷载法的实例应用及分析

3.4.1 模型与基本参数

为了验证与应用上述构建的驳船时程荷载法,在此选取一座多跨连续梁桥作为研究对象。该桥桥跨布置为 $4\times55m$,上部结构为单箱单室箱梁,下部结构为空心箱型桥墩;桥梁基础为外径 5m、厚度 80cm 的空心圆形树根沉井基础;桥墩与主梁之间设置盆式橡胶支座,如图 3-6 所示[7]。

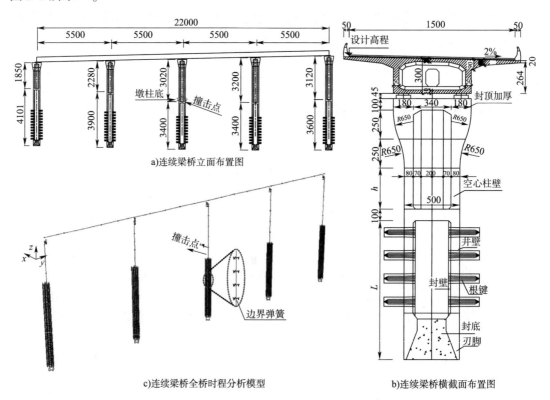

图 3-6 连续梁桥示意图及分析模型[7](尺寸单位:cm)

为了后续能够与 Cowan[1] 的研究工作对比,故选择与文献[1]中相同的船舶基本参数和分析工况(表 3-1)进行驳船碰撞分析。采用的驳船 $P\text{-}a$ 基本曲线中,$P_y = 6.85\times10^6\text{N}$,$a_y = 0.051\text{m}$。采用图 3-6c)模型,计算得到结构等效刚度 $k_s = 5.76\times10^8\text{N/m}$。根据上述基本参数,由式(3-24)~式(3-31)可确定不同能量情况下的驳船船撞时程荷载(图 3-7)。此外,为了验证时程分析方法的有效性,建立了类似于图 2-45 和图 2-55 的基于非线性宏观单元的相互作用模型。

碰撞分析工况[1]   表3-1

工况	船舶参数		撞击能量(J)	冲量(N·s)
	驳船质量(kg)	驳船速度(节)		
低能量	2.00×10^5	1.0	2.647×10^4	1.029×10^5
中等能量	2.03×10^6	2.5	1.679×10^6	2.611×10^6
高能量	5.92×10^6	5.0	1.958×10^7	1.523×10^7

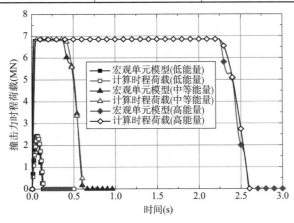

图3-7 不同能量时撞击力时程荷载比较

3.4.2 分析结果

对于三种不同能量的碰撞情况,采用图3-6c)所示模型和基于非线性宏观单元的相互作用模型,通过时程分析及图2-42所示的相互作用分析流程(具体计算过程可参考文献[1]),得到图3-8所示结果。通过对比可知:①对于三种不同碰撞能量情况,被撞点和墩顶的位移以及墩底的弯矩和剪力都与已验证的相互作用模型(详见第2章)结果一致,说明了采用式(3-24)~式(3-31)确定驳船时程荷载的合理性和有效性;②图3-8a)、c)和e)所示结果表明,被撞点和墩顶的位移变化存在明显的相位差,也说明了上部结构惯性力对墩底响应的影响显著。

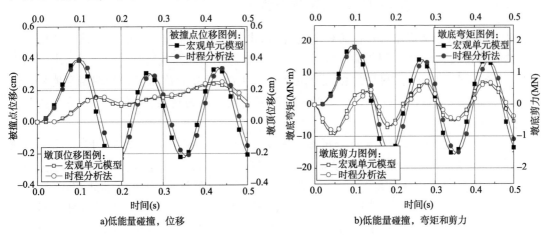

a) 低能量碰撞,位移　　　　　b) 低能量碰撞,弯矩和剪力

图3-8

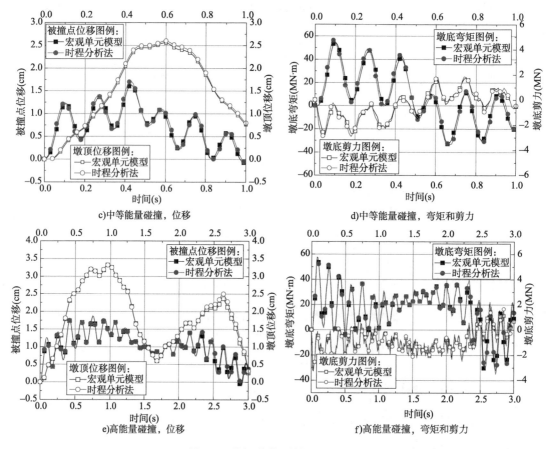

图 3-8 不同碰撞情况结构的动力响应

3.5 基于 $P\text{-}a$ 曲线第二类船舶船撞时程荷载法的构建

3.5.1 时程分析中的基本船首特征曲线

对于构建驳船和货船的时程荷载法而言,总体上都是要合理地将描述船首力学特征的 $P\text{-}a$ 曲线转变成 $P\text{-}t$ 曲线(即船撞荷载时程曲线),进而用于计算被撞结构的动力需求。毫无疑问,上述分析是基于理想弹塑性的驳船船首 $P\text{-}a$ 曲线,才使得许多过程能够简便地从理论上推导。而基于一般的 $P\text{-}a$ 曲线确定船舶的时程荷载则较为复杂,不过可以借鉴上述驳船分析的思路。

由 3.2 节中的船-桥相互作用分析和上述驳船分析可知,由于阶段 1 和阶段 2(图 3-1)属于加载过程,需要重点关注。在构建加载段 $P\text{-}t$ 曲线之前,需先确定式(3-20)等号左边 IE_v 所对应的 $P_d\text{-}a$ 曲线和最大撞深 a_{max}。在第 2 章中,采用宏观单元,由 $P_s\text{-}a$ 曲线和式(2-21),以及每个瞬时的结构和船舶响应情况可以得到相应的动力 $P_d\text{-}a$ 曲线。不过这种依赖结构和船舶每个瞬时响应的方式用于确定船撞时程荷载是不实际的。因此,出于简便,可通过平均提高系数($\bar{\beta}$)来比较静力 $P_s\text{-}a$ 曲线和动力 $P_d\text{-}a$ 曲线,即有:

$$P_d(a) = \bar{\beta} P_s(a) \tag{3-32}$$

由式(2-21)和式(3-32)可知,$\bar{\beta}$ 可理解为撞深内的平均提高系数,即:

$$\bar{\beta} = \frac{\int_0^{a_{\max}} \{1 + [\dot{a}/(l_0 C)]^{\frac{1}{D}}\} da}{\int_0^{a_{\max}} da} \tag{3-33}$$

为了求解式(3-33),首先需明确 $\dot{a}$ 和 a 之间的关系。大量数值分析表明:在碰撞模拟中,对于不同初速度和吨位的船舶,最大位移之前的船舶位移时程曲线(图3-9)都与过原点的二次抛物线吻合很好,相关系数 R^2 都达 0.999。由此,可假定在加载过程中,船舶位移满足式(3-34),这与文献[8]中的假定是相同的,即:

$$u_v = \alpha_1 t^2 + \alpha_2 t \tag{3-34}$$

通过将图3-9的船舶位移与图2-48和图2-58等所示的结构位移结果对比发现,通常情况下有 $u_v \gg u_s$,故由式(3-34)可得:

$$a \approx \alpha_1 t^2 + \alpha_2 t, \quad a \in [0, a_{\max}] \tag{3-35}$$

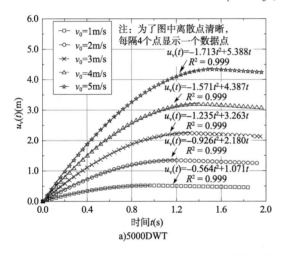
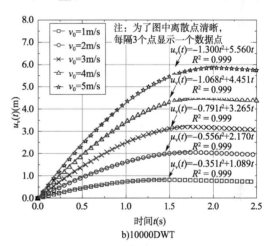

图 3-9 不同初速度下船舶的位移时程曲线

理论上,式(3-34)需要满足如下边界条件:

$$\begin{cases} \dot{a}|_{t=0} = \dot{u}_v|_{t=0} = \alpha_2 = \dot{u}_v(t_0) \\ a|_{t=-\frac{\alpha_2}{2\alpha_1}} = \alpha_1 \left(-\frac{\alpha_2}{2\alpha_1}\right)^2 + \alpha_2 \left(-\frac{\alpha_2}{2\alpha_1}\right) = a_{\max} \end{cases} \tag{3-36}$$

式中,$a_{\max}$ 为船首最大撞深。

根据式(3-36),即可求出:

$$\begin{cases} \alpha_1 = -\dfrac{\dot{u}_v^2(t_0)}{4a_{\max}} \\ \alpha_2 = \dot{u}_v(t_0) \end{cases} \tag{3-37}$$

由式(3-35)则可以初步建立 $\dot{a}$ 和 a 之间的关系,由 $\dot{a} = \mathrm{d}a/\mathrm{d}t$,则有:

$$\dot{a} = \sqrt{\alpha_2^2 + 4\alpha_1 a} \tag{3-38}$$

值得注意的是,虽然上述将船舶在碰撞过程中的位移假定成二次抛物线形式进行的验证和讨论表明两者能较好地吻合,但是这并不意味着速度就一定满足由二次抛物线形式求导得到的线性关系,这是因为求导运算与函数的梯度相关,而不是与函数值相关。因此,需再次分析船舶速度在加载阶段能否近似满足线性变化的假定,结果如图3-10所示。

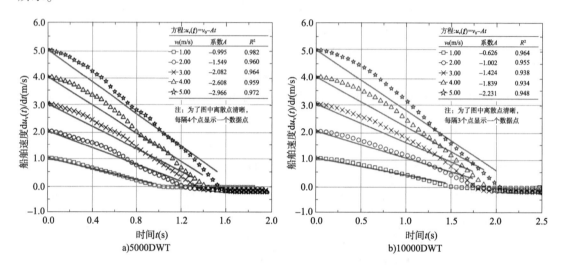

图 3-10　不同初速度下船舶的速度时程曲线

图3-10表明两种船舶在碰撞过程中速度变化基本都满足有约束条件的线性关系,说明可以用位移二次抛物线形式求导得到描述速度变化的线性关系。但对比图3-9结果可以发现,速度分析的相关系数 R^2 值有所下降。类推可知,位移对时间的二阶导数(即船舶的加速度)并不能理所当然地利用假定位移函数关系对时间求二阶导数或是用速度函数对时间求一阶导数得到。这是很容易证明的,由式(2-1),船舶的加速满足 $\ddot{u}_v(t) = -P_d(t)/(m_v + dm_v)$,即 $\ddot{u}_v(t)$ 只是撞击力时程 $P_d(t)$ 竖轴等比例减小 $m_v + dm_v$ 倍,时程形式不会改变。而第2章实例计算得到的撞击力时程曲线(图2-47和图2-57),显然不满足对位移或速度求导后与时间无关的函数形式。在此基础上,将式(3-38)代入式(3-33)求解得到撞深内的平均提高系数 $\bar{\beta}$:

$$\bar{\beta} = 1 + (l_0 C)^{-1/D} \frac{2D}{4\alpha_1 a_{\max}(1+2D)} \left[(\alpha_2^2 + 4\alpha_1 a_{\max})^{\frac{1+2D}{2D}} - \alpha_2^{\frac{1+2D}{D}} \right] \tag{3-39}$$

再将式(3-37)代入式(3-39),则有:

$$\bar{\beta} = 1 + (l_0 C)^{-1/D} \frac{2D}{\dot{u}_v^2(t_0)(1+2D)} \left[\dot{u}_v(t_0) \right]^{\frac{1+2D}{D}} \tag{3-40}$$

相比较而言,更容易得到撞击速度内的平均提高系数 $\bar{\beta}_v$,即有:

$$\bar{\beta}_v = \frac{\int_0^{\dot{u}_v(t_0)} \{1 + [\dot{a}/(l_0 C)]^{\frac{1}{D}}\} d\dot{a}}{\int_0^{\dot{u}_v(t_0)} d\dot{a}} = 1 + (l_0 C)^{-1/D} \frac{D}{\dot{u}_v(t_0)(1+D)} [\dot{u}_v(t_0)]^{\frac{1+D}{D}}$$

(3-41)

同时,假定速度在碰撞过程中呈线性下降趋势(图3-10),因此平均速度的提高系数 $\beta_{\bar{v}}$ 也可作为一个参考,其定义为:

$$\beta_{\bar{v}} = 1 + \left[\frac{\dot{u}_v(t_0)}{2l_0 C}\right]^{1/D}$$

(3-42)

由式(3-40)、式(3-41)和式(3-42)可得到三个不同的提高系数,其在不同初始碰撞速度情况下的结果如图3-11所示。由图3-11可知,相比撞深内的平均提高系数 $\bar{\beta}$,撞击速度内的平均提高系数 $\bar{\beta}_v$ 和平均速度的提高系数 $\beta_{\bar{v}}$ 都略偏小,但差异不大。考虑到式(3-40)和式(3-41)的形式相对复杂,不便于实际运用,而式(3-42)形式简单,为了后续分析方便且与撞深内的平均提高系数 $\bar{\beta}$ 相近,本章采用对式(3-42)略作修正的式(3-43),即

$$\bar{\beta} \approx \beta_{\bar{v}} = 1.02 + \left[\frac{\dot{u}_v(t_0)}{2l_0 C}\right]^{1/D}$$

(3-43)

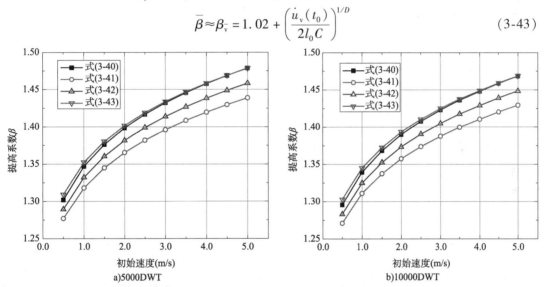

图3-11 几种不同的提高系数计算方法比较

因此,相应的船首动力 P_d-a 曲线可写为:

$$P_d(a) = \bar{\beta}\beta_h\left(\frac{h}{H}, a\right)P_{sw}(a) = \bar{\beta}\beta_h\left(\frac{h}{H}, a\right)P_s(a)/\beta_h\left(\frac{h_0}{H}, a\right)$$

(3-44)

根据静动力 P-a 曲线,采用数值积分(如梯形积分公式),即可得到不同 a 值下的变形能 E_p,记为 E_p-a 曲线。同时,根据式(2-21)和式(3-32),且考虑承台对船首 P-a 曲线的影响,则有:

$$E_{pd}(a) = \bar{\beta}\beta_h\left(\frac{h}{H}, a\right)E_{sw}(a) = \bar{\beta}\beta_h\left(\frac{h}{H}, a\right)E_{sh}(a)/\beta_h\left(\frac{h_0}{H}, a\right)$$

(3-45)

式中,$\bar{\beta}$ 可由式(3-43)确定;对于5000DWT和10000DWT船舶,$\beta_h(h/H, a)$ 可分别由式(2-34)和式(2-39)确定;$E_{sw}(a)$ 采用刚性墙 P_s-a 曲线积分得到的能量-撞深曲线;$E_{sh}(a)$

为承台高度为 h_0 时 P_s-a 曲线所对应的能量-撞深关系。由图 2-33 和图 2-41 分析可知，采用一定承台高度的 P_h-a 曲线作为基准的结果都优于刚性墙曲线作为基准的结果，故在本章仍主要采用图 3-12 所示 P_d-a 曲线为基础进行研究。

3.5.2 船首最大撞深（a_{max}）的估计方法及计算

结合上述确定的 P_d-a 曲线和 E_{pd}-a 曲线，估计船首最大撞深（a_{max}）的过程可概括为：①基于式（3-43）和式（2-34）[或式（2-39）]得到的考虑承台高度的 P_d-a 曲线；②由 P_d-a 曲线得到相应 E_{pd}-a 曲线；③根据给定的 E_{pd}[即为式（3-20）中的 IE_v]，基于 E_{pd}-a 关系确定 a_{max}。以 5000DWT 和 10000DWT 船舶初速度 4m/s 时为例，确定船首最大撞深 a_{max} 的具体过程，如图 3-12 所示。此外，图 3-12 也进一步说明了静力 P_s-a 曲线可能导致撞击力被低估而使撞深估计不合理。

为了避免每次都通过数值积分来得到 E_{pd}-a 曲线，且考虑到两船的 E_{sh}-a 曲线都较为规律（图 3-12），可对两者的 E_{sh}-a 曲线采用函数来拟合，从而利用函数可直接求出最大撞深 a_{max}。根据图 3-12 所示结果，分别采用幂函数、指数函数和二次多项式进行最小二乘拟合，可得到表 3-2 所示的拟合系数及相关值。

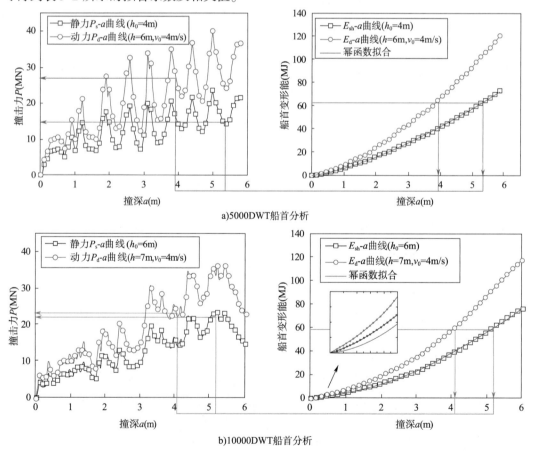

a) 5000DWT 船首分析

b) 10000DWT 船首分析

图 3-12 船首最大撞深 a_{max} 估计的思路

几种不同拟合的 $E_{sh}(a)$ 函数及比较   表3-2

函数形式[a]	5000DWT			10000DWT		
	系数 A	系数 B	R^2	系数 A	系数 B	R^2
幂函数 $E_{sh}(a)=Aa^B$	5.973×10^6	1.411	0.9995	3.679×10^6	1.697	0.9987
指数函数 $E_{sh}(a)=A[\exp(Ba)-1]$	3.530×10^7	0.193	0.9987	1.722×10^7	0.289	0.9986
二次多项式 $E_{sh}(a)=Aa^2+Ba$	1.152×10^6	5.803×10^6	0.9994	1.697×10^6	2.780×10^6	0.9995

注：a. 采用表中函数及系数 A 和 B 计算时，E_{sh} 单位为 J，a 单位为 m；同时，在拟合时考虑了约束条件 $E_{sh}(0)=0$。

显然，要利用表 3-2 中的函数确定最大撞深 a_{max}，需先采用式（3-45）将 $E_{sh}(a)$ 转变成考虑承台高度和应变率影响的 $E_{pd}(a)$ 函数，然后求解 $E_{pd}(a)$ 函数的反函数 $a=f^{-1}(E_{pd})$。在式（3-45）中，理论上 β_h 值与撞深 a 相关，若采用刚性墙 P_w-a 曲线作为基准，由式（2-34）或式（2-39）可知，在承台影响为共同下降的阶段 Ⅱ 中，$\beta_h(h/H,a)$ 与撞深 a 相关，这必将给求取表 3-2 中的三种函数的反函数带来困难，甚至无法求解。但若以一定承台高度的 P_h-a 曲线作为基准，且根据式（2-34）或式（2-39）来计算 $\beta_h(h/H,a)$ 和 $\beta_{h0}(h_0/H,a)$，则 β_h 值只与所处阶段有关，而与具体的船首撞深 a 无关，给求解反函数带来方便。因此，由表 3-2 中的函数和式（3-45）有：

$$a(E_d)=\begin{cases} [E_d/(A\bar{\beta}\beta_h)]^{1/B} & \text{幂函数的反函数} \\ \dfrac{1}{B}\ln[E_d/(A\bar{\beta}\beta_h)+1] & \text{指数函数的反函数} \\ [-B+\sqrt{B^2+4AE_d/(\bar{\beta}\beta_h)}]/(2A) & \text{二次多项式的反函数} \end{cases} \quad (3\text{-}46)$$

式中，系数 A 和 B 为表 3-2 中函数的系数。考虑到 β_h 值与撞深 a 所在阶段相关，通常当初始碰撞能量较大时，可先假定撞深处于承台高度差异化的阶段 Ⅲ，而当初始碰撞能量较小时，则可假定撞深处于阶段 Ⅰ 或阶段 Ⅱ。在此基础上，若由式（3-46）初估得到的最大撞深 $^0a_{max}$ 与计算 β_h 值时假定的阶段相同，则无需进一步的计算，计算得到的 $^0a_{max}$ 即为由 E_{pd} 估计得到的最大撞深 a_{max}；如果两者不在同一阶段，采用 $^0a_{max}$ 来确定 β_h，然后由式（3-46）估计得到最大撞深 $^1a_{max}$，若此时在同一阶段，计算终止，否则继续计算。一般情况下，两次试算即可使估计的最大撞深与计算 β_h 值的阶段一致。此外，若以一定承台高度的 P_h-a 曲线来计算刚性墙碰撞时的情况，当最大撞深处于阶段 Ⅱ 时，由于 β_h 与具体的撞深 a 值相关，故需进行迭代运算，直至满足 $|^ia_{max}-^{i+1}a_{max}|\le TOL$（其中，TOL 为容许误差）计算终止。

为了较为广泛地验证上述方法及计算公式的有效性，采用 2.3.6 节中用于确定船舶卸载刚度的分析工况，以及船舶与刚性承台碰撞的分析工况，进行分析（表 3-3 和表 3-4）。采用与第 2 章实例验证分析相同的承台高度，即 5000DWT 船舶 $h=6.0$m，而 10000DWT 船舶 $h=7.0$m。

采用式(3-46)估计最大撞深 $a_{\max}$ 的有效性分析(5000DWT)　　表3-3

接触类型	初速度 v_0	接触碰撞模型	直接积分	式(3-46)			误差(%)[a]			
				幂函数	指数函数	二次多项式	直接积分	幂函数	指数函数	二次多项式
刚性墙	1m/s	0.519	0.551	0.584	0.394	0.443	6.26	12.62	-24.00	-14.57
	2m/s	1.343	1.451	1.404	1.284	1.337	8.10	4.58	-4.36	-0.41
	3m/s	2.239	2.362	2.091	2.024	2.067	5.47	-6.61	-9.62	-7.69
	4m/s	3.188	3.316	3.107	3.145	3.139	3.98	-2.57	-1.36	-1.54
	5m/s	4.338	4.431	4.221	4.285	4.257	2.15	-2.69	-1.22	-1.87
刚性承台	1m/s	0.512	0.551	0.524	0.340	0.385	7.67	2.41	-33.54	-24.88
	2m/s	1.476	1.491	1.521	1.379	1.446	1.06	3.10	-6.52	-2.02
	3m/s	2.566	2.517	2.387	2.356	2.385	-1.91	-6.98	-8.17	-7.07
	4m/s	3.780	3.740	3.546	3.607	3.587	-1.07	-6.20	-4.58	-5.11
	5m/s	4.972	4.951	4.818	4.851	4.831	-0.42	-3.10	-2.45	-2.83
误差平均值							3.81	5.09	9.58	6.80

注:a. 误差计算式为 $(a_p - a_t)/a_t \times 100\%$,其中 a_p 为式(3-46)计算的结果,a_t 为接触碰撞模型计算的结果。

采用式(3-46)估计最大撞深 $a_{\max}$ 的有效性分析(10000DWT)　　表3-4

接触类型	初速度 v_0	接触碰撞模型	直接积分	式(3-46)			误差(%)[a]			
				幂函数	指数函数	二次多项式	直接积分	幂函数	指数函数	二次多项式
刚性墙	1m/s	0.828	0.885	0.946	0.616	0.807	6.93	14.24	-25.63	-2.55
	2m/s	2.055	2.076	2.097	1.941	2.060	1.01	2.05	-5.55	0.24
	3m/s	3.214	3.427	3.337	3.380	3.356	6.63	3.84	5.16	4.41
	4m/s	4.504	4.676	4.639	4.706	4.656	3.83	2.99	4.48	3.37
	5m/s	5.845	6.074	5.986	5.878	5.952	3.92	2.42	0.56	1.82
刚性承台	1m/s	1.048	0.977	1.136	0.815	1.014	-6.75	8.36	-22.23	-3.22
	2m/s	2.612	2.499	2.518	2.443	2.506	-4.33	-3.61	-6.46	-4.04
	3m/s	4.213	4.057	4.007	4.088	4.031	-3.71	-4.90	-2.98	-4.31
	4m/s	5.694	5.522	5.569	5.535	5.555	-3.03	-2.20	-2.80	-2.44
误差平均值							4.46	4.96	8.43	2.93

注:a. 误差计算式为 $(a_p - a_t)/a_t \times 100\%$,其中 a_p 为式(3-46)计算的结果,a_t 为接触碰撞模型计算的结果。

由表3-3和表3-4可知:①采用直接积分方法和式(3-46)来估计最大撞深,总体上都与接触碰撞模型结果一致,平均误差都小于10%,说明了上述方法和式(3-46)的有效性;②采用直接积分方法计算结果要优于式(3-46)计算结果,尤其在撞深较小的情况下,这主要是因为对 E_{sh}-a 曲线进行拟合时,采用以绝对误差为目标函数[即 $\min_{A,B} \| F(A,B,a) - E_{sh} \|_2^2$,其中

$F(A,B,a)$为广义的函数形式]的最小二乘法,往往会导致自变量取值较小时,相对误差较大。此外,在表3-3中,当5000DWT船舶以2m/s初速度碰撞刚性墙时,若采用式(3-46)来确定最大撞深,结合式(2-34)可知,该最大撞深$a_{\max}$落在承台影响为共同下降的阶段Ⅱ,由于式(2-34)和式(3-46)两者存在耦合,故此时需进行迭代计算,方能确定最大撞深$a_{\max}$。以幂函数形式为例,具体过程如表3-5所示。

当$a_{\max}$处于承台影响为共同下降的阶段Ⅱ时的迭代求解过程　　　　表3-5

计算步 i	初速度 v_0	$m_v + dm_v$ ($\times 10^6$ kg)	$\bar{\beta}$	以阶段Ⅰ结果为初值			以阶段Ⅲ结果为初值			以平均值为初值		
				β_h	$a_{\max}$	误差(%)a	β_h	$a_{\max}$	误差(%)	β_h	$a_{\max}$	误差(%)
1	2m/s	7.57	1.402	1.000	1.521	—	0.712	1.196	—	0.856	1.363	—
2	2m/s	7.57	1.402	0.865	1.373	10.83	0.943	1.459	−18.02	0.903	1.415	−3.70
3	2m/s	7.57	1.402	0.901	1.412	−2.82	0.880	1.389	5.03	0.890	1.401	1.00
4	2m/s	7.57	1.402	0.891	1.402	0.76	0.897	1.408	−1.33	0.894	1.405	−0.27
5	2m/s	7.57	1.402	0.894	1.405	−0.20	0.892	1.403	0.36	0.893	1.404	0.07
6	2m/s	7.57	1.402	0.893	1.404	0.05	0.893	1.404	−0.10	0.893	1.404	−0.02

注:a. 误差计算式为$(^i a_{\max} - ^{i+1} a_{\max})/^{i+1} a_{\max} \times 100\%$,其中$i$为第$i$计算步。

由表3-5可知,无论采用哪种初值方法,计算都能较快地收敛。若以前后两次的计算误差小于等于1.0%(即TOL = 1.0% × $^{i+1}a_{\max}$时)为准则,对于以阶段Ⅰ和阶段Ⅲ结果为初值,分别需4步和5步达到收敛,而以平均值为初值则只需3步即可收敛,因此可优先采用阶段Ⅰ和阶段Ⅲ的平均值作为迭代求解的初值。同时,进一步的迭代计算发现,三者都趋于相同的结果,且与碰撞模型结果一致,误差仅为8.10%,从而也反映了迭代求解过程的可靠性。

3.5.3　荷载作用时间的确定方法及分析

在构建船撞时程荷载过程中,一个重要的问题就是确定荷载的持时t_d。在驳船分析中,由动量守恒定理,基于理想弹塑性的P-a曲线,确定了荷载作用时间t_d。但对于图3-12所示高度非线性P_d-a曲线而言,确定荷载作用时间t_d则需要基于一定假设。下面将针对被撞结构的加载和卸载两阶段,分别讨论荷载持时的确定方法。

1)基于等冲量准则的加载持时确定方法及分析

由图3-9可知,在加载阶段,船舶位移较好地满足式(3-34)形式的函数。当船舶达到最大撞深$a_{\max}$时,由式(3-35)和式(3-37)边界条件中的第二式可知,加载阶段的持时t_{dl}为:

$$t_{dl} = -\frac{\alpha_2}{2\alpha_1} = \frac{2a_{\max}}{\alpha_2} \tag{3-47}$$

若撞深与时间的关系$a(t)$同时满足式(3-37)中的速度边界条件,则式(3-47)可写为:

$$t_{\mathrm{dl}} = \frac{2a_{\max}}{\dot{u}_{\mathrm{v}}(0)} = \frac{2a_{\max}}{v_0} \tag{3-48}$$

式中，$\dot{u}_{\mathrm{v}}(0)$ 为船舶初始碰撞速度。由图 3-9 进一步可知，尽管二次抛物线形式能够较好地描述 $u_{\mathrm{v}}(t)$，但是与满足速度边界条件 [即 $\alpha_2 = \dot{u}_{\mathrm{v}}(0) = v_0$] 的函数有所区别。这使得由 $a(t)$ 和 $P_{\mathrm{d}}(a)$ 转换得到的 $P_{\mathrm{d}}(t)$ 函数不能满足式 (3-4) 中的动量定理。换言之，由式 (3-48) 得到的 t_{dl} 将与实际碰撞过程不同，仅仅是加载持时的初步估计值，需要代入动量方程中加以修正。

假定由式 (3-48) 初估加载持时为 ${}^0 t_{\mathrm{dl}}$，而满足式 (3-4) 所示单自由度体系的船舶动量定理的加载持时为 ${}^1 t_{\mathrm{dl}}$，则两种情况下的冲量之比为：

$$\frac{\int_0^{{}^0 t_{\mathrm{dl}}} P_{\mathrm{d}}(t)\mathrm{d}t}{\int_0^{{}^1 t_{\mathrm{dl}}} P_{\mathrm{d}}(t)\mathrm{d}t} = \frac{\int_0^{{}^0 t_{\mathrm{dl}}} P_{\mathrm{d}}(t)\mathrm{d}t}{(m_{\mathrm{v}} + dm_{\mathrm{v}})v_0} = \frac{\int_0^{{}^0 t_{\mathrm{dl}}} P_{\mathrm{d}}(t)\mathrm{d}t / (m_{\mathrm{v}} + dm_{\mathrm{v}})}{v_0} \tag{3-49}$$

根据积分中值定理，两种情况下的冲量之比可写为：

$$\frac{\int_0^{{}^0 t_{\mathrm{dl}}} P_{\mathrm{d}}(t)\mathrm{d}t}{\int_0^{{}^1 t_{\mathrm{dl}}} P_{\mathrm{d}}(t)\mathrm{d}t} = \frac{P_{\mathrm{d}}(\xi_1){}^0 t_{\mathrm{dl}}}{P_{\mathrm{d}}(\xi_2){}^1 t_{\mathrm{dl}}} \tag{3-50}$$

式中，$\xi_1 \in [0, {}^0 t_{\mathrm{dl}}]$；$\xi_2 \in [0, {}^1 t_{\mathrm{dl}}]$。由式 (3-47) 和式 (3-48) 可知，${}^1 t_{\mathrm{dl}} = -2a_{\max}/\alpha_2$（此时，$\alpha_2$ 可称为名义初始碰撞速度）和 ${}^0 t_{\mathrm{dl}} = 2a_{\max}/v_0$，代入式 (3-50) 中，则有：

$$\frac{\int_0^{{}^0 t_{\mathrm{dl}}} P_{\mathrm{d}}(t)\mathrm{d}t}{\int_0^{{}^1 t_{\mathrm{dl}}} P_{\mathrm{d}}(t)\mathrm{d}t} = \frac{P_{\mathrm{d}}(\xi_1)\alpha_2}{P_{\mathrm{d}}(\xi_2)v_0} \tag{3-51}$$

对比式 (3-49) 和式 (3-51) 发现，若 $P_{\mathrm{d}}(\xi_1) \approx P_{\mathrm{d}}(\xi_2)$，则有：

$$\alpha_2 = \int_0^{{}^0 t_{\mathrm{dl}}} P_{\mathrm{d}}(t)\mathrm{d}t / (m_{\mathrm{v}} + dm_{\mathrm{v}}) \tag{3-52}$$

因此，满足冲量等效原则 [即式 (3-4)] 的加载持时 ${}^1 t_{\mathrm{dl}}$ 为：

$${}^1 t_{\mathrm{dl}} = \frac{2a_{\max}}{\alpha_2} = \frac{2a_{\max}(m_{\mathrm{v}} + dm_{\mathrm{v}})}{\int_0^{{}^0 t_{\mathrm{dl}}} P_{\mathrm{d}}(t)\mathrm{d}t} \tag{3-53}$$

由式 (3-53) 可知，若要使 $P_{\mathrm{d}}(t)$ 函数满足冲量等效原则，只需要对初估加载持时 ${}^0 t_{\mathrm{dl}}$ 下的荷载进行积分得到初估冲量，再除以船舶质量 $(m_{\mathrm{v}} + dm_{\mathrm{v}})$ 得到名义初始碰撞速度 α_2，然后将名义初始碰撞速度和最大撞深 $a_{\max}$ 代入式 (3-47) 即可得到其加载持时 ${}^1 t_{\mathrm{dl}}$。简言之，首先假定满足理想速度边界条件，得到初估加载持时 ${}^0 t_{\mathrm{dl}}$，然后基于冲量等效原则计算得到加载持时 ${}^1 t_{\mathrm{dl}}$。同样，为了验证上述方法及式 (3-53) 的有效性，采用与表 3-3 和表 3-4 相同的工况进行验证分析，结果如表 3-6 和表 3-7 所示。

采用式(3-53)估计加载持时的有效性分析(5000DWT)　　　　　表3-6

接触类型	初速度 v_0	加载持时 t_{dl}			误差(%)	
		接触碰撞模型	初估 $^0 t_{dl}$	冲量等效修正 $^1 t_{dl}$	修正前	修正后
刚性墙	1m/s	0.96	1.10	0.96	14.83	-0.08
	2m/s	1.19	1.45	1.32	21.96	10.66
	3m/s	1.32	1.57	1.37	19.27	3.92
	4m/s	1.40	1.66	1.39	18.41	-0.75
	5m/s	1.52	1.77	1.42	16.62	-6.53
刚性承台	1m/s	0.94	1.10	0.96	17.28	2.04
	2m/s	1.46	1.49	1.40	2.14	-4.05
	3m/s	1.49	1.68	1.37	12.62	-8.38
	4m/s	1.63	1.87	1.61	14.71	-1.31
	5m/s	1.70	1.98	1.66	16.50	-2.51
误差平均值					15.43	4.02

注:表中误差平均值为所有误差的绝对值相加后平均。

采用式(3-53)估计加载持时的有效性分析(10000DWT)　　　　　表3-7

接触类型	初速度 v_0	加载持时 t_{dl}			误差(%)	
		接触碰撞模型	初估 $^0 t_{dl}$	冲量等效修正 $^1 t_{dl}$	修正前	修正后
刚性墙	1m/s	1.44	1.77	1.45	22.97	0.47
	2m/s	1.74	2.08	1.66	19.30	-4.34
	3m/s	1.74	2.28	1.76	31.31	0.91
	4m/s	1.88	2.34	1.84	24.37	-2.07
	5m/s	2.02	2.43	2.09	20.28	3.32
刚性承台	1m/s	1.92	1.95	1.66	1.80	-13.78
	2m/s	2.30	2.50	2.08	8.64	-9.40
	3m/s	2.38	2.70	2.21	13.63	-6.97
	4m/s	2.38	2.76	2.17	16.00	-8.66
误差平均值					17.59	5.55

注:表中误差平均值为所有误差的绝对值相加后平均。

由表3-6和表3-7可知:①无论是哪种吨位的船舶和接触碰撞的类型,采用式(3-53)估计得到的加载持时都与非线性接触碰撞有限元模型结果吻合,说明了式(3-53)和上述基于冲量等效原则计算加载持时的有效性和合理性;②对比式(3-48)计算结果和冲量等效修正后的结果可以发现,初估加载持时误差较大,说明了采用冲量等效原则进行修正是相当必要的。

2)卸载时间的估计

对于卸载阶段而言,由式(2-24)可得:

$$\dot{u}_u = P_d(a_{max})\sqrt{\frac{1}{K_u^e(m_v+dm_v)}} \quad (3-54)$$

式中,$K_\mathrm{u}^\mathrm{e} = (1/K_\mathrm{u} + 1/k_\mathrm{s})^{-1}$为等效船舶-桥梁卸载刚度,区别于式(2-24)中的船舶卸载刚度。与Cowan[1]一样,假定线弹性卸载,故卸载时程曲线可采用图3-13所示三角函数来描述,因此有:

$$\int_0^{T_2} P_\mathrm{d}(a_{\max})\cos\left(\frac{\pi}{2}\cdot\frac{t}{t_{\mathrm{d}2}}\right)\mathrm{d}t = \frac{2t_{\mathrm{d}2}}{\pi}P_\mathrm{d}(a_{\max}) = (m_\mathrm{v} + dm_\mathrm{v})\dot{u}_\mathrm{u} \quad (3\text{-}55)$$

联立式(3-54)和式(3-55),可得:

$$t_{\mathrm{du}} = \frac{\pi}{2}\sqrt{\frac{m_\mathrm{v} + dm_\mathrm{v}}{K_\mathrm{u}^\mathrm{e}}} \quad (3\text{-}56)$$

显然,由式(3-53)和(3-56)可知,整个撞击力时程曲线的持时t_d为:

$$t_\mathrm{d} = {}^1t_{\mathrm{dl}} + t_{\mathrm{du}} = \frac{2a_{\max}(m_\mathrm{v} + dm_\mathrm{v})}{\int_0^{0_{t_{\mathrm{dl}}}} P_\mathrm{d}(t)\mathrm{d}t} + \frac{\pi}{2}\sqrt{\frac{m_\mathrm{v} + dm_\mathrm{v}}{K_\mathrm{u}^\mathrm{e}}} \quad (3\text{-}57)$$

式中,$a_{\max}$由3.5.2节方法确定;${}^0t_{\mathrm{dl}}$由式(3-48)确定。

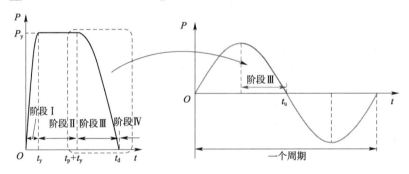

图3-13 卸载阶段船撞时程的构建[1]

3.5.4 结构弹性变形能的讨论

由式(3-3)可知,若要最终估计出最大撞深$a_{\max}$,则需先确定式(3-3)中的E_d。而根据初始动能KE估计E_d,则需要讨论式(3-3)等号左边的第二项IE_s(结构变形能部分)。Cowan[1]和Jensen等[8]在构建时程荷载曲线时,都假定被撞结构为刚性而不发生变形,即有:

$$\mathrm{IE}_\mathrm{s} = 0 \quad (3\text{-}58)$$

显然,当被撞结构刚度较大时,这一假定会造成E_d一定程度上的增加(即假定$E_\mathrm{d} \approx$ KE),从而使得最大撞深偏大和荷载作用持时增长,使计算结果偏于保守,这对于构建简化的荷载时程曲线是可以接受的。但是,由驳船能量比分析(图3-3)可知,当被撞结构的刚度与船舶等效刚度相差不大时,被撞结构的刚度对船撞荷载的影响是不能忽略的。

因此,对于货船,与驳船构建的思路类似,建议采用等效的方法来初步估计结构变形能,这样一方面能够帮助了解结构刚性假定的适用条件,另一方面可以将其运用于确定结构相对较柔时的船撞时程曲线。该方法的步骤和流程具体如下:

(1) 令${}^{(t)}\mathrm{IE}_\mathrm{v} = {}^{(n)}\mathrm{IE}_\mathrm{v}$[其中,当$n=0$时,有${}^{(0)}\mathrm{IE}_\mathrm{v} = $ KE],采用图3-12所示方法和思路确定${}^{(n)}a_{\max}$,并在对应的动力P_d-a曲线上找出对应的${}^{(n)}P_\mathrm{d}(a_{\max})$;

(2) 基于建立的被撞结构模型,在被撞点处施加单位位移,求出等效的抗推刚度 k_s;

(3) 根据等效位移和刚度,计算等效能量,即为:

$$^{(n)}\text{IE}_s = \frac{1}{2} k_s u_s^2 = \frac{1}{2} \cdot \frac{^{(n)}P_d^2(a_{\max})}{k_s} \quad (3\text{-}59)$$

(4) 计算修正的 $^{(n+1)}\text{IE}_v$,则有

$$^{(n+1)}\text{IE}_v = \text{KE} - {}^{(n)}\text{IE}_s \quad (3\text{-}60)$$

(5) 判断 $^{(t)}\text{IE}_v$ 与 $^{(n+1)}\text{IE}_v$ 是否满足下式:

$$\|{}^{(t)}\text{IE}_v - {}^{(n-1)}\text{IE}_v\| \leqslant \text{TOL} \quad (3\text{-}61)$$

式中,TOL 为容许误差。若满足式(3-61)则终止计算,得到考虑被撞结构变形能影响的 $a_{\max}$。若不满足式(3-61),则令 $n = n + 1$,重复步骤(1)~(5),直至满足式(3-61)为止。其计算流程如图 3-14 中基于 E_d-a 曲线确定 $a_{\max}$ 部分所示。

3.5.5 时程荷载法计算结构动力需求的一般流程

为了更为清楚地理解基于一般 P-a 曲线确定船撞时程荷载的总体思路,下面对上述内容进行归纳与总结,得到图 3-14 所示流程。

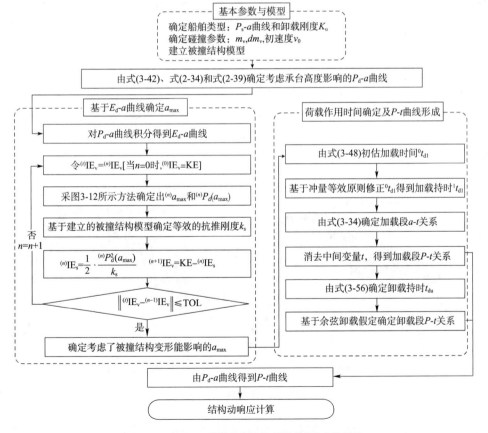

图 3-14 基于 P-a 曲线确定船撞时程荷载的总体思路

由图 3-14 可知,在基于 $P\text{-}a$ 曲线确定船撞时程荷载过程中,主要包括两部分内容:①合理地估计最大撞深 $a_{\max}$;②基于假定的 $a\text{-}t$ 变化曲线,确定荷载作用时间,同时结合 $P\text{-}a$ 曲线消去中间变量时间 t,得到最终用于分析结构动力需求的撞击力时程曲线。

3.6 基于 $P\text{-}a$ 曲线构建船撞时程荷载的要素合理性分析

3.6.1 船撞时程荷载计算及讨论

根据图 3-14 所示方法,可基于船首 $P\text{-}a$ 曲线确定船撞荷载。以 $v_0 = 2\text{m/s}$ 与刚性墙碰撞,以及以 $v_0 = 4\text{m/s}$ 与刚性承台碰撞(表 3-3、表 3-4)为例,计算结果如图 3-15 和图 3-16 所示。

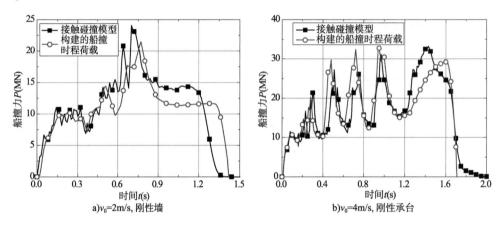

图 3-15　5000DWT 船舶刚性碰撞时荷载比较

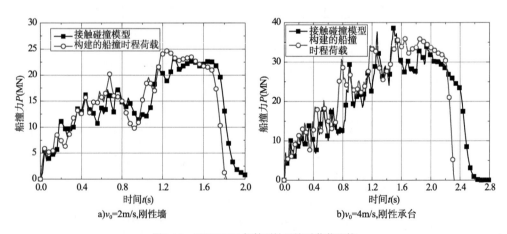

图 3-16　10000DWT 船舶刚性碰撞时荷载比较

由图 3-15 和图 3-16 可知,基于上述方法构建出的船撞时程荷载与接触碰撞模型都较为一致。不过若要客观、全面地分析基于 $P\text{-}a$ 曲线构建出的船撞时程荷载与接触碰撞模型结果的相近程度,则需要从动力荷载的三要素方面考虑,即:①荷载的持时 t_d;②荷载的幅值,即 $P_m = \max[P_d(t)]$;③荷载的频谱特性,如 $F(\omega) = F[P_d(t)]$,其中 $F(*)$ 为傅立叶变换运算。由3.5.3节的分析可知,基于冲量等效原则确定的荷载持时能够较好地与接触碰撞模型的结果吻合,说明了采用上述方法能合理地确定荷载的持时。因此,下面只需要从荷载的幅值和频谱特性两个方面来讨论船撞时程荷载的要素合理性。

3.6.2 船撞荷载时程的幅值分析

对表 3-3 和表 3-4 所有工况进行相同的分析,得到相应的船撞荷载时程,并采用式(2-40)将得到的各工况荷载幅值(P_m)与接触碰撞模型进行比较,结果如图 3-17 所示。

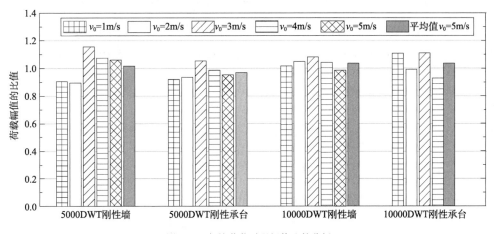

图 3-17　船撞荷载时程幅值比较分析

从船撞荷载时程幅值(图 3-17)来看,基于 $P-a$ 曲线确定的时程荷载与接触碰撞模型结果基本一致,充分地说明了上述方法确定的时程荷载满足荷载幅值近似的要求。

3.6.3 基于小波功率谱的荷载时程频谱分析

傅立叶变换作为一种经典的时间域和频率域转换方法,已广泛地运用到了信号 $f(t)$(如动力荷载)的时频特征分析中,其方法的实质是将信号[如动力荷载 $P(t)$]分解到以 $\{\exp(i\omega t)\}$ 为正交基的空间上去[9-13]。傅立叶变换中的基函数是时不变的周期性正弦和余弦函数[12],使得该方法对于周期或近似周期信号(荷载)较为合适,而对于具有显著局部特性的信号,正弦和余弦函数则往往不适用。图 3-15、图 3-16 所示的船撞时程荷载是一种典型的非周期瞬变信号,具有显著的局部特性,因此若采用傅立叶变换进行荷载频谱特性分析和比较,则存在一定的不足。此外,尽管傅立叶变换能够将信号的时域特征和频域特征进行转化,但只能孤立显示时频域的特征,而不能反映信号的时频联合特征[11]。因此,为了更为准确地反映构建出来的荷载与接触碰撞模型的结果在时频特性上的异同,本研究将采用适合于分析瞬态荷载(信号)的小波变换(Wavelet Transform)来进行讨论。相比傅立叶变换而言,小波变换将信号(这里指动力荷载)分解到由小波基函数构成的空间上,具有更好的时域和频域的局部化分析能力,且能够反映信号的时频域联合特征[11-13]。

采用小波分析方法来分析信号时,最为关键的问题之一就是最优小波基函数的选取问题[11]。通常,可从小波函数的支撑长度、对称性、消失矩、正则性以及与需分析的信号波形的相似性等几方面来考虑[11,12]。考虑到本节旨在比较分析两种方法得到的船撞动力荷载时频特性的相近程度,不注重信号的分解和重构,因此采用了一种典型的小波函数,即复Morlet小波进行荷载信号的分析,其基函数 $\psi_0(\eta)$ 定义为[13,14]:

$$\psi_0(\eta) = \pi^{-1/4} e^{i\omega_0\eta} e^{-\eta^2/2} \tag{3-62}$$

式中,ω_0 为中心的频率,当取 $\omega_0 = 6.0$ 时满足小波的"容许条件"[11,13];η 为时间参数。船撞动力荷载时间序列 $\{P_n\}$ 的连续小波变换可表达为[12,13]:

$$W_n(s) = \sum_{n'=0}^{N-1} P_{n'} \psi^* \left[\frac{(n'-n)\delta t}{s} \right] \tag{3-63}$$

式中,(*)表示复共轭;$n = 0, \cdots, N-1$,N 为时间点数;δt 为时间间隔,$N\delta t$ 即为信号的总长度;s 为小波尺度;$W_n(s)$ 为小波谱。根据卷积定理[12],将式(3-63)进行傅立叶变换后有[12,13]:

$$W_n(s) = \sum_{k=0}^{N-1} \hat{P}_k \hat{\psi}^*(s\omega_k) e^{i\omega_k n\delta t} \tag{3-64}$$

式中,$\hat{P}_k$ 为船撞荷载时间序列 P_n 的离散傅立叶变换,可写为[12,13]:

$$\hat{P}_k = \frac{1}{N} \sum_{n=0}^{N-1} P_n e^{-2\pi i k n/N} \tag{3-65}$$

其中,$k = 0, \cdots, N-1$ 为频率指标;ω_k 为角频率,可定义为[12,13]:

$$\omega_k = \begin{cases} \dfrac{2\pi k}{N\delta t}, & k \leq \dfrac{N}{2} \\ -\dfrac{2\pi k}{N\delta t}, & k > \dfrac{N}{2} \end{cases} \tag{3-66}$$

由于Morlet小波 $\psi(\eta)$ 是复函数,故式(3-63)小波变换得到的 $W_n(s)$ 也是复数形式。因此,$W_n(s)$ 可分解成实部 $\Re\{W_n(s)\}$ 和虚部 $\Im\{W_n(s)\}$,或者是复数的模 $|W_n(s)|$ 和相位 $\tan^{-1}[\Im\{W_n(s)\}/\Re\{W_n(s)\}]$。因此,与傅立叶变换类似,可以定义小波功率谱为 $|W_n(s)|^2$。由此可知,小波功率谱 $|W_n(s)|^2$ 与两个量相关,即时间序列指标 n(也可认为是时间 t)和小波尺度 s。时间序列指标取决于信号记录时的离散采样,而尺度 s 则需要在小波函数选定后,选择一个相应的尺度集(即尺度的离散)。通常,采用下式产生尺度集[11-13]:

$$s_j = s_0 2^{j\delta j}, \quad j = 0, 1, \cdots, J \tag{3-67}$$

$$J = \delta j^{-1} \log_2(N\delta t/s_0) \tag{3-68}$$

式中,s_0 为可求解的最小小波尺度;J 用来确定最大小波尺度。根据Nyquist采样定理可知[11,12],信号(这里指船撞动力荷载 P_n)中能够识别到最小傅立叶周期 $\lambda_{\min} = 2\delta t$。因此,为了满足 $\lambda_{\min} = 2\delta t$ 条件,则最小尺度 s_0 也需要满足一定的条件。根据Meyers等[15,16]提供的方法,可以确定等效傅立叶周期 λ 和小波尺度 s 之间的关系,对于Morlet小波有如下关系[13,15,16]:

$$\lambda = \frac{4\pi s}{\omega_0 + \sqrt{2 + \omega_0^2}} \tag{3-69}$$

由式(3-69)可知,当选取 $\omega_0 = 6.0$ 时,则有 $\lambda = 1.03s$,这就意味着 Morlet 小波的尺度 s 近似与傅立叶周期 λ 相等。因此,本章中取 $\omega_0 = 6.0$,根据 $\lambda_{\min} = 2\delta t$,最小尺度则可近似取 $s_0 = 2\delta t$。根据以上选定的参数,船撞动力荷载的小波功率谱 $|W_n(s)|^2$ 可采用式(3-63)或式(3-64)计算得到,且可以表达为如下抽象函数形式:

$$|W_n(s)|^2 = f(n,s) = f(t,1/\lambda) \tag{3-70}$$

式(3-70)表明:将两种方法得到的船撞动力荷载进行小波变换分析,可以得到相应的两者随时间和荷载频率($1/\lambda$)变化的小波谱。对表 3-3 和表 3-4 中的工况,采用 Morlet 连续小波变换进行分析,得到各工况的小波功率谱 $|W_n(s)|^2$,共 38 个。以 5000DWT 船舶初速度 $v_0 = 2m/s$ 与刚性墙碰撞(图 3-15),和 10000DWT 船舶初速度 $v_0 = 4m/s$ 与刚性承台碰撞(图 3-16)为例,具体结果如图 3-18 所示。

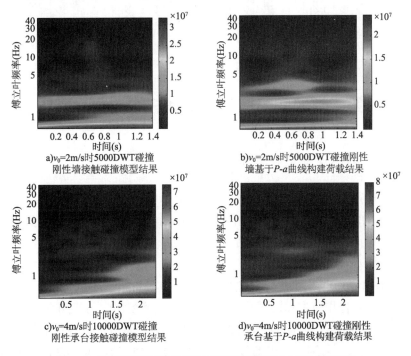

图 3-18 碰撞模型计算所得荷载与构建时程荷载的小波功率谱比较

通过对比图 3-18a)和 b),c)和 d)得到:本章构建荷载的小波功率谱与接触碰撞模型的结果能较好地吻合,初步说明了两者的频谱特性也是相近的。其他工况分析的结果与此类似,限于篇幅,在此不赘述。同时,为了从总体上评估两者小波功率谱的相近程度,可采用式(2-41)的 Pearson 积矩法相关系数进行分析,得到图 3-19 所示结果。

由图 3-19 汇总的结果可知:①总体上来讲,与上述两种工况观察结果相同,各工况的两者小波功率谱的 Pearson 积矩法相关系数都较为接近 1.0,平均值最低位为 0.86,充分说明了基于 P-a 曲线构建的船撞荷载能够与接触碰撞模型在频谱特性上较为相近;至此,从荷载三个要素方面,都充分地说明了基于 P-a 曲线构建的船撞时程荷载的有效性和合理性。②两种船舶碰撞刚性墙的结果略逊于与刚性承台碰撞的结果,这是因为以一定承台高度作为基准计算刚性墙的结果略逊于其他承台高度时的结果(图 2-33 和图 2-41),从而导致了相关性有所下降。

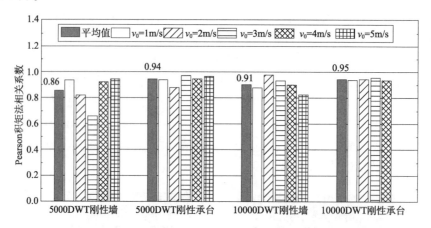

图 3-19　碰撞模型计算所得荷载与构建时程荷载的小波功率谱相关性分析

3.7　第二类船舶船撞时程荷载法的实例验证与分析

3.7.1　验证的模型与基本参数

尽管 3.6 节中对于本章构建的时程荷载法的主要步骤及荷载要素已经进行了详细的验证和讨论,但采用实际船-桥碰撞算例,对图 3-14 所示船撞动力需求分析的时程法进一步验证也是必要的。因此,本节将采用 2.6 节中的船-桥碰撞算例(图 2-44 和图 2-54)来进行验证与讨论。

首先,建立图 3-20 所示的时程荷载法模型。在该分析模型中,被撞结构模型与基于非线性宏观单元的相互作用模型相同,但既不存在接触碰撞模型中的船舶有限元模型,也不存在相互作用模型中的单自由度船舶模型,而是由图 3-14 所示方法确定的船撞力时程曲线来代替,见图 3-20a),b)。对第 2 章中的四种工况,由表 3-8 中的基本参数和图 3-14 所示方法可得到图 3-21 所示的时程曲线。

实例分析中时程荷载法所需的基本参数　　　　　　　　　　表 3-8

工况号	v_0(m/s)	$m_v + dm_v$(kg)	k_s(N/m)	K_u(N/m)	估计 IE_s(J)	IE_s/IE_v(%)
S1_2	2.00	7.57×10^6	1.27×10^9	1.55×10^9	4.05×10^4	0.27
S1_4	4.00	7.57×10^6	1.27×10^9	1.55×10^9	3.15×10^5	0.53
S2_2	2.00	1.31×10^7	2.96×10^9	1.63×10^9	5.28×10^4	0.20
S2_4	4.00	1.31×10^7	2.96×10^9	1.63×10^9	1.74×10^5	0.17

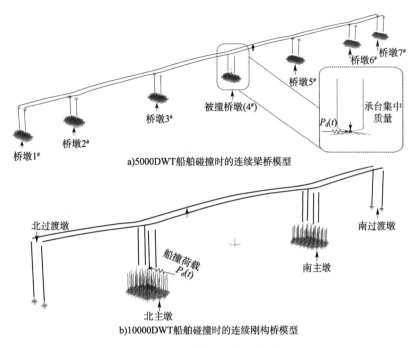

图 3-20 时程荷载法的实例计算模型

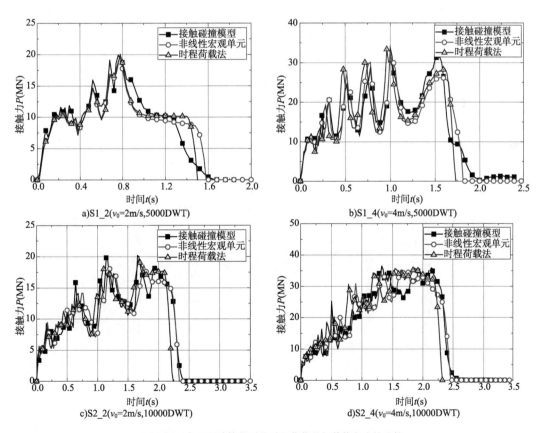

图 3-21 各工况计算得到的时程荷载及与其他方法的比较

3.7.2 计算结果与讨论

由图 3-21 可知,由上述时程荷载法得到的船撞时程与接触碰撞模型的结果总体上较为吻合,也使得由时程荷载法计算得到的结构动力需求能够与接触碰撞模型以及基于非线性宏观单元的相互作用模型的结果一致,其中荷载及响应的峰值比较分析和 Pearson 相关性分析结果分别如图 3-22 和图 3-23 所示。由此,也进一步说明了时程荷载法的有效性和合理性,在不断发展 $P\text{-}a$ 曲线的基础上,该方法将成为实际工程中计算船撞动力需求行之有效的方法。

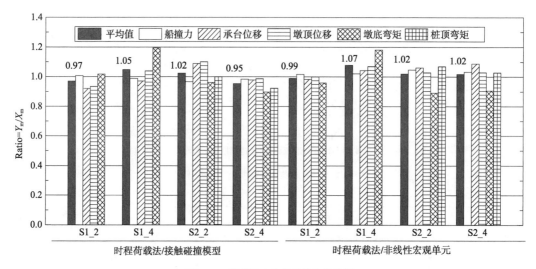

图 3-22 荷载及响应的峰值比较分析

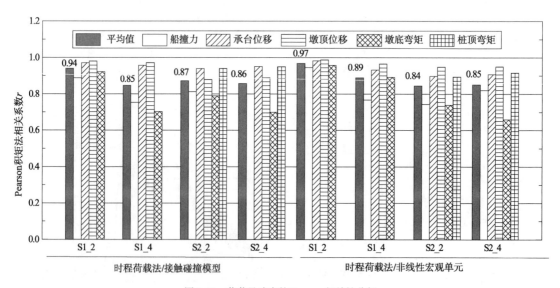

图 3-23 荷载及响应的 Pearson 相关性分析

图 3-22 和图 3-23 显示峰值荷载及响应的比值和 Pearson 积矩法相关系数都接近 1.0。

同时相比而言,时程荷载法的分析结果与基于非线性宏观单元的分析结果更为接近一些,这是因为两者都是以船首动力 P_d-a 曲线作为基准。此外,时程荷载法的结果与接触碰撞模型的结果相关性总体上略逊于第 2 章基于非线性宏观单元的分析结果,这是因为时程荷载法是由基于非线性宏观单元的相互作用模型分析法发展而来,且相比后者多了一些半经验的假设。

与基于非线性宏观单元的相互作用模型类似,相比接触碰撞模型而言,时程荷载法不仅可避免重复定义复杂的接触、沙漏控制问题以及建立实体模型等,而且能够突破接触碰撞模型算法的限制,即可采用无条件稳定的隐式积分方法进行计算,从而可以避免验证计算结果稳定可靠的过程。同时,相比基于非线性宏观单元的相互作用模型,时程荷载法则不需要定义非线性宏观单元、单自由度体系的船舶和编制专门的计算程序,可更为方便地建模和计算。但是,由表 3-8 可知,被撞结构刚度较大,IE_s 值都较小,使得船撞荷载受被撞结构刚度的影响较为有限;若被撞结构刚度相比船首刚度较小,可能会造成动力 P_d-a 曲线转换成船撞荷载 P-t 曲线过程中的假定条件(如 $u_v \gg u_s$)得不到满足,此时则优先考虑采用基于非线性宏观单元的相互作用模型进行分析。

3.8 本章小结

在本章中,基于两自由度模型分析了船-桥相互作用特点,并分别针对 AASHTO 规范中的两类船舶,研究了船撞下桥梁动力需求分析的时程荷载法,主要工作及结论如下:

(1)针对 AASHTO 规范中的第一类船舶(驳船),基于 Consolazio 的驳船 P-a 曲线及两自由度模型,解析地求解了驳船-桥梁相互作用过程中的动力响应;在此基础上,推导了船舶和结构的能量比与质量比和刚度比的关系,结果表明:能量比主要取决于船舶与结构的刚度比,而不是两者的质量比。

(2)在分析了两自由度体系能量比的基础上,基于能量守恒原理和动量定理推导了驳船碰撞荷载计算公式,并加以运用,结果表明:驳船时程分析结果与基于非线性宏观单元的相互作用模型结果吻合,说明了船撞荷载计算公式的有效性,为后续的分析和计算提供了良好的基础。

(3)针对第二类船舶,以第 2 章构建的船首 P-a 曲线为基础,探讨了基于能量守恒原理估计船首最大撞深(a_{max})的方法,并对直接积分和拟合公式两种具体方式予以了讨论,结果表明:①采用直接积分和拟合公式来估计最大撞深都与接触碰撞模型结果一致;②由于拟合 E_{sh}-a 曲线带来的误差,采用直接积分计算结果优于拟合公式的结果(尤其在撞深较小的情况下)。

(4)在确定 a_{max} 基础上,研究了基于冲量等效原则的加载持时确定方法及计算公式,并与接触碰撞模型的计算结果进行了比较分析,结果表明:基于冲量等效原则建立的加载持时计算式(3-53)估计得到的加载持时都能与非线性接触碰撞有限元模型计算结果较好地吻合,说明了式(3-53)和基于冲量等效原则计算加载持时的合理性和有效性。

(5)在讨论了结构弹性变形能的基础上,总结了基于一般性 P-a 曲线确定船撞时程荷载的总体思路,并详细分析了船撞时程荷载要素的合理性,结果表明:①从荷载幅值上讲,基于

P-a 曲线确定的时程荷载与接触碰撞模型结果较为一致,最大误差约为 15%;②构建的船撞时程荷载的小波功率谱与碰撞模型大体相同,两者的 Pearson 积矩法相关系数都接近 1.0,说明了时程荷载法的合理性。

(6)以第 2 章的船-桥碰撞算例为基础,开展了时程荷载法的实例验证分析,结果同样表明:时程分析的结果与碰撞模型和基于非线性宏观单元分析的结果一致,由此也进一步说明了在不断发展 P-a 曲线的基础上,本章构建的时程荷载法将成为实际工程中计算船撞动力需求的有效方法。

本章参考文献

[1] COWAN D R. Development of time-history and response spectrum analysis procedures for determining bridge response to barge impact loading[D]. Gainesville, Florida: University of Florida, 2007.

[2] 欧碧峰. 基于微平面模型的桥梁船撞数值模拟与简化动力分析[D]. 上海:同济大学,2008.

[3] JENSEN J L, SVENSSON E, EIRIKSSON H, et al. Ship-induced derailment on a railway bridge[J]. Structural Engineering International, 1996, 6(2): 107-112.

[4] CONSOLAZIO G R, COWAN D R. Numerically efficient dynamic analysis of barge collisions with bridge piers[J]. Journal of Structural Engineering, 2005, 131(8): 1256-1266.

[5] CONSOLAZIO G R, DAVIDSON M T, COWAN D R. Barge bow force-deformation relationships for barge-bridge collision analysis[J]. Transportation Research Record: Journal of the Transportation Research Board, 2009(2131): 3-14.

[6] CONSOLAZIO G R, COWAN D R. Nonlinear analysis of barge crush behavior and its relationship to impact resistant bridge design[J]. Computers & Structures, 2003, 81(8-11): 547-557.

[7] 杨智. 船撞作用下桥梁的合理简化模型研究[D]. 上海:同济大学,2011.

[8] UND FARö-BRüCKEN S, JENSEN A O, SØRENSEN E A. Ship collision and the Farø Bridges[C]. Copenhagen: IABSE Colloquium, Preliminary Report, 1982: 451-458.

[9] PRIESTLEY M N, SEIBLE F, CALVI G M. Seismic design and retrofit of bridges[M]. New York: John Wiley & Sons, 1996.

[10] CLOUGH R W, PENZIEN J. Dynamics of structures[M]. 3rd ed. Berkeley, CA: Computers & Structures, Inc., 1995.

[11] 葛哲学,沙威. 小波分析理论与 MATLAB R2007 实现[M]. 北京:电子工业出版社,2007.

[12] 博格斯,等. 小波与傅里叶分析基础(英文版)[M]. 北京:电子工业出版社,2002.

[13] TORRENCE C, COMPO G P. A practical guide to wavelet analysis[J]. Bulletin of the American Meteorological Society, 1998, 79(1): 61-78.

[14] MISITI J M, MISITI M, OPPENHEIM Y, et al. Wavelet toolbox[M]. Natick, MA: The

MathWorks Inc. ,1996.

[15] MEYERS S D,KELLY B G,O'BRIEN J J. An introduction to wavelet analysis in oceanography and meteorology:with application to the dispersion of Yanai waves[J]. Monthly Weather Review,1993,121(10):2858-2866.

[16] KIRBY J,SWAIN C. Improving the spatial resolution of effective elastic thickness estimation with the fan wavelet transform[J]. Computers & Geosciences,2011,37(9):1345-1354.

第 4 章 桥梁船撞冲击谱法与运用

4.1 概 述

第 2 章、第 3 章论述的船撞动力需求分析方法,无论是基于非线性宏观单元的相互作用模型,还是时程荷载法,都需对动力方程式(2-3)进行逐步的数值求解,从而得到每个时刻的结构动力响应,并取峰值响应作为动力需求。从工程设计的角度来看,对于确定结构的动力需求,计算或估计得到峰值响应可能就足够了。正因为如此,在结构抗震分析中,反应谱分析方法因概念明确、计算简单,已被广泛地运用[1-5],并成为各国结构抗震设计规范中的重要内容和推荐方法[6-9]。此外,对于爆炸荷载作用,基于谱方法计算结构的响应或需求也早已被研究[10,11],同时衍生出许多种不同的形式[12-14],成为计算爆炸荷载响应的经典方法之一。

类似地,对桥梁船撞问题,也可以建立一种基于谱的动力需求分析法,但目前却鲜有关于该方法与思路的研究。早在 1996 年,基于 AASHTO 规范中的驳船船首 P-a 曲线,Whitney 和 Harik[15-17]就构建了一种用于驳船碰撞分析的冲击谱(Impact Spectrum Analysis Procedure, ISAP),但没有充分验证该方法的有效性。此后,Consolazio 等[18,19]提出了驳船船首 P-a 曲线,基于此 Cowan[20]在其博士论文中较为系统地论述了一种名为 IRSA(Impact Response Spectrum Analysis)的船撞反应谱方法,为后续研究基于谱确定船撞需求,提供了富有意义的思路与方向。

在 Cowan 的研究中[20],驳船冲击谱是由大量指定事件的冲击谱统计分析得到的。正因为如此,Cowan 构建的谱可能导致过于保守而不合理的结果。此外,在驳船冲击谱分析过程中,他采用 SRSS 和 CQC 方法进行振型的组合。显然,将这两种适合于地震反应谱分析的振型组合方法,运用于具有短持时脉冲特性的船撞分析中是值得进一步讨论的[1]。同时,Cowan[20]直接沿用地震反应谱分析中的质量参数系数来判断冲击谱分析需要的最少振型数,同样值得进一步研究。

在本章中,以第 3 章驳船时程荷载法为基础,提出一种船撞分析的冲击谱法(Shock Spectrum Analysis, SSA),其比 Cowan 谱更精确、合理。首先,基于驳船-桥梁相互作用分析,得到近似解析的驳船冲击谱计算公式。然后,探讨了基于谱分析船撞动力需求的一般过程与思路,并采用 MATLAB 程序加以实现,同时分析了船撞冲击谱计算步骤与典型地震反应谱分析过程的区别及造成区别的原因。最后,采用实例验证本章提出的船撞冲击谱及方法,同时对该方法中的振型组合方法等问题进行了详细的分析,并充分讨论冲击谱在船撞荷载构建中的重要作用。

4.2 驳船船撞冲击谱的构建

当分析的目的是确定驳船作用下结构的动力响应时,则相互作用的两自由度模型可简化成在驳船冲击荷载(图 3-5)作用下的等效单自由度模型(图 4-1)。以图 4-1 所示的单自由度模型为基础,就可探讨等效结构在船撞作用下的峰值动力响应,为构建船撞冲击谱提供基础。

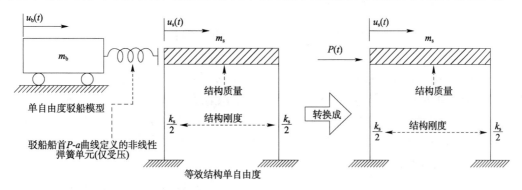

图 4-1 驳船-结构相互作用的两自由度模型及驳船作用下的结构单自由度模型

4.2.1 半周正弦冲击荷载时

若图 4-1 中的驳船荷载为半周正弦冲击荷载[图 3-5a)],则很容易得到相应的动力放大系数(Dynamic Magnification Factor,记为 DMF)[1],为了后续的论述方便,这里给出最终的计算公式:

$$\text{DMF} = \frac{u_{\text{sm}}}{u_{\text{st}}} = \begin{cases} \dfrac{(1/\alpha)\cos(\pi\alpha)}{(1/2\alpha)^2 - 1}, & 0 \leqslant \alpha < 1/2 \\ \pi/2, & \alpha = 1/2 \\ \dfrac{1}{1-(1/2\alpha)^2}\left(\sin\dfrac{2\pi l}{1+2\alpha} - \dfrac{1}{2\alpha}\sin\dfrac{2\pi l}{1+1/2\alpha}\right), & \alpha > 1/2, l = 1,2,3,\cdots \end{cases} \quad (4\text{-}1)$$

式中,持时周期比 $\alpha = t_d/T_n$,$T_n = 2\pi\omega_n$ 为结构的固有周期;u_{sm} 为结构位移时程响应 $u_s(t)$ 的最大值;静力位移 u_{st} 为:

$$u_{\text{st}} = P_{\text{m}}/k_{\text{s}} \quad (4\text{-}2)$$

式中,P_{m} 为驳船作用荷载的峰值,由式(3-25)和式(3-27)来确定;k_{s} 为结构的抗推刚度,如图 4-1 所示。根据式(4-1),以 $\alpha = t_d/T_n$ 为横坐标,DMF 值为纵坐标,得到在该类型荷载作用下的冲击谱,见图 4-2。

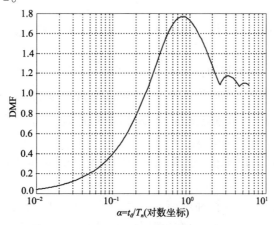

图 4-2 半周正弦冲击荷载作用下的冲击谱

4.2.2 组合型冲击荷载时

对于组合型的冲击荷载[图 3-5b)],要获得相应的冲击谱比半周正弦冲击荷载[图 3-5a)]困难得多。这是因为,该类冲击荷载不仅是多段的函数[式(3-27)],而且荷载函数中的关键参数 t_y,t_p 和 t_u 之间的关系因初始的碰撞条件不同而不同。为了论述方便,将该类型的冲击荷载分为四个阶段[图 3-5b)]:①阶段Ⅰ:上升阶段($0 \leqslant t \leqslant t_y$);②阶段Ⅱ:不变阶段($t_y < t \leqslant t_y + t_p$);③阶段Ⅲ:下降阶段($t_y + t_p < t \leqslant t_d$);④阶段Ⅳ:自由振动阶段($t > t_d$)。

采用 Duhamel 积分可以得到结构等效质量 m_s(图 4-1)不同阶段的动力响应。对于阶段Ⅰ($0 \leqslant t \leqslant t_y$),其求解为:

$$u_s(t) = \frac{P_y}{m_s \omega_n} \int_0^t \sin(\omega_y \tau) \sin[\omega_n(t-\tau)] d\tau = u_{st} \frac{-\sin(\omega_n t)\omega_n \omega_y + \sin(\omega_y t)\omega_n^2}{\omega_n^2 - \omega_y^2}$$

(4-3)

$$\dot{u}_s(t) = u_{st} \omega_n^2 \omega_y [\cos(\omega_y t) - \cos(\omega_n t)] / (\omega_n^2 - \omega_y^2) \tag{4-4}$$

对于阶段Ⅱ($t_y < t \leqslant t_y + t_p$),相应的结果为:

$$u_s(\Delta t_1) = u_s(t_y)\cos(\omega_n \Delta t_1) + \dot{u}_s(t_y)\sin(\omega_n \Delta t_1)/\omega_n + u_{st}[1 - \cos(\omega_n \Delta t_1)] \tag{4-5}$$

$$\dot{u}_s(\Delta t_1) = -\omega_n u_s(t_y)\sin(\omega_n \Delta t_1) + \dot{u}_s(t_y)\cos(\omega_n \Delta t_1) + u_{st}\omega_n \sin(\omega_n \Delta t_1) \tag{4-6}$$

式中,$\Delta t_1 = t - t_y$;$u_s(t_y)$ 和 $\dot{u}_s(t_y)$ 可分别由式(4-3)和式(4-4)确定。

对于阶段Ⅲ($t_y + t_p < t \leqslant t_d$),则有:

$$u_s(\Delta t_2) = u_s(t_{yp})\cos(\omega_n \Delta t_2) + \frac{\dot{u}_s(t_{yp})}{\omega_n}\sin(\omega_n \Delta t_2) + u_{st}\left\{\frac{-\omega_n^2[\cos(\omega_u \Delta t_2) - \cos(\omega_n \Delta t_2)]}{\omega_u^2 - \omega_n^2}\right\}$$

(4-7)

$$\dot{u}_s(\Delta t_2) = -u_s(t_{yp})\omega_n \sin(\omega_n \Delta t_2) + \dot{u}_s(t_{yp})\cos(\omega_n \Delta t_2) + u_{st}\left\{\frac{\omega_n^2[\omega_u \sin(\omega_u \Delta t_2) - \omega_n \sin(\omega_n \Delta t_2)]}{\omega_u^2 - \omega_n^2}\right\}$$

(4-8)

式中,$\Delta t_2 = t - (t_y + t_p)$;出于简便,$t_y + t_p$ 写为 t_{yp};$u_s(t_{yp})$ 和 $\dot{u}_s(t_{yp})$ 可分别由式(4-5)和式(4-6)确定。

对于阶段Ⅳ($t > t_d$),其求解为:

$$u_s(t) = u_s(t_d)\cos[\omega_n(t-t_d)] + \dot{u}_s(t_d)\sin[\omega_n(t-t_d)]/\omega_n \tag{4-9}$$

式中,$u_s(t_d)$ 和 $\dot{u}_s(t_d)$ 可分别由式(4-7)和式(4-8)确定。

值得注意的是,由于被撞结构体系的最大响应不会出现在上升阶段(阶段Ⅰ),因此接下来将分别探讨在阶段Ⅱ、阶段Ⅲ和阶段Ⅳ如何计算 DMF 及驳船冲击谱。

1)阶段Ⅱ出现最大响应值

当驳船的初始动能足够大时,冲击荷载持时将比较长,从而使得质量 m_s 的位移在不变阶段(即阶段Ⅱ)达到最大值。通常,在这种情况下持时与固有周期之比 $\alpha = t_d/T_n$ 将超过 1.0。相应的 DMF 可定义为:

$$\mathrm{DMF} = u_{sm}/u_{st}, u_{sm} = \max\{u_s(t), t \in (t_y, t_y+t_p)\} \tag{4-10}$$

式中，u_{sm} 可由式(3-17)或式(4-5)来确定。根据式(3-17)，$u_s(t)$ 在阶段 II 最大值可写为：

$$u_{sm} = D_1 + P_y/k_2 = D_1 + u_{st} \tag{4-11}$$

将式(3-19)和式(4-11)代入式(4-10)中，则有：

$$\mathrm{DMF} = \sqrt{[u_s(t_y)/u_{st} - 1]^2 + \dot{u}_s^2(t_y)/(\omega_n^2 u_{st}^2)} + 1 \tag{4-12}$$

式中，当 $t=t_y$ 时，$u_s(t_y)/u_{st}$ 可由式(4-3)来确定。令 $t_y/t_d = \beta_1$，则有：

$$\frac{u_s(t_y)}{u_{st}} = \frac{1 - \sin(2\pi\beta_1\alpha)/4\beta_1\alpha}{1 - 1/(4\beta_1\alpha)^2} \tag{4-13}$$

类似地，当 $t=t_y$ 时，$\dot{u}_s(t_y)/(\omega_n u_{st})$ 可由式(4-4)来确定，即为：

$$\frac{\dot{u}_s(t_y)}{\omega_n u_{st}} = \frac{-\cos(2\pi\beta_1\alpha)/4\beta_1\alpha}{1 - 1/(4\beta_1\alpha)^2} \tag{4-14}$$

将式(4-13)、式(4-14)代入式(4-12)，则有：

$$\mathrm{DMF}(\beta_1\alpha) = \sqrt{\left[\frac{1-\sin(2\pi\beta_1\alpha)/4\beta_1\alpha}{1-1/(4\beta_1\alpha)^2} - 1\right]^2 + \left[\frac{-\cos(2\pi\beta_1\alpha)/4\beta_1\alpha}{1-1/(4\beta_1\alpha)^2}\right]^2} + 1 \tag{4-15}$$

式(4-15)表明：动力放大系数 DMF 仅取决于无量纲量 β_1 和 α，而不是单独的 t_y、t_d 和 T_n。同样，由式(4-15)也可以得到该阶段对应的冲击谱，如图4-3 所示。

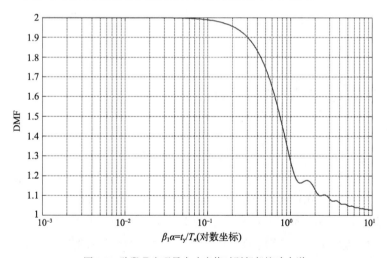

图 4-3　阶段 II 出现最大响应值时驳船撞冲击谱

2) 阶段 IV 出现最大响应值

与上述情况相反，若荷载持时 $t_d < T_n/2$，质量 m_s 的峰值响应将不会出现在受迫振动阶段（即阶段 I 至阶段 III），而将发生在自由振动阶段（即阶段 IV），由式(4-9)可得到该情况下的 DMF 为：

$$\mathrm{DMF} = \sqrt{[u_s(t_d)/u_{st}]^2 + [\dot{u}_s(t_d)/(u_{st}\omega_n)]^2} \tag{4-16}$$

其中，利用式(4-7)和式(4-8)，有：

$$\frac{u_s(t_d)}{u_{st}} = \left[\frac{u_s(t_{yp})}{u_{st}} + \frac{1}{1/(4\beta_3\alpha)^2 - 1}\right]\cos(2\pi\beta_3\alpha) + \frac{\dot{u}_2}{\omega_n u_{st}}\sin(2\pi\beta_3\alpha) \qquad (4\text{-}17)$$

$$\frac{\dot{u}_s(t_d)}{\omega_n u_{st}} = \frac{-u_s(t_{yp})}{u_{st}}\sin(2\pi\beta_3\alpha) + \frac{\dot{u}_s(t_{yp})}{\omega_n u_{st}}\cos(2\pi\beta_3\alpha) +$$

$$\left[\frac{1/(2\beta_3\alpha) - \sin(2\pi\beta_3\alpha)}{1/(4\beta_3\alpha)^2 - 1}\right] \qquad (4\text{-}18)$$

式中,$\beta_3 = t_u/t_d$。根据式(3-17)和式(3-18),则有

$$u_s(t_{yp})/u_{st} = D_1\sin(2\pi\beta_2\alpha + \theta_1)/u_{st} + 1 \qquad (4\text{-}19)$$

$$\dot{u}_s/(\omega_n u_{st}) = D_1\cos(2\pi\beta_2\alpha + \theta_1)/u_{st} \qquad (4\text{-}20)$$

式中,$\beta_2 = t_p/t_d$;D_1/u_{st}可由式(4-12)或式(4-15)确定;根据式(3-19),θ_1可写为:

$$\theta_1 = \arctan\left\{\frac{[u_s(t_y) - u_{st}]\omega_n}{\dot{u}_s(t_y)}\right\} = \arctan\left\{\frac{[u_s(t_y)/u_{st} - 1]}{\dot{u}_s(t_y)/(u_{st}\omega_n)}\right\} \qquad (4\text{-}21)$$

式中,$u_s(t_y)/u_{st}$和$\dot{u}_s(t_y)/(u_{st}\omega_n)$可由式(4-13)和式(4-14)分别计算得到。

根据式(4-16)~式(4-21)可知,该阶段的 DMF($0 < t_d/T_n < 1/2$)为无量纲量β_2,β_3和α的函数。理论上讲,当$0 < t_d/T_n < 1/2$时,式(4-16)~式(4-21)为计算 DMF 的解析式。然而,采用上述公式确定 DMF 过于复杂而不便于实际运用。鉴于此,建立另外一种更为简便、合理的 DMF 计算公式是必要的。假设冲击荷载作用持时相比结构的固有周期足够短,则可认为结构响应受荷载冲量$\left[\text{即 } I = \int_0^{t_d} P(t)\mathrm{d}t\right]$影响,因此在此脉冲荷载作用下结构的最大位移可写成:

$$u_{sm} = I/m_s\omega_n \qquad (4\text{-}22)$$

对于图 3-5b)所示的冲击荷载,由式(4-22)有:

$$u_{sm}/u_{st} = [2\pi\beta_2 + 4(1 - \beta_2)]t_d/T_n \qquad (4\text{-}23)$$

式(4-23)表明:若$t_p = 0$,u_{sm}/u_{st}将变成半周正弦冲击荷载的冲量表达式(即$4t_d/T_n$);反之,当$t_p \to t_d$时,u_{sm}/u_{st}则变成矩形冲击荷载的冲量表达式(即$2\pi t_d/T_n$)。因此,对于图 3-5b)所示的冲击荷载,尤其当荷载持时满足$t_d < T_n/4$时,可假设Ⅳ阶段的 DMF 表达式为:

$$\mathrm{DMF}(\alpha) = \beta_2\mathrm{DMF}_R(\alpha) + (1 - \beta_2)\mathrm{DMF}_S(\alpha) \qquad (4\text{-}24)$$

式中,$\mathrm{DMF}_R(\alpha) = 2\sin(\pi\alpha)$;$\mathrm{DMF}_S(\alpha) = (1/\alpha)\cos(\pi\alpha)/[1/(2\alpha)^2 - 1]$。

为了验证当$0 < t_d/T_n < 1/2$时,采用式(4-24)计算 DMF 的有效性,有必要将其与理论上的解析解表达式(4-16)放在不同的初始条件下进行比较,比较结果如图 4-4 所示。

图 4-4 表明:当荷载持时满足$t_d/T_n < 1/4$时,在不同的初始碰撞速度下(0.5m/s,1m/s 和 3m/s),式(4-24)计算的结果与式(4-16)的结果近似。然而,当荷载持时与结构的固有周期之比$\alpha = t_d/T_n$逐渐增加至 1/2 时,两种公式计算的结果差异也随之增大,且式(4-24)计算的结果偏小。因此,当$0 < t_d/T_n < 1/2$时,为了 DMF 值不被低估,对式(4-24)进行修正是必要的,尤其当$1/4 < t_d/T_n < 1/2$时。同时,值得注意的是,对相对复杂的解析解式(4-16)而言,修正后的公式应该仍然保持简便的特点,以便于实际运用。如图 4-5 所示,可以将式(4-24)修正成如下更为合理的形式:

$$\mathrm{DMF}(\alpha) = g(\beta_2,\alpha)\mathrm{DMF}_R(\alpha) + [1 - g(\beta_2,\alpha)]\mathrm{DMF}_S(\alpha) \tag{4-25}$$

由式(4-25)，$g(\beta_2,\alpha)$可以定义为：

$$g(\beta_2,\alpha) = [\mathrm{DMF}(\alpha) - \mathrm{DMF}_S(\alpha)]/[\mathrm{DMF}_R(\alpha) - \mathrm{DMF}_S(\alpha)] \tag{4-26}$$

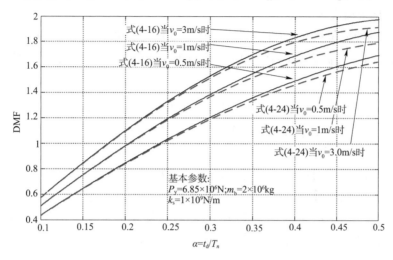

图 4-4　阶段Ⅳ出现最大响应值时 DMF 的比较

由式(4-16)～式(4-21)计算 $0 < t_d/T_n < 1/2$ 时的 DMF，以无量纲量 β_2 和 α 为横坐标，则能够确定 $g(\beta_2,\alpha)$ 函数曲面，如图 4-5 所示。

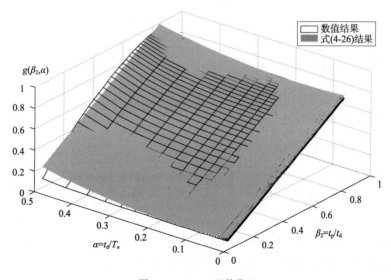

图 4-5　$g(\beta_2,\alpha)$ 函数曲面

图 4-5 表明：$g(\beta_2,\alpha)$ 基本上随 β_2 值线性变化，尤其当持时与固有周期比 α 小于 0.3 时；而对于 $g(\beta_2,\alpha)$ 与无量纲变量 α 的关系，则需要采用非线性函数来定义。为了使结果简便且具有较好的精度，本章采用下式来描述相应的函数曲面：

$$g(\beta_2,\alpha) = 1.086\alpha^2 - 0.299\alpha + 0.029 + \beta_2 \tag{4-27}$$

由图4-5可知,当 $\alpha \in (0.45, 0.5)$ 且 $\beta_2 \approx 0.5$ 时,式(4-27)的结果将小于式(4-26)的结果,且这种差距是不能忽略的。因此,在后续分析中,认为式(4-27)在 $\alpha \in (0, 0.45)$ 时是合理的。

3) 阶段Ⅲ出现最大响应值

若质量 m_s 的峰值位移发生在阶段Ⅲ,持时与固有周期比 α 满足条件 $0.5 < \alpha < 1.0$。根据式(4-7)和式(4-8),假定式(4-8)中 $u_s(\Delta t_2)$ 的速度为零,此时刻(Δt_m)峰值位移出现,即有:

$$-u_s(t_{yp})\omega_n \sin(\omega_n \Delta t_m) + \dot{u}_s(t_{yp})\cos(\omega_n \Delta t_m) + u_{st}\left\{\frac{\omega_n^2[\omega_u \sin(\omega_u \Delta t_m) - \omega_n \sin(\omega_n \Delta t_m)]}{\omega_u^2 - \omega_n^2}\right\} = 0 \quad (4\text{-}28)$$

显然,除非采用数值分析技术,否则求解式(4-28)几乎是不可能的。若不能事先确定 Δt_m,也就不能由 $u_s(\Delta t_m)/u_{st}$ 来获得相应的DMF。换言之,在这种情况下,理论上的解析解可能是无法找到的。因此,采用一个近似的表达式来描述这种情况下的驳船冲击谱特征是必要的,考虑到与前述两种情况的结果保持连续,将采用下式来计算DMF:

$$\mathrm{DMF}(\alpha) = \begin{cases} a_0 \alpha + \mathrm{DMF}(0.45), & 0.45 < \alpha \leq \alpha_m \\ \mathrm{DMF}(0.9), & \alpha_m < \alpha \leq 0.9 \end{cases} \quad (4\text{-}29)$$

其中,

$$a_0 = -1.464\beta_2^2 + 0.591\beta_2 + 2.014 \quad (4\text{-}30)$$

$$\alpha_m = [\mathrm{DMF}(0.9) - \mathrm{DMF}(0.45)]/a_m \quad (4\text{-}31)$$

4) 小结

综上所述,根据式(4-15)、式(4-25)和式(4-29),上述三种情况的动力放大系数(DMF)可表达为:

$$\mathrm{DMF} = \begin{cases} 2g(\beta_2,\alpha)\sin(\pi\alpha) + [1 - g(\beta_2,\alpha)]\dfrac{(1/\alpha)\cos(\pi\alpha)}{1/(2\alpha)^2 - 1}, & 0 < \alpha \leq 0.45 \\ a_0(\beta_2)\alpha + \mathrm{DMF}(0.45) \leq \mathrm{DMF}(0.9), & 0.45 < \alpha < 0.9 \\ \sqrt{\left[\dfrac{1 - \sin(2\pi\beta_1\alpha)/4\beta_1\alpha}{1 - 1/(4\beta_1\alpha)^2} - 1\right]^2 + \left[\dfrac{-\cos(2\pi\beta_1\alpha)/4\beta_1\alpha}{1 - 1/(4\beta_1\alpha)^2}\right]^2} + 1, & \alpha \geq 0.9 \end{cases} \quad (4\text{-}32)$$

式中,$g(\beta_2,\alpha)$ 可由式(4-27)来确定;$a_0(\beta_2)$ 可由式(4-30)来确定。采用式(4-32)可得到本章构建的驳船冲击谱,即单自由度体系的DMF值作为持时与固有周期比(t_d/T_n)函数的图形。值得一提的是,在式(4-32)中,被撞结构的等效质量(m_s)仅与等效的单自由度体系周期(T_n)相关。因此,当计算被撞结构周期时,若考虑了结构基础和上部结构,则这些部分的质量贡献就应被考虑。由2.6.1节中的算例分析可知,由上部结构质量产生的惯性约束,对结构船撞响应的影响非常显著,故考虑上部结构的质量贡献是十分必要的。下文将在式(4-32)构建的驳船冲击谱的基础上,讨论基于冲击谱的合理分析流程,以及通过算例讨论该方法的有效性和合理性。

4.3 驳船冲击谱的比较与讨论

为了便于比较,本节仍然以表3-1中所列的工况进行分析,即:①200t 驳船以初速度 1.0 节碰撞,记为低能量碰撞;②2030t 驳船以初速度 2.5 节碰撞,记为中等能量碰撞;③5920t 驳船以初速度 5.0 节碰撞,记为高能量碰撞。对于每个碰撞工况,采用 3.4.1 节中的参数(如 P_y, a_y 和 k_s 等),由式(4-32)可得相应的驳船冲击谱,如图 4-6 ~ 图 4-8 所示。为了将本章构建的冲击谱与 Cowan 谱进行比较,相应的 Cowan 谱也由下式计算并绘于图 4-6 ~ 图 4-8 中[20]。

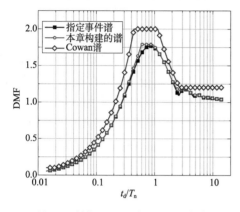

图 4-6 低能量碰撞时各种驳船冲击谱

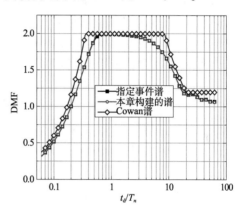

图 4-7 中等能量碰撞时各种驳船冲击谱

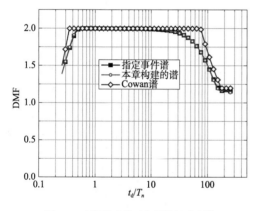

图 4-8 高能量碰撞时各种驳船冲击谱

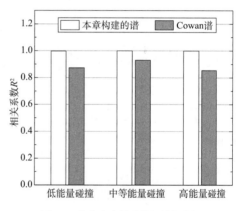

图 4-9 与指定事件谱的相关性分析

$$\text{DMF} = \begin{cases} 2.0\,(T_n/T_{sh})^{0.6} \geq 1.2, & T_n < T_{sh} \\ 2.0, & T_{sh} \leq T_n \leq T_L \\ 2.0\,(T_n/T_L)^{-0.95} \geq 0.1 & T_n > T_L \end{cases} \quad (4\text{-}33)$$

式中,T_{sh} 为短周期过渡点,可表达为:

$$T_{sh} = \min\left\{2T_d\left(\frac{1300}{m_b v_0^2}\right)^{0.9}, \frac{2T_d}{2.2}\right\} \quad (4\text{-}34)$$

式中,T_d 为两倍的船撞荷载持时(即 $T_d = 2t_d$)。

T_L 为长周期过渡点,可表达为:

$$T_L = \min\left\{2T_d \left(\frac{m_b v_0^2}{100}\right)^{0.1}, \frac{2T_d}{0.7}\right\} \quad (4-35)$$

式中,m_b 的单位为:kip-sec^2/in;而 v_0 的单位则为:in/sec[20];其他均为常用的国际单位。

在图 4-6 ~ 图 4-8 中,根据第 3 章公式确定的驳船时程荷载,采用逐步积分的数值分析方法求解得到具有不同周期的单自由度体系的动力放大系数 DMF,最后由 DMF 与 t_d/T_n 的关系绘制得到的谱,称为指定事件谱(Event-Specific Spectrum,ESS)[1,20]。显然,指定事件谱可以用来评判本章构建的冲击谱和 Cowan 谱的合理性。采用式(2-22)和式(2-23)对两种谱进行相关性分析,结果如图 4-9 所示。

由图 4-6 ~ 图 4-9 可知:①以数值积分得到的指定事件的驳船船撞冲击谱为标准,本章构建的谱在低、中等和高能量碰撞时都与指定事件冲击谱非常吻合,且相关系数 R^2 值都在 95% 以上,说明了本章构建的谱合理且有效;②相比本章构建的谱,直观的冲击谱结果(图 4-6 ~ 图 4-8)和相关系数值(图 4-9)都表明 Cowan 谱与指定事件谱之间存在一定偏差,尤其在低能量碰撞情况下,因此采用 Cowan 谱计算船撞动力需求可能会导致较大的误差。此外,在 t_d/T_n 值较大时,指定事件谱和本章构建的谱都明显地受被撞结构刚度的影响,且随着被撞刚度的增加,DMF 值增大(图 4-10)。Cowan 谱不受被撞刚度的影响,且当被撞结构刚度较小时,与目标的指定事件谱差距更大,由此也进一步说明了 Cowan 谱的局限性。

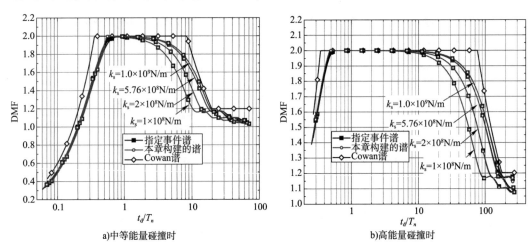

图 4-10 被撞结构刚度对冲击谱的影响

4.4 基于冲击谱法计算船撞动力需求的一般过程

4.4.1 理论基础和计算步骤

多自由度的桥梁结构在船撞作用下的动力方程为:

$$\boldsymbol{m}_s \ddot{\boldsymbol{u}}_s(t) + \boldsymbol{c}_s \dot{\boldsymbol{u}}_s(t) + \boldsymbol{k}_s \boldsymbol{u}_s(t) = \boldsymbol{P}(t) \quad (4-36)$$

式中:$\boldsymbol{m}_s$、$\boldsymbol{c}_s$ 和 $\boldsymbol{k}_s$ 分别为质量、阻尼和刚度矩阵;$\ddot{\boldsymbol{u}}_s(t)$、$\dot{\boldsymbol{u}}_s(t)$ 和 $\boldsymbol{u}_s(t)$ 分别为加速度、速

度和位移向量。通常,多自由度体系的位移向量$\boldsymbol{u}_s$可按振型展开,因此$\boldsymbol{u}_s(t)$可写成[1,20]:

$$\boldsymbol{u}_s(t) = \sum_{i=1}^{N} \boldsymbol{\phi}_i q_i(t) = \boldsymbol{\Phi} \boldsymbol{q}(t) \tag{4-37}$$

式中:$\boldsymbol{\phi}_i$为第i阶固有振型;$q_i(t)$为第i阶振型坐标。采用式(4-37)将式(4-36)所示的运动方程变换成一组以振型坐标$q_i(t)$作为未知量的解耦方程组。将式(4-36)等号两边乘$\boldsymbol{\phi}_i^T$,则有[1]:

$$\ddot{q}_i(t) + 2\zeta_i \omega_i \dot{q}_i(t) + \omega_i^2 q_i(t) = \frac{\boldsymbol{\phi}_i^T \boldsymbol{P}(t)}{M_i} = \frac{P_i(t)}{M_i} \tag{4-38}$$

式中,ω_i为第i阶振型的固有频率;ζ_i为第i阶振型的阻尼比;$M_i = \boldsymbol{\phi}_i^T \boldsymbol{m} \boldsymbol{\phi}_i$为第$i$阶固有振型的广义质量;$P_i(t)$为第$i$阶固有振型的广义力。显然,$P_i(t)$随时间的变化是相同的,都可视为$P_m \cdot p(t)$[其中,$P_m$用来描述船撞荷载的峰值,而$p(t)$为幅值1.0的用来描述船撞荷载随时间变化的函数],而与时间无关的空间分布则由$\boldsymbol{s}$来定义。因此,$\boldsymbol{P}(t)$可以写成:

$$\boldsymbol{P}(t) = \boldsymbol{s} P_m p(t) \tag{4-39}$$

若将式(4-38)等号右边部分[即$\boldsymbol{\phi}_i^T \boldsymbol{P}(t)/M_i$]视为第$i$阶固有振型的静力荷载,则可以得到相应因静力$\boldsymbol{s} P_m$所引起的第$i$阶振型静力坐标$q_i^{st}$为:

$$q_i^{st} = \frac{\boldsymbol{\phi}_i^T \boldsymbol{s} P_m}{\omega_i^2 M_i} \tag{4-40}$$

通常,将振型$\boldsymbol{\phi}_i$正则化,从而使M_i为单位值,即$M_i = \boldsymbol{\phi}_i^T \boldsymbol{m} \boldsymbol{\phi}_i = 1.0$。利用振型的这一正则性,式(4-40)可改写成:

$$q_i^{st} = \boldsymbol{k}^{-1} \boldsymbol{s} P_m \boldsymbol{m} \boldsymbol{\phi}_i^T \tag{4-41}$$

考虑到船撞静力荷载$\boldsymbol{s} P_m$作用,被撞结构的静力位移$\boldsymbol{u}_s^{st}$为:

$$\boldsymbol{u}_s^{st} = \boldsymbol{k}^{-1} \boldsymbol{s} P_m = u_m^{st} \overline{\boldsymbol{u}}_s^{st} \tag{4-42}$$

式中,u_m^{st}为被撞结构的各自由度中的位移最大值(是指空间分布意义上的最大值)。

将式(4-42)代入式(4-41),并再次利用振型的正则性,则有:

$$q_i^{st} = \boldsymbol{u}_s^{st} \boldsymbol{m} \boldsymbol{\phi}_i^T = \boldsymbol{\phi}_i^T \boldsymbol{m} \boldsymbol{u}_s^{st} \tag{4-43}$$

显然,假定式(4-37)中的$\boldsymbol{u}_s(t)$为静力位移$\boldsymbol{u}_s^{st}$时,结合振型的正则性,也可以得到式(4-43),两种方式都是将静力位移转换成各阶振型的振型坐标。由式(4-38)振型单自由度方程,结合冲击谱的含义,得出q_i^{st}与q_i^m[q_i^m是指$q_i(t)$时程结果的最大值]应有下列关系:

$$\text{DMF}_i = \frac{q_i^m}{q_i^{st}} \Rightarrow q_i^m = \text{DMF}_i q_i^{st} \tag{4-44}$$

式(4-44)中,DMF_i可由船舶的基本参数和各阶振型的基本参数(固有周期T_i等)以及式(4-32)来确定;而q_i^{st}可通过将峰值船撞力$\boldsymbol{s} P_m$确定的静力位移代入式(4-43)中计算得到。q_i^m计算确定之后,根据式(4-37),则可得到各阶振型对应的结构位移峰值:

$$\boldsymbol{u}_{si}^m = \boldsymbol{\phi}_i q_i^m = \boldsymbol{\phi}_i \text{DMF}_i q_i^{st} \tag{4-45}$$

通常,有两种思路可以得到相应各阶振型的结构单元内力$\boldsymbol{F}_{si}^m$[1]:

(1)由振型分析得到结构发生第i阶振型的变形时对应的结构单元内力$\boldsymbol{\phi}_i^F$,由

式(4-45),则有:

$$F_{si}^m = \phi_i^F \mathrm{DMF}_i q_i^{st} \tag{4-46}$$

(2)由式(4-45)得到 u_{si}^m,利用结构的刚度矩阵 k,计算得到各阶振型的等效外荷载 P_{ei}^{st},即为:

$$P_{ei}^{st} = ku_{si}^m = k\phi_i \mathrm{DMF}_i q_i^{st} = \omega_i^2 m\phi_i \mathrm{DMF}_i q_i^{st} \tag{4-47}$$

然后,将式(4-47)确定的等效荷载施加到被撞桥梁结构上,进行静力计算即可得到第 i 阶振型所对应的结构单元内力 F_{si}^m。

在驳船冲击谱分析中,开展振型分析是必要的步骤,故在此采用式(4-46)来计算第 i 阶振型所对应的结构单元内力。无论是式(4-45),还是式(4-46),得到的都是各阶振型所对应的最大响应。要得到多自由度被撞结构在船撞作用下基于冲击谱的估计值,则需要采用振型组合方法对式(4-45)和式(4-46)所得各阶振型的结果进行组合,这将在4.5节结合实例算例进行详细的讨论。综上所述,基于冲击谱法计算船撞动力需求的步骤如下:

(1)根据碰撞初始条件与基本参数,由式(3-24)计算驳船船撞荷载的峰值 P_m,并由式(3-28)~式(3-31)确定荷载时程的参数(如 t_y, t_p 和 t_d)。

(2)将计算得到的 P_m 按碰撞情形施加于被撞桥梁结构上,得到被撞桥梁结构的静力位移 u_s^{st}。

(3)进行被撞桥梁结构的振型分析,得到驳船冲击谱分析时需要的振型参数,如固有周期 T_i,固有振型 ϕ_i 和振型所对应的单元内力 ϕ_i^F。

(4)根据固有振型及质量矩阵,由式(4-43)将第(2)步中计算得到的被撞桥梁结构静力位移 u_s^{st} 转换成静力位移各阶振型的振型坐标 q_i^{st} [20]。

(5)对于第 i 阶振型,依次进行如下步骤直到所有必要的振型被考虑到为止:

①根据第 i 阶振型参数,确定 α_i, β_{1i} 和 β_{2i},并由式(4-32)来确定 DMF_i;

②由式(4-45)计算得到第 i 阶振型的动力结构位移 u_{si}^m;

③由式(4-46)计算得到第 i 阶振型的结构单元内力 F_{si}^m。

(6)采用合理的振型组合方法,由第(5)步中各阶振型的响应结果,计算得到桥梁结构动力需求估计值。

上述步骤的具体计算流程如图4-11所示。

4.4.2 与地震反应谱分析的比较

值得一提的是,上述步骤中的第(1)~(4)步与地震反应谱分析有着明显的不同。在地震反应谱分析中,伪加速度(A_i)或位移值(D_i)可以根据固有周期 T_i 在地震(设计)反应谱中直接得到,见图4-12a),然后利用下式得到各阶振型的峰值响应[1]:

$$r_{im} = r_i^{st} A_i = r_i^{st} \omega_i^2 D_i \tag{4-48}$$

最后,根据相应的反应谱振型组合方法,计算得到基于地震反应谱的地震响应值。而对于船撞冲击谱,由式(4-32)只能得到固有周期 T_i 所对应的动力放大系数 DMF_i 值,而不是位移值。因此,在船撞冲击谱中需首先得到第 i 阶振型的静力位移振型坐标,如图4-12b)所示。理论上讲,船撞分析也可以如地震分析一样[1],先将荷载按振型进行空间展开,再计算得到相应的振型静力位移和坐标。但按照图4-11所示的流程,在确定振型静力位移和坐标时,可以减少将荷载按振型进行空间展开的工作,显然更为简单、实用。理论上,也可以将得到的船撞 DMF 冲击谱,由下式转换成加速度谱:

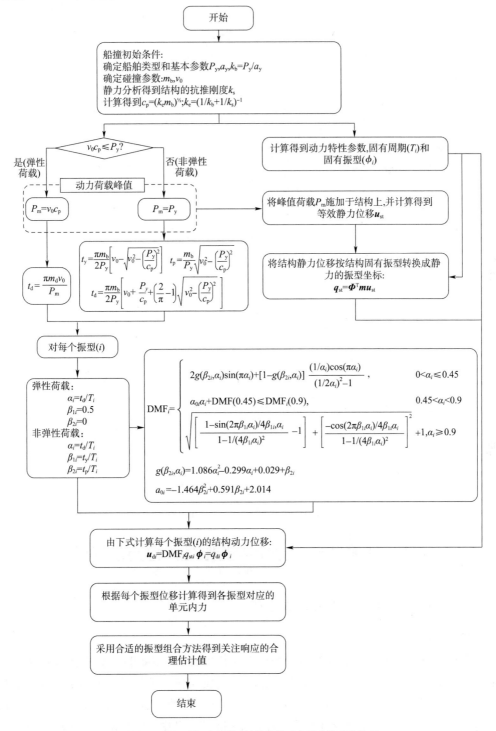

图 4-11 基于驳船冲击谱法计算结构动力需求的总体流程

$$A_i = \omega_i^2 \mathrm{DMF}_i \boldsymbol{\phi}_i q_i^{\mathrm{st}} \tag{4-49}$$

但是这种转换似乎并不是必要的,因为其既不能帮助更为清楚地理解概念,又由于地震作用(可理解为与质量相关的分布力)与集中力形式的船撞作用荷载特点存在本质区别,如图 4-12 所示,故即便转换成加速度谱,也不能将当前转换结果广泛用于计算地震反应谱的商业程序,并直接用于船撞冲击谱分析中[15,17]。此外,这也是船撞冲击谱分析采用 DMF 谱而不是加速度谱的原因。

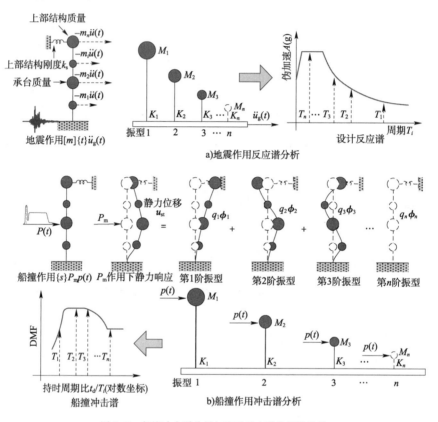

图 4-12　船撞冲击谱分析与地震反应谱分析的比较

4.5　船撞冲击谱分析中的振型组合方法构建

4.5.1　驳船碰撞模态峰值响应特征

1)桥梁结构及参数

为了研究驳船冲击荷载下桥梁结构的振型响应特征,采用能够准确估计结构动力需求的相互作用模型法进行参数研究。考虑到碰撞响应仅在碰撞桥墩及其相邻跨(而不是整个桥梁)处较为显著,Consolazio 和 Davidson[21]建立了等效单墩双跨(OPTS)模型,以提高相互作用模型法的计算效率。在图 4-13 所示的 OPTS 桥梁模型中,受冲击的桥墩及其相邻跨的跨度被保留,而其他部分则被集中质量(如图 4-13 中的 M_1 和 M_r)和等效弹簧(如图 4-13 中

的 $K_{l,r}$)代替。详细的方法见文献[21]。为了减少振型时程响应分析中各桥梁的自由度,这里采用简化的 OPTS 模型。由于采用了 OPTS 模型,当用经典振型叠加法确定桥梁结构在驳船碰撞作用下的动力响应时,所需的振型数目同时减少。

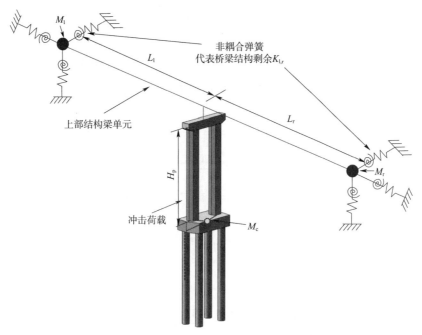

图 4-13　OPTS 模型(根据 Consolazio 和 Davidson[21]的研究修正)

为了广泛验证所构建振型组合方法的有效性,一系列的桥梁结构需要被生成,从而代表具有不同动力特性的桥梁结构。这里选取的桥梁基准模型是一座 4 跨连续梁桥,中跨 L_1,边跨 L_2,如图 4-14 所示。考虑了两种常见的桥梁上部结构类型,即混凝土箱梁和钢箱梁(图 4-15)。正如本书第 2 章所论述的那样,上部结构质量和刚度在评估驳船冲击荷载引起的结构需求方面起着关键作用。因此,上部结构质量和刚度采用文献[22]的方法计算。根据文献[22]的统计数据,普通中等跨径桥梁的特性可通过以下拟合公式进行计算:

$$\overline{m}_{\text{sup}} = \begin{cases} 1.72L + 142.8, & \text{混凝土箱梁} \\ 0.166L + 65.03, & \text{钢箱梁} \end{cases} \quad (4\text{-}50)$$

$$EI_{\text{ysup}} = \begin{cases} 3.07 \times 10^{10} e^{0.047L}, & \text{混凝土箱梁} \\ 8.15 \times 10^{6} L^{2.252}, & \text{钢箱梁} \end{cases} \quad (4\text{-}51)$$

$$EI_{\text{zsup}} = \begin{cases} 2.55 \times 10^{10} L + 1.66 \times 10^{12}, & \text{混凝土箱梁} \\ 2.27 \times 10^{9} L + 9.18 \times 10^{11}, & \text{钢箱梁} \end{cases} \quad (4\text{-}52)$$

式中,L 为桥梁跨径(m),这里 $L \in [25,50]$ 和 $L \in [40,150]$ 分别对应混凝土箱梁和钢箱梁;$\overline{m}_{\text{sup}}$ 为上部结构的分布恒载(kN/m);EI_{ysup} 为水平轴线的抗弯刚度(N·m²);EI_{zsup} 为垂直轴线的抗弯刚度(N·m²)。选择了四种不同的跨径布置来代表典型的中等跨径桥梁,如表 4-1 所示。

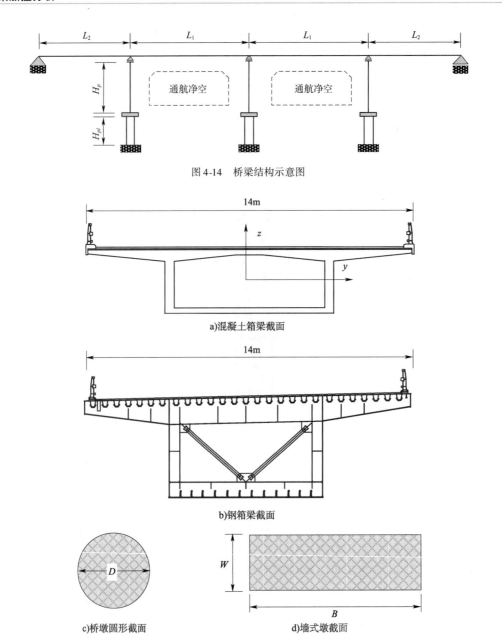

图 4-14 桥梁结构示意图

a)混凝土箱梁截面

b)钢箱梁截面

c)桥墩圆形截面

d)墙式墩截面

图 4-15 桥梁结构类型

桥梁结构跨径布置　　　　　　　　　　　　　　　　表 4-1

编号	L_1(m)	L_2(m)	上部结构类型
S1	30	30	混凝土箱梁
S2	40	40	混凝土箱梁
S3	70	70	钢箱梁
S4	100	60	钢箱梁

对于桥梁下部结构，这里考虑了图 4-15 所示的两种桥墩截面构成的三种典型桥墩类型：圆形截面单柱墩、圆形截面双柱排架墩和矩形截面墙式墩。在工程实践中，桥墩的设计应能抵抗由恒载、活载、环境作用(如风和地震)以及其他荷载(如碰撞)引起的轴力、剪力和双向弯矩。在桥墩设计中，轴力比 $P/(A_g f'_c)$ (其中，P 为桥墩轴力；f'_c 为混凝土抗压强度；A_g 为总截面积)通常被视为主要参数。在实际应用中，要求其小于 30%，但通常小于或等于 10%。其中，桥墩的横截面尺寸(如图 4-15 中的墩柱直径 D 和宽度 W)由给定的轴压比确定，单柱墩、双柱排架墩和墙式墩的轴压比分别为 10%、5% 和 2.5%。根据 Davidson 等[23]研究中提及的实际桥梁样本中桥墩高度的范围，每种桥墩类型有三种不同的高度(即 10m、15m 和 20m)。此外，在各种复杂的地质条件下，不同桥型的桥墩基础类型和尺寸存在很大的变化。出于简便，每座桥梁均布置一种常用的四柱桩基础，用来考虑桥墩基础的影响。与地震分析中的参数研究类似[24]，考虑了墩与基础之间的三种不同刚度比：$K_f/K_p=1,5$ 和 10，其中 K_f 为基础侧向刚度，K_p 为桥墩侧向刚度。在上述桥梁参数的基础上，共定义了 108 个 ($4\times3\times3\times3=108$) 具有代表性(非实际)的桥梁结构，并对其振型响应特征进行了研究。

2) 驳船及分析参数

船首宽度 35.0ft(1ft =0.3048m)、船首深度 13.0ft 的驳船是美国内陆水道体系中最常见的驳船类型，是 AASHTO 中船-梁碰撞的标准设计船舶，这里也将其作为设计船舶。为了计算驳船对桥梁结构的冲击荷载，AASHTO 规范根据 Meir-Dornberg[25]测量的实验数据，规定了驳船船首的力-变形关系。然而，许多精细有限元模拟[18,26]表明，船首抗力取决于受影响桥墩的形状和宽度。因此，AASHTO 规范规定的力-变形关系存在一定的局限性，例如忽略受影响桥墩形状和尺寸的影响。基于这些原因，Consolazio 等[19]建立了理想弹塑性力-变形关系(用 P-a 曲线表示)，以表示正撞事故驳船的船首刚度。之后，Getter 和 Consolazio[27]通过概率计算斜撞角度的影响，修正了驳船船首 P-a 曲线。在修正的驳船 P-a 曲线中，驳船屈服荷载根据经验量化为：

$$\begin{cases} \text{国际单位：} \\ P_{BY} = \begin{cases} \text{矩形墩} & 6.23 + \left[1.90 - \dfrac{0.99}{1+\exp(3.8-0.31\theta)}\right]w_p \\ \text{圆形墩} & 6.23 + 0.44 w_p \end{cases} \\ \text{美制单位：} \\ P_{BY} = \begin{cases} \text{矩形墩} & 1400 + \left[130 - \dfrac{68}{1+\exp(3.8-0.31\theta)}\right]w_p \\ \text{圆形墩} & 1400 + 30 w_p \end{cases} \end{cases} \quad (4\text{-}53)$$

式中，P_{BY} 为驳船屈服力 [MN(kips)]；w_p 为受冲击桥墩表面的宽度 [m(ft)]；θ 为斜角(°)。类似于 AASHTO 规范[28]和 Getter 等[29]的研究，这里仅考虑正撞事故。

Consolazio 等[30]定义了不同驳船重量和冲击速度下的几种典型冲击能量工况：①200t 级驳船，速度为 1.0 节(低能量工况)；②2030t 级驳船，速度为 2.5 节(中等能量工况)；③5920t 级驳船，速度为 5.0 节(高能量工况)；④7820t 级驳船，速度为 7.5 节(极高能量工况)。根据 Consolazio 等[30]的建议，这里为每个桥梁样本分配了一个或多个合适的冲击能量工况。通过将不同冲击能量工况与桥梁模型进行配对，共有 270 起事故中的驳船船撞下桥梁用来研究振型响应特征。

3）基于 MATLAB 和 OpenSees 联合计算

为了广泛高效开展振型响应特征分析及验证,这里采用 MATLAB 和 OpenSees 软件交互联合计算得到桥梁结构在驳船碰撞下的振型响应,流程如图 4-16 所示。首先,针对给定的驳船-桥梁碰撞工况,在 MATLAB 中生成与驳船和撞击结构相关的基本参数。随后,利用 MATLAB 将这些参数转换成 OpenSees 命令并创建相应的 Tcl 文件。在 MATLAB 中调用 OpenSees,计算桥梁结构的自振周期和振型。在振型数据的基础上,采用 Newmark 法(即平均加速度法)和 MATLAB 中的中心差分法相结合的方法,计算驳船撞击作用下结构的振型响应。根据 Consolazio 和 Cowan[31]的建议,结构部分的多自由度体系采用 Newmark 法,船舶分析模块的单自由度体系采用中心差分法。为了简洁起见,在图 4-16 所示的流程图中仅给出相关计算过程的关键步骤,具体算法可参考结构动力学相关书籍。

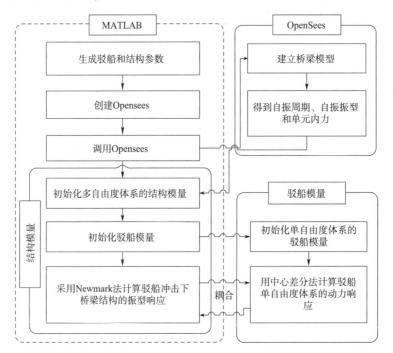

图 4-16 利用 MATLAB 和 OpenSees 的模态响应分析流程图

4.5.2 振型响应及特征

基于上述参数和 OPTS 模型,利用 MATLAB 软件并采用第 2 章基于非线性宏观单元的相互作用模型法,对 108 座桥梁结构在驳船冲击下的振型响应进行了计算。典型的振型响应如图 4-17 和图 4-18 所示。

桥梁结构的总位移主要由低阶振型提供,如图 4-17 所示;而构件内力(尤其是剪力)不仅取决于低阶振型,还取决于高阶振型,这些特征通常与地震响应的特征相似。但碰撞引起的振型响应的某些特性与地震响应有显著的不同。如参考文献[1]中图 13.2.6 所示,总地震响应达到峰值的时刻与单个振型达到峰值的时刻不同。因此,地震响应中几乎不可能估算振型组合响应 $r(t)$ 达到峰值的时刻 t_m。相反,从图 4-17 和图 4-18 中观察到,通过分析振型响应,可以近似地预测碰撞响应达到峰值或负峰值的时刻 t_m。此外,图 4-17 和图 4-18 表明,总响应的振动主要是由低阶振型组的响应引起的。由于阻尼的存在,高阶振型组的振型响应(特别是单元内力)与荷载函数相似,其中 P_m 在大多数荷载持时(即 $t \in [t_y, t_y + t_p]$)内保持不变。因此,等式可以写为:

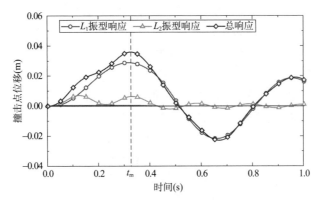

图 4-17　驳船撞击下桥梁结构的振型位移响应($L_1 = L_2 = 50$m)

注:其余振型的图例(除两个关键振型)省略。

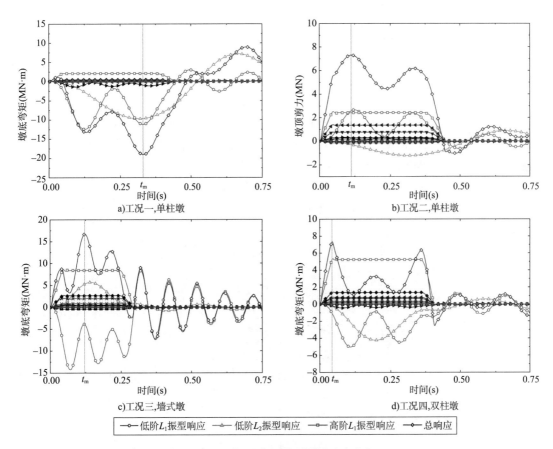

图 4-18　驳船(2030t,2.5 节)撞击下桥梁结构的内力响应($L_1 = L_2 = 50$m)

注:其余振型的图例(除三个关键振型)省略。

$$r(t_m) = \underbrace{R_1 w_1 + \cdots + R_m w_m}_{\text{低阶振型组}} + \underbrace{R_{m+1} + \cdots + R_n}_{\text{高阶振型组}}, \quad t_m \in [t_y, t_y + t_p] \tag{4-54}$$

由此可知,在振型组合中需要考虑先区分低阶振型组和高阶振型组。附录 A 中给出了一种区分低阶振型组和高阶振型组的方法。

附录 A

对于驳船冲击荷载引起的结构位移(图 4-17),时刻 t_m 通常接近第一个最大振型响应达到峰值的时间;而桥墩内力(图 4-18)的时刻 t_m 主要取决于低振型组中第一个(R_{L1})和第二个(R_{L2})最大振型响应(即$|R_{L1}|>|R_{L2}|$),在高阶振型组中为最大振型响应(R_H)。根据 $r(t_m)$,R_{L1} 和 R_{L2} 之间的关系,可以准确地识别出四种不同的工况(图 4-18),如表 4-2 所示。对于每种工况,将根据其振型响应特征预测时刻 t_m。

为了描述 $r(t_m)$,R_{L1} 和 R_{L2} 之间的关系,定义了两个参数 D_1 和 D_2:

$$D_1 = r(t_m) \cdot R_{L1}, \quad D_2 = r(t_m) \cdot R_{L2} \tag{4-55}$$

$r(t_m)$,R_{L1} 和 R_{L2} 间的关系   表 4-2

编号	D_1 符号	D_2 符号
工况一	正(+)	正(+)
工况二	正(+)	负(-)
工况三	负(-)	正(+)
工况四	负(-)	负(-)

4.5.3 峰值响应时刻估计

1)工况一($D_1>0, D_2>0$)

对于工况一($D_1>0, D_2>0$),R_{L1} 和 R_{L2} 的代数符号与结构对冲击荷载的峰值总响应的符号相同。当 L_1 振型的周期(T_{L1})大于 L_2 振型的周期(T_{L2})时,它们之间的关系如图 4-19a)所示。因此,整数 k 可以通过下式确定:

$$k = \text{int}[|t_{L1} - t_{L2}|/\min(T_{L1}, T_{L2})] \geq 0 \tag{4-56}$$

式中,t_{L1} 和 t_{L2} 分别为 L_1 和 L_2 振型第一个峰值出现的时刻。因此,t_m 位于下列区间[图 4-19a)]:

$$t_m \in [t_{L2} + kT_{L2}, t_{L2} + (k+1)T_{L2}] \tag{4-57}$$

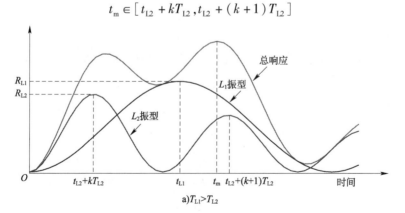

a)$T_{L1} > T_{L2}$

图 4-19

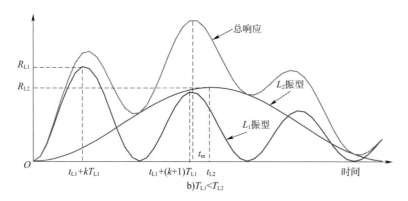

b) $T_{L1} < T_{L2}$

图 4-19 工况一中 L_1 和 L_2 振型的关系

根据 $t_{L2} + (k+1)T_{L2} - t_{L1}$ 和 $t_{L1} - t_{L2} - kT_{L2}$ 之间的关系,将上述区间变形为:

$$t_m \in \begin{cases} [t_{L1}, t_{L2}+(k+1)T_{L2}], & t_{L2}+(k+1)T_{L2}-t_{L1} \leqslant t_{L1}-t_{L2}-kT_{L2} \\ [t_{L2}+kT_{L2}, t_{L1}], & t_{L2}+(k+1)T_{L2}-t_{L1} > t_{L1}-t_{L2}-kT_{L2} \end{cases} \quad (4\text{-}58)$$

由于驳船冲击荷载在大多数工况下趋向于矩形波动,因此较短的时间间隔内 $t \in [t_{L2} + kT_{L2}, t_{L2} + (k+1)T_{L2}]$,振型响应函数 $r_{L1}(t)$ 和 $r_{L2}(t)$ 假定为:

$$r_{L1}(t) = 0.5R_{L1}[1 - \cos(\omega_{L1}t)], \quad r_{L2}(t) = 0.5R_{L2}[1 - \cos(\omega_{L2}t)] \quad (4\text{-}59)$$

在较短的时间间隔内,二次函数能够拟合振型响应。当 $t \in [t_{L2} + kT_{L2}, t_{L1}]$ 时,近似函数 $\overset{\gg}{r}_{L1}(t)$ 可以表示为:

$$\overset{\gg}{r}_{L1}(t) = R_{L1} - A_{L1}(t - t_{L1})^2 \quad (4\text{-}60)$$

结合式(4-59),式(4-60)方程满足下列条件:

$$\overset{\gg}{r}_{L1}(t_s) = 0.5R_{L1}[1 - \cos(\omega_{L1}t_s)] \quad (4\text{-}61)$$

式中,t_s 为时间间隔。此处,当 $t \in [t_{L2} + kT_{L2}, t_{L1}]$ 时,$t_s = t_{L2} + kT_{L2}$;当 $t \in [t_{L1}, t_{L2} + (k+1)T_{L2}]$ 时,$t_s = t_{L2} + (k+1)T_{L2}$。根据式(4-61),系数 A_{L1} 可按下式计算:

$$A_{L1} = \frac{0.5R_{L1}[1 + \cos(\omega_{L1}t_s)]}{(t_s - t_{L1})^2} \quad (4\text{-}62)$$

类似地,近似函数 $\overset{\gg}{r}_{L2}(t)$ 为:

$$\overset{\gg}{r}_{L2}(t) = R_{L2} - A_{L2}(t - t_s)^2 \quad (4\text{-}63)$$

其中,

$$A_{L2} = \frac{0.5R_{L2}[1 + \cos(\omega_{L2}t_{L1})]}{(t_s - t_{L1})^2} \quad (4\text{-}64)$$

$\overset{\gg}{r}_{L1}(t)$ 和 $\overset{\gg}{r}_{L2}(t)$ 关于时间的微分如下:

$$\frac{d(\overset{\gg}{r}_{L1} + \overset{\gg}{r}_{L2})}{dt} = A_{L1}(t - t_{L1}) + A_{L2}(t - t_s) \quad (4\text{-}65)$$

基于 $d[\overset{\gg}{r}_{L1}(t) + \overset{\gg}{r}_{L2}(t)]/dt = 0$ 的 t_m 计算公式如下:

$$\overset{\gg}{t}_m = \frac{A_{L1}t_{L1} + A_{L2}t_s}{A_{L1} + A_{L2}} \quad (4\text{-}66)$$

使用式(4-66),可以简单地预测上述工况下的时刻 t_m。设 $\gamma = R_{L2}/R_{L1}$,$\chi = \omega_{L1}/\omega_{L2}$,假定 $t_{L1} \approx \pi/\omega_{L1}$,并将式(4-64)和式(4-62)代入式(4-66),得:

$$\frac{\vec{t}_m}{t_{L1}} \approx \begin{cases} \dfrac{\cos[(1+2k)\pi\chi]+1+(1+2k)\gamma\chi[\cos(\pi/\chi)+1]}{\cos[(1+2k)\pi\chi]+1+\gamma[\cos(\pi/\chi)+1]}, & t \in [t_{L2}+kT_{L2},t_{L1}] \\ \dfrac{\cos[(3+2k)\pi\chi]+1+(3+2k)\gamma\chi[\cos(\pi/\chi)+1]}{\cos[(3+2k)\pi\chi]+1+\gamma[\cos(\pi/\chi)+1]}, & t \in [t_{L1},t_{L2}+(k+1)T_{L2}] \end{cases}$$

(4-67)

根据式(4-66),图 4-20 绘制了不同振幅比(γ)和频率比(χ)下 $\vec{t}_m$ 与 t_{L1} 的比值。结果表明,R_{L2}/R_{L1} 及 ω_{L1}/ω_{L2} 对比率 $\vec{t}_m/t_{L1}$ 均有较大的影响。此外,预测值 $\vec{t}_m$ 较 t_{L2} 更接近 t_{L1}。这是因为与振型响应 $r_{L2}(t)$ 相比,具有较大周期(即 $T_{L1} > T_{L2}$)的振型响应 $r_{L1}(t)$ 从峰值开始下降得更慢。

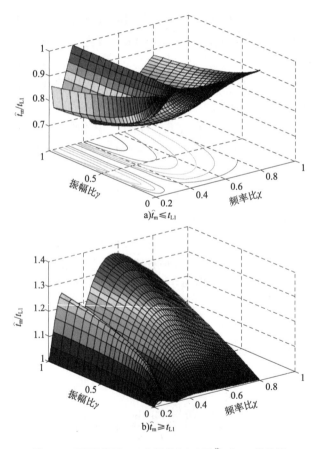

图 4-20 不同振幅比(γ)和频率比(χ)下 $\vec{t}_m$ 与 t_{L1} 的比值

当 $T_{L1} < T_{L2}$ 时,L_1 和 L_2 振型之间的响应关系如图 4-19(b)所示。由于 $R_{L1} > R_{L2}$ 且 $T_{L1} < T_{L2}$,t_m 更接近振型响应 $r_{L1}(t)$ 达到峰值的时间,这与参数研究中的结果相一致。因此,时刻 $\vec{t}_m$ 可以写成:

$$\vec{t}_m \approx t_{L1} + k'T_{L1} \tag{4-68}$$

式中,k'为待确定的整数。注意,k'不能直接从式(4-56)中确定,它依赖于振幅比(γ)和频率比(χ)之间的关系。使用线性近似,k'可通过下式确定:

$$k' = \begin{cases} 0, & D_3 \leq 0 \\ k, & D_3 > 0 \quad \text{且} \quad t_{L1} + (k+1)T_{L1} - t_{L2} \geq t_{L2} - t_{L1} - kT_{L1} \\ k+1, & D_3 > 0 \quad \text{且} \quad t_{L1} + (k+1)T_{L1} - t_{L2} < t_{L2} - t_{L1} - kT_{L1} \end{cases} \quad (4\text{-}69)$$

其中,

$$D_3 = \gamma\left[1 + \frac{\sin(\pi/\chi)}{\pi - \pi/\chi}\right] - 2\left\{1 - \frac{1 - \exp[-\zeta\pi(\chi-1)]}{\zeta\pi(\chi-1)}\right\} \quad (4\text{-}70)$$

附录 B

式(4-70)的推导如附录 B 所示。使用式(4-70),当阻尼比(ζ)为 5% 时,具有不同振幅比(γ)和频率比(χ)的 D_3 等值线如图 4-21 所示。此外,式(4-69)表明 k' 的值只依赖于 D_3 的符号(即正或负),而不是其具体值。因此,$D_3 = 0$ 的等值线对确定 k' 的值非常有用。图 4-21 表明,二次函数($\chi = 3.79\gamma^2 + 6.95\gamma + 1.43$)对等值线($D_3 = 0$)拟合较好。为了替换参数 D_3,参数 D_{3r} 定义为:

$$D_{3r} = 3.79\gamma^2 + 6.95\gamma + 1.43 - \chi \quad (4\text{-}71)$$

从图 4-21 中可以明显看出,当 $D_3 \leq 0$ 时,$D_{3r} \leq 0$;当 $D_3 > 0$ 时,$D_{3r} > 0$。

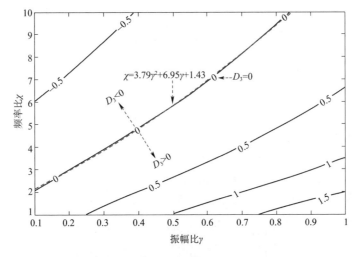

图 4-21 不同振幅比(γ)和频率比(χ)的 D_3 等值线

2)工况二($D_1 > 0, D_2 < 0$)

图 4-22a)和 b)所示分别为 $T_{L1} > T_{L2}$ 和 $T_{L1} < T_{L2}$ 时 L_1 和 L_2 振型之间的关系。在此工况下,得到与式(4-66)相同的表达式来预测 $T_{L1} > T_{L2}$ 时的时刻 t_m。然而,系数 A_{L1} 和 A_{L2} 与从式(4-62)和式(4-64)中获得的系数不同,如下所示:

$$A_{L1} = \frac{0.5R_{L1}[1 + \cos(\omega_{L1}t_s)]}{(t_s - t_{L1})^2} \quad (4\text{-}72)$$

$$A_{L2} = \frac{0.5R_{L2}[1 - \cos(\omega_{L2}t_{L1})]}{(t_s - t_{L1})^2} \quad (4\text{-}73)$$

$$t_s = nT_{L2} \quad (4\text{-}74)$$

$$n = \begin{cases} \text{int}[t_{L1}/T_{L2}], & t_{L1} - kT_{L2} \leq (k+1)T_{L2} - t_{L1} \\ \text{int}[t_{L1}/T_{L2}] + 1, & t_{L1} - kT_{L2} > (k+1)T_{L2} - t_{L1} \end{cases} \quad (4\text{-}75)$$

当 $T_{L1} < T_{L2}$ 时,时刻 t_m 也可按类似于式(4-66)的形式计算,其中系数为:

$$t_s = 0, A_{L1} = R_{L1}/t_{L1}^2, A_{L2} = 0.5R_{L2}[1 - \cos(\omega_{L2}t_{L1})]/t_{L1}^2 \quad (4\text{-}76)$$

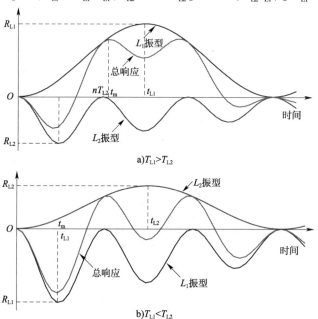

图 4-22 工况二中 L_1 和 L_2 振型的关系

3) 工况三 ($D_1 < 0, D_2 > 0$)

与先前的工况类似,在图 4-23 中示出了工况三中的 L_1 和 L_2 振型之间的关系。对于 $T_{L1} > T_{L2}$,当 H 振型达到峰值,或者 L_2 振型达到峰值时,总响应 $r(t)$ 达到峰值。根据 $T_{L2}/2$ 处的振幅比(γ)和频率比(χ)之间的关系,时刻 t_m 由下式表示:

$$\tilde{t}_m \approx \begin{cases} t_H, & [\gamma - 0.5\cos(\pi\chi) + 0.5] \geq 0 \\ t_{L2}, & [\gamma - 0.5\cos(\pi\chi) + 0.5] < 0 \end{cases} \quad (4\text{-}77)$$

相比之下,当 $T_{L1} < T_{L2}$ 时,t_m 接近 L_1 振型达到其局部最小值的时刻,并且更接近 L_2 振型达到峰值的时刻,见图 4-23b),时刻 t_m 可由下式表示:

$$\tilde{t}_m \approx \begin{cases} kT_{L1}, & t_{L2} - kT_{L1} \leq (k+1)T_{L1} - t_{L2} \\ (k+1)T_{L1}, & t_{L2} - kT_{L1} > (k+1)T_{L1} - t_{L2} \end{cases} \quad (4\text{-}78)$$

4) 工况四 ($D_1 < 0, D_2 < 0$)

在此工况下,当 H 振型达到其峰值时,$r(t_m)$ 出现其峰值响应。因此,t_m 可以通过下式计算:

$$\tilde{t}_m = t_H \quad (4\text{-}79)$$

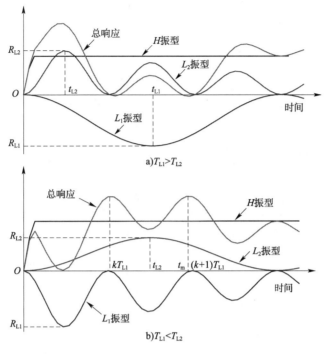

图 4-23 工况三中 L_1 和 L_2 振型的关系

4.5.4 加权代数相加(WAS)的振型组合方法

考虑到各振型的响应大体上都在二分之一周期时出现峰值响应,且变化较为符合三角函数形式(图 4-17 和图 4-18),因此构建以下两种方式来确定权重系数,即式(4-54)中的 w_i。

(1)以余弦函数为基础来构建权重系数,可称为余弦加权代数相加法(Weighted Algebraic Sum Using COS Function,WAS-COS):

$$w_i = [1 - \cos(2\pi \vec{t}_m/T_i)]/2 \tag{4-80}$$

(2)以正弦函数为基础来构建权重系数,可称为正弦加权代数相加法(Weighted Algebraic Sum Using SIN Function,WAS-SIN):

$$w_i = |\sin(\pi \vec{t}_m/T_i)| \tag{4-81}$$

对于每种工况,时刻 t_m 由前述方程计算。基于式(4-54)和式(4-80)或式(4-81)的组合,可以将单个振型响应组合起来,从而得到桥梁结构的总需求。该组合方法被称为加权代数相加法(WAS),这与传统的 SRSS 和 CQC 方法有显著不同。

4.5.5 方法验证与讨论

为了评估所提出的加权代数相加(WAS)的振型组合方法的准确性,对参数研究中提出的 270 起碰撞事故进行了冲击谱分析。为了便于比较,这里也利用冲击谱(Shock Spectrum Analysis,SSA)法并采用传统的 SRSS 法来组合所有的最大振型响应。冲击谱法预测的结构位移和内力(剪力和弯矩),以及相互作用模型法获得的响应结果如图 4-24 所示。图 4-24 中的点 (x,y) 与相应的相互作用模型法结果(x 坐标)及冲击谱法结果(y 坐标)对应。如果从这两种方法得到的结果相似,图 4-24 中的点将大致位于 $y=x$ 线上。此外,相关系数(R^2)通常用于表示预期线(例如 $y=x$)与实际数据点的近似程度,其中 R^2 由式(2-22)确定。

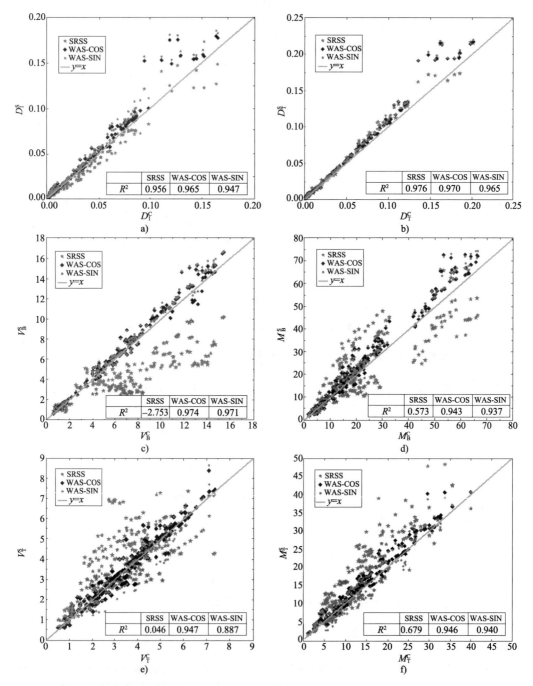

图 4-24　冲击谱法和相互作用模型法预测的结构响应结果比较

注:D 表示位移;M 表示弯矩;V 表示剪力;上标 S 和 C 分别表示结果来自冲击谱分析和相互作用模型法;下标 I,B 和 T 分别表示结果对应撞击点、墩底和墩顶。

图4-24a)和b)中所示的结构位移,用三种组合方法(WAS-COS,WAS-SIN 和 SRSS)得到的结果与相互作用模型法预测的结果一致,其 R^2 值接近1.0。这与 Yuan[32] 的观点是一致的。他指出,采用 SRSS 法可以准确预测驳船冲击荷载下的结构位移。这是因为在大多数驳船-桥梁碰撞事故中,结构位移通常仅由第一大振型响应控制(因为 $R_{L1} \gg R_{L2}$, $\sqrt{\sum R_i^2} \approx R_{L1}$)。然而,如图 4-24c) ~ f)所示,当在冲击谱法中使用 SRSS 法时,无法合理估计单元内力(如剪力 V 和弯矩 M)。对于大多数碰撞事故,SRSS 法预测的剪力和弯矩要么被大大低估,要么被高估。与此相反,当采用所提出的 WAS 法时,可以准确地估计内力,其 R^2 值仍然接近预期的 1.0。另外,两个加权函数[式(4-80)中的余弦和式(4-81)中的正弦]之间的差异并不是很大。根据图 4-24c) ~ f)中所示的 R^2 值,WAS-COS 的结果略优于 WAS-SIN 的结果。

对于每种工况,计算了冲击谱法与相应的相互作用模型法的响应比。响应比大于1.0,表明冲击谱法较相互作用模型法更为保守;响应比小于1.0,表明冲击谱法更不保守。对于这三种组合方法,平均比率和相应的误差线如图 4-25 所示。与上述观察结果类似,使用 WAS 的平均比率非常接近 1.0;使用 SRSS 的平均比率与期望值 1.0 有很大的偏差。此外,图 4-25 中的误差线表明,SRSS 结果的标准差明显大于 WAS 结果的标准差。将图 4-25a)和b)中结果进行比较,表明:当排除低能量碰撞事故后,WAS 结果的离散度在一定程度上减小(例如,由 WAS-COS 计算得到的撞击点位移离散度从 0.26 减小到 0.08)。这是因为低能量碰撞事故的响应特征与中等和高能量碰撞事故的响应特征不同,预测时刻 t_m 的方程主要基于后者的振型特征。因此,在低能量碰撞事故中,WAS 方法的精度有所下降。

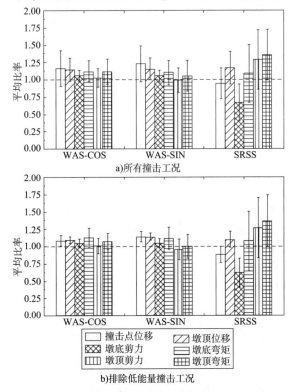

图 4-25 冲击谱法相对相互作用模型法预测结果的平均比率和误差

基于以上结果,在冲击谱分析中,作者提出的加权代数相加(WAS)的振型组合方法比传统的 SRSS 法更能准确地评估碰撞引起的动力响应。虽然 WAS 法与 SRSS 法相比更复杂,但它可以很容易地在 MATLAB 和 Excel 中实现,甚至可以在事先得到结构振型的情况下应用于手算方法中。此外,与中等和高能量撞击相比,WAS 法对低能量撞击的计算精度有所降低。因此,在将来的研究中,有必要注重低能量冲击振型组合方法精度的提高。

4.6 基于冲击谱规范静力法的局限性剖析

4.6.1 被撞桥梁结构的简化两自由度模型及基本方程

为了进一步揭示现有规范静力法的局限性,下面将以目前在我国广泛采用的高桩承台基础桥梁为被撞结构的原型,如图 4-26a)所示,运用上述船撞冲击谱分析方法进行分析。对于高桩承台结构而言,主要质量往往集中在桩基承台和墩顶(主要由上部结构质量贡献)位置[33,34],因此在动力荷载作用下,这两处的惯性力理论上都应该较大,且对结构的响应影响最为显著。为此,研究高桩承台结构在动力荷载作用下的响应规律时[33,34],通常可将典型深水高桩承台结构简化成质量集中在桩基承台和墩顶的两自由度体系,如图 4-26b)所示。在此两自由度体系中,用两个集中质量来分别表示被撞位置的桩基承台等效质量 m_c 和墩顶等效质量 m_p,同时用 k_f 和 k_p 分别表示等效的被撞结构基础和桥墩的刚度。

以往地震作用下简化的高桩承台两自由度模型[33,34],通常不考虑侧向的刚度抗力约束,这是因为若桥梁结构规则、上部结构质量分布大致均匀,则在地震作用下,下部结构主要受上部结构整体振动时的惯性力影响(尤其是纵桥向地震响应分析时)。而船撞作用 $P(t)$ 是一种典型的局部荷载,这一撞击荷载将通过支座等传力构件使得桥梁上部结构及其他部分发生振动。此时,被撞桥墩在船撞作用下的变形与内力受到其他结构部分动力力学行为的影响,主要表现为两个方面:①与上部结构及其他桥墩质量相关的惯性抗力,用 m_p 描述;②与上部结构及其他桥墩侧向刚度相关的抗力,这里用 k_{sup} 描述,如图 4-26 所示。

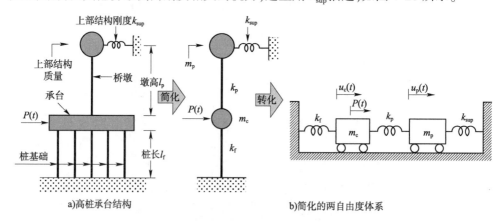

图 4-26 高桩承台结构及简化的两自由度体系

需要说明的是,采用图 4-26 所示的两自由度体系来代替原被撞桥梁结构,由于过于简化,故两自由度体系与原被撞桥梁结构在船撞作用下的响应并不容易相同,需要进一步的研究。与地震作用不同,作为局部冲击荷载的船撞荷载所关注的结构响应(需求)受高阶振型的影响可能是不可忽略的,如墩身高阶振型和上部结构高阶振型等。但是,两自由度体系能够简明地表达被撞结构的主要动力学特点,并且反映了主要的动力响应规律。因此,对两自由度体系的分析能够为原被撞桥梁结构的分析提供有意义的参考。鉴于此,下面将以简化的两自由度模型为基础进行讨论与分析。

对于图 4-26b)所示简化的两自由度体系,有如下动力方程:

$$\begin{bmatrix} m_c & 0 \\ 0 & m_p \end{bmatrix} \begin{Bmatrix} \ddot{u}_c \\ \ddot{u}_{\text{sup}} \end{Bmatrix} + \begin{bmatrix} k_f + k_p & -k_p \\ -k_p & k_p + k_{\text{sup}} \end{bmatrix} \begin{Bmatrix} u_c \\ u_p \end{Bmatrix} = \begin{Bmatrix} P(t) \\ 0 \end{Bmatrix} \tag{4-82}$$

上述动力方程对应的特征方程为:

$$\det|\boldsymbol{k} - \omega^2 \boldsymbol{m}| = 0 \Rightarrow \begin{vmatrix} k_f + k_p - \omega^2 m_c & -k_p \\ -k_p & k_p + k_{\text{sup}} - \omega^2 m_p \end{vmatrix} = 0 \tag{4-83}$$

求解式(4-83),可以得到简化的两自由度结构体系的两个特征值:

$$\omega_{1,2}^2 = \frac{[(k_f + k_p)m_p + (k_p + k_{\text{sup}})m_c] \mp \sqrt{[(k_f + k_p)m_p + (k_p + k_{\text{sup}})m_c]^2 - 4m_p m_c(k_f k_p + k_f k_{\text{sup}} + k_p k_{\text{sup}})}}{2m_c m_p} \tag{4-84}$$

这两个特征值所对应的特征向量(振型)为:

$$\boldsymbol{\Phi} = [\boldsymbol{\phi}_1, \boldsymbol{\phi}_2] = \begin{bmatrix} 1 & 1 \\ \phi_{21}/\phi_{11} & \phi_{22}/\phi_{12} \end{bmatrix} \quad \overline{P}_s(a) = \frac{E_p(a)}{a} = \frac{\int_0^a P_s(a)\,\mathrm{d}a}{a} \tag{4-85}$$

其中,

$$\frac{\phi_{21}}{\phi_{11}} = \frac{k_f + k_p - m_c \omega_1^2}{k_p} \tag{4-86}$$

$$\frac{\phi_{22}}{\phi_{12}} = \frac{k_f + k_p - m_c \omega_2^2}{k_p} \tag{4-87}$$

4.6.2 简化两自由度模型参数确定方法的讨论

如上所述,若要使两自由度体系与原被撞结构响应相同或等效,关键在于确定两自由度体系中的参数(m_p, m_c, k_f, k_p 和 k_{sup}),这可能需要进一步深入的探讨。出于简便,可采用与地震作用类似的基本周期等效的原则来确定两自由度的模型参数[33],即有:

$$m_p = m_{\text{sup}} + \alpha_m \overline{m} l_p \tag{4-88}$$

式中,$\overline{m}$ 为桥墩单位长度质量(t/m);l_p 为桥墩的计算高度(m);α_m 为假定振型的变形曲线相应的常系数,不同变形曲线 α_m 不同,若假定墩顶集中力作用下的挠曲线为振型形状(又称形函数),则 α_m 为 0.236;m_{sup} 为上部结构贡献的集中质量,同理 m_{sup} 的等效也可以通过类似的方法确定,则有:

$$m_{\text{sup}} = \int_0^L \overline{m}_b(x)\phi_b(x)\,\mathrm{d}x + \sum_{i=1}^{pn-1} \int_0^{H_i} \overline{m}_{pi}(z)\phi_{pi}(z)\,\mathrm{d}z \tag{4-89}$$

式中，$\overline{m}_b(x)$ 为随主梁长度线质量分布（t/m）；L 为全桥主梁长度（m）；$\overline{m}_{pi}(z)$ 为非被撞墩随墩高线质量分布（t/m）；pn 为全桥桥墩数目；H_i 为第 i 个桥墩的墩高（m）；$\phi_b(x)$ 为形函数 $\phi(*)$ 在主梁部分的函数；$\phi_{pi}(z)$ 为形函数 $\phi(*)$ 在第 i 个桥墩部分的函数。如果给定合理的形函数 $\phi(*)$[包括 $\phi_b(x)$ 和 $\phi_{pi}(z)$]，由式(4-89)即可以求得等效上部结构的质量 m_{sup}。显然，该形函数 $\phi(*)$ 应该首先满足各支撑处位移边界条件。通常，可以将动力荷载以静力形式作用于结构上所引起的挠曲形状作为一个近似的形函数[1,10]，如图4-27所示。

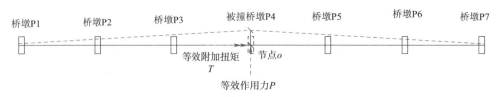

图4-27 非被撞结构船撞作用下的静力分析示意

对于高桩承台结构而言，承台的质量相比桩基础是非常大的，因此可认为承台位置的等效质量与承台质量相同。对于群桩基础的水平抗推刚度 k_f，若采用等效嵌固的方式来考虑，则可以写成：

$$k_f = \frac{12nE_fI_f}{l_f^3} \tag{4-90}$$

式中，n 为桩基数量；E_f 为桩基弹性模量；I_f 为单桩抗弯惯矩；l_f 为桩基的等效嵌固长度。桥墩的水平抗推刚度 k_p 为当墩底固结、墩顶自由时使墩顶发生单位位移所需要的力。同理，上部结构刚度 k_{sup}，为去除被撞桥墩后使对应的上部主梁发生单位位移所需要的力[29,35]，如图4-27所示。

4.6.3 规范静力法的局限性理论分析

根据式(4-47)，利用船撞 DMF 谱，可以计算得到各阶振型所对应的等效静力外荷载 $\boldsymbol{P}_{ei}^{st}$。因此，对于简化两自由度体系的第 1 阶振型，等效静力荷载为：

$$\begin{Bmatrix} P_{c1} \\ P_{sup1} \end{Bmatrix} = \omega_1^2 \mathrm{DMF}_1 q_1^{st} \begin{Bmatrix} m_c \\ m_p\left(\dfrac{k_f + k_p - m_c\omega_1^2}{k_p}\right) \end{Bmatrix} \tag{4-91}$$

式中，P_{ci}，P_{supi} 为 m_c 和 m_p 所对应的第 i 阶振型的等效静力。

类似地，对于简化两自由度体系的第 2 阶振型，等效静力荷载为：

$$\begin{Bmatrix} P_{c2} \\ P_{sup2} \end{Bmatrix} = \omega_2^2 \mathrm{DMF}_2 q_2^{st} \begin{Bmatrix} m_c \\ m_p\left(\dfrac{k_f + k_p - m_c\omega_2^2}{k_p}\right) \end{Bmatrix} \tag{4-92}$$

若在简化的两自由度体系对应的质点处施加式(4-91)和式(4-92)的等效静力荷载，则可以得到理论船撞作用下两阶振型对应的峰值响应。值得说明的是，这些步骤的实质与4.4.1节中船撞冲击谱分析步骤(1)~(5)是一样的，不过在实际结构中，需要考虑的振型较多,采用上述先等效成静力荷载的思路相比4.4.1节中的步骤并没有优势。但是,采用这种思路,对于我们讨论合理的静力方法或评述以往的规范静力法而言,由于两者都为等效静力荷载形式,因此两者更具有可比性。显然,与前述步骤一样,这里的振型响应结果仍需要采用振型组合方法得到最终的结构响应。利用前面提出的加权代数相加法(WAS),将式(4-91)和式(4-92)代入式(4-54),则有:

$$\begin{Bmatrix} P_c^e \\ P_{sup}^e \end{Bmatrix} = \begin{Bmatrix} w_1 P_{c1} + w_2 P_{c2} \\ w_1 P_{sup1} + w_2 P_{sup2} \end{Bmatrix}$$

$$= \begin{Bmatrix} m_c(w_1 \omega_1^2 \mathrm{DMF}_1 q_1^{st} + w_2 \omega_2^2 \mathrm{DMF}_2 q_2^{st}) \\ m_p \left(\dfrac{k_f + k_p - m_c \omega_1^2}{k_p} \right) (w_1 \omega_1^2 \mathrm{DMF}_1 q_1^{st} + w_2 \omega_2^2 \mathrm{DMF}_2 q_2^{st}) \end{Bmatrix} \quad (4\text{-}93)$$

式中,P_c^e 和 P_{sup}^e 为经振型组合后的 m_c 和 m_p 两质点分别对应的等效静力,也是动力船撞荷载由冲击谱计算得到的考虑结构动力效应的等效静力荷载。如图4-28所示,通过上述分析将动力船撞荷载[图4-28a)]等效成了在两质点的静力荷载,见图4-28b)或c),这种等效静力荷载,从形式(即静力荷载作用模式)上就区别于只在被撞点处作用单一集中荷载的规范静力法,见图4-28d)。

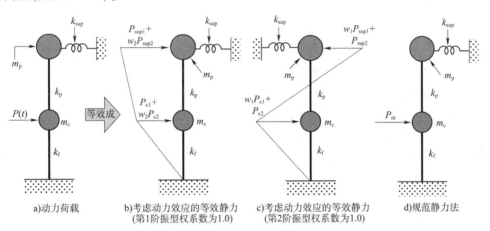

图4-28 考虑动力效应的等效静力法与规范静力法比较

此外,式(4-93)中的权系数 w_1 和 w_2 的确定方法是值得考虑的。对于简化的两自由度体系,由于只有两阶振型,故可以考虑分别假定第1阶[图4-28b)]和第2阶[图4-28c)]振型的权系数为1.0来进行研究。

利用结构力学知识,很容易得到简化两自由度模型在静力作用下的墩顶位移 u_p 和承台位移 u_c,墩底剪力 V_p 及弯矩 M_p,承台底剪力 V_c 及弯矩 M_c,结果为:

$$\begin{Bmatrix} u_c \\ u_p \end{Bmatrix} = \dfrac{1}{(k_f + k_p)(k_p + k_{sup}) - k_p^2} \begin{Bmatrix} (k_p + k_{sup}) P_c^e + k_p P_{sup}^e \\ k_p P_c^e + (k_f + k_p) P_{sup}^e \end{Bmatrix} \quad (4\text{-}94)$$

$$V_p = P_{sup}^e - k_{sup} u_p \quad (4\text{-}95)$$

$$M_p = V_p l_p = (P_{sup}^e - k_{sup} u_p) l_p \quad (4\text{-}96)$$

$$V_c = P_{\text{sup}}^e + P_c^e - k_{\text{sup}} u_p \tag{4-97}$$

$$M_c = (P_{\text{sup}}^e - k_{\text{sup}} u_p)(l_p + h/2) + P_c^e h/2 \tag{4-98}$$

同样,若令 P_c^e 等于规范静力 P_m 且墩顶质点位置的作用力为零,则同样可以得到规范静力作用下的静力响应。

4.6.4 算例分析

下面将以具体的算例进一步阐释两种方法的区别。以高桩承台模型为原型,采用本书4.6.2节中的方法来确定等效两自由度模型的参数(表4-3),同时假定上部结构的刚度 $k_{\text{sup}} = 7.20 \times 10^7 \text{N/m}$。以表3-1中的高能量碰撞为研究工况,由此可计算得到相应等效两自由度模型的动力特性,见表4-4。此外,考虑到若采用AASHTO规范来确定驳船船撞力,会存在荷载大小的区别,而这里主要目的是探讨静力荷载作用模式的合理性问题,故在此仍以动力分析的峰值作为规范静力法的荷载(即 $P_m = 6.85 \times 10^6 \text{N}$)。

等效两自由度模型的参数　　　　　　　　　　　　　　表4-3

墩顶质量 m_p(t)	承台质量 m_c(t)	墩高 l_p(m)	桩长 l_f(m)	墩身刚度 k_p(N/m)	桩基刚度 k_f(N/m)	上部结构刚度 k_{sup} (N/m)	桩数 n	承台高 h(m)
3086.93	1142.5	21.8	8.0	7.74×10^7	8.52×10^8	7.20×10^7	6	3.50

等效两自由度模型的动力特性　　　　　　　　　　　　表4-4

固有周期		固有振型参数		质量参与系数	
第1阶 T_1	第2阶 T_2	第1阶 ϕ_{21}/ϕ_{11}	第2阶 ϕ_{22}/ϕ_{12}	MPF_1	MPF_2
0.925	0.220	11.33	-0.033	0.78	0.22

根据表4-3和表3-1中的基本参数及图4-11所示的冲击谱计算方法及振型组合方法(WAS法),利用4.6.3节中的方法可以得到该算例的各种等效静力荷载作用模式及结果,如图4-29所示。

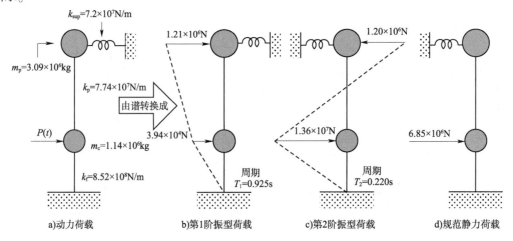

图 4-29

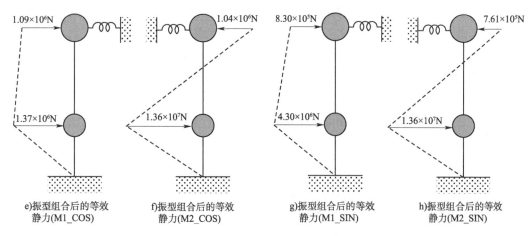

图4-29 各种等效静力荷载作用模式及结果

图4-29表明：①以往规范的集中力形式荷载与经冲击谱及振型组合后的等效静力荷载，不但在作用荷载的大小上存在区别，更为重要的是，在荷载分布形式上也存在明显的不同，这种区别主要是由是否考虑结构惯性力的影响造成的；②假定不同振型的加权值为1.0，也会造成等效荷载大小与形式有所区别，这是由各阶振型荷载不同造成的，如图4-29b）和c）所示；③对于COS函数和SIN函数两种加权形式，荷载作用模式大致相同，但作用荷载的大小存在差异。为了进一步探讨这些区别对结构响应的影响，利用式(4-94)~式(4-98)计算各静力荷载下的响应，并与动力分析结果进行比较，如表4-5所示。

动力分析及各等效静力法的响应结果　　　　　表4-5

响应	动力分析峰值	规范静力法	2倍规范静力法	假定第1阶振型加权值1.0		假定第2阶振型加权值1.0	
				M1_COS	M1_SIN	M2_COS	M2_SIN
u_c (cm)	1.523	0.770	1.541	0.218	0.532	1.470	1.488
u_p (cm)	0.843	0.399	0.798	0.841	0.831	0.065	0.261
V_c (MN)	12.980	6.563	13.125	1.854	4.529	12.527	12.674
V_p (MN)	1.152	0.287	0.575	0.483	0.232	1.088	0.949
M_c (MN·m)	25.097	6.257	12.514	10.522	5.054	23.699	20.682
M_p (MN·m)	25.109	6.263	12.527	10.520	5.050	23.711	20.695

注：M1_COS是指假定第1阶振型加权值$w_1=1.0$，且权函数为COS函数形式，其他类似符号含义可类推。

由表4-5可知：①对于所关注的任意一个响应，规范静力法都与动力分析结果差异很大，且所有响应结果都偏小，平均误差达62.79%（表4-6），进一步说明了即便采用峰值静力，单点集中力形式的规范静力结果仍然远远小于期望值；若在实际工程中采用，可能导致设计偏于不安全。②若采用2倍规范静力法（仍然是单点集中力形式），此时虽然计算得到的承台位移u_c、墩顶位移u_p和承台底剪力V_c都较为接近动力分析结果，但是其他响应误差都较大（高达50%以上，见表4-6），说明了规范形式的单点集中荷载作用模式不可能使得所有响应同时都与动力分析结果一致，也说明了不能如同处理汽车对桥面冲击力一样，通过将汽车荷载乘一冲击系数(μ)来考虑汽车荷载的冲击力[36,37](即不能通过将荷载简单放大的方式来等效动力荷载)。③无论是采用COS函数加权,还是SIN函数加权,经冲击谱及振型组合后的等效静力都能够与动力分析结果较为吻合,并且在该算例中COS加权结果略好(表4-6),除进一步说明了前面构建冲击谱及加权代数相加的振型组合方法有效,更为重要的是表明若要将动力荷载合理地等效成静力荷载,重点是找到可靠的静力荷载作用模式,这也为将来构建考虑动力效应的等效静力方法提供了思路与方向。④除了墩顶位移 u_p 外,其他响应主要受第2阶振型控制,进一步说明了船撞作用与地震作用不同,它与质量参与系数的关系并不大(表4-4)。

各静力法结果的误差分析 表4-6

响应	误差(%)			
	规范静力法	2倍规范静力法	WAS-COS函数加权	WAS-SIN函数加权
u_c	−49.44	1.12	−3.49	−2.35
u_p	−52.67	−5.33	−0.23	−1.44
V_c	−49.44	1.12	−3.49	−2.35
V_p	−75.05	−50.11	−5.57	−17.58
M_c	−75.07	−50.14	−5.57	−17.59
M_p	−75.05	−50.11	−5.57	−17.58
平均值	−62.79	−25.57	−3.98	−9.82

注:误差计算方法为:error $=(y_p - y_t)/y_t \times 100\%$,其中目标值 y_t 为基于动力分析的结果,预测值 y_p 为各静力荷载计算结果。

4.6.5 参数分析

为了进一步探讨基于谱的等效静力法的适用范围,同时也为了进一步佐证基于谱分析动力需求的可靠性,下面将以上述算例为基础,分别探讨无量纲量,即质量比 $\xi = m_p/m_c$、墩身-基础刚度比 $\eta = k_p/k_f$ 和上部结构-基础刚度比 $\gamma = k_{\text{sup}}/k_f$ 对静力法计算误差的影响。

1)质量比与墩身-基础刚度比对响应的影响

质量比 ξ 和墩身-基础刚度比 η 对静力法计算误差分布的影响如图4-30和表4-7所示。需要说明的是,图4-30中仅列了承台位移、墩顶位移和墩底弯矩对应的结果,这是因为墩底剪力与承台位移结果类似,承台底剪力和弯矩与墩底弯矩结果类似。令 $\xi \in [0.25,10]$,且 $\eta \in [0.01,1]$,两无量纲分别在这两个区间内按对数等间距地取50个样本点,经组合后通过 $50 \times 50 = 2500$ 个工况的计算结果绘制得到图4-30。其中,误差的计算与表4-6中的计算方法相同。

由图4-30和表4-7可知:①与上述具体算例结果类似,质量比 ξ 和墩身-基础刚度比 η 在较为广泛的取值范围内,相比规范静力法和SRSS等效静力法,WAS等效静力法与动力分析结果的总体误差都较小,总体平均误差小于 14%,且误差的方差不大于 2.1×10^{-2},说明了 WAS 等效静力法具有较好的普适性和可靠性,也一定程度上佐证了冲击谱分析的合理性;②从图 4-30 所示的误差分布来看,对于承台位移 u_c 而言,当墩身-基础刚度比 $\eta \in (0.7,1.0)$ 时,WAS 等效静力法的误差在一定程度上随着刚度比 η 的增加而略有增加,但与质量比 ξ 的关系则不明确;③对于墩顶位移 u_p 和墩底弯矩 M_p,WAS 等效静力法的高误差则主要集中在中等刚度比 η、低质量比 ξ 的区域;④对于规范静力法,误差分布受刚度比 η 和质量比 ξ 的影响不大,且各响应的误差大小差别比较大,进一步说明了不能仅通过冲击系数来考虑等效船撞荷载动力效应;⑤对于 SRSS 等效静力法,误差分布受刚度比 η 和质量比 ξ 的影响,各响应之间的影响规律差异也较大,而且与基于 SRSS 的冲击谱分析不同,这里 SRSS 等效静力法结果往往偏大,这是因为 SRSS 等效静力法受考虑的振型数目影响。WAS 等效静力法误差与两阶周期比 $\mu = T_2/T_1$ 之间的关系如图 4-31 所示。

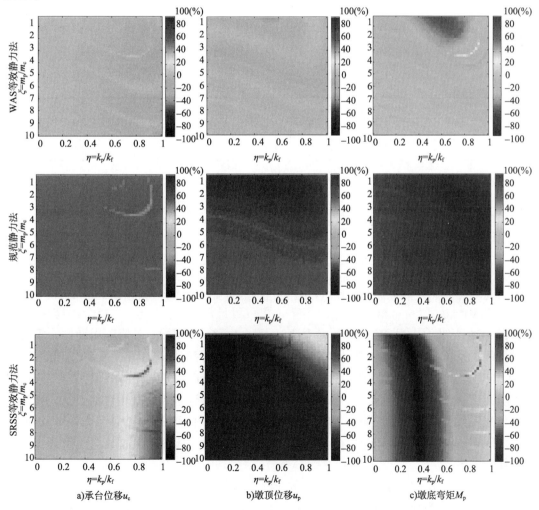

图 4-30 各静力方法计算误差随质量比 ξ 与墩身-基础刚度比 η 的分布

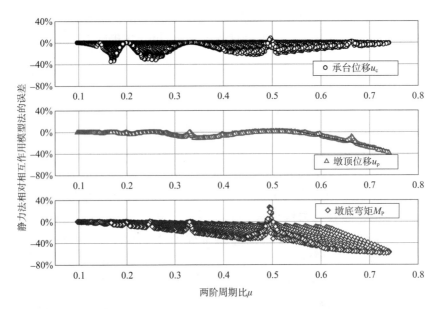

图 4-31 当 ξ 和 η 组合变化时 WAS 等效静力法误差随两阶周期比 $\mu = T_2/T_1$ 的变化

当 ξ 和 η 组合变化时各静力方法响应的平均误差统计　　表 4-7

响应	误差(%)			方差($\times 10^{-3}$)[a]		
	WAS[b]	规范静力	SRSS[b]	WAS[b]	规范静力	SRSS[b]
u_c	−3.98	−49.16	13.37	3.99	0.10	23.86
u_p	−3.76	−56.66	118.01	3.31	3.86	80.38
V_c	−3.98	−49.16	13.37	3.99	0.10	23.86
V_p	−13.04	−75.30	−37.72	20.98	14.89	121.15
M_c	−13.04	−75.29	−37.71	20.98	14.90	121.03
M_p	−13.04	−75.29	−37.71	20.98	14.90	121.03

注：a. 方差由各响应的样本 2500 个数据点得到,用于说明误差的离散程度;
　　b. WAS 和 SRSS,分别表示基于谱的等效静力法中采用 WAS 和 SRSS 振型组合方法,且在 WAS 中取 COS 权与 SIN 权中的大值。

图 4-31 表明：①采用 WAS 等效静力法时,承台位移 u_c 的误差,对两阶周期比 μ 没有明确的依赖关系;②墩顶位移 u_p 的误差,则呈现出明显对周期比 μ 的依赖关系,且当周期比 $\mu \geq 0.56$ 时,随着 μ 增加,误差也呈线性增大趋势,这说明了对高周期比(即两阶周期相差很小)情况,直接采用 WAS 等效静力法计算墩顶位移 u_p 需要谨慎,同时,可以通过这一现象对墩顶位移 u_p 结果进行合理的修正;③由于式(4-96)受墩顶位移 u_p 影响,墩底弯矩 M_p 的误差可能随周期比 μ 增加而增大,但由于 M_p 还受其他因素影响,其不存在如墩顶位移 u_p 一样明确的线性关系。

2)质量比与上部结构-基础刚度比对响应的影响

同理,探讨质量比 ξ 和上部结构-基础刚度比 γ 对静力法计算误差分布的影响,结果如图 4-32 和表 4-8 所示。图 4-32 中也仅列了承台位移、墩顶位移和墩底弯矩对应的结果。

图 4-32 中,$\xi \in [0.25,10]$,$\gamma \in [0.001,1]$,在质量比 ξ 区间内仍按对数等间距取 50 个样本点,而在上部结构基础刚度比 γ 区间内则取 100 个样本点,两者组合后得到图 4-32 中 $50 \times 100 = 5000$ 个工况的计算结果。

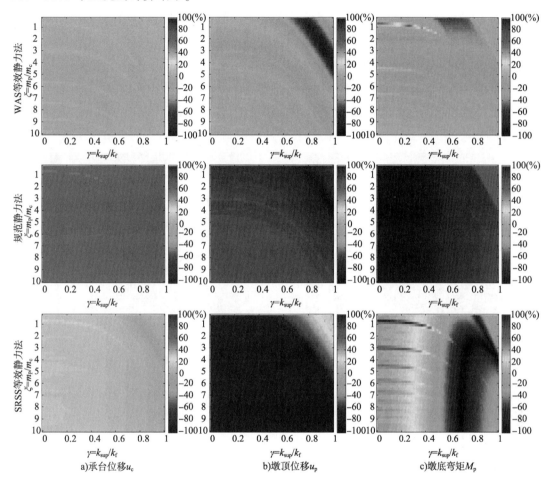

a) 承台位移 u_c　　b) 墩顶位移 u_p　　c) 墩底弯矩 M_p

图 4-32　各静力方法计算误差随质量比 ξ 与上部结构-基础刚度比 γ 的分布

当 ξ 和 γ 组合变化时各静力方法响应的平均误差统计　　表 4-8

响应	误差(%)			方差($\times 10^{-3}$)[a]		
	WAS[b]	规范静力	SRSS[b]	WAS[b]	规范静力	SRSS[b]
u_c	-1.64	-36.96	5.81	0.48	38.86	3.66
u_p	-5.91	-43.49	91.23	21.77	61.01	297.38
V_c	-1.64	-36.96	5.81	0.48	38.86	3.66
V_p	-7.71	-61.47	-10.94	15.31	128.05	183.02
M_c	-7.71	-61.45	-10.99	15.29	127.98	182.68
M_p	-7.71	-61.45	-10.99	15.29	127.98	182.68

注:a. 方差由各响应的样本 5000 个数据点得到,用于说明误差的离散程度;
　　b. WAS 和 SRSS,分别表示基于谱的等效静力法中采用 WAS 和 SRSS 振型组合方法,且在 WAS 中取 COS 权与 SIN 权中的大值。

由图4-32和表4-8可知:①总体上来看,ξ和γ组合变化与ξ和η组合变化时,各静力法误差的特征基本类似,同样,WAS等效静力法优于其他两种计算方法的结果,也说明了WAS等效静力法具有较好的稳定性;②对于规范静力法和SRSS等效静力法,两者的误差分布与ξ和η组合变化时类似,发展趋势都在一定程度上依赖两阶周期比变化,而两种组合变化下的两阶周期比变化是略有区别的,如图4-33和图4-34所示;③对比图4-34和采用WAS等效静力法计算的墩顶位移u_p,可以发现与ξ和η组合变化时类似,误差也明显与两阶周期比相关,进一步说明了两者之间的关系是非常明确的;④同样,采用WAS等效静力法计算的墩底弯矩M_p的误差分布及与两阶周期比之间关系,与ξ和η组合变化时大同小异。

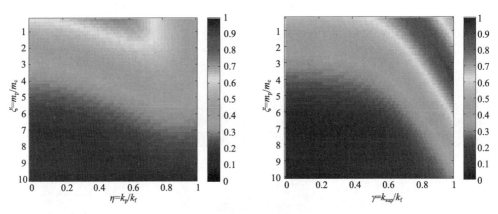

图4-33 当ξ和η组合变化时两阶周期比μ分布　　图4-34 当ξ和γ组合变化时两阶周期比μ分布

类似地,为了进一步明确当ξ和γ组合变化时,采用WAS等效静力法分析各响应误差和两阶周期比μ之间的关系,结合图4-32和图4-34,也可以分析得到误差与两阶周期比之间的关系,如图4-35所示。

图4-35表明:①相比ξ和η组合变化,ξ和γ组合变化时承台位移u_c的误差明显下降,可能的原因是相比k_p而言,k_{sup}对承台位移影响更为有限。②ξ和γ组合变化时墩顶位移u_p的误差,与ξ和η组合变化结果相同,而且当两阶周期比$\mu \geqslant 0.75$时,误差仍随两阶周期比μ增大而呈线性增大趋势。③ξ和γ组合变化时墩底弯矩M_p的误差,总体上与ξ和η组合变化时类似,其中负误差值有一定程度下降,而两阶周期比$\mu \approx 0.5$时正误差则有所提高;在两阶周期比$\mu \approx 0.5$时,出现反向的误差,原因是此时周期之间的倍数关系,造成船撞作用下上部结构质点的加速度时程与位移时程之间相位差恰好是π,而由$M_p(t) = \left[m_p \dfrac{\mathrm{d}^2 u_p(t)}{\mathrm{d}t^2} + k_{sup} u_p(t) \right] l_p$可知,这可能会使得等效结构墩底弯矩出现极小值,但是等效静力法则无法刻画这一局部的动力学特征。

考虑到ξ和η、γ组合时,墩顶位移u_p都与两阶周期比μ在高周期比时存在明显的近似线性的关系,故采用最小二乘法(LSE)来拟合,可得到如下用于修正墩顶位移u_p响应的公式:

$$u_{\text{pr}} = \frac{u_{\text{p}}}{1.0 + \beta_{\text{T}}(\mu)} \tag{4-99}$$

式中，u_{pr} 为修正后的墩顶位移值；其中，由于图 4-32 中的数据多且范围广，故 $\beta_{\text{T}}(\mu)$ 可由图 4-32 所示数据拟合得到（其中 $R^2 = 0.99$），即为：

$$\beta_{\text{T}}(\mu) = -2.31(\mu - 0.57), \quad \mu \in [0.57, 0.925] \tag{4-100}$$

为了验证式（4-100）的有效性，对等效静力法结果采用式（4-99）进行修正，可得到图 4-36 所示结果。

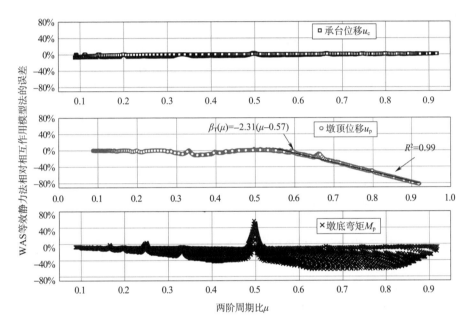

图 4-35　当 ξ 和 γ 组合变化时 WAS 等效静力法误差随两阶周期比 μ 的变化

由图 4-36 可知，两种情况下，经式（4-99）修正后的墩顶位移精度有了明显的提高，说明了式（4-100）的有效性和合理性。两者修正后的误差随两阶周期比 μ 的变化仍然是相同的。这也为墩底弯矩的修正提供一种思路，但效果上可能不如墩顶位移改善明显。对于承台位移，则可以直接乘一个系数来提高响应，由此尽可能将负误差修正成正误差，从而使等效静力法计算结果略偏于保守。

综上分析可知：①具有较为广泛的模型参数情况下，WAS 等效静力法仍然具有较高的精度，尤其当两阶周期比 μ 较小（$\mu \leqslant 0.5$）时，而对于高周期比，加以修正可以得到较为合理的结果，由此也从侧面反映了本章构建的冲击谱法具有广泛的适用性，且可以推断对于疏频体系结构采用基于冲击谱计算动力需求更为合理；②规范静力法在所分析参数范围内误差都较大，且各响应差异较大，使得类似于考虑汽车冲击力一样来考虑船撞动力作用不太合理；③SRSS 等效静力法虽然也利用构建的冲击谱，但不合理的振型组合方法可能导致计算结果与动力相互作用模型法分析结果相去甚远。

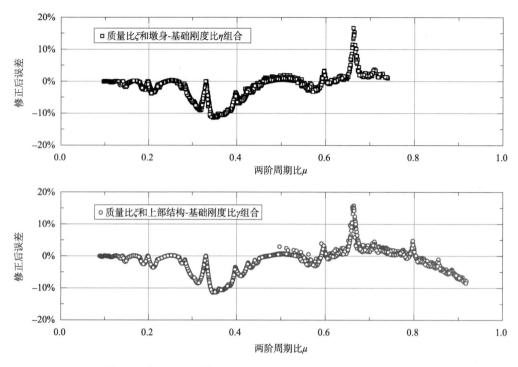

图 4-36　当 ξ 和 η 组合与 ξ 和 γ 组合变化时墩顶位移 u_p 修正后的误差

4.7　基于冲击谱近似的船撞动力荷载构建探讨与分析

4.7.1　货船动力荷载及简化

以上讨论都是针对驳船进行的，实际上冲击谱理论一样可以拓展到货船分析中。作者研究发现[38]，冲击谱法在构建简化动力荷载方法时具有重要的理论作用及价值。通过将简化动力荷载的冲击谱与相互作用模型法分析得到的谱进行比较，可避免通过大量不同桥梁结构来验证简化动力荷载的有效性。换言之，在构建船撞动力荷载过程中引入"冲击谱近似原则"，使建立的简化动力荷载更具有一般意义及普适性。

以第 2 章中的 5000DWT 和 10000DWT 船舶模型为基础，在第 3 章时程荷载法的基础上，通过引入双线性 P-a 曲线，作者提出了一种改进的将船舶 P-a 曲线转换成 P-t 曲线的方法[38]。该研究工作所提出的方法在理论上更具有一般性，但总体思路上与第 3 章所述内容是类似的，此处不再详细论述其具体过程，具体可见文献[38]。对于典型碰撞工况，采用接触碰撞有限元分析、基于第 2 章中的 P_d-a 曲线以及双线性 P-a 曲线得到的荷载时程如图 4-37 所示。同时，以 $v_0 = 4.0\text{m/s}$ 和被撞结构刚度 $k_s = 1.0 \times 10^9 \text{N/m}$ 为例，给出了不同类型的简化荷载，包括梯形、三角函数形、基于双线性 P-a 曲线生成及基于放大双线性 P-a 曲线生成的荷载等，如图 4-38 所示。

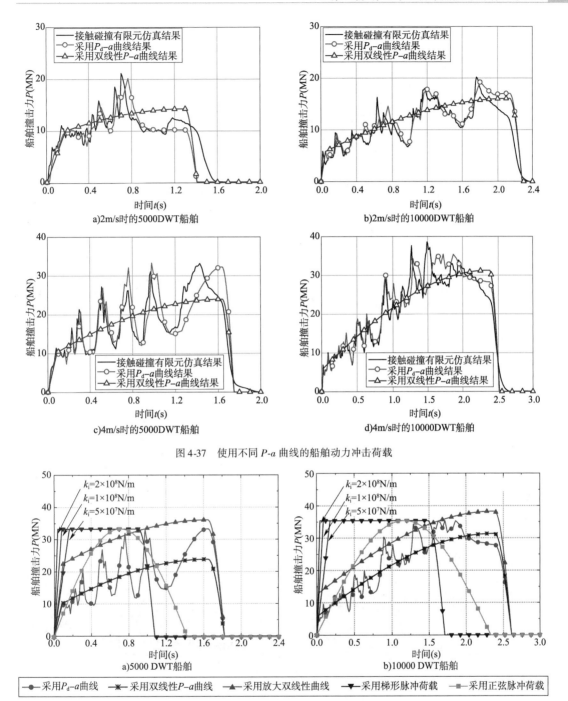

图 4-37 使用不同 $P\text{-}a$ 曲线的船舶动力冲击荷载

图 4-38 不同类型的船舶动力冲击荷载

4.7.2 冲击谱比较与讨论

以生成的各种船撞荷载时程为基础,采用本章前述方法生成相应的冲击谱,如图 4-39 和图 4-40 所示。为了对比和评估各种船撞荷载,同时采用相互作用模型法(即如图 3-1 所示的两自由度模型)生成基准的目标谱。

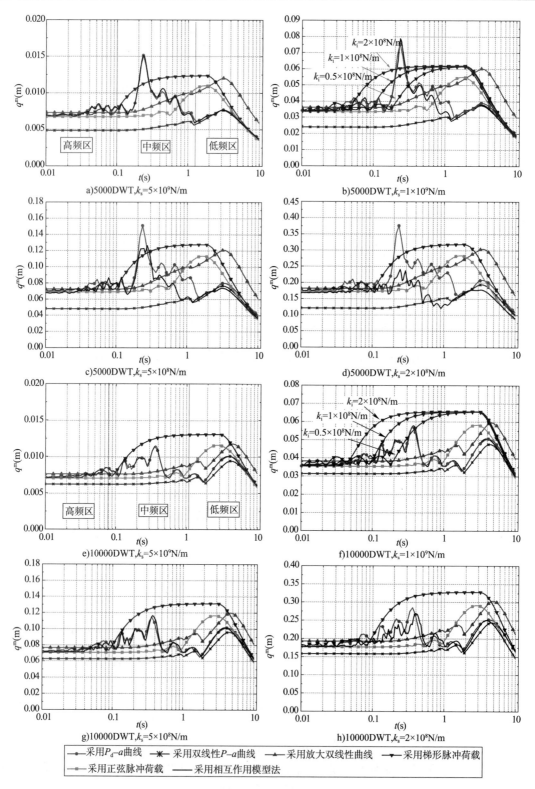

图4-39 船舶冲击谱的比较

注:其中阻尼比 $\zeta=5\%$,有特殊要求的除外。

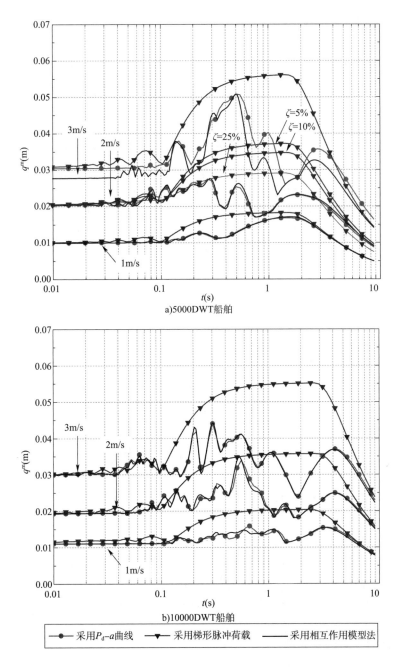

图 4-40 不同初速度下的船舶冲击谱

注：其中阻尼比 $\zeta=5\%$，有特殊指示的除外。

图 4-39 表明，当结构刚度较大时，采用 P_d-a 曲线所得荷载的冲击谱与相互作用模型法结果吻合良好。这意味着文献[38]中建立船舶动力冲击荷载的流程是合理的，并且在大多数情况下，可采用船舶时程荷载法进行分析。然而，当桥梁结构的刚度相对较低（例如 $k_s=2\times10^8\mathrm{N/m}$）时，两种方法得出的结果存在明显差异，见图 4-39d）。这是由于当结构刚度很低时，结构质量在确定船舶冲击荷载时起着重要作用。因此，在这种情况下，它们的频

谱通常是保守的,如图 4-39d) 和 h) 所示。

如图 4-39 所示,在低频范围内,采用双线性 $P-a$ 曲线得到的峰值变形与相互作用模型法结果非常接近。这是因为在低频范围内,峰值变形主要受冲击面积的影响,在动力冲击荷载的计算过程中满足冲量等效原则。在高频范围内,峰值响应主要取决于峰值冲击力。图 4-37 和图 4-38 表明,采用双线性曲线得到的峰值冲击力通常小于采用 P_d-a 曲线获得的冲击力。因此,在高频范围内,结构变形被低估。在高频范围内,采用放大双线性曲线得到的峰值响应与相互作用模型法结果较一致(图 4-39)。这样处理的结果是,系统输入更多的冲击力,导致系统在低频范围内的响应更大。与低频和高频范围相比,峰值响应受中等频率范围内船舶动力荷载局部特性的影响。由于采用了双线性 $P-a$ 曲线,船舶动力冲击荷载冲击谱的局部特性明显更加平滑。因此,无论双线性曲线是否放大,总体最大值总是小于预期值。值得注意的是,欧洲规范对内河航道提出了类似的荷载函数。因此,欧洲规范可能具有上述的类似限制。此外,应当谨慎采用简单的方法来平滑处理船首 $P-a$ 曲线。

对于 5000DWT ~ 300000DWT 之间的商船,Pedersen 等[39]提出了船舶冲击荷载的正弦曲线。因此,也通过相应的冲击谱对等效冲量正弦荷载(图 4-38)进行了研究,如图 4-39 所示。通常,使用半周正弦荷载的冲击谱在大多数频率范围内偏离预期值。通过对 5000DWT 和 10000DWT 船舶进行等效正弦荷载分析,表明了船舶冲击荷载的正弦曲线形式存在着低估结构响应等缺陷。相比之下,图 4-39 和图 4-40 还表明,从梯形脉冲荷载获得的冲击谱通常趋于保守。对于这种情况,当结构周期接近船舶脉冲荷载局部振动的激振周期时,会产生共振并导致较大的响应。就安全性而言,梯形脉冲荷载的冲击谱优于其他简化冲击荷载的冲击谱。此外,梯形脉冲荷载的初始刚度(k_i)对冲击谱也有影响。图 4-38 和图 4-39 表明系数 $k_i = 1 \times 10^8 \mathrm{N/m}$ 对两船更为合理。

设计驳船冲击谱已在前述研究给出,这些因为驳船船首的 $P-a$ 关系已有简化的形式。然而,由于船首 $P-a$ 曲线的复杂性,其合理简化仍需要进行进一步的研究,以制定船舶撞击的设计谱。如果将来能为足够数量的船舶样本建立 $P-a$ 关系数据库,就可以很容易地通过这里提出的流程确定任何给定碰撞场景的特定冲击谱。通过对这些指定事故谱的统计分析,设计谱将可能被得到。此外,对上述与简化冲击荷载(如正弦和梯形脉冲荷载)对应的冲击谱的观察也有助于设计船舶冲击谱。

4.7.3 谱近似的重要性

为了进一步讨论谱近似在船撞荷载时程中的意义,下面将结合运用实例进行比较分析。采用第 2 章已验证的相互作用模型法及实例(即 2.6 节中的模型)进行了四种典型工况分析,如图 4-41 所示。为了进行比较,图 4-41 给出的是时程荷载法响应与相应相互作用模型法响应的比值。响应比值大于 1.0,表明时程荷载法较相互作用模型法结果更保守;比值小于 1.0,意味着时程荷载法响应是偏于不安全的。

为了进一步强调等效静力分析流程的局限性,图 4-41 还展示了静力分析结果以及撞击引起的动力响应。为了进行比较,分别使用基于模拟的峰值荷载和 AASHTO 规定的冲击荷载进行计算,得到了两种不同的静力结果。虽然撞击点处的静力位移与预期结果比较接近,但通过规范的静力计算流程,内力响应被严重低估,这归因于静力分析过程中没有考虑与质量相关的惯性效应。这些结果进一步突出了规范中改进船舶撞击分析方法的必要性。否则,尽管桥梁结构是按照现行规范设计的,但在船舶撞击作用下,其安全性是无法保证的。

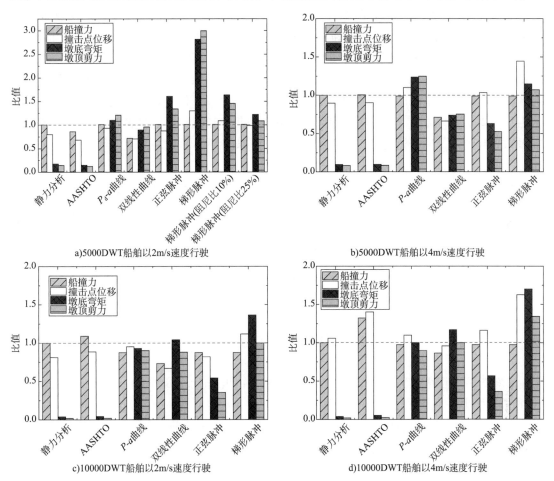

图 4-41 碰撞响应比较

注:未注明情况,阻尼比皆为5%。

图 4-41 表明,无论使用何种类型的动力荷载,所有的动力结果均高于静力结果。特别是采用 P_d-a 曲线构建荷载时程的响应与相互作用模型法的比值非常接近预期值 1.0。通过双线性 P-a 曲线构建荷载时程的响应通常被低估,例如,图 4-41b)所示的 5000DWT 船舶以 4m/s 速度碰撞时。这可能是因为在大多数频率范围内,采用双线性 P-a 曲线的冲击谱小于预期值(图 4-39)。由冲击谱比较可知,正弦脉冲荷载时程的响应通常会被低估。这进一步说明了当采用欧洲规范 1(CEN 2006)建议的动力荷载和 Pedersen 等[39]建议的正弦脉冲荷载时,无法保证船撞作用下桥梁结构的安全性。

相反,采用梯形脉冲荷载的动力响应通常是更为保守的,除了图 4-41b)中所示的 5000DWT 船舶以 4m/s 速度碰撞时。对于图 4-41 所示的其他三种碰撞情形,采用梯形脉冲荷载获得的冲击谱值在中频范围内也是更为保守的,如图4-39和图4-40所示。从图4-40可以看出,阻尼对中等频率范围内的冲击谱值有很大影响,但对低频和高频范围的冲击谱值影响较小。因此,这里讨论了不同的阻尼水平,以优化与梯形脉冲荷载相关的结果。当阻尼系数设置为25%时,采用梯形脉冲荷载的冲击谱比具有阻尼比为5%的冲击谱更接近预期结果,但5000DWT船舶以4m/s的速度碰撞时除外[图4-39b)]。类似地,图4-41表明用阻尼系数为25%的梯形脉冲荷载与其他三种工况下的动力响应结果一致。将未调整阻尼和调整阻尼后的响应进行比较,进一步突出了"冲击谱近似"对确定船舶对桥梁结构冲击荷载的重要性。然而,需要注意的是,阻尼比为25%不能用于梯形脉冲荷载的所有情况。不同碰撞事故的最佳阻尼水平可能需要根据碰撞条件确定。确定梯形脉冲荷载最优阻尼水平的具体方法有待进一步研究。其基本思想是通过对不同碰撞事故使用不同的阻尼系数来与预期的冲击谱近似。通过统计分析,可以得到梯形脉冲荷载作用下的最优阻尼水平。

采用P_d-a曲线荷载时程构建方法不需要对阻尼进行调整。事实上,与图4-41中阻尼比的结果类似,对冲击荷载的精度也在不包含阻尼比的情况下进行了评估。与前面讨论的简化冲击荷载相比,无论是否包含阻尼比,采用给定P_d-a曲线总能最准确地预测桥梁结构的碰撞响应。因此,该方法虽然需要预先确定船首的P-a曲线,但由于P_d-a曲线具有很好的冲击谱近似性,故其在船-桥碰撞分析中具有很高的准确性,该方法也许是目前最准确的方法。总体上,这些结果能够为船撞荷载简化提供重要的理论依据。

4.8 本章小结

在第3章时程荷载法的基础上,建立了桥梁船撞冲击谱计算理论与方法,并在船撞荷载构建方法中进行了运用,主要有以下几点结论:

(1)以第3章构建的两种荷载形式(尤其是组合型冲击荷载)及公式为基础,总结分析结构在船撞荷载作用下的响应特点,针对可能出现峰值响应的阶段分别得到相应的动力放大系数DMF和关于持时与固有周期之比t_d/T_n的计算公式;在此基础上,探讨了基于构建的冲击谱来计算桥梁船撞动力需求的一般过程及具体步骤,并指出了其与地震反应谱分析过程的区别。

(2)在讨论船撞作用下主要振型对响应的贡献特点及规律的基础上,提出了用于船撞冲击谱分析的加权代数相加(WAS)的振型组合方法。针对WAS法,探讨了以正弦(WAS-SIN)和余弦(WAS-COS)函数为基础的两种加权函数,结果表明:WAS-SIN法和WAS-COS法的结果相比SRSS法结果更接近目标值。

(3)比较了本章构建的冲击谱与Cowan谱,结果表明:低能量和中等能量碰撞时,Cowan谱结果偏大且误差较大,而高能量碰撞时两者结果较为接近;Cowan冲击谱不受被撞刚度的影响,且当被撞结构刚度较小时,与目标的指定事件冲击谱差距更大,具有较明显的局限性。

(4)基于冲击谱法,采用两自由度模型探讨了规范静力法的局限和不足。研究表明:基于冲击谱得到的等效静力荷载的作用模式区别于规范静力法的单点集中力形式;并且基于冲击谱的等效静力法与动力分析结果能够较好地吻合，但规范静力法误差较大，且各响应误差差异较大，因此不能简单地采用冲击系数来考虑船撞动力效应，而是需要确定合理的等效荷载作用模式。

(5) 采用两自由度模型分别研究了无量纲量质量比 ξ、墩身-基础刚度比 η 和上部结构-基础刚度比 γ 对计算精度的影响，结果表明：①两阶周期比 $\mu \leqslant 0.5$ 时，WAS 等效静力法具有较高的精度，而高周期比时误差较大，由此可推断构建的冲击谱法对于疏频体系结构更为合理；②SRSS 等效静力法虽然也利用构建的冲击谱，但不合理的振型组合方法则可能会导致计算结果与动力分析结果相去甚远。

(6) 为了评估所建立的货船冲击荷载和现有研究中的一些冲击荷载形式的精度，将货船动力荷载对应的冲击谱与预期冲击谱进行了比较。结果表明，采用类似第 3 章方法建立货船荷载时程对应的冲击谱与预期结果基本一致，说明了该方法的合理性。同时，利用简化的双线性 $P\text{-}a$ 曲线和正弦脉冲荷载得到的结果往往是不保守的。相比之下，梯形脉冲荷载通常生成更为保守的频谱。实例分析进一步证实了上述冲击谱对比观察的结果，明确了冲击谱近似对桥梁结构船撞冲击荷载研究的重要性。

本章内容总体上是偏理论的，有些内容可能有些晦涩，但是作者认为仍然是有必要的。一方面当前桥梁船撞理论层面缺乏，这些内容是一个很好的补充，另一方面在桥梁船撞研究中强调结构动力学内涵，而不是进行想当然的现象式的简单分析与简化，这些内容有望从本质上推动桥梁船撞理论的发展。虽然仍然有诸多亟待进一步研究的内容，但本章与第 2 章、第 3 章一起构建了船撞荷载及动力需求分析的基本理论框架。同时，作者也期望有更多的学者能够在这方面开展深入的研究，使其臻于完善。

本章参考文献

[1] CHOPRA A K. Dynamics of structures: theory and applications to earthquake engineering [M]. New York: Pearson Education Inc., 2007.

[2] PRIESTLEY M N, SEIBLE F, CALVI G M. Seismic design and retrofit of bridges [M]. New York: John Wiley & Sons, 1996.

[3] SHIBATA A. Dynamic analysis of earthquake resistant structures [M]. Sendai-shi: Tohoku University Publishing Co., 2010.

[4] 范立础. 桥梁抗震 [M]. 上海：同济大学出版社，1997.

[5] 叶爱君，管仲国. 桥梁抗震. [M]. 3 版. 北京：人民交通出版社股份有限公司，2017.

[6] FEMA. NEHRP recommended provisions for seismic regulations for new buildings and other structures [S]. FEMA, 2003.

[7] ASCE. Minimum design loads for buildings and other structures [S]. American Society of Civil Engineers, 2013.

[8] 中华人民共和国交通运输部. 公路工程抗震规范：JTG B02—2013 [S]. 北京：人民交通出版社，2013.

[9] 中华人民共和国交通运输部. 公路桥梁抗震设计细则: JTG B02-01—2008[S]. 北京: 人民交通出版社, 2008.

[10] BIGGS J M J. Introduction to structural dynamics[M]. New York: McGraw-Hill, Inc., 1964.

[11] NGO T, MENDIS P, GUPTA A, et al. Blast loading and blast effects on structures—an overview[J]. Electronic Journal of Structural Engineering, 2007, 7(S1): 76-91.

[12] LI B, HUANG Z W, LIM C L. Verification of nondimensional energy spectrum-based blast design for reinforced concrete members through actual blast tests[J]. Journal of Structural Engineering, 2010, 136(6): 627-636.

[13] RONG H C. Performance-based blast resistant design of reinforced concrete frame structures under distant explosions [D]. Singapore: Nanyang Technological University, 2005.

[14] RONG H C, LI B. Deformation-controlled design of reinforced concrete flexural members subjected to blast loadings [J]. Journal of Structural Engineering, 2008, 134(10): 1598-1610.

[15] WHITNEY M W, HARIK I E. Analysis and design of bridges susceptible to barge impact [R]. University of Kentucky, 1997.

[16] WHITNEY M W, HARIK I E. Dynamic design of bridges susceptible to barge impact[J]. WIT Transactions on The Built Environment, 1996, 22: 161-170.

[17] WHITNEY M W, HARIK I E. Analysis and desigh of bridges susceptible to barge impact [R]. Kentucky: Research Report KTC-97-2, Kentucky Transportation Center, College of Engineering, University of Kentucky.

[18] CONSOLAZIO G R, COWAN D R. Nonlinear analysis of barge crush behavior and its relationship to impact resistant bridge design[J]. Computers & Structures, 2003, 81(8-11): 547-557.

[19] CONSOLAZIO G R, DAVIDSON M T, COWAN D R. Barge bow force-deformation relationships for barge-bridge collision analysis [J]. Transportation Research Record: Journal of the Transportation Research Board, 2009(2131): 3-14.

[20] COWAN D R. Development of time-history and response spectrum analysis procedures for determining bridge response to barge impact loading [D]. Gainesville: University of Florida, 2007.

[21] CONSOLAZIO G R, DAVIDSON M T. Simplified dynamic analysis of barge collision for bridge design[J]. Transportation Research Record: Journal of the Transportation Research Board, 2008(2050): 13-25.

[22] ZSARNÓCZAY Á, VIGH L G, KOLLÁR L P. Seismic performance of conventional girder bridges in moderate seismic regions [J]. Journal of Bridge Engineering, 2014, 19(5): 04014001.

[23] DAVIDSON M T, CONSOLAZIO G R, GETTER D J. Dynamic amplification of pier column internal forces due to barge-bridge collision[J]. Transportation Research Record: Journal of

the Transportation Research Board,2010(2172):11-22.

[24] GRENDENE M,FRANCHETTI P,MODENA C. Regularity criteria for RC and PRC multispan continuous bridges[J]. Journal of Bridge Engineering,2012,17(4):671-681.

[25] MEIR-DORNBERG K. Ship collisions, safety zones, and loading assumptions for structures in inland waterways[J]. VDI-Berichte,1983,496(1):1-9.

[26] FAN W,YUAN W. Ship bow force-deformation curves for ship-impact demand of bridges considering effect of pile-cap depth[J]. Shock and Vibration,2014,2014(1):1-19.

[27] GETTER D J,CONSOLAZIO G R. Relationships of barge bow force-deformation for bridge design:probabilistic consideration of oblique impact scenarios[J]. Transportation Research Record:Journal of the Transportation Research Board,2011(2251):3-15.

[28] AASHTO. Guide Specifications and Commentary for Vessel Collision Design of Highway Bridges[S]. 2nd ed. Washington,D. C.:AASHTO,2009.

[29] GETTER D J,CONSOLAZIO G R,DAVIDSON M T. Equivalent static analysis method for barge impact-resistant bridge design[J]. Journal of Bridge Engineering,2011,16(6):718-727.

[30] CONSOLAZIO G R,MCVAY M C,COWAN D R,et al. Pevelopment of improved bridge design provisions for barge impact[R]. Engineering and Industrial Experiment Station,2008.

[31] CONSOLAZIO G R,COWAN D R. Numerically efficient dynamic analysis of barge collisions with bridge piers[J]. Journal of Structural Engineering,2005,131(8):1256-1266.

[32] YUAN P. Modeling, simulation and analysis of multi-barge flotillas impacting bridge piers[D]. Kentucky:University of Kentucky,2005.

[33] 刘伟岸. 大型高桩承台基础的地震反应分析[D]. 上海:同济大学,2007.

[34] 杨俊. 高桩承台体系抗震能力研究[D]. 上海:同济大学,2007.

[35] 杨智. 船撞作用下桥梁的合理简化模型研究[D]. 上海:同济大学,2011.

[36] AASHTO. LRFD bridge design specifications[S]. 8th ed. Washington,D. C.:AASHTO,2017.

[37] 范立础. 桥梁工程[M]. 3 版. 北京:人民交通出版社股份有限公司,2017.

[38] FAN W,LIU Y Z,LIU B,et al. Dynamic ship-impact load on bridge structures emphasizing shock spectrum approximation[J]. Journal of Bridge Engineering,2016,21(10):04016057-(1-15).

[39] PEDERSEN P T,VALSGÅRD S,OLSEN D,et al. Ship impacts:bow collisions[J]. International Journal of Impact Engineering,1993,13(2):163-187.

第2篇
墩柱抗撞能力分析方法

第5章　侧向冲击下受压RC墩柱的损伤演化过程
第6章　侧向冲击下受压圆形RC墩柱精细有限元模拟方法
第7章　侧向冲击后RC墩柱剩余轴向承载能力
第8章　基于撞后状态近似的受压RC墩柱剩余轴向承载能力分析方法
第9章　冲击作用下RC梁和柱的高效分析方法

第 5 章 侧向冲击下受压 RC 墩柱的损伤演化过程

5.1 概 述

由于良好的经济性和力学性能,钢筋混凝土(RC)墩柱在桥梁桥墩中被广泛运用,是最典型的墩柱形式之一。过去几十年,业界针对 RC 墩柱的静力性能和抗震性能已展开了大量的研究[1]。除了上述设计荷载,在全寿命基准期内,桥梁还可能遭受各种侧向冲击荷载[1-15]。有研究发现,碰撞已经是造成桥梁垮塌的第二大因素[16]。为此,近年来已有许多研究者利用落锤或摆锤试验系统对钢筋混凝土构件的抗冲击性能进行研究。在现有试验中[17-35],大多数的研究对象是钢筋混凝土梁构件,这些构件的截面形式以矩形为主,边界条件大部分为简支支撑。显然,梁构件的受荷及边界条件与墩柱有所不同。例如,柱构件中一般存在较大的轴力,它和与侧向性能相关的混凝土约束效应、$P\text{-}\Delta$ 效应、压力拱效应等息息相关。然而,关于考虑轴力影响的 RC 墩柱(尤其是圆形 RC 墩柱)侧向抗冲击性能试验则报道较少,使得无法从物理试验中清晰地理解侧向冲击下受压 RC 墩柱的损伤演化过程及破坏机理。

在理想情况下,在研究墩柱的侧向冲击行为时,墩柱应该竖直放置,就像 Demartino 等[36]所采用的试验装置一样。在开展该项研究时,我们对比了采用水平冲击测试系统[37]和落锤系统[38]获得的测试结果,由此可以观察到类似的冲击响应特征。此外,我们还研究了二次撞击的影响,结果表明二次撞击对冲击响应的影响非常有限,因为与第一次撞击相比,二次撞击的冲击力非常小。同时,落锤冲击试验系统具有性能稳定、操作方便、可重复性高等优点,已被广泛用于机械、土木等冲击领域以开展各类结构冲击性能研究。因此,本章以圆形 RC 墩柱为对象,利用湖南大学建筑安全与节能教育部重点实验室的高性能落锤试验系统开展侧向冲击试验,为揭示侧向冲击下 RC 墩柱的破坏过程及机理提供重要的一手资料与基础数据。试验中,通过设计的自平衡稳定轴压系统及滑动支撑系统对试验构件施加初始轴力,边界条件为轴向自由而其他方向固结。通过落锤冲击试验得到了冲击力、试件的变形、裂缝损伤特征以及墩柱的耗能情况,并以此探讨了侧向冲击下受压 RC 墩柱的损伤演化过程,分析和研究了轴压比、配筋率、高径比对 RC 墩柱抗冲击性能的影响。

5.2 侧向冲击试验概况

5.2.1 圆形 RC 墩柱试件设计

本章试验共对 12 根圆形 RC 墩柱进行了落锤侧向冲击试验。RC 墩柱试件如图 5-1 所示,试件横截面为圆形,直径为 200mm,长度为 2200mm。为方便向中间墩柱部分施加轴向压力,在 RC 墩柱两端对称浇筑了尺寸为 350mm(高)×250mm(宽)×900mm(长)的横梁,锚固了两根轴向高强预应力钢筋。同时,为了提高横梁的受弯能力以及提高锚固端面的平整度,在外端面放置了厚度为 10mm 的钢板。

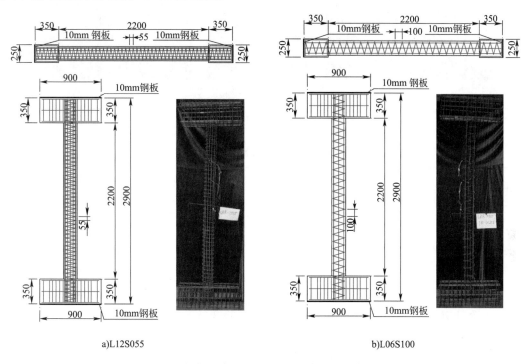

图 5-1 试验墩柱试件尺寸和钢筋配置详图(尺寸单位:mm)

鉴于不同地震区域中墩柱的配筋有所不同,本试验设计了两种钢筋配置的墩柱试件。其中,L12S055 系列钢筋配置如图 5-1a)所示,墩柱的纵向钢筋由 12 根直径为 8mm 的带肋钢筋组成,配筋率为 1.92%,墩柱的箍筋是由直径为 6mm 的光圆钢筋环绕而成的螺旋形箍筋,螺旋环之间间距为 55mm,螺旋箍筋配筋率为 1.3%,代表中强震区墩柱。另外,L06S100 系列钢筋配置如图 5-1b)所示,代表非中强震区墩柱,该墩柱包括 6 根纵向钢筋,螺旋箍筋的间距为 100mm,钢筋类型和直径与 L12S055 系列相同,纵向钢筋配筋率和螺旋箍筋配筋率分别为 0.96% 和 0.72%,满足美国 AASHTO 规范[39]中最小配筋率要求。

5.2.2 试件的浇筑和材料属性

我国桥墩常用混凝土的等级为 C30 或 C40。结合本试验试件材料强度需要,在浇筑试件前,针对 12 种混凝土配合比进行了混凝土试配工作(图 5-2),以获取力学性能稳定(强度约为 30MPa,强度离散小)和工作性能优异(流动性好,便于浇筑密实)的混凝土配合比。将试配混凝土立方体试块(150mm×150mm×150mm)养护 28d 后,进行单轴抗压试验,根据试验结果,其中 3 种混凝土配合比的强度满足试验需求(28d 后强度约为 30MPa)。根据试配混凝土的工作性能,本试验最终选取了表 5-1 中 Ⅱ 类型混凝土配合比,其水泥采用普通硅酸盐水泥,强度为 32.5MPa,集料类型为卵石,最大粒径为 10mm,水灰比为 0.44。

 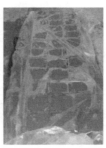 

a)粗集料筛选　　　　　　b)混凝土试块养护　　　　　c)混凝土单轴抗压试验

图 5-2　混凝土试配

混凝土配合比和材料特性　　　　　表 5-1

类型	粗集料	配合比				试块编号	抗压强度(MPa)[a]	平均抗压强度(MPa)
		水泥	水	细集料	粗集料			
Ⅰ	碎石(粗集料最大粒径16mm)	1.00	0.41	1.13	1.93	(1)	34.18	34.13
						(2)	34.67	
						(3)	33.56	
Ⅱ	卵石(粗集料最大粒径10mm)	1.00	0.44	1.26	2.33	(1)	33.51	33.67
						(2)	33.82	
						(3)	33.69	
Ⅲ	卵石(粗集料最大粒径10mm)	1.00	0.49	1.48	2.63	(1)	28.00	28.49
						(2)	28.62	
						(3)	28.84	
Ⅳ[b]	卵石(粗集料最大粒径10mm)	1.00	0.44	1.26	2.33	(1)	38.58	37.81
						(2)	37.49	
						(3)	37.37	

注：a. 除Ⅳ外，所有混凝土立方体试件在浇筑后第28d进行测试；
　　b. Ⅳ与Ⅱ采用相同的配合比，且与试件一同浇筑并在落锤冲击试验期间进行测试。

墩柱试件制作过程如图5-3所示，所有试件均采用配合比相同的混凝土并搅拌均匀，如图5-3a)所示。为保证浇筑试件的质量，试件模板全部采用钢模板，柱体部分模板采用厚度为10mm的无缝钢管。为方便模板的拆除，预先将钢管切割为两半，浇筑时通过螺栓将两块半圆模板合并成整体。浇筑混凝土前，在模板内侧表面涂抹润滑油以便拆除模板，防止拆模时试件表面混凝土受到损坏。同时，在钢筋笼周围放置少量与混凝土保护层厚度一致的混凝土小垫块，以确保钢筋位置准确。将试件模板竖立放置并浇筑混凝土，如图5-3b)所示，要尽可能与实际工程浇筑条件相近，边浇筑混凝土边振捣，保证浇筑的密实度和质量。试件模板在浇筑完成5d后拆除，如图5-3c)所示，将试件放置在试验室中自然养护28d。在浇筑墩柱试件的同时，采用相同混凝土制作多个150mm×150mm×150mm的立方体试块，并与试件在相同条件下养护，如图5-3d)所示，以便测量混凝土的实际强度。

a)混凝土搅拌

b)试件浇筑

c)试件拆模

d)试件养护

图 5-3　墩柱试件的制作

经测试,冲击试验时混凝土立方体试块的平均抗压强度为 37.83MPa。钢筋材料特性如表 5-2 所示,纵向钢筋的平均屈服强度为 418.1MPa,极限强度为 663.5MPa,伸长率为 22.5%。螺旋箍筋的平均屈服强度为 427.1MPa,极限强度为 626.0MPa,伸长率为 27.3%。

钢筋材料特性　　　　表 5-2

类型	试样	屈服强度(MPa)	极限强度(MPa)	伸长率(%)	平均值		
					屈服强度(MPa)	极限强度(MPa)	伸长率(%)
纵向钢筋	1	417.1	666.7	23.2	418.1	663.5	22.5
	2	415.4	656.7	21.0			
	3	421.7	667.0	23.4			
螺旋箍筋	1	430.1	631.7	29.0	427.1	626.0	27.3
	2	422.8	622.8	25.0			
	3	428.4	623.5	28.0			

5.2.3　试验参数和试验装置

1)试验的主要参数

为了探讨轴压比对圆形 RC 墩柱抗冲击性能的影响,在冲击试验中将轴压比作为研究参数,在本章中轴压比(n)按下式进行计算:

$$n = N_0/N_u \times 100\% \tag{5-1}$$

式中,N_0 为预先施加在试件上的轴向压力;N_u 为桥墩试件的轴向承载能力,在这里 N_u 值是指通过进行静力轴压试验测试得到的 RC 墩柱试件轴向承载能力。一般情况下,桥梁的钢筋混凝土墩柱的轴压比不会超过 30%。因此,该冲击试验中,对试件的轴压参数采用 0kN、200kN 和 400kN3 种不同的轴向压力值,分别代表墩柱承受低轴压、中等轴压以及高轴压水平的工况。试件承受 3 种轴向压力对应的轴压比分别为 0%、14.3% 和 28.6%,如表 5-3 所示。

墩柱试件参数 表 5-3

试验工况	试件类型	$l_0 \times D$ (m×cm)	配筋率 纵向钢筋 (%)	配筋率 螺旋箍筋 (%)	轴向荷载 轴力 (kN)	轴向荷载 轴压比 (%)	v_0 (m/s)	E_0 (J)
E1F1	L12S055	1.4×20	1.92	1.3	0	0	4.85	5198.5
E1F2	L12S055	1.4×20	1.92	1.3	200	14.3	4.85	5198.5
E1F3	L12S055	1.4×20	1.92	1.3	400	27.7	4.85	5198.5
E1F3L6	L06S100	1.4×20	0.96	0.72	400	28.6	4.85	5198.5
E2F1	L12S055	1.4×20	1.92	1.3	0	0	6.86	13364.9
E2F2	L12S055	1.4×20	1.92	1.3	200	14.3	6.86	13364.9
E2F3	L12S055	1.4×20	1.92	1.3	400	27.7	6.86	13364.9
E2F3L6	L06S100	1.4×20	0.96	0.72	400	28.6	6.86	13364.9
E2F1S1	L12S055	1.2×20	1.92	1.3	0	0	6.86	13364.9
E2F3S1	L12S055	1.2×20	1.92	1.3	400	14.3	6.86	13364.9
E2F1S2	L12S055	1.0×20	1.92	1.3	0	0	6.86	13364.9
E2F3S2	L12S055	1.0×20	1.92	1.3	400	14.3	6.86	13364.9

墩柱的高径比是影响其抗弯能力和抗剪能力的重要参数,该试验分别对高径比为 7、6 和 5 的墩柱进行了落锤冲击试验,以研究高径比对圆形 RC 墩柱抗冲击性能的影响。在本章中高径比(λ)按下式进行计算:

$$\lambda = \frac{H}{D} \tag{5-2}$$

式中,H 为墩柱的净高;D 为圆形墩柱横截面的直径。

除了改变轴向荷载和墩柱高径比外,该冲击试验还采用了低能量(5.198kJ)和高能量(13.36kJ)两种冲击能量对试件进行冲击测试。初始冲击能量按下式进行计算:

$$E_0 = \frac{1}{2}mv_0^2 \tag{5-3}$$

式中,m 为落锤的质量(kg),低能量和高能量对应的锤体质量 m 分别为 442kg 和 568kg;v_0 为落锤撞击试件前的初速度(m/s)。在本试验中,冲击速度 v_0 为锤头将要接触试件的瞬间对应的速度,由固定在落锤装置上的激光传感器测量该时刻激光通过直径为 1cm 的小孔所需时间来测算得到,各工况对应的冲击速度如表 5-3 中 v_0 值所示。根据上文所列参数,本章共安排了 12 个冲击试验工况。

2)试验装置

在本章的冲击试验中,轴向荷载和侧向冲击荷载需要同时加载在墩柱试件上,进行落锤冲击试验的装置如图 5-4 所示。落锤冲击试验装置主要包括:①预加轴力系统;②落锤冲击系统;③支撑系统。

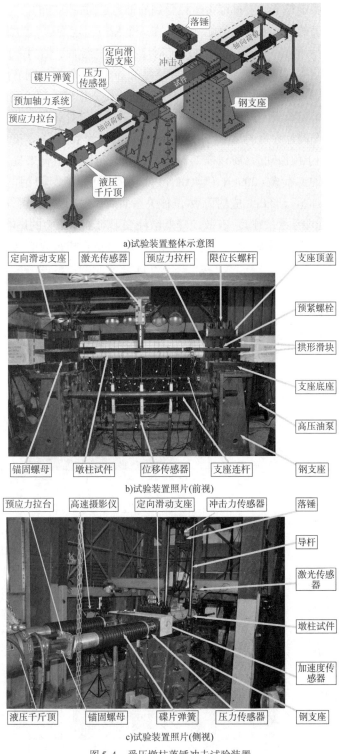

a) 试验装置整体示意图

b) 试验装置照片(前视)

c) 试验装置照片(侧视)

图 5-4 受压墩柱落锤冲击试验装置

桥梁墩柱承受的轴向荷载主要是桥梁上部结构的恒荷载。因为墩柱受到侧向冲击的过程非常短暂,所以可以假定整个冲击过程中墩柱受到的轴力是保持不变的[40]。因此,在冲击试验过程中,施加在试件上的轴力需要尽可能地维持在一个相对恒定的值。为此,在本章试验中采用了一套如图 5-4 所示的自平衡预加轴力系统对墩柱试件施加了轴力。该预加轴力系统由 386 个碟片弹簧、2 个空心式压力传感器、2 根直径为 32mm 的精轧螺纹钢筋拉杆、4 块预应力锚固垫板、4 个锚固螺母以及其他附件组成。轴力是通过张拉 2 根精轧螺纹钢筋对称施加在试件两侧,当轴力值达到指定荷载时,拧紧锚固螺栓以维持轴力。碟片弹簧的作用是减小整个轴压施加系统的刚度,单个碟片弹簧的尺寸:外径为 200mm,内径为 102mm,厚度为 8mm。因为单个碟片弹簧的承载力小于预加轴力,所以需要对碟片弹簧进行叠加组合来提高其承载能力。在本试验中针对两种轴向荷载(200kN 和 400kN)分别采用了两种碟片弹簧叠加组合形式,图 5-5a)是这两种叠加组合形式对应的荷载-位移关系曲线。由图 5-5a)可知,碟片弹簧可以显著地减小整个轴压施加系统的刚度,有效地降低墩柱变形对轴向压力的影响,保持轴向压力的稳定。在本章冲击试验过程中施加在试件上的轴力基本维持在指定数值,如图 5-5b)所示。

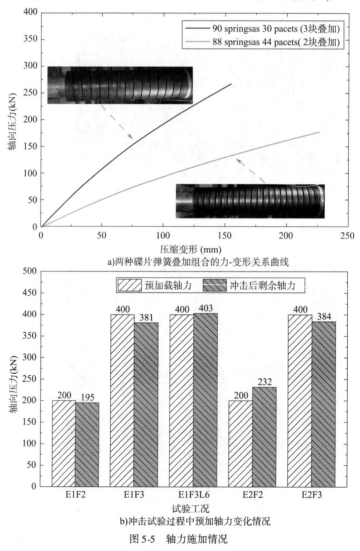

a)两种碟片弹簧叠加组合的力-变形关系曲线

b)冲击试验过程中预加轴力变化情况

图 5-5　轴力施加情况

本章落锤冲击试验装置是采用湖南大学建筑安全与节能教育部重点实验室的高性能落锤试验系统，该落锤试验系统已完成多种构件类型的冲击试验，试验结果均表明该系统具有很高的可靠性。该落锤试验系统由钢构塔架及附属设施（导轨、卷扬机）、落锤及附属设施（锤头夹具）以及数据采集系统组成，如图 5-6 所示。落锤的升降高度范围为 0～16m，落锤质量通过配重板调节，可在 205～1163kg 之间变化，锤头是直径为 0.2m 的圆柱。

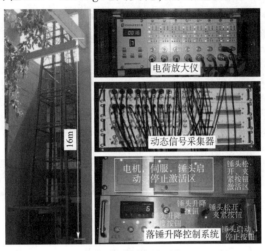

图 5-6　落锤试验系统

试验时，通过落锤升降控制系统将落锤的锤头提至指定高度，按下释放锤头开关，锤头夹具将张开，锤头将沿着导轨以自由落体运动方式下落，并以预定的冲击能量撞击墩柱试件跨中位置。在锤头将要与试件接触的瞬间，所有数据采集仪都会被激光传感器发出的电压信号触发而开始采集数据，直到冲击过程结束。

本章试验所采用的数据采集仪包括美国 NI 公司生产的动态信号采集器以及高速摄影仪，如图 5-6 所示。试验中动态信号采集器采用 500kHz 的频率采集冲击过程中所有应变、位移以及冲击力的数据。试件上的混凝土和钢筋应变由预先布置的应变片测量，冲击力时程由安置在落锤上的传感器测量，同时由 5 个竖向位移计和 2 个水平位移计测量试件的竖向和水平位移时程。此外，高速摄影仪能够拍摄到发生在锤头和墩柱试件之间完整的接触碰撞过程，在本章冲击试验中高速摄影仪采用的拍摄频率为 4500 帧。

5.3　侧向冲击下受压 RC 墩柱破坏过程与分析

5.3.1　墩柱试件破坏形态

图 5-7 所示为本章试验中圆形 RC 墩柱试件在不同冲击工况下的破坏模式。试件表面实线为受侧向冲击后墩柱产生的裂缝损伤，裂缝旁的数值为裂缝测量仪测量的裂缝宽度。在侧向冲击作用下，圆形 RC 墩柱试件的冲击接触区域以及端部支撑区域都产生弯曲和斜剪裂缝。根据冲击后的裂缝损伤图可知，高径比为 7 的所有墩柱试件的破坏模式均为以弯曲损伤为主的弯剪破坏。高径比为 6 和 5 的不受轴压墩柱试件（E2F1S1 和 E2F1S2）的破坏

模式也是弯剪破坏,但是后者(E2F1S2)的剪切损伤比前者(E2F1S1)表现得更加严重。高径比为6的受压墩柱试件(E2F3S1)的破坏模式是以剪切损伤为主的弯剪破坏。高径比为5的受压墩柱试件(E2F3S2)的破坏模式是剪切破坏。

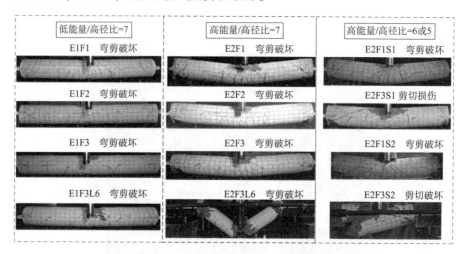

图 5-7　冲击荷载下 RC 墩柱试件破坏模式

图 5-8 所示为冲击荷载下墩柱试件在冲击接触碰撞区域以及端部支撑区域局部损伤,可以看到在锤头与试件接触区域和试件端部区域下缘靠近支座处出现了混凝土剥落的局部损伤。在冲击接触碰撞区域的局部损伤是由初始侵彻和冲击后反弹造成的,而在端部支撑区域的局部损伤主要是由混凝土受压破碎导致。从图中可以明显观察到,在高能量冲击作用下墩柱的整体变形程度和局部损伤程度都要比低能量工况下严重。例如,工况 E2F2 下墩柱两端支撑和中部的混凝土受拉区产生的裂缝宽度、墩柱残余变形以及局部混凝土损伤面积均比工况 E1F2 下大。

由图 5-7 和图 5-8 可知,轴力的存在对墩柱在冲击作用下的损伤程度和破坏模式有显著的影响。通常情况下,当墩柱整体损伤程度相对较低时,轴力有利于提高墩柱的侧向抗冲击能力。例如,工况 E2F1 的裂缝数量和残余变形要明显大于工况 E2F2 和 E2F3 的裂缝数量和残余变形。然而,轴力的存在会使得墩柱的局部损伤有加重的趋势。对于低能量冲击工况,受压墩柱试件在冲击接触碰撞区域的局部混凝土损伤面积和深度都明显比不受轴压试件的大。与此类似,在高能量冲击作用下,受压墩柱试件在端部支撑区域的局部混凝土损伤面积和深度都明显比不受轴压试件的大。

低配筋率的墩柱在遭受高能量冲击作用时,轴力可能会加快墩柱的失效。如图 5-7 所示,L06S100 类型的试件在遭受高能量冲击荷载后已经完全失效(E2F3L6 工况)。由高速摄影图 5-17d)可知:当 $t=32.7$ ms 时,落锤锤头与试件已经脱离接触,而此时墩柱并未完全失效。因此,墩柱轴力和轴力引起的 $P\text{-}\Delta$ 效应可能是导致墩柱完全失效的原因。上述结果说明在分析受压 RC 墩柱的侧向抗冲击性能时,尤其是墩柱遭受高能量侧向冲击荷载的情况下,轴力引起的 $P\text{-}\Delta$ 效应不可忽视。

此外,在侧向冲击作用下,受压 RC 墩柱试件与不受轴压试件的冲击破坏模式有明显差异。如图 5-7 所示,由于轴压的存在,高径比为 6 的墩柱试件破坏模式由以弯曲损伤为主的弯剪破坏(E2F1S1)转变为以剪切损伤为主的弯剪破坏(E2F3S1)。与此类似,高径比为 5 的墩柱试件破坏模式由延性较好的弯剪破坏(E2F1S2)转变为脆性剪切破坏(E2F3S2)。由此可知,在侧向冲击作用下,轴力的存在可能会导致墩柱破坏模式发生转变,轴力使得墩柱更容易产生剪切损伤,导致墩柱发生脆性剪切破坏。

除上述高径比和轴力的影响外,冲击能量和配筋率对墩柱在侧向冲击作用下产生的损伤程度也有较大的影响。如图 5-7 和图 5-8 所示,墩柱的整体变形和局部损伤程度都随着冲击能量的升高而变大。与 RC 梁的抗冲击行为类似,在冲击作用下,配筋率大的墩柱试件的整体变形和局部损伤程度明显小于配筋率小的墩柱试件。这是由于纵向钢筋和螺旋箍筋对RC 墩柱的侧向抗冲击能力有着重要的贡献。同时,这也意味着墩柱抗震延性设计要求有利于墩柱抵抗侧向冲击荷载。

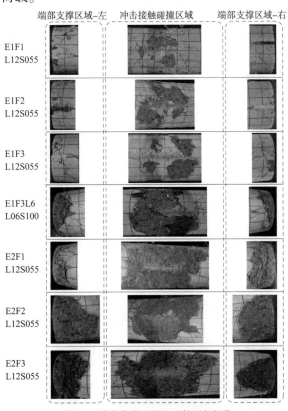

图 5-8 冲击荷载下墩柱试件局部损伤

从冲击试验中观察到的局部损坏程度如表 5-4 所示。

从冲击试验中观察到的局部损坏程度　　　　表 5-4

冲击工况	冲击接触碰撞区域		右端支撑区域		左端支撑区域	
	损伤面积 (5cm×4cm)	损伤深度 (mm)	损伤面积 (5cm×4cm)	损伤深度 (mm)	损伤面积 (5cm×4cm)	损伤深度 (mm)
E1F1	15	11	2.5	—	5	—

续上表

冲击工况	冲击接触碰撞区域		右端支撑区域		左端支撑区域	
	损伤面积（5cm×4cm）	损伤深度（mm）	损伤面积（5cm×4cm）	损伤深度（mm）	损伤面积（5cm×4cm）	损伤深度（mm）
E1F2	21	14	3.5	—	3	—
E1F3	18	14	3.5	—	4	—
E1F3L6	34	36	8	7	5	8
E2F1	39	23	4	17	5	17
E2F2	31	26	14	35	11	23
E2F3	37.5	22	14	24	14	25
E2F3L6	完全破坏					

5.3.2 冲击力时程曲线

本章试验各冲击工况对应的冲击力时程曲线如图5-9所示。由这些结果可知，试验记录的冲击力时程曲线一般可以分为以下三个阶段（图5-10）：

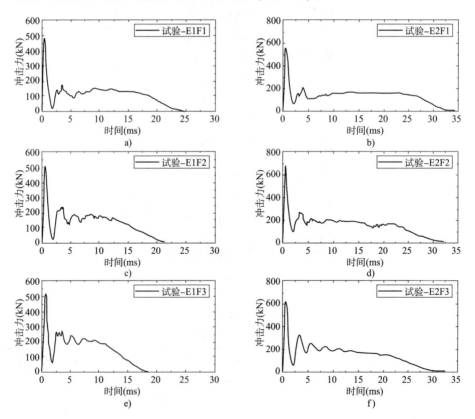

图 5-9

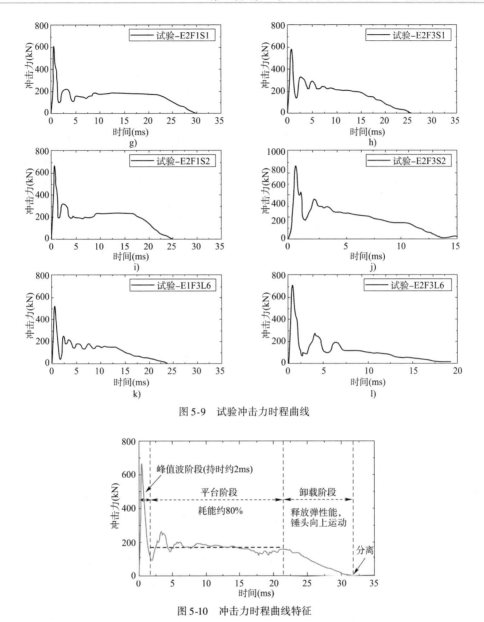

图 5-9 试验冲击力时程曲线

图 5-10 冲击力时程曲线特征

第一阶段:峰值波阶段。 与其他冲击试验[3,21]类似,本章试验中各工况的冲击力峰值发生在落锤与墩柱试件接触后非常短的时间(约 0.5ms)内,整个峰值波阶段持时很短,约为 2ms。如图 5-9 所示,同类试件在同等轴力条件下,冲击力峰值随着冲击能量增加而增大。这是因为冲击力峰值与冲击质量、速度以及钢筋混凝土构件的刚度呈正相关,而在本试验中高能量冲击工况对应的冲击质量和速度都大于低能量工况。在相同能量冲击下,受压墩柱试件的冲击力峰值大于不受轴压墩柱试件,这是因为通过施加轴向荷载增加了 RC 墩柱试件的初始刚度。

第二阶段:平台阶段。 在该阶段,冲击力在有限的范围内波动,并且大部分冲击能量(在本研究中为 81%～84%)在该阶段被耗散。如图 5-11 所示,在低能量冲击工况中,冲击力平均平台力值随着施加的轴向荷载和配筋率的增大而增加。这是因为圆形 RC 墩柱的侧向刚度(或抗力)对冲击力的第二阶段有很大影响。通常,该阶段的冲击力随着墩柱的侧向刚度(或抗力)的增加而增加。对于高能量冲击工况,在冲击力平台阶段的开始阶段也可以观察到类似的现象。然而,随着墩柱侧向变形的增大,轴力引起的 $P-\Delta$ 效应变得显著,使得轴向受压的墩柱的侧向刚度(或抗力)显著降低,从而导致第二阶段后一部分的冲击力倾向于接近没有轴向加载工况的结果,如图5-9所示。此外,应该注意到对于工况E2F3L6和E2F3S2(均为完全破坏的工况)几乎没有观察到冲击力平台阶段。这归因于侧向冲击荷载和轴力引起的 $P-\Delta$ 效应(E2F3L6)以及剪切损伤(E2F3S2)的综合影响导致墩柱的侧向刚度(或抗力)快速降低。换而言之,峰值波阶段之后,落锤和墩柱试件之间的速度差异迅速减小,使得落锤-墩柱的相互作用迅速进入下一个卸载阶段。实际上,由于轴向荷载的存在,墩柱试件的速度甚至可能大于落锤的速度。

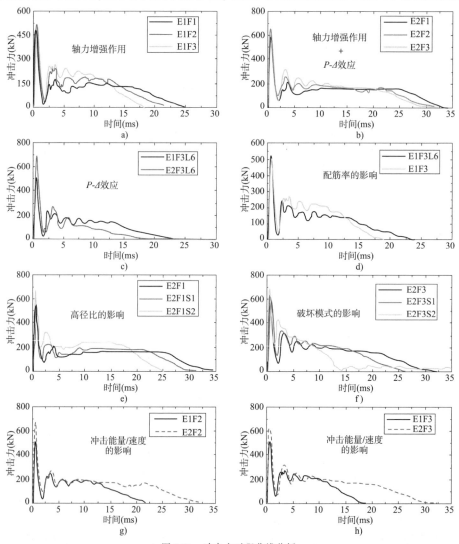

图5-11 冲击力时程曲线分析

第三阶段:卸载阶段。该阶段的运动方向与前两个阶段的运动方向不同[41],冲击落锤和墩柱试件开始向上运动,同时在这个阶段冲击力由平台值减小到0。如图5-10所示,在相同的能量冲击下,轴向受压试件的冲击力加载和卸载持续时间小于不受轴压试件的加载和卸载持续时间。这是因为轴力的存在不仅增大了墩柱的侧向刚度(抗力),同时提高了试样的回弹速度,加快了锤头和墩柱之间的分离。

5.3.3 位移时程曲线

1) 冲击点位移

试验冲击点位移时程曲线如图 5-12 所示。与冲击力结果相似,如图 5-13 所示,冲击点位移曲线也可以划分为三个阶段(工况 E2F3L6 和 E2F3S2 除外):①上升阶段,位移从 0 增加到最大值,该阶段对应于冲击力的加载阶段;②回弹阶段,位移从最大值减小到残余值,该阶段对应于冲击力的卸载阶段,在该阶段,由于墩柱存储的弹性势能被释放,墩柱在恢复力作用下向上运动;③自由振动阶段,此阶段墩柱发生一定程度的自由振动以消除自身剩余的动能。

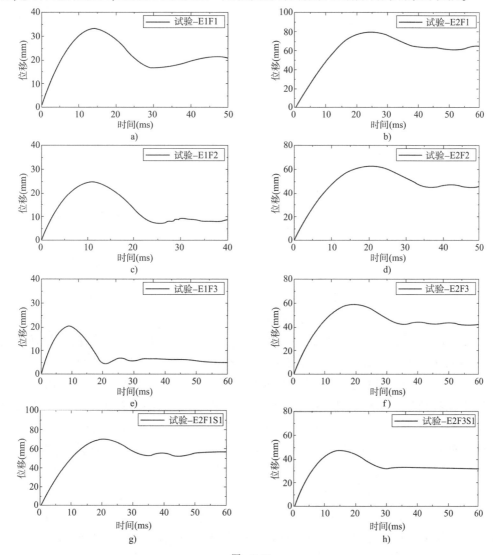

图 5-12

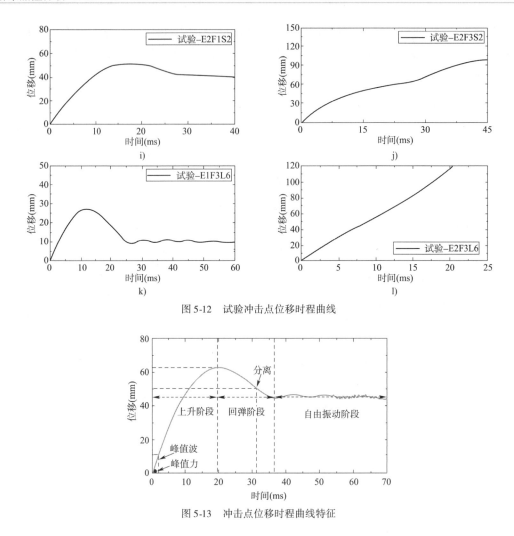

图 5-12 试验冲击点位移时程曲线

图 5-13 冲击点位移时程曲线特征

如图 5-14 所示,由各工况墩柱的峰值位移和残余位移可知,位移结果的趋势与上文试件损伤变形状态一致。具体地说,随着能量的增加,墩柱的位移也增加,这是因为冲击能量主要是通过墩柱产生的变形能消耗,冲击能量越大,墩柱变形也越大。此外,当墩柱的变形相对较小时,随着轴力的增加,墩柱的位移有减小的趋势,这是因为轴力的存在增大了墩柱的侧向刚度(或抗力),即墩柱发生单位位移所消耗的冲击能量增加了。与此相反,如工况 E2F3L6 和 E2F3S2,由于轴力的存在使得墩柱延性降低,在高能量冲击下墩柱发生完全破坏。工况 E2F3S2 和 E2F3L6 试件冲击点位移数值从 0 迅速增加到最大值,如图 5-12j) 和图 5-12l) 所示。这意味着位移传感器超出了量程并且由于试件完全坍塌而被破坏。这些冲击点位移结果进一步证明了轴向荷载对 RC 墩柱试件的冲击响应有着显著的影响。

2) 冲击试件轴向位移

冲击试件轴向位移时程曲线如图 5-15 所示。与钢管墩柱相反[42],在侧向冲击荷载加载过程中,RC 墩柱的轴向位移增量为正,这是因为在冲击荷载作用下 RC 墩柱在冲击位置和两端支撑位置受弯区域的混凝土因受拉开裂,裂缝开展使得混凝土产生了间隙,从而导致墩柱轴向位移增大。这也意味着由于裂缝开展而增大的轴向位移大于墩柱因为几何下挠变形而减小的轴向位移。此外,随着冲击能量的增加,RC 墩柱的轴向峰值位移增大。

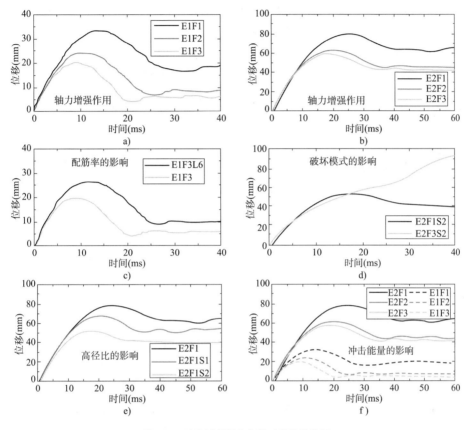

图 5-14 冲击试件轴向位移时程曲线分析

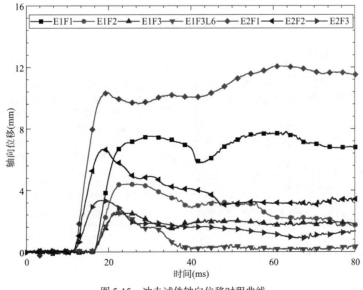

图 5-15 冲击试件轴向位移时程曲线

值得注意的是,轴向荷载对 RC 墩柱试件的轴向位移有着明显的影响。首先,受压墩柱的轴向位移明显小于不受轴压墩柱。其次,不受轴压墩柱的轴向位移达到最大值后无明显回弹,其轴向残余位移较大。然而,受压墩柱的轴向位移存在明显的回弹阶段。总之,随着轴力的增加,试件的轴向峰值位移和残余轴向位移都会减小。这是因为轴压使墩柱混凝土产生的预压应力抵消了部分因侧向冲击荷载产生的拉应力,从而减少了混凝土裂缝的数量并减小了开裂宽度。同时由于轴力的存在,卸载阶段混凝土裂缝闭合行为更加明显。

5.3.4 裂缝发展过程

本章试验中采用高速摄影仪记录了整个冲击过程中墩柱试件裂缝和损伤演化的全过程,摄像频率采用 4500 帧,即每隔 0.22ms 记录墩柱的一个状态。由于整个试验过程记录的图片数量非常多,限于篇幅本章仅示出了冲击过程中 RC 墩柱典型状态下的裂缝。

图 5-16、图 5-17 和图 5-18 分别为高径比为 7 的 RC 墩柱在低能量冲击作用下、高径比为 7 的 RC 墩柱在高能量冲击作用下、高径比为 6 和 5 的 RC 墩柱在高能量冲击作用下的裂缝发展过程。由此可知,首先在冲击力峰值波阶段(约 2ms)内,高径比为 7 和 6 的 RC 墩柱出现的裂缝为位于冲击区域的竖向弯曲裂缝,高径比为 5 的 RC 墩柱在冲击区域的竖向弯曲裂缝以及 45°斜裂缝几乎同时出现。然后在冲击力峰值波阶段后期以及平台阶段的开始阶段,墩柱支撑区域开始出现竖向弯曲裂缝和 45°斜裂缝。对于以弯曲损伤为主的 RC 墩柱(除工况 E2F3S1 和 E2F3S2 以外的其他工况),随着墩柱位移的增大,冲击区域和支撑位置的竖向弯曲裂缝和斜裂缝宽度增大,数量增多。在冲击力平台阶段的中期,锤柱接触区域和端部支撑区域可见环形裂缝,表明这两个区域的混凝土开始出现受压破坏。同时,可见受压墩柱混凝土出现受压破坏明显早于不受轴压墩柱。当侧向位移达到峰值时,墩柱的裂缝宽度和数量都达到最大值。最后,在冲击力卸载阶段,墩柱开始向上回弹,裂缝宽度变小,局部受压损伤的混凝土开始出现大面积剥落。

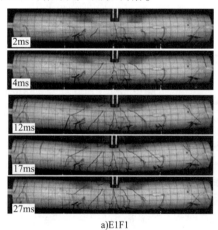

图 5-16

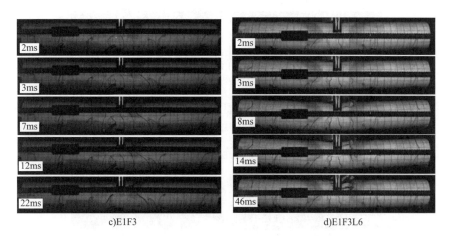

c)E1F3　　　　　　　　　　　　　　　d)E1F3L6

图 5-16　高径比为 7 的 RC 墩柱在低能量冲击作用下的裂缝发展过程

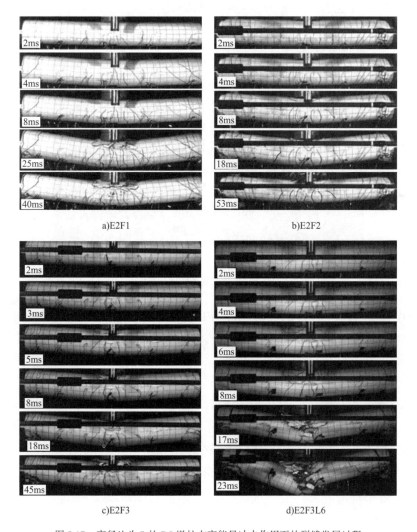

a)E2F1　　　　　　　　　　　　　　　b)E2F2

c)E2F3　　　　　　　　　　　　　　　d)E2F3L6

图 5-17　高径比为 7 的 RC 墩柱在高能量冲击作用下的裂缝发展过程

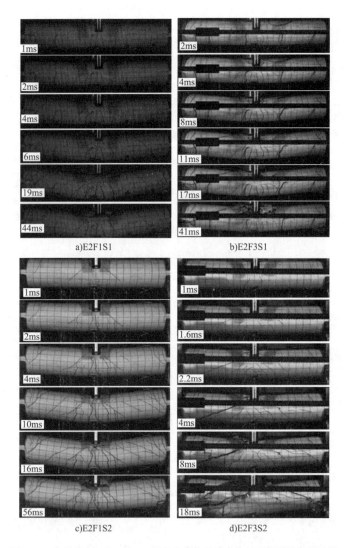

图 5-18 高径比为 6 和 5 的 RC 墩柱在高能量冲击作用下的裂缝发展过程

对于发生剪切损伤的工况 E2F3S1 和 E2F1S2，墩柱剪跨区域的剪切裂缝出现在冲击力平台阶段，此时在墩柱的冲击区域和支撑区域已经产生了较多的弯曲裂缝，随着位移的增加，剪切裂缝和弯曲裂缝宽度都变大。在冲击力卸载阶段，墩柱向上回弹，弯曲裂缝宽度变小，墩柱剪跨区域的剪切裂缝宽度未发生明显变化。

然而，对于发生剪切破坏的工况 E2F3S2，墩柱剪跨区域的剪切裂缝出现在冲击力峰值波阶段，此时在墩柱的冲击区域出现了较轻微的弯曲裂缝，随着位移的增加，剪切裂缝继续发展，裂缝延伸变长，宽度增加，而之前产生的弯曲裂缝并没有继续发展。最终，墩柱沿着剪跨区域的剪切裂缝发生破坏。

5.3.5 冲击能量耗散

结合冲击力和冲击点位移的时程，冲击过程中，落锤的动能主要由墩柱的反作用力做功所消耗。因此,通过对这些力-位移曲线进行积分,可讨论落锤冲击试验中的能量交换。如图 5-19 所示,在冲击力峰值波阶段(即第一阶段),24%~29%的冲击总能量从落锤传递到 RC 墩柱试件。落锤的其他动能在冲击力平台阶段(即第二阶段)转移为墩柱的内部能量。然后,存储在整个冲击测试系统中的弹性势能在冲击力卸载阶段(即第三阶段)被释放。通过力-位移曲线的面积来确定图 5-19 所示的 RC 试件耗散的能量。除完全破坏的工况 E2F3L6 和 E2F3S2 外,受轴压墩柱释放的弹性势能约为不受轴压墩柱的 1.5 倍。这表明当冲击引起的位移相对较小时,轴向荷载有助于墩柱存储更多的弹性应变能。

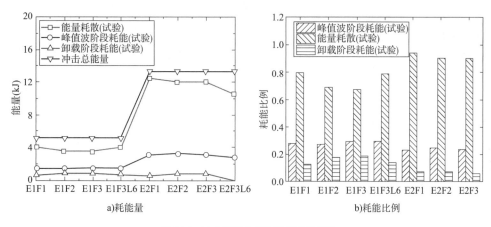

图 5-19　冲击过程中各阶段的能量耗散

5.4　本章小结

本章节对 12 根圆形 RC 墩柱进行了落锤侧向冲击试验。通过试验获取了试验中锤头的冲击力、墩柱的位移以及整个冲击过程的高速影像数据,分析和研究了轴压比、高径比、配筋率对墩柱抗冲击性能的影响。试验结果表明:

(1)高径比为 7 的所有墩柱试件的破坏模式均为以弯曲损伤为主的弯剪破坏,表明本章研究的各种参数(即配筋率、轴向荷载水平、冲击能量)对于高径比为 7 的墩柱整体失效模式影响不明显。然而,高径比为 6 和 5 的不受轴压墩柱试件(E2F1S1 和 E2F1S2)的破坏模式为弯剪破坏,高径比为 6 的受压墩柱试件(E2F3S1)的破坏模式变为以剪切损伤为主的弯剪破坏,高径比为 5 的受压墩柱试件(E2F3S2)的破坏模式变为剪切破坏,这意味着高径比和轴向压力是导致墩柱破坏模式发生转变(由弯曲破坏模式转变为剪切破坏模式)的两个关键因素。

(2)轴向压力对墩柱的冲击响应(冲击力、最大位移以及残余位移)有着较为显著的影响。一般情况下,当冲击位移相对较小时,轴向压力能够增强墩柱的侧向抗冲击能力。相反,当冲击位移相对较大时,轴向压力将削弱墩柱的侧向抗冲击能力,$P\text{-}\Delta$ 效应成为主导,轴向荷载的存在可能触发墩柱发生完全破坏。

(3)冲击能量和配筋率对墩柱在侧向冲击作用下产生的损伤程度有非常大的影响,不仅影响墩柱整体破坏程度,而且影响局部损伤程度。墩柱的整体变形和局部损伤程度都会随着冲击能量的升高而变大。在冲击作用下,配筋率大的墩柱的整体变形和局部损伤程度明显小于配筋率小的墩柱试件。这表明了纵向和横向配筋有助于增强冲击荷载下 RC 墩柱的抗冲击能力。

(4)一般情况下,冲击力时程曲线可以分为以下三个阶段:峰值波阶段、平台阶段以及卸载阶段。同时,与冲击力结果相似,冲击点位移曲线也可以划分为三个阶段:上升阶段、回弹阶段以及自由振动阶段。对于发生完全破坏的墩柱,冲击力和位移时程有较大差异,冲击力曲线没有明显的平台阶段,位移曲线不存在卸载阶段以及自由振动阶段。

(5)本试验裂缝发展过程为:首先在冲击力峰值波阶段(约2ms)内,在冲击区域出现竖向弯曲裂缝以及45°斜裂缝,然后在冲击力峰值波阶段后期以及平台阶段的开始阶段,墩柱支撑区域开始出现竖向弯曲裂缝和45°斜裂缝。对于以弯曲损伤为主的墩柱,随着位移增大,裂缝宽度增大,数量增多。发生剪切损伤的墩柱,剪跨区域的剪切裂缝在冲击力平台阶段产生。因剪切完全破坏的墩柱,剪跨区域的剪切裂缝出现在冲击力峰值波阶段。

(6)冲击过程的能量耗散,在冲击力最大的冲击力峰值波阶段(即第一阶段)中,仅耗散总能量的24%~29%。大部分的动能是在冲击力平台阶段(即第二阶段)转移为墩柱的内部能量。卸载阶段受轴压墩柱释放的弹性势能约为不受轴压墩柱的1.5倍,这说明当冲击引起的位移相对较小时,轴向荷载有助于墩柱存储更多的弹性应变能。

本章参考文献

[1] PRIESTLEY M J N,SEIBLE F,CALVI G M. Seismic design and retrofit of bridges[M]. New York:John Wiley & Sons,1996.

[2] 夏坚,宗周红,徐焯然,等.双壁钢箱混凝土组合墩柱抗震性能研究Ⅰ:双向拟静力试验(英文)[J]. 东南大学学报:英文版,2016(1):58-66.

[3] FUJIKAKE K,LI B,SOEUN S. Impact response of reinforced concrete beam and its analytical evaluation[J]. Journal of Structural Engineering,2009,135(8):938-950.

[4] FAN W,YUAN W C,CHEN B S. Steel fender limitations and improvements for bridge protection in ship collisions[J]. Journal of Bridge Engineering,2015,20(12):06015004.

[5] FAN W,LIU Y Z,LIU B,et al. Dynamic ship-impact load on bridge structures emphasizing shock spectrum approximation[J]. Journal of Bridge Engineering,2016,21(10):04016057.

[6] FAN W,GUO W,SUN Y,et al. Experimental and numerical investigations of a novel steel-UHPFRC composite fender for bridge protection in vessel collisions[J]. Ocean Engineering,2018,165:1-21.

[7] 樊伟,刘斌.高桩承台桥梁驳船撞等效侧向荷载作用模式[J]. 中国公路学报,2016,29(7):72-80.

[8] ZHANG J F,CHEN X Z,LIU D J,et al. Analysis of bridge response to barge collision:refined impact force models and some new insights[J]. Advances in Structural Engineering,2016,19(8):1224-1244.

[9] 张景峰,李小珍,肖林,等.两类船-桥碰撞力差异及桥梁结构响应分析[J].振动与冲击,2016,35(4):156-161.

[10] KANTRALES G C,CONSOLAZIO G R,WAGNER D,et al. Experimental and analytical study of high-level barge deformation for barge-bridge collision design[J]. Journal of Bridge Engineering,2016,21(2):04015039.

[11] AASHTO. Guide Specifications and Commentary for Vessel Collision Design of Highway Bridges[S]. 2nd ed. Washington,D. C. :AASHTO,2009.

[12] SHA Y Y,HAO H. Laboratory tests and numerical simulations of barge impact on circular reinforced concrete piers[J]. Engineering Structures,2013,46:593-605.

[13] LU Y E,ZHANG L M. Analysis of failure of a bridge foundation under rock impact[J]. Acta Geotechnica,2012,7(1):57-68.

[14] SHARMA H,HURLEBAUS S,GARDONI P. Performance-based response evaluation of reinforced concrete columns subject to vehicle impact[J]. International Journal of Impact Engineering,2012,43:52-62.

[15] CHEN L,EL-TAWIL S,XIAO Y. Reduced models for simulating collisions between trucks and bridge piers[J]. Journal of Bridge Engineering,2016,21(6):04016020.

[16] 樊伟.船撞下桥梁结构动力需求及桩承结构防撞能力分析方法[D].上海:同济大学,2012.

[17] 赵德博.冲击荷载作用下钢筋混凝土梁响应特征及设计方法研究[D].长沙:湖南大学,2017.

[18] HO J. Inelastic design of reinforced concrete beams and limited ductile high-strength concrete columns[D]. Hong Kong:The University of Hong Kong,2003.

[19] SAATCI S,VECCHIO F J. Effects of shear mechanisms on impact behavior of reinforced concrete beams[J]. ACI Structural Journal,2009,106(1):78-86.

[20] 许斌,曾翔.冲击荷载作用下钢筋混凝土梁性能试验研究[J].土木工程学报,2014,47(2):41-51,61.

[21] 曾翔.冲击和快速加载作用下钢筋混凝土梁柱构件性能试验与数值模拟研究[D].长沙:湖南大学,2014.

[22] HUGHES G,BEEBY A W. Investigation of the effect of impact loading on concrete beams[J]. The Structural Engineer,1982,60B(3):45-52.

[23] HUGHES G,SPEIRS D M. An investigation of the beam impact problem[M]. Slough:Cement and Concrete Association,1982.

[24] BENTUR A,MINDESS S,BANTHIA N. The behaviour of concrete under impact loading:experimental procedures and method of analysis[J]. Materials and Structures,1986,19(5):371-378.

[25] KISHI N,NAKANO O,MATSUOKA K G,et al. Experimental study on ultimate strength of flexural-failure-type RC beams under impact loading[C]. IASMiRT,2001.

[26] KISHI N, MIKAMI H, MATSUOKA K G, et al. Impact behavior of shear-failure-type RC beams without shear rebar[J]. International Journal of Impact Engineering, 2002, 27(9): 955-968.

[27] CHEN Y, MAY I M. Reinforced concrete members under drop-weight impacts[J]. Proceedings of the Institution of Civil Engineers—Structures and Buildings, 2009, 162(1): 45-56.

[28] KISHI N, MIKAMI H. Empirical formulas for designing reinforced concrete beams under impact loading[J]. ACI Structural Journal, 2012, 109(4): 509-519.

[29] 曾翔, 许斌. 无腹筋钢筋混凝土梁抗冲击行为试验研究[J]. 土木工程学报, 2012, 45(9): 63-73.

[30] ADHIKARY S D, LI B, FUJIKAKE K. Dynamic behavior of reinforced concrete beams under varying rates of concentrated loading[J]. International Journal of Impact Engineering, 2012, 47: 24-38.

[31] ADHIKARY S D, LI B, FUJIKAKE K. Strength and behavior in shear of reinforced concrete deep beams under dynamic loading conditions[J]. Nuclear Engineering and Design, 2013, 259: 14-28.

[32] 许斌, 曾翔. 冲击作用下钢筋混凝土深梁动力性能试验研究[J]. 振动与冲击, 2015, 34(4): 6-13, 39.

[33] ZHAN T B, WANG Z H, NING J G. Failure behaviors of reinforced concrete beams subjected to high impact loading[J]. Engineering Failure Analysis, 2015, 56: 233-243.

[34] ADHIKARY S D, LI B, FUJIKAKE K. Low velocity impact response of reinforced concrete beams: experimental and numerical investigation[J]. International Journal of Protective Structures, 2015, 6(1): 81-111.

[35] 霍静思, 胡开赢. RC梁冲击破坏机理试验研究与残余变形预测方法探讨[J]. 湖南大学学报: 自然科学版, 2017, 44(1): 112-117.

[36] DEMARTINO C, WU J G, XIAO Y. Response of shear-deficient reinforced circular RC columns under lateral impact loading[J]. International Journal of Impact Engineering, 2017, 109: 196-213.

[37] AGHDAMY S, THAMBIRATNAM D, DHANASEKAR M. Experimental investigation on lateral impact response of concrete-filled double-skin tube columns using horizontal-impact-testing system[J]. Experimental Mechanics, 2016, 56(7): 1133-1153.

[38] FAN W, LIU B, CONSOLAZIO G R. Residual capacity of axially loaded circular RC columns after lateral low-velocity impact[J]. Journal of Structural Engineering, 2019, 145(6): 04019039.

[39] AASHTO. LRFD bridge design specifications[S]. 8th ed. Washington, D. C.: AASHTO, 2017.

[40] WANG R, HAN L H, HOU C C. Behavior of concrete filled steel tubular (CFST) members under lateral impact: experiment and FEA model[J]. Journal of Constructional Steel

Research,2013,80:188-201.

[41] FAN W, YUAN W C. Numerical simulation and analytical modeling of pile-supported structures subjected to ship collisions including soil-structure interaction[J]. Ocean Engineering, 2014,91(15):11-27.

[42] ZEINODDINI M, PARKE G, HARDING J. Axially pre-loaded steel tubes subjected to lateral impacts:an experimental study[J]. International Journal of Impact Engineering,2002,27(6):669-690.

第6章 侧向冲击下受压圆形 RC 墩柱精细有限元模拟方法

6.1 概 述

由于动力冲击试验设备及技术非常复杂,动力试验设备并不普及,并且考虑到试验安全和费用昂贵等因素,通过大量开展冲击试验来全面、深入地研究结构动力行为是不现实的。因此,一些研究者往往通过开展少量的试验来获取关键的试验数据,基于试验数据和现象建立一些数值模型与分析方法来全面、深入地研究冲击荷载作用下梁和柱构件的动力行为[1-4]。例如,Fujikake 等[5]开发了一个两自由度质量-弹簧-阻尼系统模型,用于预测 RC 梁的冲击动力响应。Fan 和 Yuan[2]采用 LS-DYNA 动力分析软件对 RC 梁的冲击试验进行了精细有限元模拟。然而,值得指出的是,在这些研究中受冲击后梁的残余变形并没有引起足够的关注。在以往研究中[5],在试验数据和分析所得的残余变形结果之间往往可以观察到较大的差异。更重要的是,与没有轴向荷载的梁构件相比,准确确定受冲击后的残余变形对于存在轴向荷载的墩柱更为重要。因此,在冲击荷载下运用 RC 墩柱的数值分析模型应当能够准确地预测最大响应以及撞击后的残余响应。

本章对受压圆形 RC 墩柱的冲击进行了模拟,运用了广泛的有限元仿真分析方法进行研究,并确定了常用于模拟 RC 梁的有限元建模技术在建立受压圆形 RC 墩柱模型时存在的局限性。通过克服这些不足,提出了改进的有限元模拟方法,用于预测受压 RC 墩柱的侧向冲击响应,并采用第 5 章的冲击试验对建立的有限元模拟方法进行了验证。

6.2 混凝土本构在低速碰撞模拟中的性能分析

6.2.1 基于弹塑性混凝土本构理论的初步比较分析

自有限元技术用于工程领域以来,许多学者一直致力于建立合理的混凝土本构模型,使基于有限元技术能合理地模拟混凝土在一般应力条件下的行为[6-10]。然而,由于混凝土具有非常复杂的非线性力学性质,且先后有难以计数的本构模型被提出,因此在实际问题中选用合适的本构模型较为困难。以著名的非线性动力分析软件 LS-DYNA 为例,其先后加入了十几种可用于描述混凝土力学行为的材料模型[11-17],这也从一个侧面反映了混凝土本构模型自 20 世纪 60 年代以来的发展。对混凝土力学模拟而言,如此之多的材料模型并不总是有利的,相反这往往让使用者左右为难。混凝土本构模型建立得合理与否,将关系船舶-防撞结构接触碰撞模型是否合理,但目前仅有较少文献详细探讨该类型接触碰撞问题中的合理混凝土本构问题,因此下面将对 LS-DYNA 中已有的混凝土材料模型进行较为详细的评述,明确各模型的优点、局限性及适用范围,为建立船舶-防撞结构(桥梁)的接触碰撞模型提供依据。

经统计[18],LS-DYNA 中主要有九种材料模型可用于描述混凝土的力学性质[11-17],见表 6-1。表 6-1 中,I_1 为应力张量 σ_{ij} 第一不变量,见式(6-1),p 为静水压力,见式(6-2),J_2 和 J_3 为偏应力张量 s_{ij} 第二不变量和第三不变量,分别见式(6-3)和式(6-4),$\cos(3\theta)$ 和 $\sin(3\beta)$ 见式(6-5)[19,20]:

$$I_1 = \sigma_1 + \sigma_2 + \sigma_3 \tag{6-1}$$

$$p = -\frac{1}{3}(\sigma_1 + \sigma_2 + \sigma_3) = -\frac{1}{3}I_1 \tag{6-2}$$

$$J_2 = \frac{1}{2}s_{ij}s_{ij} = \frac{1}{6}[(\sigma_1-\sigma_2)^2 + (\sigma_2-\sigma_3)^2 + (\sigma_3-\sigma_1)^2] \tag{6-3}$$

$$J_3 = \frac{1}{3}s_{ij}s_{jk}s_{ki} \tag{6-4}$$

$$\cos(3\theta) = -\sin(3\beta) = \frac{3\sqrt{3}J_3}{2J_2^{3/2}} \tag{6-5}$$

式中,σ_i 表示固体某点的主应力,且规定 $\sigma_1 \geq \sigma_2 \geq \sigma_3$;$s_{ij}$ 为偏应力张量;θ 为相似角或 Lode 角。此外,表 6-1 中 f'_c 为混凝土单轴抗压强度,f_t 为混凝土单轴抗拉强度。由表 6-1 分析可知:从理论上材料模型 MAT_SOIL_AND_FOAM(MAT_5)、MAT_ORIENTED_CRACK(MAT_17)和 MAT_GEOLOGIC_CAP_MODEL(MAT_25)就存在较多的局限,故不建议采用这些本构关系来模拟混凝土在低速冲击作用下的力学行为(如船舶碰撞桩承防撞结构)。此外,经过几十年的试验和理论研究,对混凝土破坏面的一般特征已有了较为全面的认识,其中重要的一点就是[9]:在偏平面上的破坏曲线是非圆的和非放射的,为此在本构模型中需要引入偏应力张量的第三不变量 J_3。因此,MAT_PSEUDO_TENSOR(MAT_16)、MAT_SOIL_CONCRETE(MAT_78)和 MAT_JOHNSON_HOLMQUIST_CONCRETE(MAT_111)也不适合用来描述混凝土的力学性能,尤其在存在拉应力情况下。其中,对于在爆炸和穿甲等高应变率问题中采用的 HJC(MAT_111)模型,Polanco-Loria 等[21]也指出了其存在上述的不足,并对 MAT_111 进行了修正,修正后模型性能得到明显改善,这也说明了在混凝土本构中考虑 J_3 的影响是必要的。

综上所述,从混凝土材料本构的破坏准则来看,由 MAT_16 修正而来的 MAT_CONCRETE_DAMAGE(MAT_72)、基于 Ottosen 四参数的 MAT_WINFRITH_CONCRETE(MAT_84)和由 MAT_25 发展而来的 MAT_CSCM_CONCRETE(MAT_159),在理论上较为合理,值得进一步探讨和比较。

6.2.2 基于三轴压缩模拟的比较分析

通常混凝土多轴压缩可采用单个单元进行模拟[16,25-28]。在模拟分析中,正确的边界条件是非常重要的,需要进行必要的能量检查来评估结果的可靠性。然而,不同文献采用的边界条件有所不同,如图 6-1 所示。例如 BC1 在文献[16,28]中被采用,BC2 在文献[25,26]中被采用,BC3 在文献[27]中被采用。为了得到合理的应力-应变分析模型,下文将首先对这几种边界的合理性进行分析。

表 6-1 LS-DYNA 中混凝土的破坏准则及比较

模型编号	破坏面函数形式	子午线	偏平面	评述
MAT_5	$f = J_2 - (a_0 + a_1 p + a_2 p^2)$ 其中，a_0, a_1, a_2 为模型参数			没有引入 J_3 无法描述软化
MAT_16	$f = \left(\sqrt{3J_2} - \left(a_0 + \dfrac{p}{a_1 + a_2 p}\right)\right)$ 其中，a_0, a_1, a_2 为模型参数	$\Delta\sigma_m = a_0 + \dfrac{p}{a_1 + a_2 p}$ 极限破坏面 $\Delta\sigma = \eta\Delta\sigma_m + (1-\eta)\Delta\sigma_r$ 当前屈服面 $\Delta\sigma_r = a_0 + \dfrac{a_1 + a_2 p}{}$ 残余强度面 η 与当前塑性应变相关		没有引入 J_3
MAT_17	$f = J_2 - \dfrac{\sigma_y^2}{3}, \sigma_y = \sigma_0 + E_p \bar{\varepsilon}_p$ 其中，$\sigma_0, E_p, \bar{\varepsilon}_p$ 为初始屈服应力、等效塑性模量和等效塑性应变			与压力无关 没有引入 J_3 无应变率效应
MAT_25	$f_1 = (\sqrt{J_2} - L(\kappa)) -$ min $(\alpha - \gamma e^{-\bar{\beta}I_1} + \theta I_1,$ $\lvert X(\kappa) - L(\kappa) \rvert)$, $f_2 = (\sqrt{J_2} - \dfrac{1}{R}\sqrt{[X(\kappa) - L(\kappa)]^2 - [J_1 - L(\kappa)]^2}$ $f_3 = T - I_1$ 其中，$\alpha, \gamma, \bar{\beta}, \theta$ 为硬化参数； κ 为硬化参数，是第一应力不变量相关的函数； $X(\kappa)$ 为帽盖参数与第一应力不变量相关的截距； $L(\kappa)$ 为硬化参数的函数，其定义为 $L(\kappa) = \begin{cases} \kappa & \kappa > 0 \\ 0 & \kappa \leq 0 \end{cases}$			没有引入 J_3 不光滑有角点

续上表

模型编号	破坏面函数形式	子午线	偏平面	评述
MAT_72 R3	$\Delta\sigma_{mc} = a_0 + \dfrac{p}{a_1 + a_2 p}, p \geq f'_c/3$ $\Delta\sigma_{mt} = \Psi(p)\left(a_0 + \dfrac{p}{a_1 + a_2 p}\right), p \geq f'_c/3$ $-f_t \leq p < f'_c/3$ 见右图	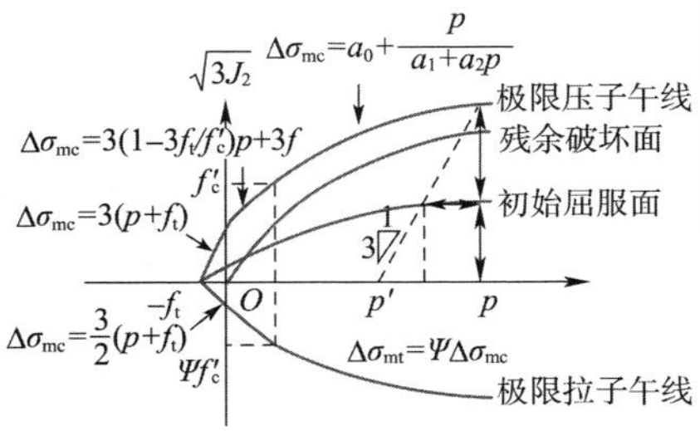 (压子午线/拉子午线图,含极限压子午线、残余破坏面、初始屈服面、极限拉子午线)	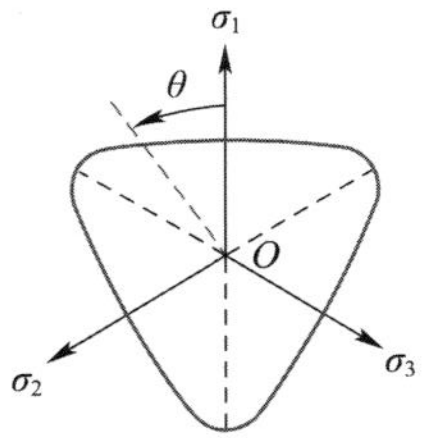 (近似三角形偏平面图)	偏平面为 Willame-Warnke 模型 广泛用于爆炸分析中
MAT_78	$f = (\sqrt{3J_2} - F(p))$ 其中,$F(p)$ 为自定义函数	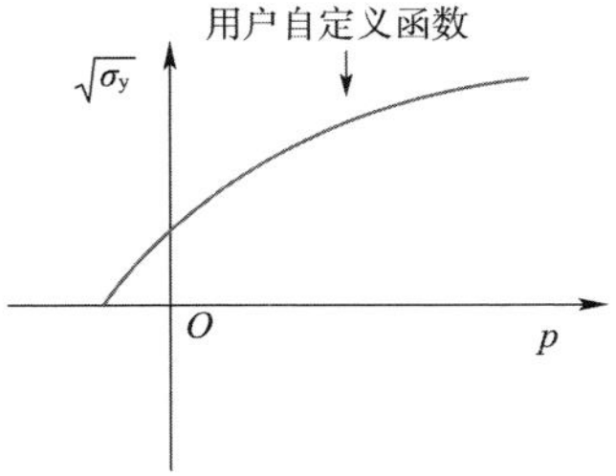 用户自定义函数	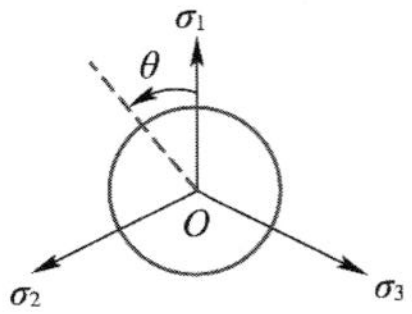 (圆形偏平面)	没有引入 J_3
MAT_84	$f = \dfrac{AJ_2}{f_c^2} + \lambda\left(\dfrac{\sqrt{J_2}}{f_c} + \dfrac{BI_1}{f_c}\right) - 1 = 0$ 其中,λ 为 Lode 角相关参数;B 为模型参数	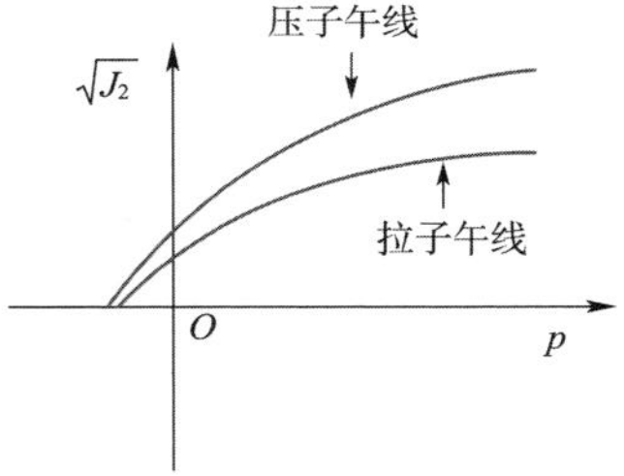 (压子午线、拉子午线)	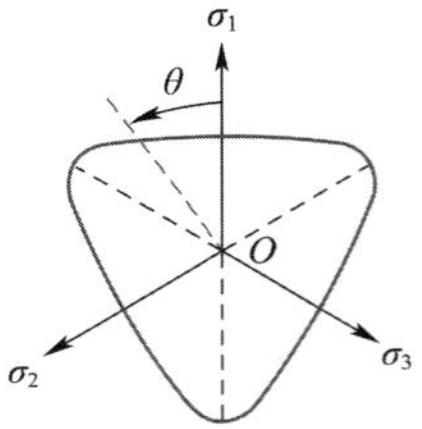 (近似三角形偏平面图)	破坏准则是 Ottosen 四参数模型 但是运用的文献有限

续上表

模型编号	破坏面函数形式	子午线	偏平面	评述
MAT_111	$f = (\sqrt{3J_2}/f'_c) - [A(1-D) + B(p/f'_c)^N]$ $[1 + C\ln(\dot{\varepsilon}/\dot{\varepsilon}_0)]$ 其中，A, B, C, N，SMAX 为材料参数；D 为损伤指标；$\dot{\varepsilon}$ 为应变率			没有引入 J_3
MAT_159	$f(p, J_2, J_3, \kappa) = J_2 - \Re^2 F_f^2 F_c$ 其中，$\Re$ 为 Rubin 函数，$F_f(p) = \alpha - \lambda e^{-\beta p} + \theta p$， $\alpha, \lambda, \beta, \theta$ 为模型参数 $F_c(p, \kappa) = 1 - \dfrac{[p - L(\kappa)][|p - L(\kappa)| + p - L(\kappa)]}{2[X(\kappa) - L(\kappa)]^2}$			由 MAT_25 发展而来 光滑无角点 为最新加入的模型

注：限于篇幅，不能对模型进行详细说明；所有模型除具体见文献[11,12]外，MAT_25 见文献[13]，MAT_72 见文献[14]，MAT_84 见文献[22,23]，MAT_111 见文献[24]，MAT_159 见文献[25,26]，补充的文献大多是模型提出者原始的著作。

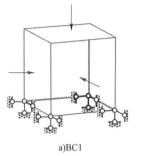 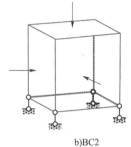 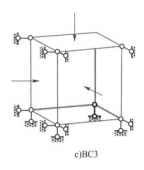

a) BC1　　　　　　　　b) BC2　　　　　　　　c) BC3

图 6-1　单个单元模型边界条件

在单、三轴应力-应变关系分析过程中,采用单点积分的 8 节点单元(单元尺寸为 150mm × 150mm × 150mm),对表 6-2 所示的工况进行分析。对于 MAT_72R3、MAT_84 和 MAT_159 模型,混凝土单轴抗压强度 $f'_c = 42$MPa,其他参数详见表 6-3。

三轴压缩模拟的工况　　　　　　　表 6-2

编号	本构	边界	加载	围压	编号	本构	边界	加载	围压
C1	#72R3	BC1	单轴	0	C9	#159	BC3	单轴	0
C2	#84	BC1	单轴	0	C10	#72R3	合理	三轴	5MPa
C3	#159	BC1	单轴	0	C11	#84	合理	三轴	5MPa
C4	#72R3	BC2	单轴	0	C12	#159	合理	三轴	5MPa
C5	#84	BC2	单轴	0	C13	#72R3	合理	三轴	10MPa
C6	#159	BC2	单轴	0	C14	#84	合理	三轴	10MPa
C7	#72R3	BC3	单轴	0	C15	#159	合理	三轴	10MPa
C8	#84	BC3	单轴	0					

注:表中"#72R3"代表 MAT_72R3,"#84"代表 MAT_84,"#159"代表 MAT_159;边界中"合理"表示由单轴分析得到的合理边界。

三种模型的参数　　　　　　　表 6-3

本构	MAT_72R3			MAT_84				MAT_159		
参数	A0	RSIZE	UCF	TM	UCS	UTS	ASIZE	FPC	DAGG	UNITS
数值	−42	3.94×10^{-2}	145	3.47×10^4	42	3.63	5	42	10	2

注:表中参数含义见文献[11],单位制为(mm,t,s,N);共有参数密度 RO = 2.40×10^3kg/m³,泊松比 PR = 0.2,其他都采用模型默认值即可。

将上述 C1 至 C9 的计算结果(除 C4 计算不稳定外)汇总,得到不同本构模型在不同边界条件下的单轴压缩的应力-应变曲线,如图 6-2 所示。由图 6-2 可看出:①MAT_72R3 的 C1 和 C7 计算结果基本相同,混凝土单轴抗压强度与输入值一致,且能反映混凝土的软化行为; ②MAT_159 的 C3、C6 和 C9 计算结果与 MAT_72R3 的类似,且两者在达到极限强度前表现出来的性质基本相同,但两者软化部分不完全相同;③MAT_84 在三种边界条件下的计算结果各不相同,且计算的单轴强度都高于混凝土理论上的单轴强度,无法反映混凝土的软化行为,说明了 MAT_84 的断裂能与单元尺寸相关,较为不合理。总体上来讲,三种边界条件中,BC3 最为合理,能够得到较为稳定的计算结果。为了进一步比较 MAT_72R3 和 MAT_159 的性能,将两者与 CEB[29] 中的经验应力-应变曲线[式(6-6)]进行对比。

$$\sigma_c = -\frac{\dfrac{\varepsilon_c}{\varepsilon_{c1}} - \left(\dfrac{\varepsilon_c}{\varepsilon_{c1}}\right)^2}{1 + \left(\dfrac{E_{ci}}{E_{c1}} - 2\right)\dfrac{\varepsilon_c}{\varepsilon_{c1}}} f_c', \quad |\varepsilon_c| < |\varepsilon_{c,\lim}| \tag{6-6}$$

式中,E_{ci} 为切线模量(MPa),可由 $21500(f_c'/10)^{1/3}$ 得到;σ_c 为压应力(MPa);ε_c 为压应变;ε_{c1} 为极限强度下的压应变;E_{c1} 为割线模量(MPa),可由 f_c'/ε_{c1} 得到;$\varepsilon_{c,\lim}$ 为极限压应变。通常 CEB 推荐 ε_{c1} 为 0.22%,但计算表明(图 6-2):当 ε_{c1} 取 0.22% 时,CEB 计算结果与 MAT_72R3 和 MAT_159 的结果都相差较大。但当 ε_{c1} 等于 0.18% 时,CEB 计算结果与 MAT_72R3 和 MAT_159 的结果较为接近,尤其是 MAT_72R3 在达到极限强度前的部分,而 MAT_159 软化的斜率则较 MAT_72R3 好。由此可知,MAT_72R3 和 MAT_159 在默认参数下,可能低估 ε_{c1} 的值。

在上述分析的基础上,选择 BC3 作为所有模型的边界条件,进行 C10 至 C15 工况的计算,比较各模型在侧向围压约束下三向应力情况的性能(图 6-3)。图 6-3 结果进一步显示了 MAT_84 存在的局限,且出现了数值不稳定的情况。MAT_72R3 和 MAT_159 都表现出在侧向围压约束下极限强度提高的性质,但 MAT_72R3 远远比 MAT_159 提高得多。同样,可进一步采用 CEB 规范[29] 中的经验公式[式(6-7)]进行比较。

$$f_{c,cf} = \begin{cases} f_c'(1.00 + 5.0\sigma_2/f_c'), & \sigma_2 < 0.05 f_c' \\ f_c'(1.125 + 2.50\sigma_2/f_c'), & \sigma_2 > 0.05 f_c' \end{cases} \tag{6-7}$$

式中,σ_2 为侧向围压;$f_{c,cf}$ 为侧向围压约束下的极限强度。当 $f_c' = 42$ MPa,σ_2 为 5MPa 和 10MPa 时,$f_{c,cf}$ 分别为 59.75MPa 和 72.25MPa。在此基础上,采用式(2-40)将图 6-3 和 CEB 计算结果进行比较分析,得到如图 6-4 所示结果。由图 6-4 可知,相比 MAT_72R3,MAT_159 与 CEB 计算结果更接近,表明 MAT_159 更为合理。

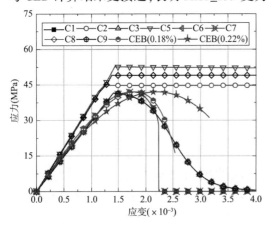

图 6-2 材料模型的单轴压缩应力-应变曲线

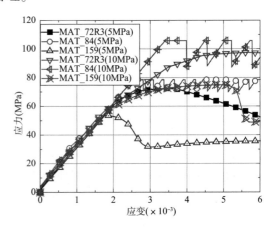

图 6-3 材料模型侧向围压约束下应力-应变曲线

6.2.3 基于低速冲击试验数值模拟的比较分析

为了比较上述三种混凝土本构在低速冲击荷载下的力学行为,将它们用于模拟图 6-5 所示的典型钢筋混凝土冲击试验。限于篇幅,现仅对文献[5]中纵向钢筋为 D16 的两种落距(H = 0.15m 和 0.30m)进行模拟。在试验中[5],落锤质量为 400kg,钢筋混凝土梁总长为 1700mm,两支座中心距为 1400mm,梁截面为 250mm × 150mm,箍筋为 D10 型。由图 6-5 和以上参数,采用 PATRAN 建立如图 6-6 所示有限元模型。

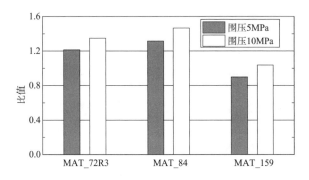

图 6-4 三种模型计算得到极限强度值与 CEB 规范值比较分析

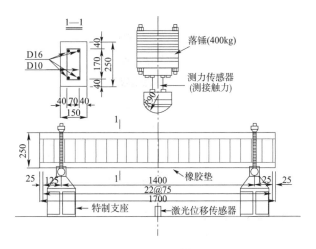

图 6-5 冲击试验装置及模型[5](尺寸单位:mm)

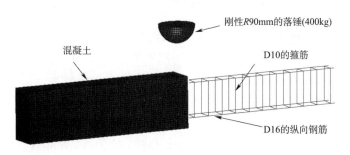

图 6-6 冲击试验有限元模型

在该模型中，采用 CONSTRAINED_LAGRANGE_IN_SOLID 将钢筋和混凝土耦合，其优点是可较自由地单独进行钢筋和混凝土的网格划分。其中，钢筋采用杆单元模拟，混凝土则采用单点积分的实体单元模拟。箍筋和纵向钢筋都采用 MAT_PLASTIC_KINEMATIC（MAT_3）弹塑性材料模型，其参数见表6-4。落锤采用 MAT_20 刚性材料，调整密度使其质量为400kg，其他为钢材参数，使其能正确地反映与钢筋混凝土接触时的刚度。落锤与钢筋混凝土之间采用 CONTACT_AUTO_NODE_TO_SURFACE 类型接触。

试验中的钢筋材料参数   表6-4

类型	RO(kg/m³)	E(MPa)	PR	ETAN(MPa)	SIGY(MPa)	SRC(s^{-1})	SRP	FS
D10	7.85×10^3	2×10^5	0.3	3×10^3	295	40.4	5	0.1
D16	7.85×10^3	2×10^5	0.3	3×10^3	426	40.4	5	0.1

注：表中参数依据文献[5]取值，参数含义见文献[11]。

与准静态的多轴压缩模拟不同的是，在此试验模拟中需要考虑应变率对钢筋和混凝土强度的影响。因此，混凝土除表6-3所示参数外，需对三种模型增加应变率相关参数。上述三种混凝土本构能够考虑应变率的效率，但是考虑方式及采用的应变率提高曲线都不相同。MAT_72R3 需用户定义应变率影响曲线，MAT_84[14] 和 MAT_159[25,26] 都将其内置在默认参数模型中，只需添加应变率选项。此外，CEB 中推荐的公式经常被用来定义 MAT_72R3 的应变率曲线，且与 MAT_84 类似（这是由于 MAT_84 中的公式是早期的 CEB 公式）。当取 f_c = 42MPa 时，三者（CEB,MAT_84 和 MAT_159）的应变率对强度影响如图6-7所示。显然，CEB 与 MAT_84 比较接近，而 MAT_159 与两者差异均较大，但哪种更准确尚无定论。

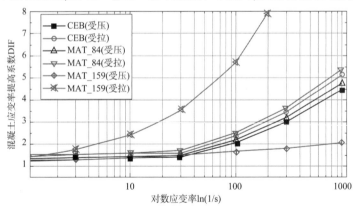

图6-7 混凝土的应变率提高系数（f_c = 42MPa）

由图6-6所示的模型以及表6-3、表6-4和图6-7所示的参数，对两种不同落距进行分析，得到图6-8~图6-11所示结果。为了便于比较，利用式(2-40)对图6-8和图6-9进行响应峰值分析，得到图6-10所示结果。

由图6-8和图6-10可知，MAT_72R3 和 MAT_159 不仅都能够表现出与试验基本一致的初始峰值接触力（MAT_159 略优于 MAT_72R3），而且在平台段也与试验基本一致。MAT_84 平台段与试验基本一致，但初始接触力峰值远远大于试验值，说明 MAT_84 表现出来的接触刚度比其他两个模型和试验值都要大，较为不合理。

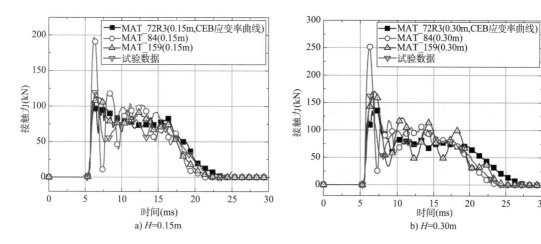

图 6-8　接触力响应值比较分析

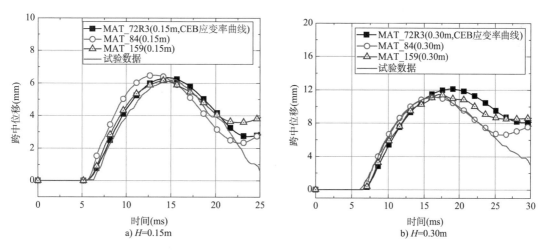

图 6-9　跨中位移响应值比较分析

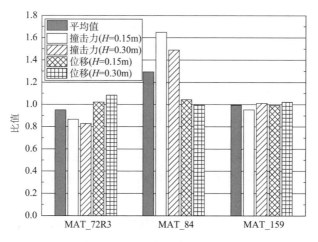

图 6-10　冲击试验模拟中峰值比较分析

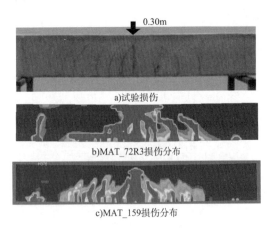

图6-11 冲击试验及模拟损伤分布

由图6-9和图6-10可知,在两种落距下,三种模型的结果都与试验基本一致,尤其是跨中位移的峰值响应(除 $H=0.30$m 时的 MAT_72R3 略偏高)。但是,三者都表现出比试验更大的残余位移,这与压缩模拟指出的极限强度对应的应变值偏小相关。此外,由 MAT_84 的接触力和位移的结果可知,整体(位移)响应与初始接触力的峰值关系不大,而主要与平台阶段相关。此外,图6-11给出了 MAT_72R3 和 MAT_159 损伤,通过与试验损伤对比表明:MAT_159 能够比 MAT_72R3 更好地呈现实际损伤的分布形态和位置,可以很好地指导钢筋混凝土抗冲击的设计。

综合上述三方面(理论、多轴应力-应变以及低速冲击试验模拟)的分析,可知:由 MAT_25 发展而来的 MAT_CSCM_CONCRETE(MAT_159)相比其他混凝土本构模型更适合用于混凝土低速冲击问题的模拟。对于船舶碰撞桩承防撞结构(或桥梁),由于船舶的速度一般较小,船撞作用下混凝土的力学特征与上述低速冲击试验类似,因此在船舶-防撞结构的接触碰撞模型中,可采用各方面性能都较优的 MAT_CSCM_CONCRETE(MAT_159)来进行分析。

6.3 冲击荷载作用下受压 RC 墩柱的有限元模拟

6.3.1 有限元建模

为了更深入地研究 RC 墩柱的抗冲击性能,建立了冲击荷载作用下轴向受压 RC 墩柱的非线性接触碰撞精细有限元模型,如图6-12所示。该有限元模型中,墩柱混凝土、落锤、定向滑动和支撑钢构件以及放置在墩柱端部的钢板采用三维实体单元模拟,预载系统中的直径为32mm 的螺纹钢筋由索单元模拟,纵向钢筋和螺旋箍筋以及支撑系统中的螺栓由梁元件模拟。锤头和试样之间的接触通过关键字 CONTACT_AUTO_SURFACE_TO_SURFACE[30] 来定义。

1)混凝土材料模型

为了进一步对比上述两种比较有潜力的本构模型,即混凝土损伤本构模型(MAT_72R3)和连续盖帽本构模型[MAT_CSCM_CONCRETE(MAT_159)]在墩柱模拟中的性能,这里进一步采用这两种本构模型进行墩柱模拟。上述两种混凝土材料本构模型都可以通过简单地赋予混凝土圆柱体标准试块的单轴抗压强度(f'_c)来自动生成详细的本构模型参数。根据《混凝土物理力学性能试验方法标准》(GB/T 50081—2019),标准圆柱体试块的单轴抗压强度(f'_c)等于 150mm×150mm×150mm 的混凝土立方体试块测试的抗压强度(f_{cu})的79%。因此,根据第5章测试的混凝土立方体试块强度,本章中 RC 墩柱试件混凝土材料单轴抗压强度为 $f'_c=0.79\times 37.82=29.88$(MPa)。对于混凝土损伤本构模型(MAT_72R3),Wu 和 Crawford[31] 指出,当混凝土存在约束效应时,控制体积膨胀的相关性参数 ω 对结构响应有影响。在本研究中约束混凝土

的 ω 值采用其建议值 0.90。此外,Wu 和 Crawford[31]提出,压缩和拉伸损伤演化参数 b_1 和 b_2 由下式修正:

$$b_1 = 0.0135h + 0.79 \qquad (6-8)$$

$$b_2 = (1.4 \times 10^{-4} w_{lz}^2 - 0.039 w_{lz} + 3.06)(0.516 - 8.4 \times 10^{-5} f_c'^2 + 0.014 f_c') \qquad (6-9)$$

式中,h 为单元的特征长度(mm);w_{lz} 为定位宽度(mm),通常取最大集料尺寸的 3 倍;f_c' 为混凝土材料标准圆柱体试块的单轴抗压强度。

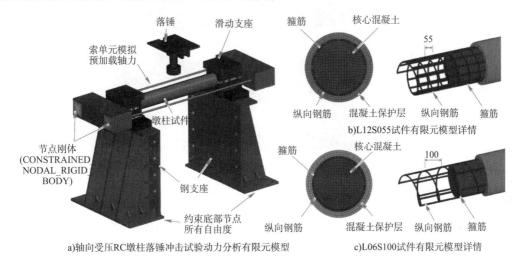

图 6-12　落锤冲击荷载作用下轴向受压 RC 墩柱的动力分析精细有限元模型(尺寸单位:mm)

为了评估这两种混凝土材料本构模型模拟冲击作用下受压圆形 RC 墩柱的适用性,在本节中分别采用这两种本构模型对试验工况 E2F2 进行了初步模拟。相应的数值计算结果如图 6-13 所示。从采用 MAT_72R3 本构模型模拟得到的数值结果中可以观察到严重的沙漏,其中沙漏能高达总能量的 38%。通过采用沙漏控制,沙漏能降到总能量的 8%。然而,采用 MAT_72R3 本构模型获得的损伤情况仍然与测试结果有显著差异,如图 6-13b)所示。相反,采用 MAT_CSCM_CONCRETE(MAT_159)本构模型获得的损伤模式及损伤分布则更合理,这表明连续盖帽本构模型[MAT_CSCM_CONCRETE(MAT_159)]在对冲击荷载下受压 RC 墩柱的数值模拟中具有更大的潜力,这也与 Fan 和 Yuan[2]的研究结论一致。因此,该混凝土材料模型将用于下文数值模拟中。

2)钢筋材料模型

在 RC 构件的有限元模拟中,通常采用桁架单元或者梁单元来模拟嵌入混凝土中的钢筋。为了评估这两种单元在低速冲击模拟中的适用性,本书分别采用 LS-DYNA 中的桁架杆单元和梁单元建立了一个简单的钢筋单轴拉伸模型,模拟了长度为 5cm、直径为 8mm 的钢筋的轴向拉伸过程。在上述校准模拟中,钢筋采用具有应变率效应的材料本构模型 MAT_PLASTIC_KINEMATIC(MAT_3),该本构采用 Cowper-Symonds 模型来考虑钢筋的应变率效应。对于低碳钢,Cowper-symonds 模型中的应变率相关系数通常为 $C = 40.4 \text{s}^{-1}$ 和 $P = 5$[32]。图 6-14 为该数值模型在不同拉伸应变率下钢筋的应力-应变关系曲线,其中图 6-14a)表明,虽然材料模型已经考虑了应变率效应,但采用桁架单元获得的动态应力并未随应变率增加而增加。相反,当采用梁单元时,可以在图6-14b)中观察到预期的由应变率效应产生的动态应力增加现象。因此,在本书圆形RC墩柱的冲击模拟中采用梁单元模拟钢筋。

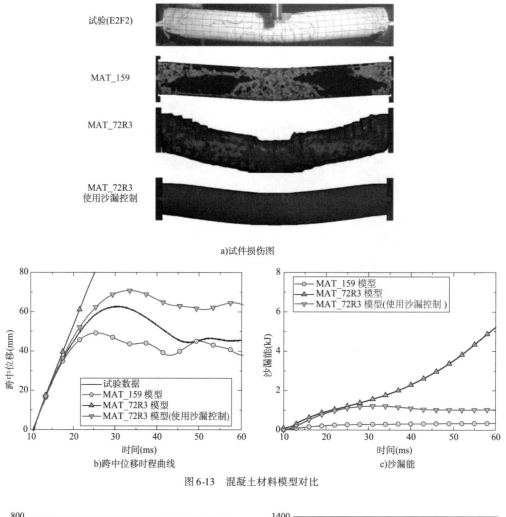

图6-13 混凝土材料模型对比

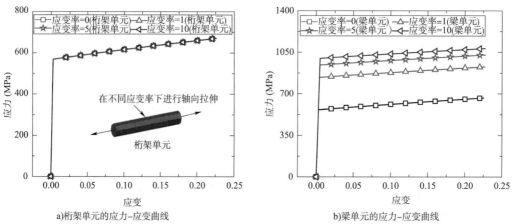

图6-14 用于钢筋模拟的桁架单元和梁单元之间的比较

除了采用梁单元外,与文献[33]相同,本书将采用材料模型 MAT_PIECEWISE_LINEAR_PLASTICITY(MAT_24)来描述钢筋行为,而不是采用上述的 MAT_3,以更准确地模拟钢筋的应力-应变关系。相比仅能定义理想的双折线弹塑性本构模式的 MAT_3,MAT_24 本构模型曲线可以采用试验测出的钢筋实际应力-应变关系来定义。因此,本书钢筋弹塑性材料模型由钢筋拉伸试验获得的应力-应变曲线确定。与冲击模拟[2,26]中的常规处理方式一样,本节中混凝土与钢筋之间假定为理想黏结(即不考虑混凝土与钢筋之间的黏结滑移作用的影响),由 CONSTRAINED_LAGRANGE_IN_SOLID 命令定义。

3)轴向力加载模拟

在本书落锤冲击试验中,如图 5-5b)所示,施加在墩柱试件上的轴向荷载在冲击前后变化较小。因此,在本书模拟中假定轴力保持稳定不变,并在冲击模拟中采用下述的简单方法加以实现。

为简单起见,在本书所建立的有限元模型中没有明确地模拟碟片弹簧,而是采用较简单的方法来等效模拟碟片弹簧的作用。如图 6-12 所示,采用关键字 CONSTRAINED_NODAL_RIGID_BODY 将预应力钢筋与固定在试件端部的钢板连接起来,通过赋予材料模型 MAT_CABLE_DISCRETE_BEAM 给杆系单元(即索单元)来模拟轴向预应力钢筋。为了与落锤冲击试验条件一致,在数值模拟中墩柱两端保持近似恒定的轴向荷载,并将索单元的等效弹性模量设定为钢材的弹性模量的 1%。通过上述简单的处理,索单元中的轴向力变得对轴向变形不再敏感,进而使数值模拟的轴向加载条件与落锤冲击试验一样。此外,为了避免由于轴向突然施加荷载而引起的动力振荡,对索单元的预拉伸荷载-时间曲线定义如下,为先逐步上升然后稳定的阶段函数[30]:

$$F = \begin{cases} F_0 t/t_0, & 0 < t \leqslant t_0 \\ F_0, & t_0 < t \leqslant t_1 \\ F_0 + K_{cable} \Delta l, & t > t_1 \end{cases} \quad (6\text{-}10)$$

式中,F 为施加在试件两端的轴向荷载;F_0 为所需施加的预拉伸荷载,其值根据表 5-3 确定;t 为数值分析的时间;t_0 为预拉荷载上升到指定数值的时间,本书中取为 0.01s;t_1 为落锤与试件开始接触所需时间,本书中取为 0.022s;K_{cable} 是索单元的轴向刚度,它取决于单元材料的弹性模量以及索单元的面积和长度;Δl 为冲击过程中索单元长度的变量。该函数对应的索单元轴向荷载-时间曲线如图 6-15 所示。

6.3.2 单元尺寸敏感性分析

在广泛数值分析之前,对单元尺寸敏感性进行讨论是重要而必要的。因此,下面将以 E2F2 工况为例进行网格收敛性分析。图 6-16 给出了分别采用三种不同的尺寸(5mm、8mm 和 15mm)划分墩柱混凝土网格所获得的数值结果,结果表明:①采用 15mm 网格可比 8mm 和 5mm 网格预测出更小的变形和更大的冲击峰值力;②采用 15mm 网格获得的损伤分布与冲击测试的损伤分布大不相同;③采用 5mm 和 8mm 网格可以得到非常接近的数值结果。考虑精度和效率的平衡,本书中将采用8mm作为墩柱试件混凝土网格尺寸。

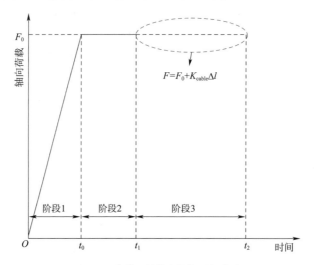

图6-15 索单元的轴向荷载-时间曲线

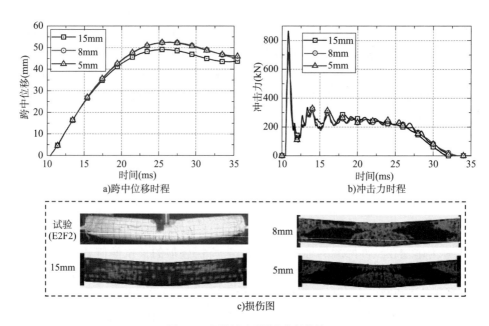

图6-16 网格尺寸灵敏度分析结果

6.3.3 现有模拟方法评估

采用通常用于RC梁构件的冲击模拟方法,进行了高径比为7的墩柱试件所有冲击工况的数值模拟分析,所获得的冲击力和跨中位移的时程曲线,分别如图6-17和图6-18所示。为了评估数值模型的准确性,将数值模拟结果与试验结果的比值汇总于图6-19和表6-5中。若比值大于1.0,则表明数值模拟结果大于试验结果;相反,若比值小于1.0,则意味着数值模拟结果小于试验结果。

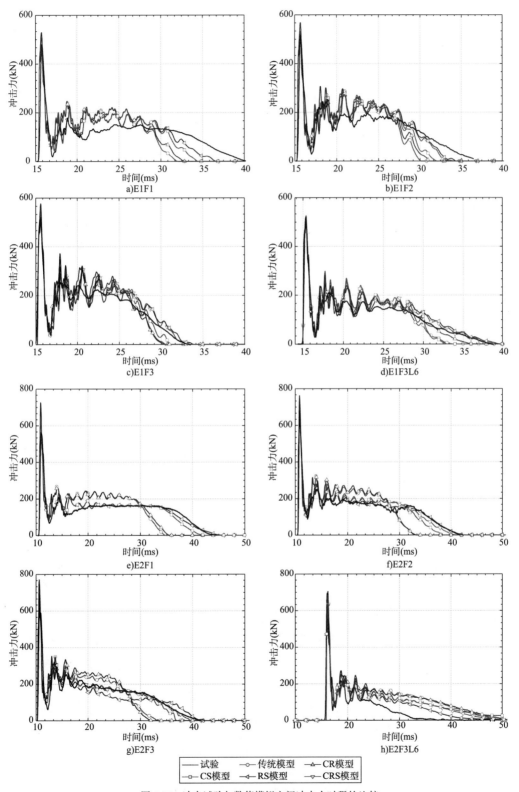

图 6-17 冲击试验与数值模拟之间冲击力时程的比较

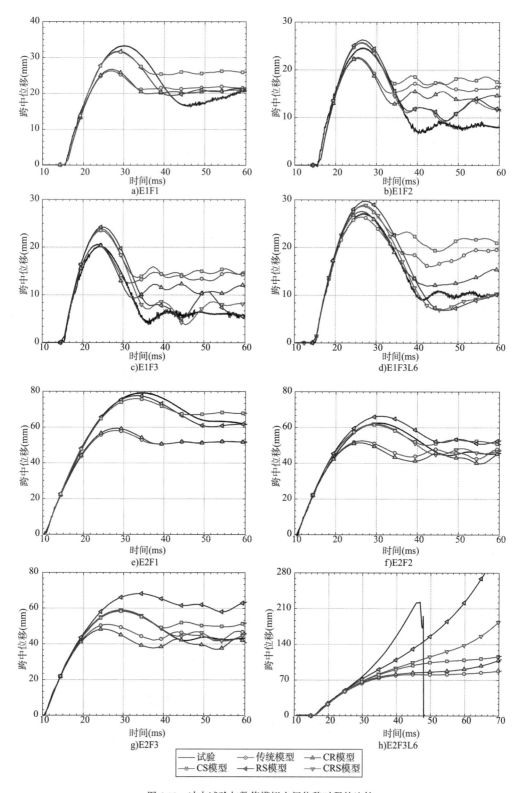

图 6-18 冲击试验与数值模拟之间位移时程的比较

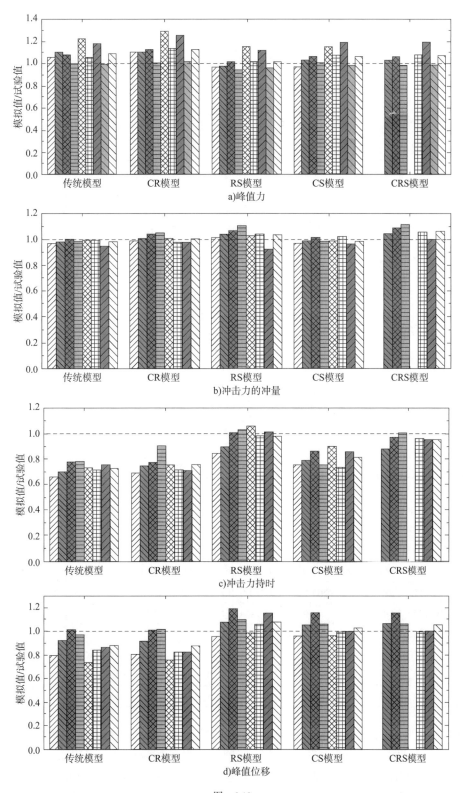

图 6-19

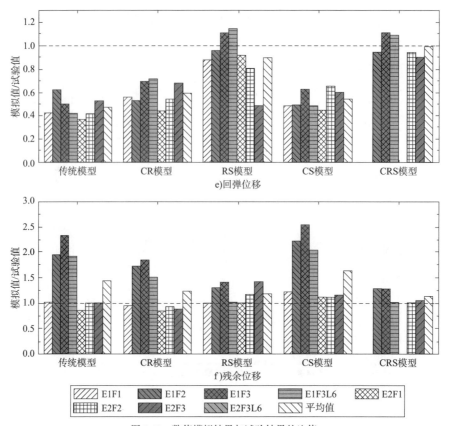

图 6-19 数值模拟结果与试验结果的比值

冲击试验和数值模拟的关键响应 表 6-5

试验工况	冲击峰值力(kN)			冲击力的冲量(N·s)			冲击力持时(ms)			跨中峰值位移(mm)			残余位移(mm)		
	试验	传统模型	改进模型	试验	传统模型	改进模型	试验	传统模型	改进模型	试验	传统模型	改进模型	试验	传统模型	改进模型
E1F1	480.3	506.8	466.0	2786.0	2686.0	2827.0	25.4	16.7	21.4	33.3	26.3	31.8	21.0	21.2	21.0
E1F2	515.3	568.1	533.6	2931.0	2878.0	3052.0	21.3	14.9	18.7	24.5	22.7	26.0	8.0	15.53	10.5
E1F3	511.7	551.3	546.2	2926.0	2925.0	3175.3	18.6	14.5	18.1	20.3	20.6	23.5	5.6	13	7.2
E1F3L6	519.0	515.9	510.7	2723.0	2682.0	3038.8	24.0	18.8	24.2	27.1	26.4	28.8	10.1	19.4	10.2
E2F1	563.2	688.7	646.0	4665.0	4632.0	4787.9	33.4	24.2	35.4	79.2	58.1	77.7	61.3	51.6	61.3
E2F2	671.7	717.1	722.9	4611.0	4586.0	4876.8	31.8	22.8	30.4	62.5	52.5	62.1	45.5	45.4	46.0
E2F3	617.4	727.5	736.9	4810.0	4553.0	4821.1	31.1	23.5	29.5	58.8	50.8	59.0	42.1	42.0	44.0
E2F3L6	695.5	689.2	685.0	2006.0	4103.0	3492.9	23.9	34.5	34.9	—	—	—	—	—	—

如图 6-17 所示,上述数值模拟结果分析获得的冲击力峰值与试验结果能较好地吻合。由图 6-19 可知,数值模拟结果与试验的冲击力峰值比值为 99%~122%。根据冲击力-时间曲线积分得出的总冲量,数值模拟结果与试验结果也能较好地吻合。然而,在冲击力平台阶段(阶段Ⅱ)中数值模拟分析获得的冲击力结果明显大于试验结果。此外,采用有限元模型获得的冲

击力持时明显小于试验结果,对于某些工况(如 E1F1),数值模拟结果仅为试验结果的 66%。与冲击力结果类似,通过数值模拟获得的跨中位移在冲击初始阶段(大约在 8ms 内)非常接近试验结果。但随后,通过数值模拟获得的位移和试验结果之间的差异随时间推移而变大。对于大多数冲击工况而言,数值模拟分析获得的最大位移小于冲击试验中的最大位移,而且数值模拟分析中发生最大位移对应的时间通常比试验中更早。更重要的是,当采用上述的有限元模型进行数值分析时,相比所有对应的冲击试验结果,墩柱试件残余位移被显著高估。此外,对于 E2F3L6 工况,在数值模拟中墩柱没有出现预期的完全崩塌现象,如图 6-20 所示。

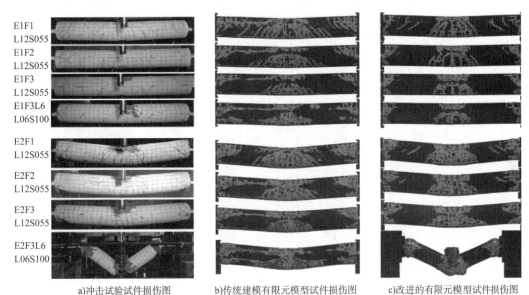

a) 冲击试验试件损伤图　　b) 传统建模有限元模型试件损伤图　　c) 改进的有限元模型试件损伤图

图 6-20　冲击试验与数值模拟之间试件的损伤的比较

以上对现有模拟方法所得结果的分析表明,在冲击初始阶段(大约在 8ms 内)数值模拟的墩柱侧向抗力与实际的试验试件接近,但在此后的其他阶段(如冲击力平台阶段)数值模拟的墩柱侧向抗力往往高于墩柱的实际承载力。因此,可以得出结论:对于受压墩柱的冲击模拟,在传统的有限元建模中做出的一些假设是不合适的,特别是在第一阶段之后。进一步比较墩柱在冲击试验和数值模拟之间的损伤形态(图 6-20)发现,沿纵向钢筋的带状损伤仅能在数值模拟结果中被观察到,这意味着在混凝土和纵向钢筋之间存在发生相对运动的倾向。然而,在传统模型中混凝土和纵向钢筋之间的黏结被假设为理想黏结,并通过采用 CONSTRAIND_LAGRANGE_IN_SOLID 命令进行模拟[2,26]。因此,有必要进一步评估传统有限元建模方法中假设(如混凝土和纵向钢筋之间的理想黏结)的合理性。

6.4　冲击荷载作用下受压圆形 RC 墩柱改进有限元模型

为了克服前文模型模拟受压圆形 RC 墩柱的局限性,本节将对受到冲击荷载作用的受压圆形 RC 墩柱的有限元建模中的一些关键问题进行仔细讨论和分析。首先,讨论了如何在模拟中精确地考虑箍筋对混凝土的约束效应。然后,研究了混凝土裂缝的开闭行为对残余位移响应的影响。最后,详细介绍了钢筋与混凝土之间的黏结滑移行为对墩柱各动力响应的影响。

6.4.1 约束混凝土的模拟

为了评估约束混凝土材料相关参数的合理性,本节建立了由 Crawford 等[34]提出的简单有限元模型(150mm×300mm 圆柱体),并以此获得约束混凝土的轴向受压性能,该模型具体组成如图 6-21a)所示。在圆柱体模型中,箍筋和混凝土的所有材料参数与试验的墩柱试件相同,其中混凝土参数通过赋予与抗压试验相同的抗压强度(29.88MPa)而自动生成[26]。图 6-21b)和 c)分别为墩柱试件在两种不同配筋率下的约束混凝土应力-应变关系曲线。

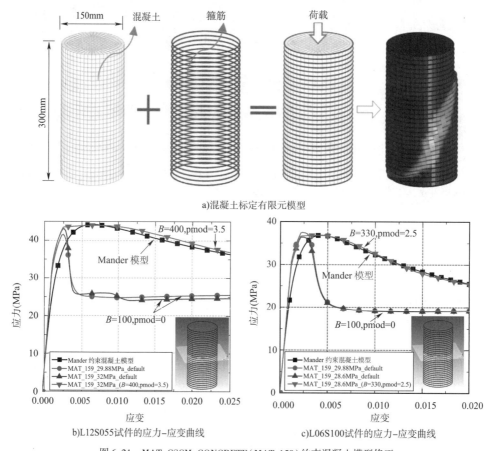

a) 混凝土标定有限元模型

b) L12S055试件的应力-应变曲线

c) L06S100试件的应力-应变曲线

图 6-21 MAT_CSCM_CONCRETE(MAT_159)约束混凝土模型修正

另外,由 Mander 等[35]基于大量试验数据以及理论分析所提出的约束混凝土模型已被广泛用于工程实践。本书根据 Mander 等[35]提出的计算公式,确定了墩柱试件在两种不同配筋率下的约束混凝土应力-应变关系,并与数值结果进行对比。如图 6-21 所示,当默认混凝土抗压强度参数 f'_c =29.88MPa 时,数值模拟获得的峰值抗压强度略小于预期值(理论值)。通过稍微调整输入的单轴抗压强度,可使数值模拟获得的约束混凝土峰值抗压强度接近理论计算出的抗压强度。但是,采用默认参数的一个更重要的不足是数值模型中约束混凝土的软化行为与理论结果有明显不同。因此,非常有必要修正材料模型[即 LS-DYNA 中的 MAT_CSCM_CON-CRETE(MAT_159)]的软化参数,以准确地预测约束混凝土的软化行为。

根据 MAT_CSCM_CONCRETE(MAT_159)的相关理论资料[25,26,30],材料模型的压缩软化行为取决于材料延性损伤参数 d,其计算公式定义为:

$$d(\tau_d) = \frac{d_{max}}{B}\left[\frac{1+B}{1+Be^{-A(\tau_d - r_{0d})}} - 1\right] \quad (6-11)$$

式中,d_{max} 为计算中允许累积的最大损伤值,是损伤累积的瞬时应变能相关项;τ_d 为损伤阈值;r_{0d} 为延性损伤阈值;B 为延性软化形状参数;A 为材料压缩软化参数,其值由下式确定:

$$A = A\,(d_{max} + 0.001)^{pmod} \quad (6-12)$$

式中,pmod 为修正中等围压下软化行为的参数。根据图 6-22 所示的 MAT_CSCM_CONCRETE(MAT_159)材料的受压应力-应变曲线,混凝土的延性随着损伤参数 d 的减小而增大。根据式(6-11)和式(6-12),通过增加参数 B 和 pmod 的值可以减小损伤参数 d。采用从理论模型确定的约束混凝土受压应力-应变关系作为基准曲线,随后进行重复的递进模拟,确定了表 6-6 中所列出的调整后的软化参数 B 和 pmod。从图 6-21 中可以观察到调整后的数值结果和预期结果之间有良好的一致性。

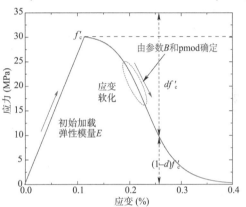

图 6-22 MAT_CSCM_CONCRETE(MAT_159)材料模型在单轴压缩中的应力-应变关系

约束混凝土修正参数   表 6-6

约束混凝土修正参数	$S=55$mm		$S=100$mm	
	默认数值	修正数值	默认数值	修正数值
FPC	29.88(MPa)	32(MPa)	29.88(MPa)	28.6(MPa)
B	100	400	100	330
pmod	0	3.5	0	2.5

注:FPC 为混凝土无侧限抗压强度,为材料本构模型中的参数。

6.4.2 混凝土裂缝的闭合行为

由第 5 章 RC 墩柱试件的裂缝演化发展过程分析可知,在整个冲击加载过程中,墩柱混凝土裂缝开裂的数量不断增加且宽度不断增大,在之后的卸载阶段,随着墩柱的回弹,已开裂的裂缝会发生闭合,导致裂缝宽度减小。同时墩柱在不同冲击工况下混凝土裂缝的宽度、数量和类型都有所区别。显然,混凝土裂缝的开裂和闭合行为会对 RC 墩柱构件在冲击荷载作用下的动态响应产生影响,特别是冲击后的残余变形。因此,本节将详细研究混凝土材料模型的拉伸-压缩行为。

图 6-23 给出了 LS-DYNA[30] 中提供的连续盖帽本构模型[MAT_CSCM_CONCRETE

（MAT_159）]的典型受拉应力-应变关系曲线。由图可知,当应力是拉应力,同时能量类型项τ_0超过损伤阈值r_{0b}时,脆性损伤参数(d)开始累积。重要的是,受损单元的剩余受拉强度被定义为$(1-d)f'_t$(f'_t为混凝土抗拉强度),同时单元卸载刚度被假设为$(1-d)E_c$(E_c为混凝土弹性模量)。因此,当受拉损伤单元开始卸载拉应力时,可以通过下式计算释放的拉伸应变:

$$\varepsilon_r = \frac{f'_t(1-d)}{E_c(1-d)} = \frac{f'_t}{E_c} \tag{6-13}$$

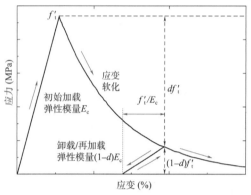

图6-23 MAT_CSCM_CONCRETE(MAT_159)材料模型在单轴拉伸中的应力-应变关系

式(6-13)仅描述了因单元拉伸弹性能释放而产生的回弹拉应变。在该连续盖帽本构模型中是否考虑了混凝土裂缝的开闭行为有待进一步研究。因此,下文模拟了单个混凝土单元在往复拉压加载下的行为,获取了相应的应力-应变关系曲线。数值结果(图6-24)表明,尽管单元在拉力作用下的拉应变远远超过了对应的极限拉应变,但在单元应力由拉转压,释放弹性拉应变ε_r后,没有经过裂缝闭合(即拉伸应变恢复)阶段,单元刚度就立即恢复,变为反向加载,获得了抗压强度,这与实际情况不符。这意味着混凝土裂缝的闭合行为在该本构模型[即MAT_CSCM_CONCRETE(MAT_159)]中没有合理地实施。由于受到这种限制,在图6-19和图6-20所示的有限元模型中加载阶段的受拉开裂(应变超过极限拉应变)单元会从卸载阶段开始就立即受压而阻碍试件回弹,而不是在裂缝闭合之后才开始承受压力。这是前面的有限元模型相比试验结果产生较大残余变形的关键原因之一。

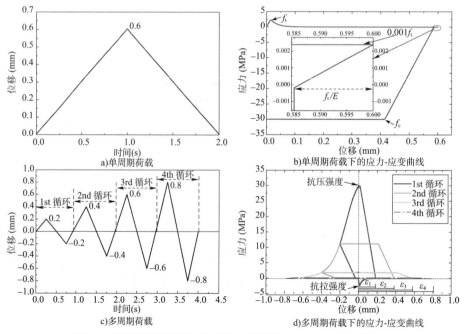

图6-24 往复拉压加载下MAT_CSCM_CONCRETE(MAT_159)的力学行为

为了改善上述限制对在冲击荷载作用下 RC 墩柱残余位移的影响,通过分别对 RC 墩柱的受拉和受压区域的混凝土单元设置不同的 RECOV 参数[30],提出了一种简单方便的建模方法,如图 6-25 所示。根据文献[25],当 RECOV=0 时,单元应力由拉转压时压缩模量会立刻恢复;而当 RECOV=1 时,受压模量将保持在脆性损伤水平。因此,对于冲击模拟模型中的圆形墩柱试件,可将其中具有相对较大的拉伸应变的混凝土单元的 RECOV 值设置为 1,而其他混凝土单元采用默认参数(RECOV=0)。如图 6-18 所示,通过上述建模处理的模型,其数值模拟结果较之前的模拟结果更接近试验结果。当然,通过在理论上更新本构模型以完全突破上述限制是必要的,故需进一步深入研究。

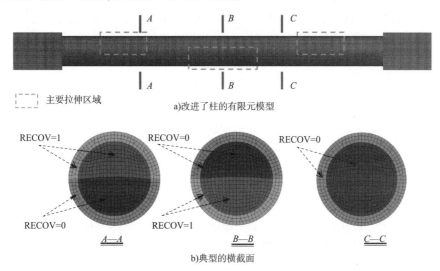

图 6-25 MAT_CSCM_CONCRETE(MAT_159)考虑裂缝闭合的简单处理

6.4.3 模拟钢筋与混凝土之间的黏结滑移行为

如 6.3.3 节所述,传统有限元建模技术中混凝土-钢筋之间为理想黏结的假设可能会导致模拟结果的精度较低。本书在改进的有限元模型中利用 CONSTRAINED_BEAM_IN_SOLID 命令耦合钢筋和混凝土之间除剪切方向(钢筋轴向)外的其他自由度,以使钢筋上所有节点只能沿轴向运动,同时采用沿纵向钢筋的离散单元(非线性弹簧)来逐一连接混凝土和钢筋节点。离散单元的材料模型采用 MAT_GENERAL_NONLINEAR_1DOF_DISCRETE_BEAM(MAT_121)来定义钢筋与混凝土在剪切方向上的非线性黏结滑移关系。通过以上建模方法可以较为真实地模拟混凝土与钢筋之间的非线性黏结滑移行为。

根据徐锋[36]的研究,本书对黏结滑移曲线形式进行了简化处理,假设了图 6-26 所示的黏结滑移关系曲线,以研究黏结滑移行为对轴向受压圆形 RC 墩柱冲击响应的影响。

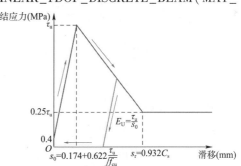

图 6-26 数值模拟中混凝土与钢筋之间的黏结滑移关系

对于该黏结滑移关系的定义,需要确定初始黏结强度(τ_0)、黏结强度(τ_u),对应于黏结强度的滑移量(s_0)、剩余黏结强度(τ_r)以及相应的滑移量(s_r)。徐有邻等[37]通过试验研究推荐的初始黏结强度(τ_0)为0.4MPa,该值将用于确定本研究中的初始黏结强度。就黏结强度(τ_u)而言,尽管已有一些学者进行了许多试验研究,但大多数研究都集中在直径较大的带肋钢筋上,鲜有试验阐明8mm直径钢筋的极限黏结强度(τ_u)。叶见曙[38]指出,我国螺纹钢筋的黏结强度范围为2.5~6.0MPa,带月牙肋钢筋的黏结强度(2.1~5.4MPa)比螺纹钢筋的低10%~15%。此外,Malvar和Moosavi等[39]研究表明钢筋与混凝土之间的黏结强度可能会随着箍筋配筋率的增加和轴向荷载水平的提高而增加。因此,表6-7中对于不同配筋率和轴向荷载水平给出了不同的黏结强度,但这些值都在叶见曙[38]的建议范围内。此外,根据徐锋[36]的研究,参数s_0和s_r可以按下式进行估算:

$$s_0 = 0.174 + 0.622 \frac{\tau_u}{\sqrt{f_{cu}}} \tag{6-14}$$

$$s_r = 0.932 C_s \tag{6-15}$$

式中,f_{cu}为混凝土立方体无侧限抗压强度;C_s为钢筋横肋之间的净间距(mm),约为3mm。采用式(6-14)和式(6-15),确定参数s_0和s_r列于表6-7中。剩余黏结强度假定为极限黏结强度的25%[40]。

改进有限元模型中采用的黏结滑移关系的相关参数取值 表6-7

冲击工况	τ_0(MPa)	τ_u(MPa)	τ_r(MPa)	s_0(mm)	s_r(mm)
E1F1,E2F1	0.400	3.180	0.800	0.496	2.800
E1F2,E2F2	0.400	4.970	1.240	0.680	2.800
E1F3,E2F3	0.400	5.500	1.370	0.730	2.800
E1F3L6,E2F3L6	0.400	5.340	1.330	0.714	2.800

根据上述假设的黏结滑移关系和相关参数,讨论了黏结滑移行为的影响。详细结果和讨论将在6.4.4节中介绍。这里仅重点研究黏结滑移行为对轴向受压圆形RC墩柱冲击响应的影响。值得指出的是,今后应进一步通过试验和数值研究,更为深入、全面地揭示在冲击荷载下轴向受压RC圆形墩柱的黏结滑移关系。

6.4.4 改进有限元模型的计算结果和讨论

为了准确地评估上述三个方面对轴向受压圆形RC墩柱冲击响应的影响,建立了四种不同的有限元模型(即CR模型、CS模型、RS模型、CRS模型)。其中,字母"C"表示有限元混凝土中考虑了约束混凝土的影响,"R"表示采用参数RECOV并考虑了裂缝闭合的影响,"S"表示模型模拟了混凝土与钢筋之间的黏结滑移行为。例如,CRS模型意味着在有限元模型中考虑了上述所有的影响因素。

采用这些有限元模型得到了如图 6-17 和图 6-18 所示的数值结果。数值模拟结果与试验数据的比值如图 6-19 所示。由上述结果可知,对于不受轴压荷载的墩柱试件,采用 RS 模型得到的结果与试验结果吻合良好。然而,RS 模型无法对受到高能量冲击的轴向受压墩柱试件的动态响应给出可接受的预测结果。E2F2 和 E2F3 工况下采用 RS 模型获得的峰值位移和残余位移都大于试验结果。有趣的是,RS 模型的预测对于低能量冲击工况事件是可接受的。这归因于在低能量冲击情况下大多数核心混凝土没有超过其极限抗压强度,并且在达到最终抗压强度之前,原始模型的应力-应变关系接近校正模型的应力-应变关系(图 6-21)。这些分析结果表明了在轴向受压 RC 墩柱的冲击模拟中合理模拟约束混凝土行为的重要性。

如图 6-17 和图 6-18 所示,除了残余位移和冲击荷载的持续时间之外,CS 模型预测的其他结果与试验结果吻合良好。这意味着裂缝闭合的行为主要影响 RC 墩柱在回弹阶段的性能。为了准确预测冲击后的结构响应,在模拟冲击荷载下 RC 墩柱的冲击响应时有必要考虑裂缝的闭合行为。包括裂缝闭合特征在内的改进的混凝土材料本构模型在未来的应用值得期待。

相比于采用其他三个模型,采用考虑了上述所有影响因素的 CRS 模型获得的数值结果(冲击力峰值、峰值位移、剩余响应、冲击力持续时间、能量损耗)往往更接近试验结果,如图 6-27、图 6-28 所示。除了详细的结构响应之外,CRS 模型预测的墩柱损伤程度与试验结果也吻合较好,如图 6-20 所示。与传统的有限元模型不同,沿纵向钢筋的条带型损伤在改进的有限元模型中不再发生。此外,如图 6-29 所示,采用 CRS 模型获得的轴向受压 RC 墩柱的损伤演变也与试验结果一致。根据这些观察结果,可以得出结论:当考虑上述所有影响因素时,改进的有限元模型远远优于传统模型。这三个影响因素对 RC 构件的冲击模拟非常重要,这也是传统模型精度低的主要原因。对于 E2F3L6 工况完全破坏的发生时间,数值模拟结果与试验结果之间仍存在细微差别,如图 6-29 所示。这主要归因于数值模型没有合理地模拟出发生在实际接触碰撞区域的混凝土剥落现象。因此,在数值模拟中墩柱试件的抗压强度略大于实际试验中的抗压承载力,导致数值模拟分析中结构位移相对增长缓慢且冲击荷载持时较长(图 6-17 和图 6-18)。尽管完全克服这个问题可能有些困难,但今后仍应进一步研究,从而更合理地模拟混凝土剥落的行为。

6.4.5　剪切破坏(损伤)工况的模拟结果

采用改进的模型对试验中发生剪切破坏(损伤)工况进行了模拟分析,计算结果如图 6-30 所示,由图可知:模拟结果中两个工况的受压 RC 墩柱的破坏模式都表现为弯剪破坏,并未出现与试验相同的剪切破坏。特别是,工况 E2F3S2 模拟结果中的冲击力时程与试验结果有较大差别,模拟分析得到的冲击力结果显示,在整个平台阶段力值未出现明显下降过程,卸载阶段也非常明显,这表明模拟中 RC 墩柱在冲击后还具有较大的侧向抗力。以上结果表明,采用三维实体单元的精细有限元模型在模拟轴向受压圆形 RC 墩柱的剪切破坏方面仍存在不足。

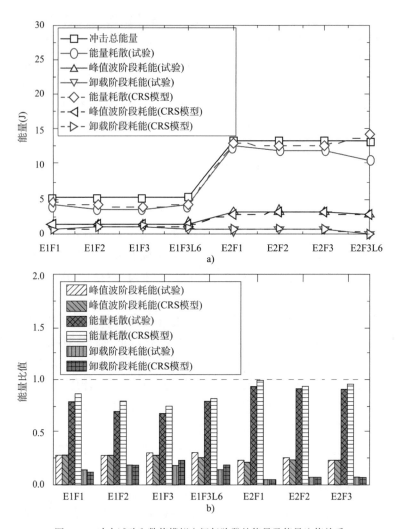

图 6-27 冲击试验和数值模拟之间每阶段的能量及能量比值关系

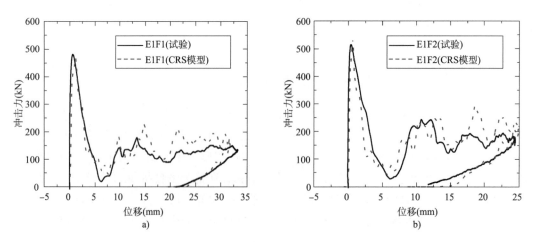

图 6-28

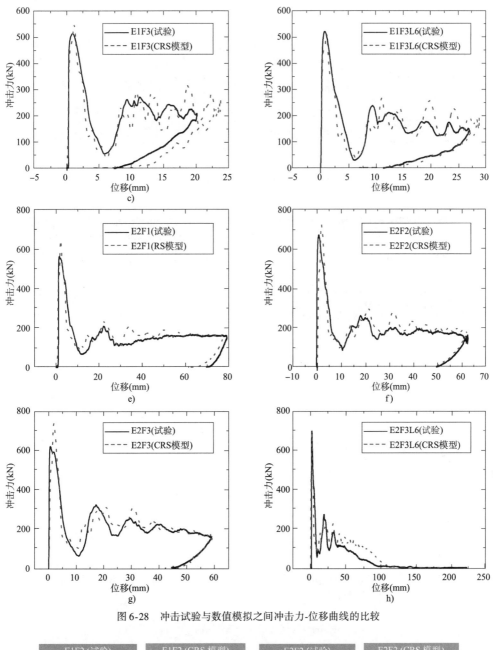

图 6-28 冲击试验与数值模拟之间冲击力-位移曲线的比较

图 6-29

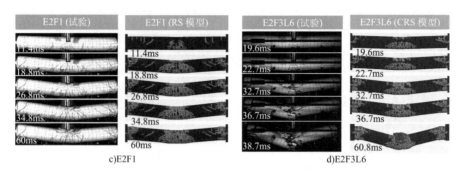

图 6-29 冲击试验和数值模拟之间的损伤演变过程比较

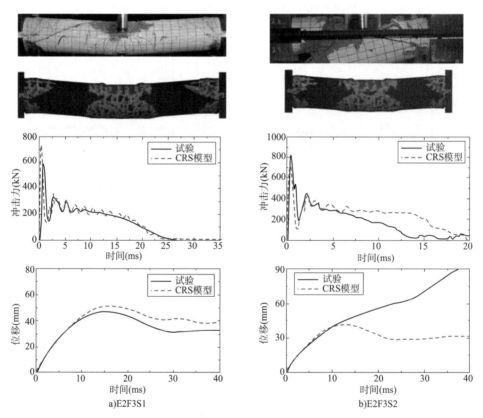

图 6-30 剪切破坏(损伤)工况的模拟结果与试验数据对比

6.4.6 基于 MCFT 的冲击荷载下受压 RC 墩柱动力分析

多伦多大学的 Vecchio 教授研究小组开发了一种非线性有限元程序 Vector2,可用于预测平面钢筋混凝土结构的非弹性响应,特别是剪切响应[41,42]。该有限元程序基于修正压力场理论(MCFT),该理论采用弥散的旋转裂缝公式[41]和扰动应力场模型[42]。大量试验测试(超过 1000 次测试)的验证表明,Vector2 能够较好地预测受到单调和循环往复荷载的各种 RC 构件的弯曲-变形和剪切-变形响应。此外,可以在 Vector2 中考虑混凝土和钢筋的应变率效应,以考虑加载速率对 RC 构件在动力(冲击)荷载下能力的影响。综上所述原因,本书将采用 Vector2 程序建立轴向受压 RC 墩柱的冲击分析模型,以期获得能准确识别冲击荷载下受压 RC 墩柱的破坏模式(特别是剪切破坏模式)的分析模型。

6.5 冲击荷载作用下受压 RC 墩柱 2D 动力分析模型

如图 6-31 所示,模型采用矩形单元模拟混凝土、落锤和支撑板,用桁架杆单元模拟纵向钢筋。利用对称荷载和支撑条件,仅对梁的一半进行建模。对称中心线处的所有节点都被约束了 x 方向上的平动自由度,通过约束端部顶底相关节点在 y 方向上的平动自由度来实现定向滑动。

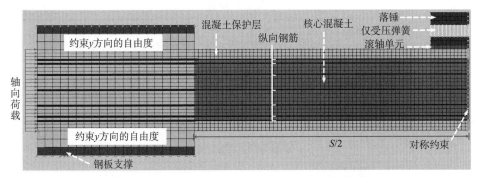

a) 轴向受压墩柱落锤冲击试验有限元动力分析模型

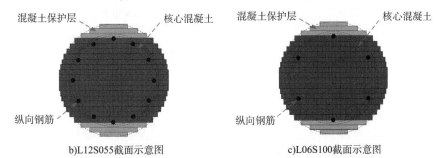

b) L12S055 截面示意图　　　　　c) L06S100 截面示意图

图 6-31　轴向受压墩柱落锤冲击试验有限元动力分析模型(Vector2)及截面示意图

落锤采用两层刚性矩形单元(单元尺寸为 10mm×10mm)模拟。这些单元的刚度属性被赋予了非常高的值以确保锤头的刚性。模拟落锤的单元通过 11 根仅受压的桁架杆单元连接试件,因此,当落锤回弹时,可以实现落锤与试件的分离。采用具有单向刚度的轴承单元来模拟钢板和混凝土试件之间的界面,以更加合理地模拟加载点周围的应力分布[43]。

混凝土和钢筋的材料模型都采用 Vector2 中默认的模型,其中混凝土采用 Hognestad (Parabola)模型模拟,这是因为该模型被认为适合模拟抗压强度小于 40MPa 的普通混凝土的力学行为[44]。约束混凝土计算模型采用软件提供的 Montoya/Ottosen(1979)模型。箍筋采用弥散在混凝土内的方式模拟，纵向钢筋采用桁架杆单元建模。钢筋的所有材料和行为模型以及模型分析参数都为 Vector2 的默认模型，如表 6-8~表 6-10 所示。关于这些本构模型的更多细节可以在 Vector2 和 Updated FormWorks Manual_v9[44]中找到。

混凝土材料模型　　　　　　　　　　　　　　　　　　　　　表 6-8

混凝土材料属性	混凝土材料模型	混凝土材料属性	混凝土材料模型
混凝土受压基本曲线(上升段)	Hognestad(Parabola)	混凝土受拉曲线软化段	Bilinear
混凝土受压曲线软化段	Modified Park-Kent	约束混凝土强度	Montaya/ottosen
混凝土受压软化	Not Considered	裂缝应力计算	Basic(DSFM/MCFT)
混凝土受拉刚度	Modified Bentz	裂缝滑移计算	Walraven

钢筋材料模型　　　　　　　　　　　　　　　　　　　　　　表 6-9

钢筋材料属性	钢筋材料模型
钢筋滞回模型	Bauschinger Effect (Seckin Model)
钢筋销栓计算模型	Tassios(Crack Slip)
钢筋屈曲计算模型	Modified Dhakal-Mackawa Model

模型分析采用的参数　　　　　　　　　　　　　　　　　　　表 6-10

应变历史	Previous Loading Consider
应变率效应	C:fib MC1990 S:CEB-Fip(1988)
结构阻尼	Rayleigh Damping
结构几何非线性	Consider
裂缝宽度计算	CEB-FIP 1978-Deformed

模型中单元质量通过赋予相应集中质量给单元节点的方法来考虑。将矩形混凝土单元的质量等分为四份并分配给它们的节点。同样，将桁架杆单元的质量分为两份并加到相应的节点上。落锤的质量也是通过赋予指定集中质量给落锤单元节点的方法来考虑。应该注意的是，由于只建立了试验试件的半结构对称模型，因此模型中只包含一半的落锤质量。落锤的集中质量仅考虑 y 方向质量，所有其他集中质量均考虑 x 和 y 方向质量。

采用上述有限元模型得到的数值模型结果和试验结果如图 6-32 和图 6-33 所示。模拟 RC 墩柱的破坏(损伤)模式如图 6-34 所示。由上述结果可知，无论是弯曲损伤墩柱试件，还是剪切损伤试件，对其采用 Vector2 程序建立轴向受压 RC 墩柱的冲击分析模型得到的结果均与试验结果吻合良好。值得注意的是，在该模型中的混凝土材料模型可以很好地描述裂缝开裂和闭合行为，因此，在模拟结果中模型的残余位移能较好地与试验结果保持一致。

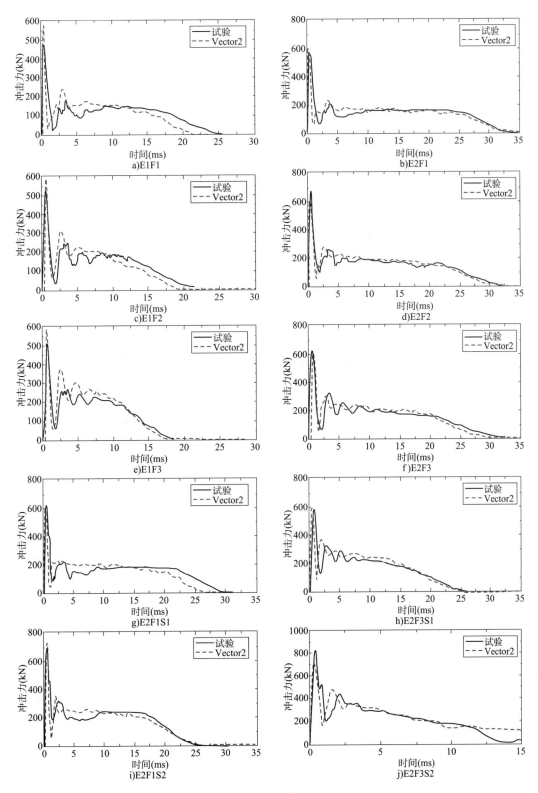

图 6-32

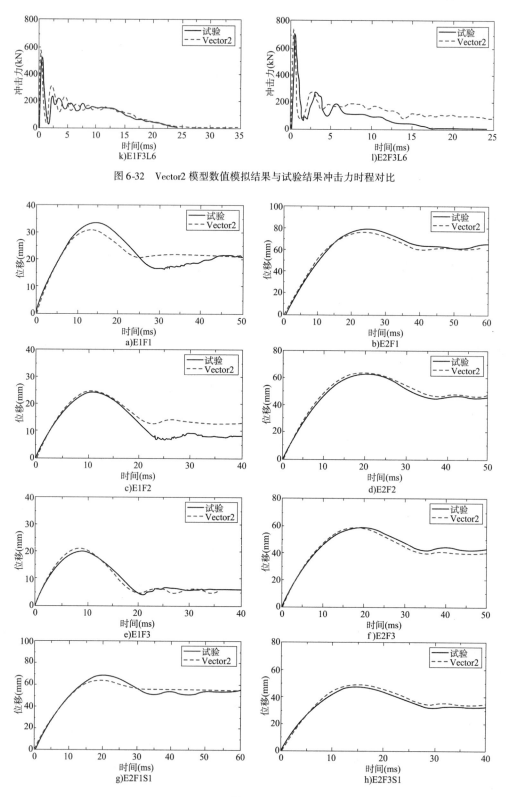

图 6-32 Vector2 模型数值模拟结果与试验结果冲击力时程对比

图 6-33

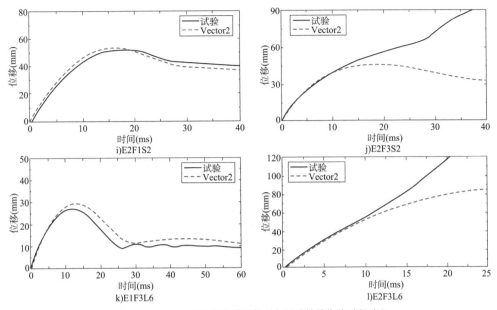

图 6-33 Vector2 模型数值模拟结果与试验结果位移时程对比

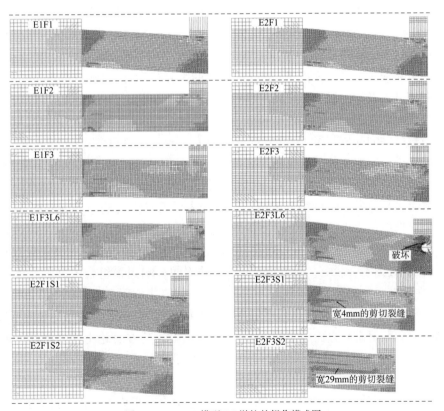

图 6-34 Vector2 模型 RC 墩柱的损伤模式图

需要说明的是,在工况 E2F3L6 的模拟结果中出现了与三维实体单元模型类似的结果,这同样归因于数值模型没有合理地模拟出发生在实际接触碰撞区域的混凝土剥落现象。因此,在数值模拟中墩柱试件的抗压强度略大于实际试验中的抗压承载力,导致数值模拟分析中结构位移相对增长缓慢且冲击荷载持时较长的结果。工况 E2F3S1 和工况 E2F1S2 的模拟结果显示,在靠近端部位置出现了 4mm 的剪切裂缝,该裂缝并未如试验结果一样延伸至冲击接触位置,但冲击力与位移模拟结果与试验结果非常吻合。结合试验现象与模拟结果分析,造成上述结果的可能原因是,该工况下 RC 墩柱的抗弯与抗剪的承载力非常接近,同时由于混凝土材料并非均匀材料,而是具有一定的离散性,故模拟剪切裂缝长度的结果与试验结果有一定差别,但该模型对于破坏模式的预测结果与试验结果一致。对于工况 E2F3S2,在模拟的破坏形态视图中没有出现与实际试验结果一致的完全剪切破坏,但是可以在结构中观察到在该模型柱的腹部位置已产生了 29mm 的剪切裂缝,因此,可以认为在该模拟结果中 RC 墩柱已经产生了非常严重的剪切破坏。总体而言,基于 MCFT 的膜单元模型能够较好地识别出不同的破坏模式,给出较为合理的分析结果,在模拟与分析运用方面具有较大的潜力,值得今后进一步深入研究。

6.6 本章小结

通过对冲击荷载下受压 RC 墩柱的数值模拟研究,主要得到如下结论:

(1)比较数值模拟和冲击试验结果可知,模拟冲击荷载下 RC 梁的传统有限元建模技术在预测轴向受压 RC 墩柱的响应,特别是 RC 墩柱的残余位移响应时精度较低。这是由于在传统模型中忽略或不适当地模拟了一些 RC 墩柱的重要行为,例如核心混凝土的约束效应,裂缝开裂和闭合以及钢筋混凝土之间的黏结滑移行为。

(2)为了突破传统有限元建模的局限,提出了一种改进的有限元建模技术,用于模拟受侧向冲击荷载的轴向受压圆形 RC 墩柱。通过改变混凝土材料模型的软化行为来考虑由箍筋引起的约束效应。修正的混凝土材料模型与广泛采用的约束混凝土 Mander 模型在应力-应变关系上可以获得较好的吻合。此外,通过假设拉伸区域中的混凝土刚度在受拉破坏后不可恢复来考虑裂缝的闭合行为。黏结滑移行为由沿着纵向钢筋的具有非线性力-变形关系的离散单元模拟。改进的有限元模型在模拟精度上远远优于传统模型。采用改进的有限元模型获得的冲击响应,例如冲击力时程、中跨位移和冲击后的残余响应以及失效模式和演变过程,与试验数据吻合较好。此外,将包含两种不同影响因素组合的有限元模型进行比较,突出了在轴向受压圆形 RC 墩柱的冲击模拟中将所有影响因素考虑在内的重要性。

(3)虽然改进的有限元模型显示出了良好的模拟精度,但未来应该在与轴向受压 RC 墩柱相关的试验和数值研究方面做出进一步的努力。例如,应在理论上建立更新的混凝土本构模型,以准确地描述约束效应和裂缝开闭的行为以及更加准确地预测冲击破坏模式(尤其是剪切破坏)。

(4)基于 MCFT 建立的冲击荷载下受压 RC 墩柱动力分析模型可以很好地预测受压 RC 墩柱的冲击响应,尤其是在预测残余位移和破坏模式上表现出非常好的性能。然而,该方法仅适用于平面框架,因此不能应用于三维冲击问题。此外,该软件中未提供接触面定义选项,锤头与柱的相互作用只能通过仅受压弹簧来描述。以上存在的问题在一定程度上限制了该方法的适用范围,但其潜力较大,有待今后进一步深入研究和发展。

本章参考文献

[1] AASHTO. LRFD bridge design specifications[S]. 8th ed. Washington, D. C. : AASHTO, 2017.

[2] FAN W, YUAN W C. Numerical simulation and analytical modeling of pile-supported structures subjected to ship collisions including soil-structure interaction[J]. Ocean Engineering, 2014, 91:11-27.

[3] JIANG H, CHORZEPA M G. An effective numerical simulation methodology to predict the impact response of pre-stressed concrete members[J]. Engineering Failure Analysis, 2015, 55: 63-78.

[4] YI W J, ZHAO D B, KUNNATH S K. Simplified approach for assessing shear resistance of reinforced concrete beams under impact loads[J]. ACI Structural Journal, 2016, 113(4): 747-756.

[5] FUJIKAKE K, LI B, SOEUN S. Impact response of reinforced concrete beam and its analytical evaluation[J]. Journal of Structural Engineering, 2009, 135(8):938-950.

[6] CHEN W-F. Plasticity in reinforced concrete[M]. Plantation: J. Ross Publishing, 2007.

[7] CHEN W-F, HAN D-J. Plasticity for structural engineers [M]. Plantation: J. Ross Publishing, 2007.

[8] OTTOSEN N S, RISTINMAA M. The mechanics of constitutive modeling[M]. Amsterdam: Elsevier, 2005.

[9] 陈惠发, A. F. 萨里普. 混凝土和土的本构方程[M]. 余天庆, 王勋文, 刘西拉, 等译. 北京: 中国建筑工业出版社, 2004.

[10] 江见鲸, 陆新征, 叶列平. 混凝土结构有限元分析[M]. 北京: 清华大学出版社, 2005.

[11] HALLQUIST J O. LS-DYNA Keyword User's Manual: Version 971[M]. Livermore, California: Livermore Software Technology Corporation, 2007.

[12] HALLQUIST J O. LS-DYNA theory manual[M]. Livermore, California: Livermore Software Technology Corporation, 2012.

[13] MALVAR L J, CRAWFORD J E, WESEVICH J W, et al. A plasticity concrete material model for DYNA3D[J]. International Journal of Impact Engineering, 1997, 19(9-10):847-873.

[14] BROADHOUSE B J, ATTWOOD G J. Finite element analysis of the impact response of reinforced concrete structures using DYNA3D[C]//Transactions of the 12th International Conference on Structural Mechanics in Reactor Technology (SMiRT). Volume J: Structural dynamics and extreme loads analysis, 1993.

[15] SHUGAR T A, HOLLAND T J, Malvar L J. Applications of finite element technology to reinforced concrete explosives containment structures[R]. Port Hueneme: Naval Civil Engineering Lab, 1992.

[16] TU Z G, LU Y. Evaluation of typical concrete material models used in hydrocodes for high dynamic response simulations[J]. International Journal of Impact Engineering, 2009, 36(1):132-146.

[17] YONTEN K, MANZARI M T, ESKANDARIAN A, et al. An evaluation of constitutive models of concrete in LS-DYNA finite element code[C]. 15th ASCE Engineering Mechanics Conference, New York, NY:Columbia University, 2002.

[18] FAN W, YUAN W, YANG Z, et al. Evaluation of concrete material model for vessel-bridge collision simulation and its application[C]. International Symposium on Life-cycle Performance of Bridges and Structures, Changsha, 2010.

[19] 陈惠发, A. F. 萨里普. 弹性与塑性力学[M]. 余天庆, 王勋文, 刘再华, 译. 北京:中国建筑工业出版社, 2004.

[20] RUBIN M B. Simple, convenient isotropic failure surface[J]. Journal of Engineering Mechanics, 1991, 117(2):348-369.

[21] POLANCO-LORIA M, HOPPERSTAD O S, BØRVIK T, et al. Numerical predictions of ballistic limits for concrete slabs using a modified version of the HJC concrete model[J]. International Journal of Impact Engineering, 2008, 35(5):290-303.

[22] SIMO J C, JU J-W, PISTER K S, et al. Assessment of cap model:consistent return algorithms and rate-dependent extension[J]. Journal of Engineering Mechanics, 1988, 114(2):191-218.

[23] CHEN W F, BALADI G Y. Soil plasticity:theory and implementation[M]. Amsterdam:Elsevier, 1988.

[24] HOLMQUIST T J, JOHNSON G R. A computational constitutive model for concrete subjected to large strains, high strain rates, and high pressures[C]. Quebec:14th International Symposium on Ballistics, 1993.

[25] MURRAY Y D. Users manual for LS-DYNA concrete material model 159[R]. United States. Federal Highway Administration. Office of Research, Development, and Technology, 2007.

[26] MURRAY Y D, ABU-ODEH A Y, BLIGH R P. Evaluation of LS-DYNA concrete material model 159[R]. Washington, D. C. :Federal Highway Administration, 2007.

[27] SCHWER L E, MALVAR L J. Simplified concrete modeling with *MAT_CONCRETE_DAMAGE_REL3[C]//. LS-DYNA User Week, 2005:49-60.

[28] K Y. Constitutive and numerical modeling of concrete for crashworthiness simulation of roadside safety hardware[D]. Washington, D. C. :George Washington University, 2003.

[29] COMITE EURO-INTERNATIONAL DU BÉTON. CEB-FIP model code 1990:design code[S]. London:Thomas Telford Services Ltd, 1993.

[30] HALLQUIST J. LS-DYNA keyword user's manual[M]. Livermore, California:Livermore Software Technology Corporation(LSTC), 2012.

[31] WU Y C,CRAWFORD J E. Numerical modeling of concrete using a partially associative plasticity model[J]. Journal of Engineering Mechanics,2015,141(12):04015051.

[32] JONES N. Structural impact[M]. 2nd ed. Cambridge:Cambridge University Press,2011.

[33] CONSOLAZIO G R,DAVIDSON M T,COWAN D R. Barge bow force-deformation relationships for barge-bridge collision analysis[J]. Transportation Research Record:Journal of the Transportation Research Board,2009,2131(1):3-14.

[34] CRAWFORD J,WU Y,CHOI H,et al. Use and validation of the release Ⅲ K&C concrete material model in LS-DYNA[R]. Glendale:Karagozian & Case,2012.

[35] MANDER J B,PRIESTLEY M J,PARK R. Theoretical stress-strain model for confined concrete[J]. Journal of Structural Engineering,1988,114(8):1804-1826.

[36] 徐锋. 复杂应力状态下钢筋与混凝土的粘结性能[D]. 大连:大连理工大学,2012.

[37] 徐有邻,邵卓民,沈文都. 钢筋与混凝土的粘结锚固强度[J]. 建筑科学,1988,4(4):8-14.

[38] 叶见曙. 结构设计原理[M]. 4版. 北京:人民交通出版社股份有限公司,2018.

[39] MALVAR L J. Bond of reinforcemen under controlled confinement[R]. Port Hueneme:Naval Civil Engineering Laboratory,1991.

[40] MO K H,VISINTIN P,ALENGARAM U J,et al. Bond stress-slip relationship of oil palm shell lightweight concrete[J]. Engineering Structures,2016,127:319-330.

[41] VECCHIO F J,COLLINS M P. The modified compression-field theory for reinforced concrete elements subjected to shear[J]. ACI Structural Journal,1986,83(2):219-231.

[42] VECCHIO F J. Disturbed stress field model for reinforced concrete:formulation[J]. Journal of Structural Engineering,2000,126(9):1070-1077.

[43] FERCHE A C,PANESAR D K,SHEIKH S A,et al. Toward macro-modeling of alkali-silica reaction-affected structures[J]. ACI Structural Journal,2017,114(5):1121-1129.

[44] WONG P S,VECCHIO F J,TROMMELS H. Vector2 & Formworks user's manual[M]. 2nd ed. Toronto:University of Toronto,2013.

第7章 侧向冲击后 RC 墩柱剩余轴向承载能力

7.1 概述

目前大多数研究都集中在预测 RC 墩柱在船舶或车辆撞击作用下的动力行为,而遭受冲击后这些 RC 墩柱的损伤评估和剩余承载能力则较少受到关注。考虑到 RC 墩柱主要用于承受轴向荷载,撞后剩余轴向承载能力与墩柱损伤程度和倒塌风险息息相关。因此,评估撞后剩余轴向承载能力以预测受侧向冲击的 RC 墩柱的损伤程度和倒塌风险非常重要。此外,在冲击分析中基于剩余承载能力的损伤指标能够考虑到不同破坏模式的影响,以克服基于位移指标[1]的局限性。而基于位移的评估方法往往不适合于比较冲击下不同破坏模式 RC 墩柱(弯曲和剪切失效)的损伤程度。

在与低速冲击类似的领域,爆炸受损 RC 墩柱的剩余承载能力已经被广泛关注和研究[2-12]。尽管在某些方面具有相似性,但可以较容易地观察到由于船舶或车辆碰撞造成的冲击荷载与爆炸荷载之间的差异,如荷载模式(撞击为集中力式的点冲击力,而爆炸为分布式的面冲击作用)和损伤特征[9,10]。因此,针对本书讨论的冲击作用,进一步深入研究撞后剩余轴向承载能力特性是重要且必要的。

在上述背景下,本章将重点研究受到侧向冲击后轴向受压圆形 RC 墩柱的剩余轴向承载能力。首先,对完好的两种配筋率 RC 墩柱进行静态轴压试验,以作为 RC 墩柱轴向承载能力的基准。然后,对落锤冲击受损墩柱进行轴向承载能力试验,以获取冲击后墩柱的轴向荷载-变形关系曲线。最后,基于不同冲击情况下 RC 墩柱的剩余轴向承载能力,探究影响低速冲击受损 RC 墩柱损伤程度的关键因素。

7.2 RC 墩柱剩余轴向承载能力试验概况

本章共对 11 根 RC 墩柱进行了静力轴压试验,包括 2 根完好 RC 墩柱和 9 根冲击损伤 RC 墩柱试件的轴压试验,2 根完好 RC 墩柱的几何尺寸钢筋配置与第 5 章中的落锤试验试件完全一样,它们分别为纵向钢筋配筋率为 1.92% 和螺旋箍筋配筋率 1.3% 的 L12S055 系列 RC 墩柱,纵向钢筋配筋率为 0.96% 和螺旋箍筋配筋率 0.72% 的 L06S100 系列 RC 墩柱。9 根冲击损伤 RC 墩柱试件为经过第 5 章中的落锤试验冲击的柱试件,9 根冲击损伤 RC 墩柱试件对应的落锤冲击工况详情以及墩柱冲击后残余位移和损伤模式如表 7-1 所示,其他信息可参见本书第 5 章相关内容。

试验试件详情 表 7-1

试验工况	试件类型	$L \times D$ (m×cm)	配筋率 纵向钢筋（%）	配筋率 螺旋箍筋（%）	轴力 (kN)	冲击能量 (J)	残余位移 (mm)	损伤模式	剩余轴向承载能力 P_1(左) (kN)	剩余轴向承载能力 P_2(右) (kN)	剩余轴向承载能力 平均值 (kN)
E1F1	L12S055	1.4×20	1.92	1.3	0	5198.5	21.0	弯曲损伤为主	1171	1159	1165
E1F2	L12S055	1.4×20	1.92	1.3	200	5198.5	8.0	弯曲损伤为主	1296	1290	1293
E1F3	L12S055	1.4×20	1.92	1.3	400	5198.5	3.3	弯曲损伤为主	1307	1287	1297
E1F3L6	L06S100	1.4×20	0.96	0.72	400	5198.5	10.1	弯曲损伤为主	934	912	923
E2F1	L12S055	1.4×20	1.92	1.3	0	13364.9	61.3	弯曲损伤为主	492	476	484
E2F2	L12S055	1.4×20	1.92	1.3	200	13364.9	45.5	弯曲损伤为主	1004	976	990
E2F3	L12S055	1.4×20	1.92	1.3	400	13364.9	42.1	弯曲损伤为主	862	844	853
E2F3L6	L06S100	1.4×20	0.96	0.72	400	13364.9	—	弯曲损伤为主	—	—	—
E2F1S1	L12S055	1.2×20	1.92	1.3	0	13364.9	54.0	弯曲损伤为主	472	450	461
E2F3S1	L12S055	1.2×20	1.92	1.3	400	13364.9	31.0	剪切损伤为主	742	718	730

因为落锤试验与本章的静力轴压试验进行试验的日期非常接近，其中10根冲击损伤RC墩柱的轴压试验是紧接着落锤试验后完成的，所以轴压试验试件材料特性与落锤试验试件的一致。混凝土立方体试块的平均抗压强度为37.83MPa，纵向钢筋和螺旋箍筋的屈服强度分别为418.1MPa和427.1MPa。纵向钢筋和螺旋箍筋的极限强度分别为663.5MPa和626.0MPa。有关试件和材料属性的详细信息见第5章5.2节。

7.3 完好RC墩柱轴向承载能力基准试验

7.3.1 试验装置和方案

作为评估冲击后试件剩余承载能力特性及损伤的基础，对两种配筋的完好圆形RC墩柱进行静力轴向加载试验，以获得它们的轴向抗压承载能力来作为基准。本节首先简要介绍了静力轴向加载试验所采用的装置，然后给出了轴向加载的试验结果，并与当前规范公式计算的轴向抗压承载能力进行了比较。

图 7-1 所示为静力轴压试验装置。该试验装置主要包括四个部分,即加载系统、反力系统、支撑系统以及测量系统。如图 7-1 所示,在加载系统中采用放置在墩柱端部的 500t 液压千斤顶逐级向墩柱试件施加轴向压力。反力系统由 2 个钢构反力架和 4 根直径为 32mm 的高强精轧螺纹钢筋组成,通过 8 个地锚和 4 根高强拉杆抵抗轴向反力。轴压试验装置的边界支撑条件与冲击试验保持一致,由 2 个钢支座和定向滑动支座组成,2 个钢支座通过地锚固定在试验室地槽上,并通过 4 根直径为 8cm 的钢连杆相连,以提高支撑系统的整体性。定向滑动支座用高强螺栓固定在钢支座上,支座内部滑块顶底面上分别放有 10 根光滑的滚轴,使得滑块可以沿着轴向的滑槽自由滑动。测量系统中传感器布置如图 7-2 所示,在试件两端分别放置 2 个压力传感器,用来测量试件承受的轴向荷载。沿试件轴向布置了 1 个引伸计和 9 个应变式位移传感器,用来测量试件在每级荷载作用下沿轴向所产生的局部和整体变形。由于受到前期试验条件的限制,完好墩柱轴压试验仅采用图 7-1b)中所示的机械百分表来获得位移数据。为了提高轴压试验的效率和安全性,在冲击损伤墩柱的轴压试验中采用自动测量的应变式位移传感器代替机械百分表来测量位移数据,如图 7-1c)所示。试验采用数据采集系统(由日本东京测试仪器试验室有限公司生产的 TDS 530 型号采集仪)同时记录所施加的轴向荷载和墩柱相应产生的位移。对于完好墩柱,试验加载方式是前半段采用荷载控制,当荷载达到指定数值,持荷 5min 后进行数据采集,然后加载到下步指定荷载,在弹性阶段每级加载 10t,进入非线性阶段后采用位移控制加载直至试件完全破坏。

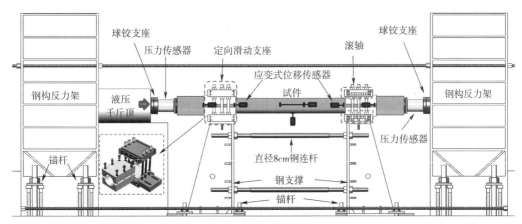

a)轴压试验装置试验示意图

b)完好墩柱轴压试验照片

c)冲击损伤墩柱轴压试验照片

图 7-1 静力轴压试验装置示意图和相应试验照片

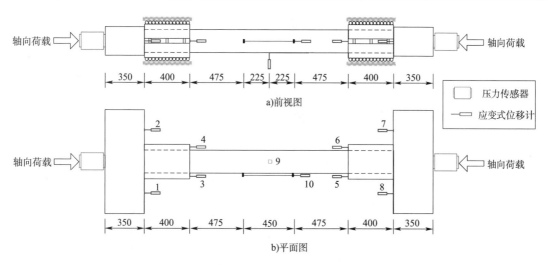

图 7-2 静力轴压试验传感器布置图(尺寸单位:mm)

7.3.2 轴压试验结果和讨论

静力轴压试验后,两类未受冲击的 RC 墩柱试件破坏模式如图 7-3a)和 b)所示。由图可知:这两类试件的破坏模式较为相似。两类试件都是由于核心混凝土的破碎而失去了轴向承载能力,同时纵向钢筋发生严重鼓曲,纵向钢筋鼓曲位置螺旋箍筋发生断裂。墩柱破坏面与水平面成 45°角,它们的破坏模式是典型的压剪破坏。试验过程中观察到墩柱试件破坏瞬间,混凝土突然发生粉碎性破坏。

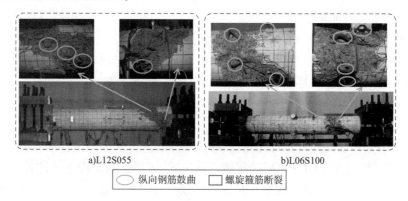

图 7-3 静力轴压试验 L12S055 和 L06S100 两类墩柱试件的破坏模式

图 7-4 为通过试验测得的这两类试件的轴压与平均轴向应变关系曲线。其中,为了消除两端支座处可能存在的摩擦力的影响,轴向荷载 F 按下式进行计算:

$$F = P_1 - 0.5 F_{\text{fric}} = 0.5(P_1 + P_2) \tag{7-1}$$

式中,P_1、P_2 分别为由左右两端压力传感器测量的轴压;$F_{\text{fric}} = P_1 - P_2$,为两端支座处存在的总摩擦力。对于完好的 L12S055 和 L06S100 试件,两端压力传感器测量的平均轴压分别为 1345kN 和 1301kN。出于安全考虑,在试件将要破坏时不再去读取机械百分表上显示的数据。因此,图 7-4 中显示的试验所测曲线没有下降段。

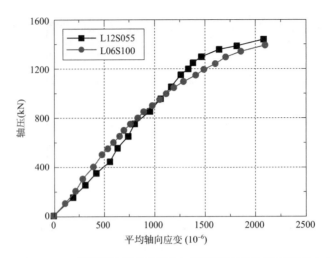

图 7-4 L12S055 和 L06S100 两类墩柱试件静力轴向加载试验测量的轴压与平均轴向应变关系曲线

为了比较不同高径比墩柱的试验结果,采用归一化的轴向应变 ε_{norm} 代替墩柱绝对的轴向压缩长度来表示墩柱的轴变形,上述轴向应变按下式计算:

$$\varepsilon_{norm} = (u_3 + u_4 + u_5 + u_6)/(2L) \tag{7-2}$$

式中,u_3、u_4、u_5 和 u_6 分别为编号 3~6 的位移传感器(图7-2)测量的位移。值得指出的是,上述测量轴向变形的位移传感器(编号 3~6)测量的位移包括了测试墩柱因受压产生的轴向变形和由于钢构反力架的移动引起的整体刚性位移(移动)。根据图7-2所示的位移传感器布置方案,墩柱的刚性运动将导致位于同一侧的位移传感器对(例如编号 3 和 5 的位移传感器)测量的位移增加和减少相同的量。因此,在式(7-2)中采用由位移传感器测量的位移数据($u_3 + u_5$ 和 $u_4 + u_6$)以排除墩柱刚性运动的影响。

由图 7-4 可知:L06S100 试件的轴向承载能力和轴向刚度与 L12S055 试件相近,这是因为当保护层混凝土因受压破坏后,这两类试件的核心混凝土都无法继续承受之前的轴压。因此,在落锤冲击试验中对这两类墩柱试件施加同样的轴力,故表5-3 列出的两类试件的轴压比也较为接近。

在将试验结果与当前规范进行比较前,应先明确试验墩柱的类型(短柱或长柱)。在轴压下的混凝土短柱,通常会由于材料受压破坏而失效,而细长的混凝土长柱通常在材料受压失效之前就会屈曲失稳。我国《混凝土结构设计规范(2015 年版)》(GB 50010—2010)[13]规定,当自由长度(L)不大于墩柱直径(D)的 7 倍(即 $L \leq 7D$)时,墩柱类型为短柱。由于试验试件的自由长度不超过 1.40m,即试件的自由长度小于或等于墩柱直径(0.2m)的 7 倍,因此本书中测试的所有试件都可视为短柱。

在其他设计规范中,通常用 Euler 公式判断墩柱类型。基于欧拉屈曲[式(7-3)]计算,发现引起本书中最长试件(高径比为 7)屈曲失效所需的临界轴向压应力约为 47.4MPa,大于试验测得的混凝土抗压强度。因此,我国规范和其他国家规范对墩柱试件的分类(短柱或长柱)得出了相同的结论。

$$P_{cr} = \frac{\pi^2 EI}{(kL)^2} \tag{7-3}$$

式中,P_{cr}是墩柱失稳的临界压力(N);I是墩柱横截面的平均惯性矩(m^4);E是材料的弹性模量(N/m^2);L是墩柱的自由长度(m);k是墩柱的有效长度系数,对于两端固定边界,其值等于0.5。

表7-2给出了不同规范规定用于估算未损伤RC墩柱最大轴向承载能力的公式。根据这些公式,计算了上述试验中两类试件的最大轴向承载能力,如图7-5所示。计算结果表明:对于完好的L12S055和L06S100墩柱,轴向承载能力的试验结果大于表7-2所列规范计算值。虽然这些结果不足以证明规范规定的公式总是低估RC墩柱的轴向承载力,但是说明规范公式可能存在以下局限性:当计算损伤指数时,采用这些规范公式可能低估冲击后墩柱的损伤程度。

不同规范规定计算墩柱轴向承载能力的公式　　　　　表7-2

规范	轴向承载能力计算公式
我国《混凝土结构设计规范(2015年版)》(GB 50010—2010)[13]	$N_u = f'_c A + f'_y A_s$
日本(JGC15)[14]	$N_u = (0.85 f'_c A_{cor} + 2.5 f_y A_{ss0} + f'_y A_s)$
美国(ACI 318)[15]	$N_u = 0.85 f'_c (A_c - A_s) + f'_y A_s$
欧洲(EN 2004)[16]	$N_u = 0.833 f'_c A + f'_y A_s$

注:式中N_u为墩柱轴向承载能力;f'_c为各规范中规定的混凝土的轴心抗压强度;f'_y为纵向钢筋屈服强度;f_y为箍筋屈服强度;A为墩柱横截面面积;A_c为混凝土净截面面积;A_{cor}为核心混凝土面积;A_s为受拉区纵向钢筋总面积;A'_s为受压区纵向钢筋总面积;A_{ss0}为箍筋换算截面面积。

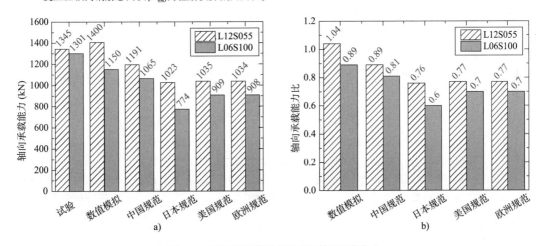

图7-5　采用不同规范计算的墩柱轴向承载能力

7.4　冲击受损RC墩柱剩余轴向承载能力试验

7.4.1　试验结果

冲击后RC墩柱的剩余轴向承载能力试验采用与先前完好墩柱轴向承载能力试验相同

的试验装置,如图7-1所示。在进行墩柱剩余轴向承载能力试验时,墩柱尽可能地保持了落锤冲击试验后的最终状态。在剩余轴向承载能力试验的初始阶段,采用基于位移的控制方法来施加轴向荷载。当达到每级目标位移后,保持轴向荷载稳定60s,然后采用数据采集系统记录施加的轴向荷载和产生的位移。当轴向位移由于逐渐加载而迅速增加时,开始变为连续记录位移和荷载数据,直到试件完全失效。

图7-6给出了所有冲击后RC墩柱的剩余轴向荷载与平均轴向应变的关系曲线。对于工况E2F1S1,通过试验观察到的极限轴向承载能力为957kN[图7-6h)]。值得指出的是,当平均轴向应变约为0.7%时,墩柱发生了明显的强度退化,此时墩柱受到的轴向压力远远低于最大承载能力。更重要的是,图7-7和图7-8表明,在墩柱平均轴向应变达到0.7%之后,在轴向荷载作用下,由于混凝土破碎,墩柱在跨中处出现了明显的向上拱起现象。出于这方面的原因,轴向荷载再次随轴向应变的增大而增加,直到墩柱完全破坏。这种现象具有一定的偶然性,存在不能重复的可能,出于保守考虑,可假定0.7%的平均轴向应变对应的轴向荷载(461kN)为该构件的轴向承载力。除了工况E2F1S1之外,在工况E2F2和E1F1中也观察到了类似的现象,如图7-6所示。

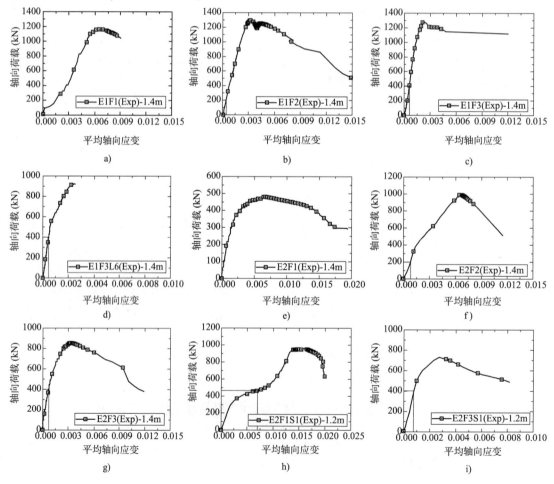

图7-6 冲击损伤RC墩柱剩余轴向荷载-平均轴向应变曲线(试验结果)

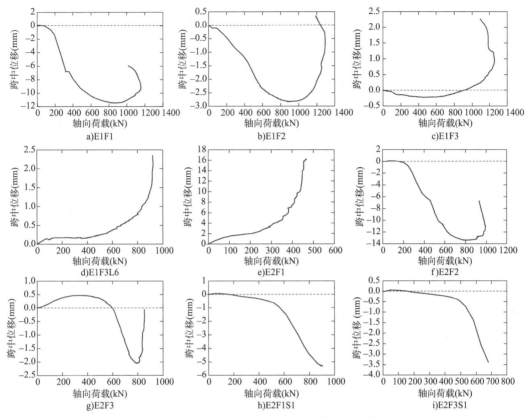

图 7-7 冲击损伤墩柱轴向荷载-跨中位移曲线(试验结果)

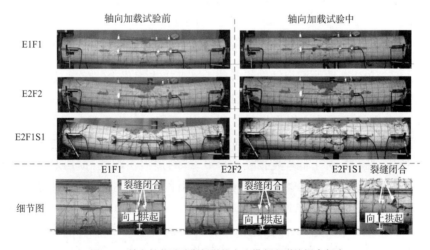

图 7-8 轴向加载试验期间墩柱向上拱起和裂缝闭合行为

类似于 Shi 等[2]的研究,基于剩余承载能力的损伤指数(D)将用于讨论本研究冲击后墩柱的剩余轴向承载能力。损伤指数(D)的定义如下:

$$D = 1 - P_{resi}/P_m \qquad (7-4)$$

式中,P_{resi} 为冲击损伤 RC 墩柱的剩余轴向承载能力;P_m 为完好墩柱的极限轴向承载能力。应该注意的是,在式(7-4)中 P_m 是由试验测得的极限轴向承载能力,而不是基于规范公式计算得到的轴向承载能力。正如前文所述,这是因为规范公式常常会低估墩柱实际的极限轴向承载能力(图7-5),故即使墩柱因冲击荷载而损伤,冲击损伤墩柱的剩余轴向承载能力 P_{resi} 也可能大于设计轴向承载能力,从而导致损伤指数(D)为负值。因此,对应于表7-1中各种冲击工况,墩柱的损伤程度指标如图7-9b)所示。根据 Shi 等[2]在抗爆研究中对损伤程度的定义,墩柱的损伤程度等级可分为:当 $D\in(0,0.2]$ 时,低程度损伤;当 $D\in(0.2,0.5]$ 时,中等程度损伤;当 $D\in(0.5,0.8]$ 时,严重程度损伤;当 $D\in(0.8,1.0]$ 时,完全失效。本书将采用该定义来表征侧向冲击后圆形 RC 墩柱的损伤程度。

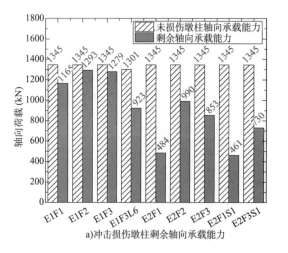 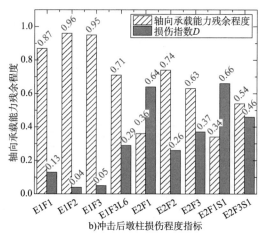

a) 冲击损伤墩柱剩余轴向承载能力　　b) 冲击后墩柱损伤程度指标

图 7-9　冲击损伤墩柱剩余轴向承载能力及冲击后墩柱损伤程度指标

7.4.2　剩余轴压破坏模式

所有冲击受损 RC 墩柱的剩余轴向承载能力都低于未损伤 RC 墩柱,如图7-9所示。毫无疑问,这是因为侧向冲击荷载引起的局部和整体损伤导致了墩柱轴向承载能力的降低。图7-10a)和b)分别描述了冲击损伤墩柱在轴向加载试验之前的状态和之后的破坏模式。对于受低能量冲击而损伤的墩柱,通过轴向加载试验观察到的破坏模式与未损伤的墩柱相似,如图7-3所示。同时,对于低程度损伤($D\leq 0.2$)的预损伤墩柱,损伤对轴向承载能力的影响不明显。冲击损伤墩柱的破坏面通常会贯穿落锤和墩柱之间的接触碰撞区域,但它们并不总是出现在墩柱的跨中损伤处。

相反,与未损伤的墩柱相比,受高能量冲击而受损的墩柱在轴向加载试验后表现出不同的破坏模式。对于受冲击而主要引起弯曲损伤的墩柱,整个的受压破坏面集中在墩柱的中间部分(冲击接触区域),这归因于在墩柱跨中由高能量冲击而引起的损伤和 $P\text{-}\Delta$ 效应的共同作用。对于以剪切损伤为主的墩柱,其在轴向荷载下的最终破坏发生在剪切裂缝平面上,这意味着冲击引起的损伤模式会影响墩柱在剩余轴向荷载试验中的最终破坏模式。与弯曲裂缝相比,剪切裂缝在控制剩余轴向承载能力和最终破坏模式方面往往起到更重要的作用。

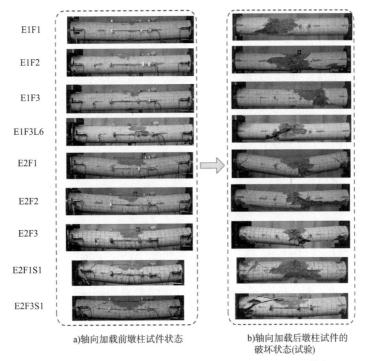

a) 轴向加载前墩柱试件状态 b) 轴向加载后墩柱试件的破坏状态(试验)

图 7-10　冲击损伤墩柱轴压加载试验前状态和试验后的破坏模式

7.4.3　冲击损伤模式的影响

如表 7-1 所示，对于冲击工况 E2F3 和 E2F3S1，残余位移（y_r）分别为 42.1mm 和 31.0mm，在墩柱冲击损伤方面分别观察到以弯曲损伤为主和以剪切损伤为主的损伤模式。对于工况 E2F3 和 E2F3S1，归一化参数（y_r/L）分别为 0.03 和 0.026。由上述结果可知，当采用基于位移的损伤标准时，具有弯曲损伤模式的墩柱的损伤程度比具有剪切损伤模式的墩柱的损伤程度更严重。然而，图 7-9 所示的结果表明，经历冲击工况 E2F3 之后墩柱的剩余轴向承载能力大于经历冲击工况 E2F3S1 之后墩柱的剩余轴向承载能力。这意味着基于位移的损伤评估方法在分析不同冲击破坏模式损伤程度方面存在一定局限性，同时由冲击引起的损伤模式对圆形 RC 墩柱的剩余轴向承载能力有较大影响。

7.4.4　冲击能量的影响

如图 7-9a）所示，由低能量冲击产生预损伤的墩柱表现出比由高能量冲击产生预损伤的墩柱更大的剩余轴向承载能力。对于 L12S055 系列试件的低能量冲击损伤，D 保持在 0.2 以下，而对于其高能量冲击损伤，D 在 0.26~0.66 之间［图 7-9b）］。同样，L06S100 墩柱在受到低能量冲击产生预损伤后仍然保留了 71% 的极限轴向承载力，但在受到高能量冲击的预损伤时完全破坏。

7.4.5　配筋率的影响

由图 7-9 可知，低配筋率（L06S100 系列）墩柱的剩余轴向承载能力低于高配筋率

（L12S055 系列）墩柱的剩余轴向承载能力。在低能量冲击后，高配筋率墩柱中的 E1F3 工况剩余了未损伤墩柱 95% 的轴向承载能力，即 $D = 0.05$，为低程度损伤；而低配筋率墩柱中 E1F3L6 工况仅保留了未损伤墩柱 71% 的轴向承载能力，即 $D = 0.29$，为中等程度损伤。对于高能量冲击工况 E2F3 和 E2F3L6，也可以观察到类似的结果。这是因为高纵向钢筋配筋率提高了墩柱的抗弯能力，高螺旋箍筋配筋率提高了混凝土的约束效果，从而减小了 L12S055 系列墩柱的损伤和残余位移。此外，L12S055 系列墩柱比 L06S100 系列墩柱具有更好的剩余延性，如图 7-6c)、d) 所示。

7.4.6 轴力的影响

经受冲击工况 E1F2 的 RC 墩柱的剩余轴向承载能力比经受冲击工况 E1F1 的 RC 墩柱的剩余轴向承载能力高 11%，即剩余轴向承载能力之比为 E1F2/E1F1 = 1.11。对于高能量冲击情况（E2F1、E2F2 和 E2F3），具有初始轴向荷载墩柱的剩余承载能力与无轴向荷载墩柱的剩余承载能力之比，分别是 E2F2/E2F1 = 2.05 和 E2F3/E2F1 = 1.76。这表明轴向荷载可以在提高冲击后墩柱的剩余轴向承载能力方面发挥积极作用，但冲击引起的挠度非常大的情况除外，如冲击工况 E2F3L6。这主要是因为适当的轴向荷载水平可以改善墩柱的抗弯能力以及核心混凝土的约束效果。

7.5 本章小结

在本章研究中，通过进行冲击后墩柱的剩余轴向承载能力试验，研究了侧向冲击后圆形 RC 墩柱的剩余轴向承载能力，结果表明：

（1）当采用损伤指数的定义评估墩柱冲击损伤程度时，墩柱轴向承载能力需要采用实际轴向承载能力 P_m，而非规范公式计算的设计轴向承载能力。规范规定公式常常会低估墩柱实际的极限轴向承载能力，这会使冲击损伤墩柱的剩余轴向承载能力 P_{resi} 可能大于设计轴向承载能力，从而导致损伤指数（D）为负值。

（2）冲击后 RC 墩柱的剩余轴向承载能力通常随着残余位移的增加而减小。

（3）冲击后 RC 墩柱的剩余轴向承载能力受落锤冲击试验中钢筋配筋率、冲击能量和轴压比的显著影响。对于高能量侧向冲击情况，在冲击试验中具有初始轴向荷载墩柱的剩余承载能力几乎是无轴向荷载墩柱的两倍。

（4）由冲击荷载引起的损伤模式会影响剩余轴向承载能力试验中 RC 墩柱的剩余轴向承载能力和最终破坏模式。具有明显剪切损伤的试件表现出比以弯曲损伤为主的墩柱更低的剩余承载能力。这些试验结果表明，在评估冲击后墩柱的剩余轴向承载能力时，应同时考虑冲击引起的变形和损伤模式的影响。

本章参考文献

[1] FAN W, YUAN W C. Numerical simulation and analytical modeling of pile-supported struc-

tures subjected to ship collisions including soil-structure interaction[J]. Ocean Engineering, 2014,91:11-27.

[2] SHI Y C,HAO H,LI Z X. Numerical derivation of pressure-impulse diagrams for prediction of RC column damage to blast loads[J]. International Journal of Impact Engineering,2008,35(11):1213-1227.

[3] BAO X L,LI B. Residual strength of blast damaged reinforced concrete columns[J]. International Journal of Impact Engineering,2010,37(3):295-308.

[4] JAYASOORIYA R,THAMBIRATNAM D P,PERERA N J,et al. Blast and residual capacity analysis of reinforced concrete framed buildings[J]. Engineering Structures,2011,33(12):3483-3495.

[5] WU K-C,LI B,TSAI K-C. Residual axial compression capacity of localized blast-damaged RC columns[J]. International Journal of Impact Engineering,2011,38(1):29-40.

[6] WU K-C,LI B,TSAI K-C. The effects of explosive mass ratio on residual compressive capacity of contact blast damaged composite columns[J]. Journal of Constructional Steel Research,2011,67(4):602-612.

[7] LI B,NAIR A,KAI Q. Residual axial capacity of reinforced concrete columns with simulated blast damage[J]. Journal of Performance of Constructed Facilities,2012,26(3):287-299.

[8] ROLLER C,MAYRHOFER C,RIEDEL W,et al. Residual load capacity of exposed and hardened concrete columns under explosion loads[J]. Engineering Structures,2013,55:66-72.

[9] 宗周红,唐彪,高超,等. 钢筋混凝土墩柱抗爆性能试验[J]. 中国公路学报,2017,30(9):51-60.

[10] 高超,宗周红,伍俊. 爆炸荷载下钢筋混凝土框架结构倒塌破坏试验研究[J]. 土木工程学报,2013,46(7):9-20.

[11] ZHANG F R,WU C Q,LI Z X,et al. Residual axial capacity of CFDST columns infilled with UHPFRC after close-range blast loading[J]. Thin-Walled Structures,2015,96:314-327.

[12] LI J,WU C Q,HAO H,et al. Post-blast capacity of ultra-high performance concrete columns[J]. Engineering Structures,2017,134:289-302.

[13] 中华人民共和国建设部,国家质量监督检验检疫总局. 混凝土结构设计规范(2015年版):GB 50010—2010[S]. 北京:中国建筑工业出版社,2015.

[14] JSCE Committee. Standard specifications for concrete structures-2007 "Design"(JGC15)[M]. Tokyo:Japan Society of Civil Engineers,2007.

[15] ACI Committee 318. Building code requirements for structural concrete (ACI 318-02) and commentary(ACI 318R-02)[S]. 2011.

[16] European Committee for Standardization (CEN). Eurocode 2:Design of concrete structures—Part 1-1: general rules and rules for buildings[S]. London British Standard Institution,2004.

第8章 基于撞后状态近似的受压RC墩柱剩余轴向承载能力分析方法

8.1 概 述

发生碰撞事故后,合理评估RC墩柱的剩余轴向承载能力、损伤严重程度和倒塌风险至关重要。以有限元建模来模拟对应物理试验全过程[1,2]的方法常常用于爆炸后风险评估分析中。在船舶、车辆及滚石碰撞事故发生后,由于冲击速度和荷载大小等往往是未知的,因此,模拟全过程分析方法对评估被撞RC墩柱剩余轴向承载能力的适用性有限。此外,全过程分析方法还存在以下难点:

(1) 在进行评估之前,需要进行前期的墩柱冲击模拟,这个计算分析过程非常耗时;

(2) 由第6章研究可知,当采用有限元数值分析技术预测冲击的最终变形状态(如残余变形)时,可能会存在较大困难;

(3) 由于计算模型在从冲击模拟切换到剩余轴向承载能力分析时需要改变相关材料特性,如在剩余轴向承载能力的模拟中需要去除应变率效应,因此有限元建模过程将非常复杂;

(4) 在实际情况中,可能难以准确地获取与冲击相关的详细信息,诸如撞击质量和速度等。

由于撞后的状态(如残余变形和损伤模式)可以在事故后较为方便地被观察到,因此本章将建立一种基于墩柱撞后状态(同时考虑残余变形和损伤模式)近似的分析方法,用于预测冲击后墩柱的剩余轴向承载能力。通过与试验结果进行对比,验证基于撞后状态近似分析方法的有效性。然后,利用基于撞后状态近似分析方法进行广泛的参数分析,研究墩柱轴压比、纵向钢筋配筋率、螺旋箍筋配筋率(简称配箍率)和高径比对圆形RC墩柱冲击后剩余轴向承载能力的影响。最后,通过对分析结果进行多元回归拟合给出一个经验公式,为简单估计侧向冲击后圆形RC墩柱的剩余轴向承载能力提供参考。

8.2 基于撞后状态有限元分析模型建模过程

冲击后墩柱剩余轴向承载能力试验结果表明,RC墩柱的剩余轴向承载能力主要取决于墩柱的残余变形和损伤模式。因此,建立的分析方法在模拟评估墩柱剩余轴向性能之前,必须使墩柱获得近似于由冲击荷载引起的损伤状态。通常,对以弯曲损伤为主的墩柱,可以通过近似冲击损伤墩柱的变形形状来达到等效损伤状态。而对于以剪切损伤为主的墩柱,冲击引起的变形和损伤模式都应该同时被近似考虑。因此,评估轴向受压RC墩柱的剩余轴向承载能力的建模过程包括以下三个步骤:

(1) 通过采用图8-1所示的缆索单元,逐渐施加初始轴向荷载,然后保持施加在圆形RC墩柱上的轴向荷载,其值等于对应冲击试验中的轴向压力。

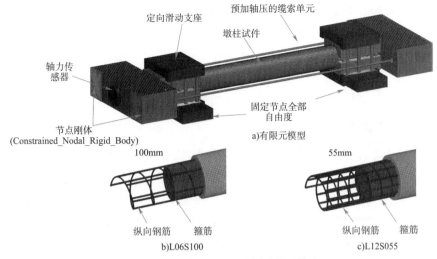

图 8-1 轴向受压圆形 RC 墩柱有限元模型

(2)近似损伤状态。对于以弯曲损伤为主的损伤模式,通过位移控制垂直移动冲击区域单元使墩柱逐渐变形,以获得与冲击试验中观察到的由冲击荷载导致的相同变形形状。如图 8-2 所示,由有限元模拟(FEA)获得的墩柱变形形状结果与试验(EXP)数据吻合较好。对于以剪切损伤为主的损伤模式,通过调整混凝土材料模型的剪切参数,在模拟损伤中引入了特定的损伤模式,这将在模拟墩柱工况 E2F3S1 时详细说明。

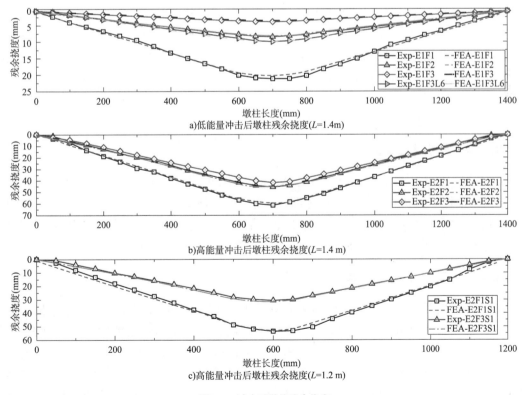

图 8-2 冲击后墩柱残余挠度

(3)在墩柱的端部采用预定的轴向位移逐渐压缩墩柱(位移控制),直至墩柱失去轴向承载能力。对于未损伤墩柱,仅执行此步骤。

8.3 有限元模型

8.3.1 模型概述

图 8-1 为轴向受压圆形 RC 墩柱的有限元模型,采用三维实体单元模拟墩柱混凝土、定向滑动和支撑钢构件以及放置在墩柱端部的钢板。用缆索单元模拟预载系统中的直径为 32mm 的螺纹钢筋。纵向钢筋和螺旋箍筋以及支撑系统中的螺栓由梁元件模拟。为了提高计算效率,有限元模型中省略了钢支座支撑系统。与之前的冲击模拟不同,有限元模型中省略了混凝土和钢材的应变率效应,这是因为本研究的剩余轴向承载能力分析是准静态的。

8.3.2 混凝土材料模型

LS-DYNA 提供了很多材料模型来模拟混凝土的行为。过去的研究[3-5]已经证明连续盖帽本构模型(MAT_CSCM)在混凝土模拟中表现得非常稳健,特别是对于低速冲击分析。但是,在第 6 章指出采用默认参数的 CSC 模型不能合理地模拟混凝土的约束效应,特别是对于约束混凝土软化行为。因此,采用 Mander 等[6]提出的约束混凝土应力-应变关系作为基准,校正本书中采用的混凝土材料模型。采用 Crawford 等[7]所推荐的方法,以 150mm × 300mm 圆柱体模型迭代地进行压缩模拟以校正参数 B 和 pmod。经校正,有限元模拟结果与理论结果可良好吻合,具体见 6.4.1 节。此外,在第 6 章冲击模拟研究中,采用 CSC 模型的 RECOV 参数粗略近似地模拟裂缝闭合行为以解释裂缝闭合对轴向受压墩柱冲击响应的影响,并获得预期的残余变形。然而,拉压转换时混凝土刚度不恢复的假设会导致预测的剩余轴向承载能力的精度偏低。此外,本章通过上述步骤(2)(图 8-2)获得了冲击后残余的变形形状,故不需要在冲击模拟中采用相对复杂的建模方法。

8.3.3 钢筋材料模型

采用 Hughes-Liu 梁单元和材料模型 MAT_PIECEWISE_LINEAR_PLASTICITY(MAT_24)来模拟墩柱中的纵向钢筋和横向钢筋。采用钢筋拉伸试验的应力-应变数据来定义弹塑性材料模型(MAT_24),详细参数参见第 5 章和第 6 章。模型中假设混凝土和钢筋之间为理想黏结,采用 LS-DYNA 中 CONSTRAINED_LAGRANGE_IN_SOLID 命令实现。

8.3.4 有限元模型的验证和讨论

对于未损伤墩柱,图 8-3 给出了有限元模拟结果与相应的试验结果。由图中结果可知,有限元模拟获得的轴向荷载和平均轴向应变之间的关系与试验结果能够较好地吻合。同样,图 8-2 所示的冲击损伤墩柱的大部分有限元模拟结果与试验结果也具有很高的一致性。对于经过冲击工况 E1F1、E2F2 和 E2F1S1 的构件,有限元模拟获得的荷载-应变曲线与试验数据有所差别。如第 7 章所述,这些墩柱在剩余轴向承载能力试验中随着轴向荷载的增加而向上拱起,呈现出相对较强的剩余轴向承载能力。然而,这种现象在有限元模拟中没有出现。更重要的是,这种现象并不总是发生在实际试验中,例如图 7-10 所示的其他六种工况。考虑到这种现象具有一定的偶然性,并且总是导致剩余轴向承载能力被高估,为了保守起见,在有限元分析中,忽略它的影响是可以接受的。当然,进一步的研究也值得开展,这有利于提高有限元分析对这些工况的预测精度。

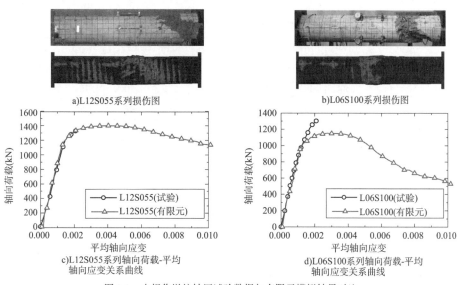

图 8-3　未损伤墩柱轴压试验数据与有限元模拟结果对比

Thilakarathna 等[8]指出,轴力偏心对墩柱的抗冲击性能有显著影响。因此,冲击损伤墩柱的轴向承载能力损失不仅归因于材料损伤,而且归因于冲击后墩柱变形引起的偏心。对于冲击损伤墩柱,这两个因素(材料损伤和偏心)对轴向承载能力损失的贡献,可以通过比较仅考虑变形形状和包括两个因素的有限元结果来进行分离。

由于采用三维精细有限元模型,建模过程比较复杂并且计算分析非常耗时,因此,本研究建立了纤维梁单元模型,采用 OpenSees 软件对两个未损伤 RC 墩柱和其他冲击损伤 RC 墩柱进行了建模与分析,以研究冲击后偏心对轴向承载能力的影响,如图 8-4 所示。在所建模型中,对于冲击损伤 RC 墩柱,墩柱的几何形状与撞击后的变形形状(图 8-2)保持一致,混凝土与钢筋采用初始(未损伤)特性。通过上述处理,偏心对轴向承载能力的影响可以通过分析模型进行估算,材料损伤和偏心这两个因素对轴向承载能力损失的影响就可以从剩余轴向承载能力中分离出来。

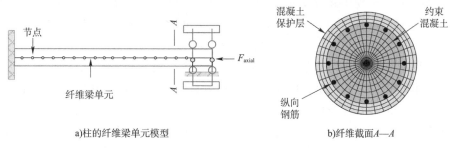

图 8-4　RC 墩柱的轴向受压纤维梁单元模型

对于两个未损伤 RC 墩柱,由纤维梁单元模型计算获得的轴向承载能力分别为 1400kN 和 1166kN,这与本研究中采用三维精细有限元模型估计的结果大致相同(1400kN 和 1150kN),并且这些结果与试验结果也比较接近。上述结果证明了纤维梁单元模型的适用性。类似地,对于冲击损伤 RC 墩柱,采用上述模型计算的轴向承载能力结果列于表 8-1 的第三行。基于这些数值模拟结果,可以得到由材料损伤和偏心引起的轴向承载能力损失,如表 8-1 所示。

材料损伤和偏心对轴向承载能力损失的影响　　　　　　　　表 8-1

荷载	表达式	E1F1	E1F2	E1F3	E1F3L6	E2F1	E2F2	E2F3	E2F1S1	E2F3S1
P_m(kN)	(1)	1400	1400	1400	1166	1400	1400	1400	1400	1400
P_r(kN)	(2)	850	1075	1211	885	571	700	784	539	732
P_{re}(kN)	(3)	1157	1281	1338	1046	857	961	1000	904	1084
L_{all}(kN)	(4)=(1)-(2)	550	325	189	281	829	700	616	861	668
L_e(kN)	(5)=(1)-(3)	243	119	62	120	543	439	400	496	316
L_{md}(kN)	(6)=(4)-(5)	307	206	127	161	286	261	216	365	352
L_e/P_m	(7)=(5)/(1)	0.17	0.09	0.04	0.10	0.39	0.31	0.29	0.35	0.23
L_{md}/P_m	(8)=(6)/(1)	0.22	0.15	0.09	0.14	0.20	0.19	0.15	0.26	0.25

注:P_m 为未损伤 RC 墩柱的极限轴向承载力;P_r 为损伤 RC 墩柱的剩余轴向承载能力;P_{re} 为冲击后几何形状的墩柱的轴向承载力;L_{all} 为材料损伤和偏心造成的轴向承载能力损失;L_e 为由偏心导致的轴向承载能力损失;L_{md} 为由材料损伤导致的轴向承载能力损失。

这些结果表明,随着冲击荷载引起的偏心距的增加,墩柱的剩余轴向承载力显著下降。该结果进一步解释了为什么试验结果与 E1F1、E2F2 和 E2F1S1 工况的数值模拟结果之间存在较大差异。在这些工况中发生在跨中的向上拱起导致了偏心率的明显下降。

在本研究中,只有工况 E2F3S1 在冲击试验后表现出明显的剪切损伤。如图 8-5a)所示,在冲击试验后可以清楚地观察到剪切开裂区。由图 8-5b)可知,对于该工况,在估计剩余轴向承载能力之前,仅通过变形形状近似不能在指示区域中产生预期的剪切损伤。此外,有限元模拟得到的剩余轴向承载能力大于试验值,如图 8-6 所示。因此,基于撞后状态近似的考虑,有必要建立一种简单的处理方法,以在进行轴向加载前近似达到预定的损伤模式。根据 CSC 模型的理论,当应力为压力时,单元断裂能由纯剪切应力断裂能 G_{fs},单轴压缩应力断裂能 G_{fc} 和剪切-压缩转变参数 PWRC 共同确定,计算公式如下[5]:

$$G_f = G_{fs} + \text{trans}(G_{fc} - G_{fs}), \quad \text{trans} = (J_1/\sqrt{3J_2'})^{\text{PWRC}} \quad (8-1)$$

式中,J_1 为应力张量的第一不变量;J_2' 为偏应力张量的第二不变量。式(8-1)表明参数 PWRC 对单元的抗剪和抗压能力有很大影响。为了呈现墩柱由冲击引起的初始剪切损伤,对斜裂缝区域中的单元进行了参数 PWRC 调整,如图 8-5c)所示。采用了上述处理方法后,在有限元模拟的步骤(2)中,可清楚地观察到对角裂缝。更重要的是,墩柱呈现出以剪切为主的损伤,与试验现象一致,如图 8-5d)所示。在评估剩余轴向承载能力之前,有限元模型中墩柱的变形形状和损伤模式都很接近试验结果。经过该处理后,数值模拟分析获得的剩余轴向承载能力与试验结果能更好地吻合。与试验结果相同,这些结果强调了在评估侧向冲击后的剩余轴向承载能力的同时,考虑冲击引起的变形和损伤模式影响的重要性。

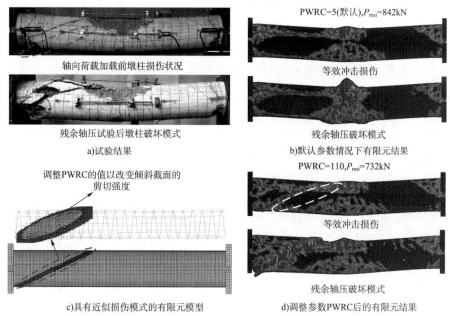

图 8-5 冲击损伤模式的影响

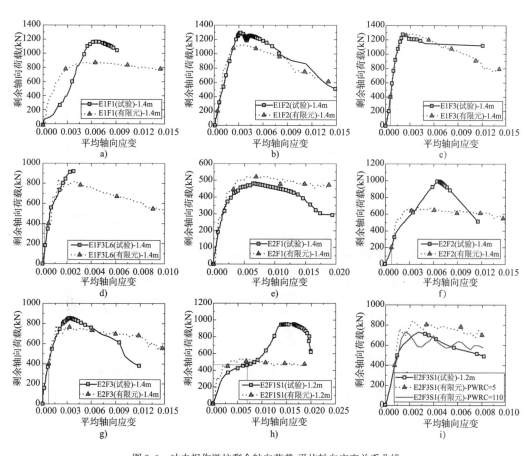

图 8-6 冲击损伤墩柱剩余轴向荷载-平均轴向应变关系曲线

图 8-7a)概括了从试验和有限元模拟中得到的未损伤墩柱和冲击损伤墩柱的最大剩余轴向承载能力,有限元模拟结果与试验结果的比值如图 8-7b)所示。由以上结果可知:所有工况的有限元结果与试验结果的比值范围为 71% ~ 118%。平均比值约为 94%,相对误差约为 13%。当忽略呈现向上拱起的墩柱工况时,相对误差将进一步减小。

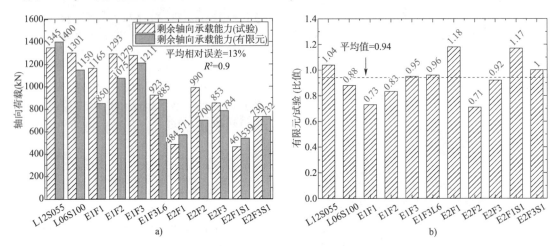

图 8-7 剩余轴向承载能力试验结果与有限元模拟结果对比

此外,图 8-3a)、b)以及图 8-8b)、c)分别展示了在轴向荷载下未损伤墩柱和冲击损伤墩柱的最终破坏模式。对于大多数工况,有限元模拟的最终破坏模式与试验现象相似。总的来说,基于撞后状态的有限元模型对剩余轴向承载能力的预测表现出了合理的精度水平。因此,基于撞后状态的有限元模型适用于进行后续的参数研究,以进一步研究在侧向冲击损伤后轴向受压圆形 RC 墩柱的性能。

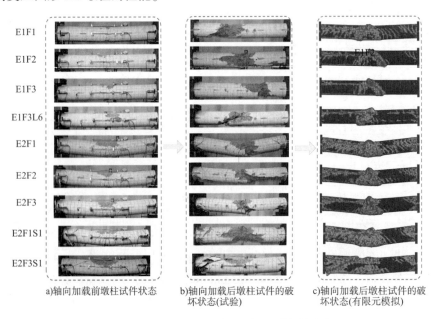

图 8-8 墩柱破坏模式试验结果与有限元模拟结果对比

8.4 关键参数影响分析

8.4.1 数值模拟工况概况

为了定量评估关键设计参数对受损墩柱的剩余轴向承载能力的影响,采用上述有限元模型进行参数研究。在数值模拟中变化的主要参数包括:轴压比 P_L/P_m 分别为 0.1、0.2、0.3,其中 P_L 为冲击前对墩柱预加的轴向荷载,P_m 为未损伤墩柱的极限轴向承载能力,采用有限元模型模拟相应未损伤墩柱的轴向承载力得到;纵向钢筋配筋率 ρ_g 为 1.92% 和 0.96%;螺旋箍筋体积配箍率 ρ_v 为 1.3% 和 0.72%;高径比 L/D 为 7 和 6,其中 L 为墩柱的自由长度,D 为墩柱的横截面直径。总共研究了八种不同系列的圆形 RC 墩柱,相应墩柱的信息如表 8-2 所示;所有其他参数与 8.3 节的有限元模型相同。

进行参数分析的墩柱工况详情　　　　表 8-2

墩柱类型	高径比	$L \times D$ (m × cm)	配筋率(%) 纵向钢筋	配筋率(%) 螺旋箍筋	轴压比
L12S055H-1.4m	7	1.4×20	1.92	1.3	0.1,0.2,0.3
L12S100H-1.4m	7	1.4×20	1.92	0.72	0.1,0.2,0.3
L06S055H-1.4m	7	1.4×20	0.96	1.3	0.1,0.2,0.3
L06S100H-1.4m	7	1.4×20	0.96	0.72	0.1,0.2,0.3
L12S055H-1.2m	6	1.2×20	1.92	1.3	0.1,0.2,0.3
L12S100H-1.2m	6	1.2×20	1.92	0.72	0.1,0.2,0.3
L06S055H-1.2m	6	1.2×20	0.96	1.3	0.1,0.2,0.3
L06S100H-1.2m	6	1.2×20	0.96	0.72	0.1,0.2,0.3

8.4.2 数值分析结果和讨论

为了更简便地理解数值计算结果,在图 8-9 ~ 图 8-12 中采用冲击损伤墩柱的剩余轴向承载能力(P_r)与未损伤墩柱的极限轴向承载能力(P_m)的比值(P_r/P_m)作为 y 轴。当 $P_r = P_m$ 时,表示墩柱没有受到损伤;而当 P_r 小于冲击前对墩柱预加的轴向荷载($P_r < P_L$)时,表明墩柱完全失效。参数 y_r/L(由墩柱自由长度归一化的残余挠度)作为 x 轴,以表示由侧向冲击引起的墩柱损伤的严重性。值得指出的是,限于剪切损伤试验数据有限,不足以完全揭示剪切损伤与残余挠度等之间的关系。因此,目前本节参数研究主要是针对以弯曲损伤为主的墩柱,今后有条件的情况下可针对以剪切损伤为主的墩柱进行广泛的参数分析研究。

1)轴压比的影响

轴压比(P_L/P_m)对冲击损伤墩柱剩余轴向承载能力的影响如图 8-9 所示。由图可知:在相同的 y_r/L 下,墩柱剩余轴向承载能力随着轴压比从 0.1 增加到 0.3 而增加。类似试验结果,当冲击引起的损伤程度在一定范围时,施加的轴向荷载可以提高混凝土的约束效果,导致墩柱抗冲击性能提高。

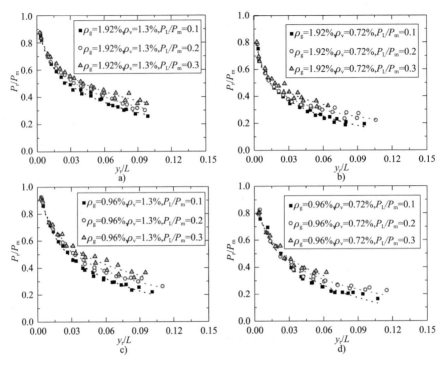

图 8-9 轴压比对冲击损伤墩柱剩余轴向承载能力的影响

2) 纵向钢筋配筋率的影响

纵向钢筋配筋率对冲击损伤剩余轴向承载能力的影响如图 8-10 所示。当墩柱具有相对较高的配箍率时,纵向钢筋配筋率对冲击损伤墩柱剩余轴向承载能力的影响不明显,如图 8-10a) ~ c) 所示。这主要是因为与当前纵向钢筋配筋率相比,具有相对较高配箍率的墩柱的轴向承载能力主要取决于约束混凝土的面积。对于配箍率较低的墩柱,剩余轴向承载能力随纵向钢筋配筋率的增加而略有下降,如图 8-10d) ~ f) 所示。与配箍率相反,墩柱的轴向承载能力不仅取决于约束混凝土的面积,还取决于纵向钢筋的数量。当高纵向钢筋配筋率的墩柱加载到预期的变形时,其损伤比低纵向钢筋配筋率墩柱的大。这意味着高纵向钢筋配筋率的墩柱的轴向承载能力的降低程度大于低纵向钢筋配筋率的墩柱。由于这些原因,低纵向钢筋配筋率墩柱的 P_L/P_m 值大于高纵向钢筋配筋率墩柱的 P_L/P_m 值。

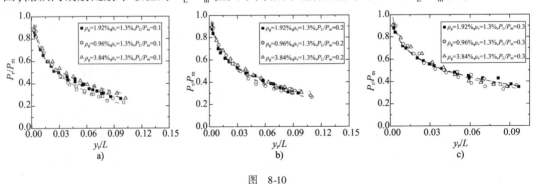

图 8-10

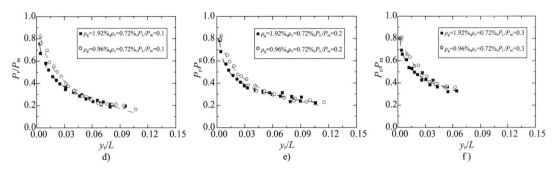

图 8-10 纵向钢筋配筋率对冲击损伤墩柱剩余轴向承载能力的影响

3) 配箍率的影响

配箍率对冲击损伤墩柱剩余轴向承载能力的影响如图 8-11 所示。在恒定的损伤水平 (y_r/L) 下,具有高配箍率的墩柱表现出比低配箍率墩柱更强的剩余轴向承载能力。与图 8-10 所示的结果相比,配箍率对轴向承载能力的影响大于纵向钢筋配筋率。然而,这并不意味着纵向钢筋对于提高 RC 墩柱的抗冲击性能不重要。第 5 章和第 6 章的研究表明,纵向钢筋能够有效地减少侧向冲击下墩柱的残余挠度和损伤程度。螺旋箍筋和纵向钢筋对受到侧向冲击荷载的 RC 墩柱的抗冲击性能起着关键作用。

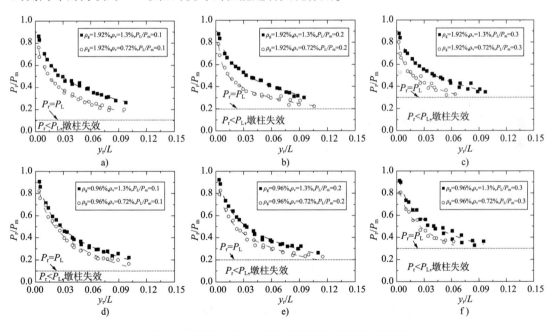

图 8-11 配箍率对冲击损伤墩柱剩余轴向承载能力的影响

4) 高径比的影响

高径比对冲击损伤墩柱剩余轴向承载能力的影响如图 8-12 所示。由图可知,在相同的 y_r/L 下,两种高径比的墩柱对应的 P_r/P_m 值几乎相同,表明高径比对冲击损伤墩柱剩余轴向承载能力的影响不明显。同时这也意味着本书采用参数 y_r/L(由墩柱自由长度归一化的残余挠度)作为 x 轴,以表示由侧向冲击引起的墩柱损伤的严重性是合理的。

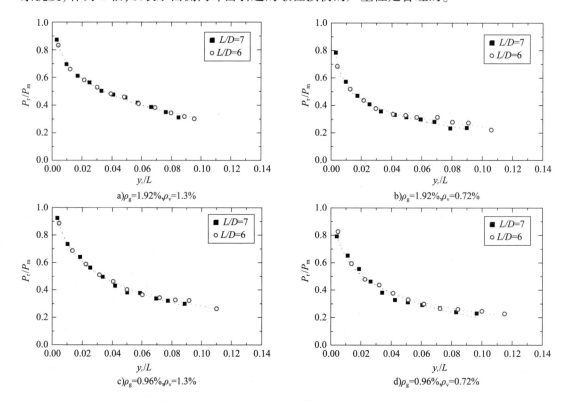

图 8-12 高径比对冲击损伤墩柱剩余轴向承载能力的影响

8.4.3 预测剩余轴向承载能力的公式

以上通过参数分析揭示了相关参数对受压圆形 RC 墩柱冲击后的剩余轴向承载能力的影响。基于上述有限元结果,通过多变量非线性回归分析得到了经验公式,可用于预测具有特定侧向损伤指标(y_r/L)的轴向受压圆形 RC 墩柱的剩余轴向承载能力。该经验公式如下:

$$\frac{P_r}{P_m} = a\ln\frac{y_r}{L} + b \tag{8-2}$$

$$a = 1.771\rho_g - 3.181\rho_v + 0.012\frac{L}{D} + 0.190\frac{P_L}{P_m} - 0.1304 \tag{8-3}$$

$$b = 6.438\rho_g + 6.229\rho_v - 0.04648\frac{L}{D} + 1.003\frac{P_L}{P_m} - 0.2054 \tag{8-4}$$

图 8-13 中对比了采用上述公式计算的剩余轴向承载能力与有限元模拟结果。由对比结果可知:采用上述公式计算的剩余轴向承载能力与有限元模拟结果吻合较好。需指出的是,如果将来通过模拟或试验测试获得其他可利用的数据,则可以进一步对上述经验公式进

行验证。此外,如上所述,上述经验公式是基于以弯曲损伤为主的损伤模式建立的。对于冲击后以剪切损伤为主的墩柱,当相应的试验和数值数据足够时,需要在后续研究中建立另外的损伤评估公式。

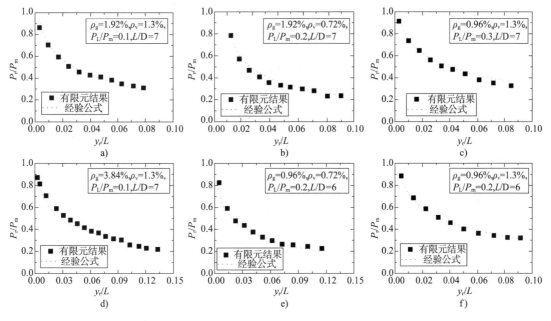

图 8-13　经验公式计算结果和有限元模拟结果对比

8.5　本章小结

本章以冲击损伤墩柱剩余轴压试验为基础,基于冲击后状态(包括冲击引起的变形和损伤模式)近似提出了一种分析方法,用于预测轴向受压 RC 墩柱冲击后的剩余轴向承载能力。

(1)提出的分析方法计算结果与试验结果吻合较好。提出的分析方法仅取决于冲击后状态,而不依赖于冲击荷载特性,所以它适合于评估已经受到侧向车辆或船舶碰撞荷载而损伤的 RC 墩柱的剩余轴向承载能力。

(2)结合连续帽盖本构模型(MAT_CSCM),指出了 PWRC 参数对于近似模拟剪切损伤的重要性,为今后冲击后分析中的剪切损伤近似提供了思路。

(3)针对冲击后以弯曲损伤为主的墩柱,采用验证的有限元模型进行了参数研究,研究了轴压比、纵向钢筋配筋率、配箍率和高径比对墩柱剩余轴向承载能力的影响。结果表明,在相同的 y_r/L 下,墩柱剩余轴向承载能力随着轴压比从 0.1 增加到 0.3 而增加;对于给定水平的冲击损伤,配箍率对剩余轴向承载能力的影响大于纵向钢筋配筋率;高径比对剩余轴向承载能力的影响不明显。

(4)针对冲击后以弯曲损伤为主的墩柱,通过拟合参数分析结果,建立了预测剩余轴向承载能力的经验公式。通过精细有限元分析验证了建立的拟合公式的有效性。

(5)从试验和建立的分析方法中得到的结论可以扩展到更多领域,以帮助评估冲击后结构的剩余轴向承载能力。与建筑和桥梁结构中的实际 RC 墩柱相比,本书中的试验试件进行了缩尺。此外,随着冲击速度(或冲击能量)的增加,在受冲击墩柱的局部可能出现更多的损伤类型(如冲切剪切损伤)。因此,在以后需要对大尺度 RC 墩柱受到更高冲击速度(或冲击能量)的情况开展进一步的试验研究。

本章参考文献

[1] SHI Y C,HAO H,LI Z X. Numerical derivation of pressure-impulse diagrams for prediction of RC column damage to blast loads[J]. International Journal of Impact Engineering,2008,35(11):1213-1227.

[2] BAO X L,LI B. Residual strength of blast damaged reinforced concrete columns[J]. International Journal of Impact Engineering,2010,37(3):295-308.

[3] FAN W,YUAN W C. Numerical simulation and analytical modeling of pile-supported structures subjected to ship collisions including soil-structure interaction[J]. Ocean Engineering,2014,91:11-27.

[4] JIANG H,CHORZEPA M G. An effective numerical simulation methodology to predict the impact response of pre-stressed concrete members[J]. Engineering Failure Analysis,2015,55:63-78.

[5] MURRAY Y D. Users manual for LS-DYNA concrete material model 159[R]. Washington,D. C.:Federal Highway Administration,2007.

[6] MANDER J B,PRIESTLEY M J,PARK R. Theoretical stress-strain model for confined concrete[J]. Journal of Structural Engineering,1988,114(8):1804-1826.

[7] CRAWFORD J,WU Y,CHOI H,et al. Use and validation of the release Ⅲ K&C concrete material model in LS-DYNA[R]. Glendale:Karagozian & Case,2012.

[8] THILAKARATHNA I,THAMBIRATNAM D,DHANASEKAR M,et al. Shear-critical impact response of biaxially loaded reinforced concrete circular columns[J]. ACI Structural Journal,2013,110(4):565-574.

第9章 冲击作用下RC梁和柱的高效分析方法

9.1 概　　述

目前,已经有许多研究[1-42]利用通用接触-碰撞非线性有限元软件构建冲击荷载下RC梁和柱的精细有限元模型,如本书的第3章。然而,采用这种方法需要花费大量的精力来建立精细化模型,并且采用这种方法的计算成本也非常高。此外,由于在通用有限元程序中提供的混凝土材料模型仍然存在一定的局限性,分析结果的可靠性并不总能得到保证[9,10]。采用此方法捕获RC梁和柱在冲击荷载下的剪切行为仍然是一项棘手的任务[11]。

除了精细有限元建模方法外,本书还建立了一些简化方法来评估RC梁和柱的响应[4,11-13],如本书的第6章。然而,其中的大多数方法仅在预测以弯曲破坏为主的构件冲击响应中表现出令人满意的效果,几乎难以准确地捕获以剪切破坏为主的RC梁和柱的冲击动力行为[11]。此外,在现实的冲击问题(船舶或车辆与桥梁结构的碰撞)中,将受冲击的结构(桥梁)简化为单个或两个自由度系统存在较大困难,这极大地限制了它们的适用范围。

由于上述效率和适用性的限制,有必要建立一种新的分析方法,用于高效和准确地评估冲击荷载下RC梁和柱的行为。在上述背景下,本章提出了一种新的分析模型,可高效地分析低速冲击荷载下RC梁和柱的弯曲和剪切行为。首先,建立了基于非线性宏观单元的简化模型来模拟落锤与RC梁和柱之间的局部相互作用行为。对于以弯曲破坏为主的RC梁和柱,传统的纤维梁单元被证明能够在近似考虑应变率效应后预测出可靠的结果。在此基础上,提出了RC梁和柱的一般模拟方法,以分析冲击荷载下RC梁和柱的弯曲和剪切行为。在本章中,收集了近50个RC梁和柱的落锤或水平冲击试验,用来验证所提出方法的有效性。提出的高效分析方法,具有诸如单元的计算高效率和低要求等显著优点,这将极大地促进其应用于现实的冲击问题分析(船舶或车辆与桥梁结构的碰撞分析)中。

9.2 弯曲破坏为主的RC梁的高效分析模型

由于以弯曲破坏为主的情况相比存在弯曲和剪切复合破坏形式的情况简单,因此首先阐述能合理预测以弯曲破坏为主的RC梁的冲击性能的模拟方法。图9-1给出了所提出的模拟弯曲控制失效RC梁的模型。该模型包括冲击物体(落锤)、基于非线性宏观单元的接触模型和受冲击的RC梁。以下各节将介绍这三个组件的详细建模方法。

9.2.1 冲击物体和初始冲击速度的模拟方法

在实际冲击问题中,冲击物体可能是偏离航道的船舶、车辆或任何其他物体。对于船桥碰撞，Consolazio 和 Cowan[6]、Fan 和 Yuan[4]等已经建立出一些简化的质量-弹簧-阻尼系统来表示驳船或船舶的力学性能。在船桥碰撞分析中，已较为广泛地证明了这些简化模型的合理性和高效性[4,6]。关于如何对不同类型的冲击物体进行建模可参考第 2 章相应内容。为了验证所提出的模拟方法的有效性，本研究主要讨论和模拟了 RC 梁的落锤冲击试验。因此，刚性落锤被认为是冲击物体，且采用简化的质量弹簧系统模拟。如图 9-1 所示，采用集中质量单元 A 和弹性弹簧单元分别模拟落锤的质量(M_h)和刚度(K_h)。弹性弹簧单元为仅受压弹簧，从而模拟碰撞后撞击物体与冲击结构之间的分离。基于显式积分算法的有限元计算程序(LS-DYNA)可以简便地将初始冲击速度赋给集中质量。然而，在通常情况下，初始冲击速度不能在隐式求解器(OpenSees 和 SAP2000)中被直接定义。在这种情况下，初始冲击速度(v_0)可以根据式(9-1)通过对集中质量施加瞬时荷载(或冲量 $I = Pt$)来获得。此外，需要在仅受压弹簧中增加初始间隙，以确保在集中质量达到预期的初始冲击速度之后才触发落锤和受冲击的 RC 梁之间的接触。因此，初始间隙(GA)应满足式(9-2)的要求。在本章中，上述模拟方法是通过采用 OpenSees 的开源分析平台实现的。具体而言，采用单轴材料ElasticPPGap定义带初始间隙的仅受压弹簧，该材料相应的力-位移关系如图 9-2a)所示。由于落锤一般比受冲击的 RC 梁的刚度大，因此本章将 K_h 设定为相对较高的值，即 $1 \times 10^9 \mathrm{N \cdot m}$。

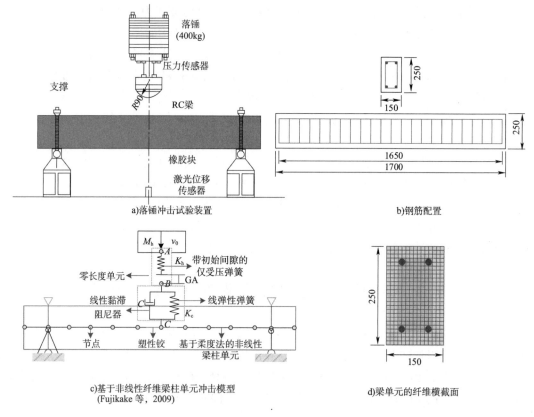

图 9-1 预测 RC 梁在冲击荷载作用下的弯曲响应的高效分析模型(尺寸单位：mm)

$$v_0 = Pt/M_h \tag{9-1}$$

$$GA \geq v_0 t/2 \tag{9-2}$$

式中,v_0 为初始冲击速度;P 为瞬时荷载;t 为荷载作用时间;M_h 为落锤的质量;GA 为初始间隙。

9.2.2 基于非线性宏观单元的接触模型

类似于 Fujikake 等[43]建立的分析模型,本节采用基于非线性宏观单元的接触模型模拟冲击物体与受冲击的 RC 构件之间的局部相互作用行为。如图 9-1 所示,该模型包括了相互平行的弹性弹簧和黏滞阻尼器,以模拟落锤与受冲击的 RC 构件之间的接触刚度(K_c)和接触阻尼(D_a)。在 OpenSees 中,单轴材料接触弹簧[图 9-2b)]和线性黏滞阻尼器[图 9-2c)]可分别用于考虑接触刚度和接触阻尼。采用文献[44,45]中提供的近似方法来确定接触刚度和接触阻尼的值。接触刚度通常仅对冲击力峰值响应有显著影响,但不会明显影响受冲击的 RC 构件的位移响应[46]。

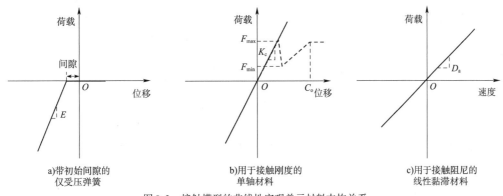

图 9-2 接触模型的非线性宏观单元材料本构关系
注:C_o 表示混凝土保护层的厚度。

9.2.3 受冲击的 RC 构件的建模

采用非线性纤维梁柱单元来模拟在侧向冲击荷载下的 RC 构件,如图 9-1d)所示。在 OpenSees 中,可以采用两种不同类型的非线性梁柱单元,即基于柔度法的单元和基于刚度法的单元。与基于刚度法的单元不同,基于柔度法的单元允许在单元内部(接触-碰撞区域)指定塑性铰长度,以用于大变形情况。以往对 RC 构件的冲击试验[47-70]表明,塑性铰通常发生在接触-碰撞区域。因此,本章采用具有多个积分点的基于柔度法的非线性梁柱单元来模拟 RC 构件。在接触-碰撞区域(图 9-1)指定了一个长度等于构件横截面高度的塑性铰[71]。值得一提的是,由于在接触-撞击点处不考虑指定长度的塑性铰,因此受冲击的 RC 构件的变形能力将被大大低估。这是因为在连接离散宏观单元的冲击点[图 9-1c)]中的点 C]处的变形过于集中,进而导致构件过早完全破坏。因此,上述处理对于建立冲击荷载作用下 RC 构件的模型是非常重要的。

如图 9-1d)所示,纤维的横截面由保护层混凝土纤维、核心混凝土纤维和纵向钢筋纤维组成。混凝土由单轴 Propovics 混凝土材料模型(OpenSees 中的 Concrete04 材料)模拟,该材料模型具有线性退化的卸载/再加载刚度(根据 Karsan-Jirsa 的研究)和以指数衰减的拉伸强度。采用 Popovics[72]提出的模型定义保护层混凝土的抗压性能,并根据约束混凝土模型[31,71]模拟核心混凝土。钢筋采用单轴 Giuffre-Menegotto-Pinto 模型(OpenSees 中的 Steel02 材料)模拟。分析模型中,采用的材料属性与 Fujikake 等[43]进行的 RC 梁冲击试验中的材料属性一致。与静态或地震分析不同,在冲击模拟中需要考虑混凝土和钢材的应变率效应。当混凝土受压时,可用如下由 Fujikake 等[43]建立的公式来估算动力增大系数(DIF_c):

$$\text{DIF}_c = \frac{f'_{cd}}{f'_c} = \left(\frac{\dot{\varepsilon}}{\dot{\varepsilon}_{sc}}\right)^{0.006[\lg(\dot{\varepsilon}/\dot{\varepsilon}_{sc})]^{1.05}}, \quad \dot{\varepsilon} \geq \dot{\varepsilon}_{sc} \tag{9-3}$$

式中,$\dot{\varepsilon}$ 为混凝土的应变率;$\dot{\varepsilon}_{sc} = 1.2 \times 10^{-5}$;$f'_{cd}$ 为动态单轴抗压强度;f'_c 为静态单轴抗压强度。从理论上讲,该冲击模拟也可以考虑混凝土在拉伸中的应变率效应。然而,数值模拟结果表明,在冲击模拟中采用基于纤维横截面的非线性梁柱单元时,混凝土在拉伸中受应变率效应的影响不明显。此外,混凝土拉伸应变率效应可能会导致计算收敛问题。因此,本研究中忽略了混凝土在拉伸中的应变率效应。与文献[73]相同,钢筋的应变率效应采用日本土木工程师学会(JSCE)[74]公式加以考虑。

如果在现有有限元程序中直接采用上述建模策略来考虑应变率效应,则不仅需要访问源代码,而且涉及烦琐的代码修改工作,这将极大地限制所提出方法的应用。因此,本章采用了一种简单的处理方法来近似考虑应变率效应对冲击响应的影响。

在弹性状态下,指定截面的曲率 ϕ_E 和曲率率 $\dot{\phi}_E$($= \text{d}\phi_E/\text{d}t$)可以根据弯曲构件的线弹性理论确定如下:

$$\phi_E = \frac{M}{EI} = C_L u, \quad 0 \leq u \leq u_y \tag{9-4}$$

$$\dot{\phi}_E = \frac{\text{d}\phi_E}{\text{d}t} = C_L \dot{u}, \quad 0 \leq u \leq u_y \tag{9-5}$$

式中,M 为指定横截面的弯矩(N·m);E 和 I 分别为梁的弹性模量(N/m^2)和惯性矩(m^4);u 和 $\dot{u}$ 分别是指定位置的位移(m)和速度(m/s);u_y 是屈服位移(m);C_L 是与荷载特性相关的系数。对于集中荷载,弹性区域跨中截面处的 $C_L = 12/l^2$(l 为梁的净跨长度)。

在塑性状态下,通常在对应的接触-冲击点的横截面处形成集中的塑性铰。如图 9-3 所示,塑性状态下的曲率 ϕ_p 和曲率率 $\dot{\phi}_p$ 可由下式确定:

$$\phi_p = \phi_y + \frac{\theta_p}{l_p} = \phi_y + \left(\frac{u_p}{l_x} + \frac{u_p}{l - l_x}\right)\frac{1}{l_p} = \phi_y + \left(\frac{1}{l_x} + \frac{1}{l - l_x}\right)\frac{u - u_y}{l_p}, \quad u \geq u_y \tag{9-6}$$

$$\dot{\phi}_p = \frac{\text{d}\phi_p}{\text{d}t} = C_L \dot{u} = \left(\frac{1}{l_x} + \frac{1}{l - l_x}\right)\frac{\dot{u}}{l_p}, \quad u \geq u_y \tag{9-7}$$

式中,θ_p 是塑性转角(rad);l_p 是塑性铰的长度(m);ϕ_y 是冲击处截面屈服时的曲率(1/m);u_p 是塑性位移(m);l_x 是荷载位置点到梁端部的距离(m),如图 9-3 所示;u 为加载点的位移(m);u_y 为加载点的屈服位移(m)。当冲击荷载施加在受冲击梁的跨度中间处(塑性铰形成位置[75])时,$C_L = 4/(l l_p)$。考虑到 RC 构件在冲击荷载作用下主要受其非线性行为控制,冲击引起的位移一般显著超过弹性位移极限,因此假设在整个冲击过程分析中,C_L 的值为塑性状态下对应的系数[$C_L = 4/(ll_p)$]。

类似文献[75],可以通过以下公式计算指定横截面上的混凝土和钢筋的应变率:

$$\dot{\varepsilon}_{ec} = \dot{\phi}_p \bar{x} = C_L \dot{u} \bar{x} \tag{9-8}$$

$$\dot{\varepsilon}_{est} = \dot{\phi}_p (d - \bar{x}) = C_L \dot{u} (d - \bar{x}) \tag{9-9}$$

$$\dot{\varepsilon}_{esc} = \dot{\phi}_p (\bar{x} - d') = C_L \dot{u} (\bar{x} - d') \tag{9-10}$$

$$\dot{\phi}_p = \frac{\mathrm{d}\phi_p}{\mathrm{d}t} = C_L \dot{u} = \left(\frac{1}{l_x} + \frac{1}{l - l_x}\right)\frac{\dot{u}}{l_p}, \quad u \geqslant u_y \tag{9-11}$$

式中,$\dot{\varepsilon}_{ec}$ 为指定横截面上混凝土的应变率;$\dot{\varepsilon}_{est}$ 为受拉钢筋的应变率;$\dot{\varepsilon}_{esc}$ 为受压钢筋的应变率;$\bar{x}$ 为截面中性轴高度(m),如图9-3c)所示;d 为截面有效高度(m),等于从受拉钢筋的形心到顶部最外层受压混凝土纤维的距离;d' 为从受压钢筋的形心到顶部最外层受压混凝土纤维的距离(m)。在冲击过程中,式(9-8)~式(9-10)中参数 u 和 $\bar{x}$ 为变量。梁屈服后,截面中性轴高度 $\bar{x}$ 仅略微变化。另外,因为动力增大系数与混凝土和钢筋的应变率之间为对数关系[式(9-3)],所以在低速冲击中动力增大系数 DIF_c 和 DIF_s 对参数 $\dot{u}$ 的变化不太敏感。因此,为简化起见,采用与屈服点相对应的截面中性轴高度 $\bar{x}$ 和平均冲击速度($\dot{u} = 1/2v_0$)来估算混凝土和钢筋的平均动力增大系数。

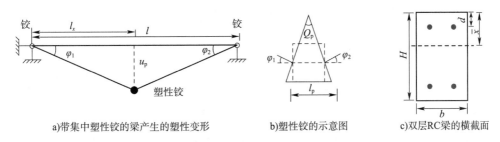

a)带集中塑性铰的梁产生的塑性变形　　b)塑性铰的示意图　　c)双层RC梁的横截面

图9-3 加载点位移计算模型

9.2.4 模型的验证

采用 Fujikake 等[43]的研究方法,对总共12个 RC 梁开展冲击试验,验证上述的模拟方法的合理性。对于所有的梁试件,它们的横截面尺寸均为宽150mm、高250mm,净跨径均为1400mm。试验中,通过配置足够的箍筋以确保所有试件都为弯矩破坏构件。冲击试验中这些 RC 梁的参数变化包括:纵向钢筋(三个不同的系列:S1616,S1322 和 S2222)和落锤冲击高度(四个不同的高度,即对于 S1616 系列为 0.15m、0.3m、0.6m 和 1.2m;对于 S1322 和 S2222 系列为 0.3m、0.6m、1.2m 和 2.4m)。关于这些冲击试验的更多细节可以在 Fujikake 等[43]的文章中找到。采用上述模拟方法建立的梁有限元模型如图9-1所示。

由上述模型预测的冲击力、冲击引起的跨中位移以及梁的破坏模式与试验结果的对比如图9-4～图9-6所示。由图可知,数值模拟结果与试验结果吻合较好,特别是当受冲击的梁仅发生整体弯曲破坏时。以上结果表明了所提出的建模方法的适用性。与Fujikake等[43]的分析结果相似,对于在冲击加载点附近具有严重局部损伤的工况,由所提出方法计算得到的跨中位移大于试验数据,如图9-5h)和l)所示。这是因为,当采用弹性弹簧来模拟落锤和RC梁之间的局部相互作用行为时,不能很好地捕获接触-碰撞区域的局部损伤。为了改进数值模型,上述模型中的弹性弹簧可用非线性弹簧代替,以考虑撞击点周围局部损伤的影响。非线性弹簧的力-变形关系在图9-2b)中用虚线表示,点C_0对应于混凝土保护层的厚度。如图9-5h)和l)所示,采用非线性弹簧后,S1322系列和S2222系列梁试件的数值模拟获得的跨中位移响应和试验结果吻合程度有所提高。

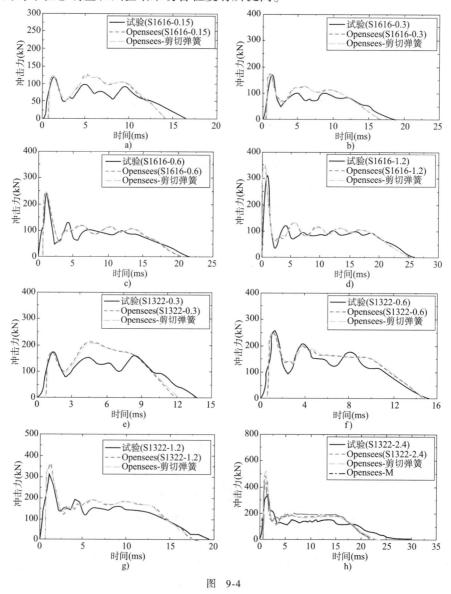

图 9-4

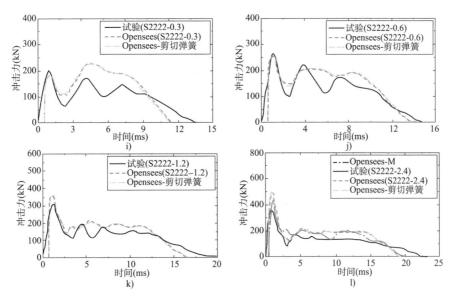

图 9-4 试验和有限元模拟的冲击力对比（Fujikake 等，2009）

注："S1616-0.15"表示测试梁为 Fujikake 等（2009）文献中的 S1616 系列，落差高度为 0.15m，以此类推。

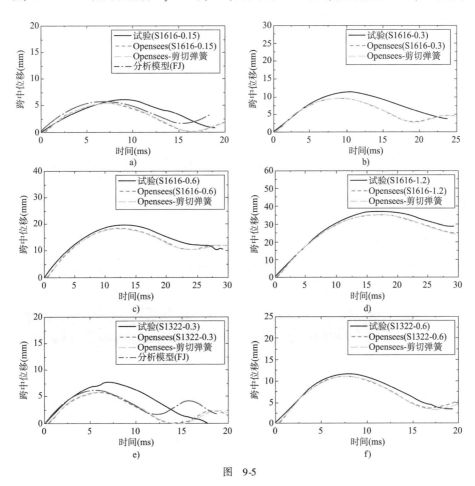

图 9-5

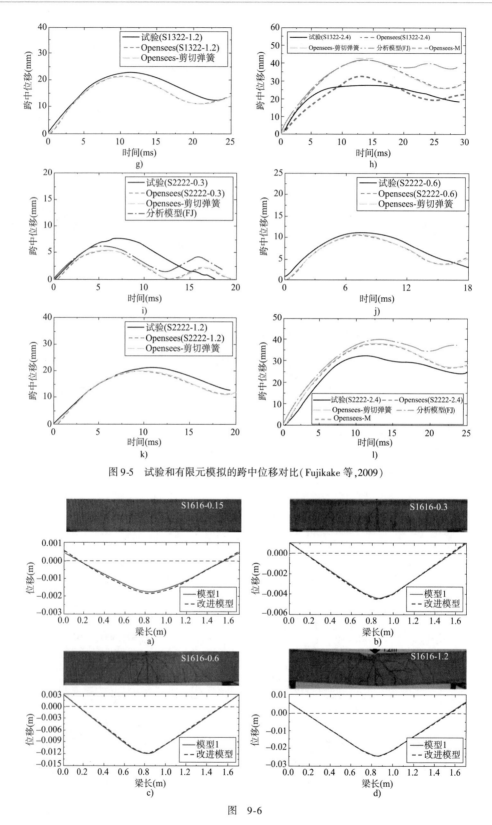

图 9-5 试验和有限元模拟的跨中位移对比（Fujikake 等，2009）

图 9-6

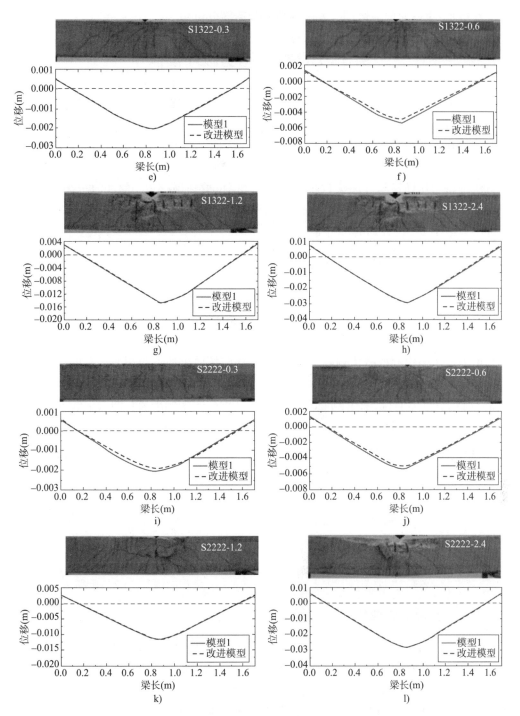

图 9-6 试验和有限元模拟的破坏模式对比（Fujikake 等，2009）

另外，所提出的方法使得计算效率得到显著提高，至少提高了 2~3 个数量级，并且与采用精细有限元模型相比，显著降低了对计算设备（计算机）的运行内存和存储空间的需求。与 Fujikake 等[43]提出的分析模型相比，所提出的方法能够获得沿梁长的整个变形和内力，如图9-6所示,也可简便地运用于实际的车撞和船撞分析中。

9.3　RC构件剪切破坏模拟

如9.2节的模拟结果所示,剪切变形对冲击荷载下的弯曲控制失效RC构件影响有限。然而,以往的试验研究[47,49]表明,在受到冲击荷载的RC梁和柱中可以观察到剪切破坏,即使这些构件在静态荷载下是以弯曲方式破坏的。因此,必须在非线性纤维梁柱单元模型中采用适当的方法,从而准确、高效地考虑冲击引起的剪切行为。在地震分析中采用的一种典型的方法是将剪切弹簧与弯曲梁柱单元串联,以模拟剪切破坏RC构件的行为。因为它简单易用,且可用于评估抗震性能,已被广泛采用[76,77]。因此,在本书中,将扩展该方法以考虑低速冲击荷载下RC构件的剪切行为。

9.3.1　冲击引起的剪切破坏模式与模拟

易伟健等[26,47]指出,从RC梁的冲击试验中可以观察到两种主要类型的剪切裂缝:①剪跨区域中的斜裂缝,类似于静荷载下的剪切裂缝(类型-I);②在接触碰撞点附近形成剪切塞的斜裂缝(冲切剪切裂缝)(类型-II)。图9-7所示为在冲击荷载下的这两种类型的剪切裂缝。与由地震激励引起的剪切响应相比,冲切剪切破坏属于冲击作用所特有的。因此,在非线性梁柱单元模型中增加了两种不同类型的剪切弹簧,以模拟冲击引起的剪切响应,如图9-8a)所示。具体而言,采用OpenSees中的零长度弹簧单元来捕获冲击引起的剪切响应,其中采用单轴滞回材料(uniaxial hysteretic material)模型来描述RC梁的非线性剪切抗力特性(即剪切抗力与剪切变形关系)。

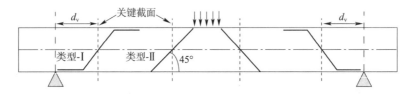

图9-7　受冲击的RC梁剪切破坏模式(Yi等,2016)

9.3.2　剪切能力曲线

在过去100多年中,许多研究致力于量化RC梁和柱在静荷载下的抗剪强度[78]。在建筑和桥梁结构的各种当前设计规范中,已经规定了许多公式以评估剪切强度。与静态剪切强度的研究相比,关注在动力荷载下RC构件的剪切强度的研究相对较少。Adhikary等[60,61]进行了试验研究,以探究RC深梁在不同加载速率的集中荷载下的动力特性,表明动力剪切强度明显超过静力剪切强度。因此,在评估冲击模拟的剪切强度时,需要考虑在地震分析中经常被忽略的应变率效应。另外,为了在所提出的模型中定义剪切弹簧(图9-8),不仅要提供剪切强度,还要提供剪切抗力和剪切变形之间的关系。因为在地震分析中主要需要考虑与往复循环加载相关的特征(剪切强度退化),故现有用于地震分析的剪切抗力和剪切变形之间的关系(见文献[76,77,79])已不适用于冲击分析。

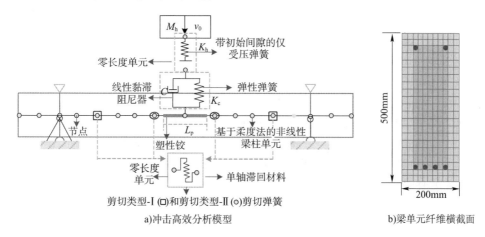

a)冲击高效分析模型　　　　b)梁单元纤维横截面

图 9-8　带剪切弹簧的冲击分析模型

由本书第 6 章研究内容可知,Vector2 软件能够较好地预测动力下 RC 构件的抗剪能力。因此,在本研究中采用 Vector2 来估计图 9-8a)中两种类型剪切弹簧的剪切能力曲线,即剪切抗力和剪切变形之间的关系。

以赵德博等测试的 RC 梁冲击试验[12,47]为例,说明如何采用 Vector2 估计剪切能力曲线。图 9-9a)和 b)分别给出了用于评估类型-I 型剪切破坏和类型-II 剪切破坏的 Vector2 梁模型。由于在对称的 RC 梁的跨中处施加了冲击荷载,因此在图 9-9 中仅采用了 1/2 模型进行了模拟分析。采用网格尺寸为 25mm×20mm($X×Y$ 方向)的八自由度矩形单元模拟钢筋混凝土。四自由度支桁架单元用于模拟纵向钢筋。箍筋钢筋弥散在混凝土中。加载板用连续的刚性单元模拟。采用具有单向刚度的轴承单元来模拟加载板和混凝土构件之间的界面,以更加合理地模拟加载点周围的应力分布[59]。对于类型-I 剪切破坏,假设剪切能力可以通过与受冲击梁具有相同剪切跨度(在赵德博等的试验中为剪切跨度 3m[12,47])的模型估算,如图 9-9a)所示。对于类型-II 剪切破坏,赵德博等[12,47]指出剪切裂缝相对于 RC 构件的纵向轴线倾斜约 45°,而且这些剪切裂缝通常在惯性力效应显著时产生。这种影响可以大致等效于剪切跨度的减少。在这种情况下,受冲击的梁的行为与具有等效跨度的深梁[如图 9-9b)]相同,该等效跨度可采用式(9-12)估算:

$$L_2 = 2H + W_h \tag{9-12}$$

式中,H 为受冲击梁的截面高度(m);W_h 为撞击物体(例如落锤)的接触宽度(m)。

为评估加载速率对剪切抗力-剪切变形响应的影响,研究了五种不同的加载速率(即 0.5m/s、2m/s、4m/s、6m/s 和 8m/s)下剪切抗力-剪切变形的结果。对于赵德博等[12,47]试验的 C 系列梁和 D 系列梁,图 9-10 给出了从 Vector2 模型获得的两种类型剪切破坏的作用力-变形曲线。由图可知,加载速率对作用力-变形曲线的上升阶段影响较小;相反,对作用力-变形曲线的下降(或软化)阶段影响显著。从保守和方便的角度考虑,可以选择图中细虚线(图 9-10)来描述 RC 梁的作用力-变形关系。值得注意的是,这些数值模拟得到的结果不仅包括剪切变形,还包括由弯矩引起的弯曲变形。只有当弯曲变形从这些曲线中排除后,它们才能用于定义图 9-8 中的剪切弹簧。对于作用力-变形曲线中的点 a,剪切变形通常非常小。在这种情况下,可以假设剪切力与所对应变形之间呈近似线性关系。曲线的初始斜率将是初始剪切刚度。因此,图 9-10a)中点 a_1 处的初始剪切刚度(K_g)和相应的剪切变形(D_{a_1})可表示为:

$$K_g = GA/L, \quad D_{a_1} = F_{sa}/K_g \tag{9-13}$$

式中,G 是剪切模量(N/m^2);A 是梁横截面的剪切面积(m^2);L 是剪切跨度或支撑长度(m);F_{sa} 是点 a 处的剪力(N)。类似地,虚线曲线中的点 b 对应于剪切能力曲线中排除了弯曲变形的点 b_1,如图 9-10 中的实心曲线所示。点 b_1 处的剪切变形 D_s 等于总变形量 D_t 减去相应的弯曲变形量 D_f,其可以按下式计算:

$$D_s = D_t - D_f = D - D_{fs} + F_{sb}/K_g \tag{9-14}$$

式中,F_{sb} 为点 b 处的剪力;D_{fs} 为对应于弯曲曲线中的施加荷载 F_{sb} 的组合变形。D_s 的确定如图 9-10a)所示。就点 c 而言,$D_s = D$,因为在这种情况下,弯曲曲线中的组合变形和施加的荷载均为零。

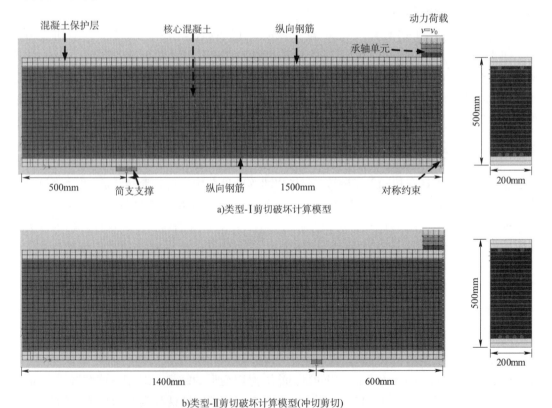

a)类型-I 剪切破坏计算模型

b)类型-II 剪切破坏计算模型(冲切剪切)

图 9-9 用于预测剪切能力曲线的 Vector2 模型

按照上述步骤,从 Vector2 模型获得的作用力-变形曲线可以转换为所需的剪切能力曲线,如图9-10中的粗实线所示。值得一提的是,在上述步骤中需要确定与弯曲和剪切破坏相关的两种能力曲线。例如,在冲切剪切破坏(类型-Ⅱ)分析中,模型通常发生剪切破坏[图9-9a)]。在这种情况下,需要在原始模型中增加抗剪钢筋以确保在模型中发生弯曲破坏,从而获取辅助弯曲能力曲线。相反,当原始模型发生弯曲破坏时,需要适当增加纵向钢筋,以获得发生剪切破坏时对应的作用力-变形曲线。虽然这些改变可能会对结构剪切能力曲线产生一些影响,但与主要因素相比,它们的影响通常很小。

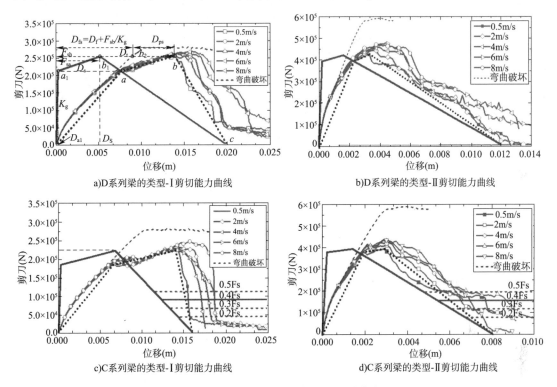

图9-10　由Vector2模型计算的剪切能力曲线

9.3.3　剪切弹簧的位置

根据试验现象[12,47],很容易确定用于表征冲切剪切破坏(类型-Ⅱ剪切破坏)的剪切弹簧在非线性纤维梁柱单元模型中的位置。如图9-7和图9-8所示,冲切剪切弹簧与位于45°倾斜裂缝和纵向中心轴线之间交点处(即离接触碰撞点的距离为$H+W_h/2$)的关键截面耦合。

对于类型-Ⅰ剪切裂缝,在表9-1中对冲击后15个梁中主要裂缝的位置进行了统计和总结。可以发现,剪切裂缝距离支撑的距离d_v在$0.7H\sim1.4H$之间。通过模拟落锤冲击试验[12,47]中的试件D-1700,以评估参数d_v对冲击响应的影响。在数值模拟中,参数d_v在$0.7H\sim1.4H$之间变化,如图9-11a)所示。图9-11b)~d)分别呈现了数值模拟获得的沿梁长度方向的变形、跨中位移、冲击力的时程以及试验数据。由图可知,当参数d_v从$0.7H$变化到$1.4H$时,跨中位移和冲击力的试验结果和数值模拟结果总能较好地吻合[图9-11c)和d)]。这意

味着参数 d_v 对冲击引起的响应的影响有限。图 9-11b)显示剪切变形随着参数 d_v 的减小而略微增加。换而言之，相对较小的 d_v 值将导致剪切破坏的保守估计。由于剪切破坏属于脆性破坏，因此对于结构安全而言，相对保守的估计是更可取的。另外，Bentz[80]建议对于简支梁和两端分别具有转角约束的柱，检查剪切的关键截面分别位于 $0.9H$ 和 $0.75H$ 处。因此，根据 Bentz[80] 的建议设置剪切弹簧，从而捕获与类型-Ⅰ剪切裂缝相关的响应。

类型-Ⅰ剪切裂缝位置　　　　表 9-1

参考试验	试件	H(cm)	D_1(cm)	D_2(cm)	D_1/H	D_2/H
Zhao 等（2017）	C-1700	50	50	65	1	1.3
	C-1300	50	50	50	1	1
	C-868	50	50	—	1	—
	D-1700	50	62	50	1.24	1
	D-1300	50	60	—	1.20	—
	B-1700	50	58	65	1.16	1.3
	B-1300	50	70	—	1.40	—
	B-1052	50	55	45	1.10	0.9
Zeng 等（2014）	DB1	31	22	—	0.71	—
	DB2	31	31	—	1	—
	DB5	31	28	42	0.90	1.35
Saatci 等（2009）	SS0a	41	47	—	1.15	—
	SS0b	41	47	—	1.15	—
	SS1b	41	35	—	0.853	—
	SS2b	41	47	—	1.15	—

注：H 为梁截面高度，D_1 和 D_2 为类型-Ⅰ剪切裂缝关键截面到支点的距离。

9.3.4　验证提出的剪切模拟方法

采用在文献[47,49,50,81]中报道的总共 23 个 RC 构件冲击试验来验证所提出的带剪切弹簧的有限元模型的有效性。在冲击试验中，所有 RC 构件都表现出了剪切损伤。

1) 赵德博等[12,47]开展的 RC 梁冲击试验

赵德博等[12,47]进行了简支 RC 梁的冲击试验，如图 9-12 所示。在试验中研究了两种不同的箍筋配筋率，对于 C 系列梁为 0.094%，对于 D 系列梁为 0.188%。梁试件的总长度为 4m，两个支撑之间的净跨度为 3m。所有梁试件具有相同的横截面尺寸，高度为 500mm，宽度为 200mm。纵向钢筋由两根直径为 16mm 的钢筋和四根直径为 20mm 的钢筋组成。根据文献[12,47]中给出的材料特性，试验中采用的混凝土的单轴抗压强度范围为 20～25MPa，箍筋和纵向钢筋的屈服强度分别为 345MPa 和 495MPa。该试验的更详细信息见文献[12,47]。

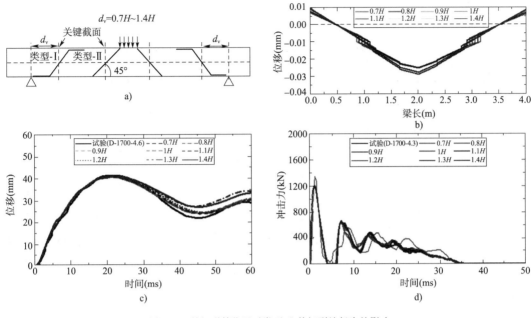

图 9-11 剪切弹簧位置对类型-Ⅰ剪切裂缝行为的影响

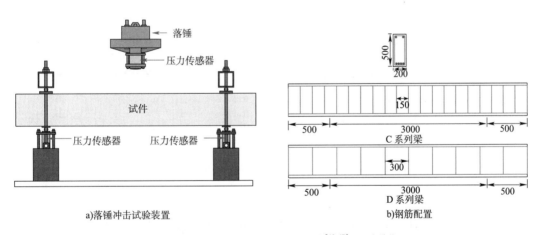

图 9-12 赵德博等进行的简支 RC 梁冲击试验[12,47]（尺寸单位：mm）

根据上述落锤冲击试验，构建了带剪切弹簧的非线性梁柱模型，如图 9-8 所示。类似于 Fujikake 等[43]的冲击试验模拟，$K_h = 1 \times 10^9$ N/m；采用文献[43]中提供的方法估算接触刚度，有 $K_c = 5 \times 10^8$ N/m。$C_L = 4/(ll_p) = 2.68$。通过采用上述 Vector2 模型，获得了试验中两类试件（图 9-10）两类剪切损伤的作用力与剪切变形关系曲线，用于定义非线性梁柱模型中的剪切弹簧。

由上述数值模型获得的结果（冲击后的变形模式、冲击力和跨中位移）以及相应的试验结果，如图 9-13 和图 9-14 所示。由图 9-13a)~c)可知，D 系列梁产生了包括相对大的弯曲变形和一些剪切损伤的组合变形，这些结果与试验结果一致。对于 C 系列梁而言，所提出的数值模拟方法很好地预测了剪切破坏模式，并且具体类型的剪切破坏（类型-Ⅰ或类型-Ⅱ）

与试验结果也吻合较好,如图 9-13d)~f)所示。这表明所提出的数值模拟方法可以很好地捕获冲击荷载下 RC 梁不同类型的破坏模式。

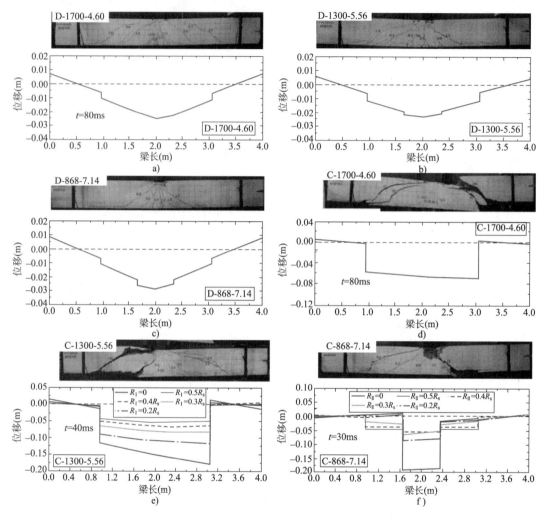

图 9-13 赵德博等[12,47]进行的试验和有限元模拟的破坏模式对比

注:R_{I}、R_{II} 分别为发生类型-I、类型-II 剪切破坏后的截面剩余抗剪能力。

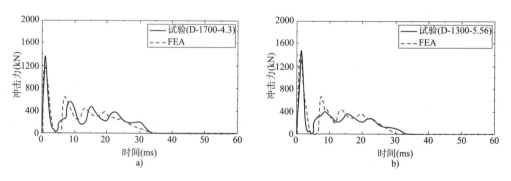

图 9-14

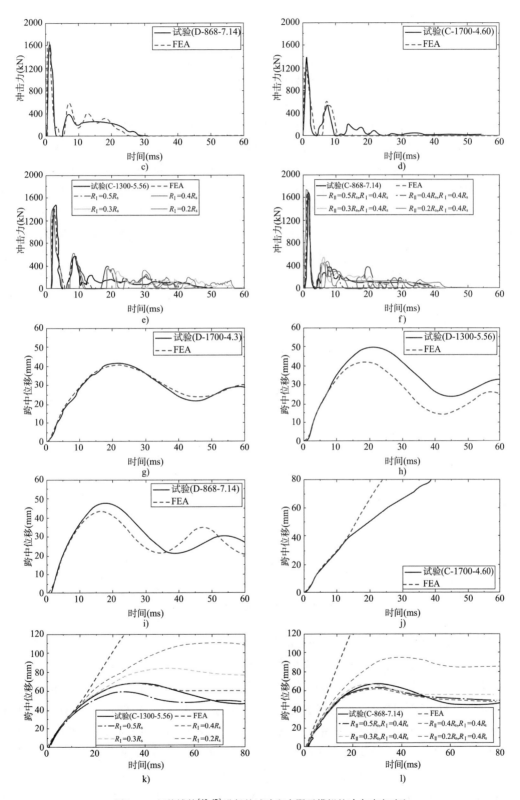

图9-14 赵德博等[12,47]进行的试验和有限元模拟的冲击响应对比

对于图9-14中所示的冲击力和跨中位移结果而言,在 D 系列梁的试验数据和数值结果之间观察到了良好的吻合。对于发生剪切破坏的 C 系列梁,冲击力的预测持时短于试验结果,而跨中位移大于试验结果,这表明受冲击的梁完全破坏而没有任何剩余抗力。这些差异归因于保守估计的剪切抗力,尤其是失效后的剩余剪切抗力。

图9-15 给出了 Krauthammer 等[82]建议的 RC 构件的剪切抗力的包络曲线。在达到最大剪切变形之前,该剪切抗力曲线中考虑了强度软化后的剩余剪切抗力。如图9-10所示,从Vector2 模型中获得的剪切能力曲线通常没有剩余剪切抗力部分。然而,根据试验结果[60,82],它们实际上可能存在。为了研究剩余剪切抗力对冲击响应的影响,采用考虑了各种剩余剪切抗力比(即剩余剪切抗力等于 $0.2R_s \sim 0.5R_s$,其中 R_s 为峰值剪切强度)的模型再次模拟了冲击工况 C-1300-5.56 和 C-868-7.14。如图9-14e)、f)、k)和 l)所示,在考虑了剩余剪切抗力之后,对于冲击力和跨中位移,数值模拟结果与试验结果能够更好地吻合,特别是当剩余剪切抗力等于 $0.3R_s \sim 0.4R_s$ 时。此外,图9-13f)表明,对于冲击工况 C-868-7.14,当剪切能力曲线中考虑了 $0.3R_s \sim 0.4R_s$ 的剩余剪切抗力时,数值模拟分析获得了与试验结果更为一致的两类剪切裂缝,而非仅仅获得冲切剪切破坏的破坏模式。

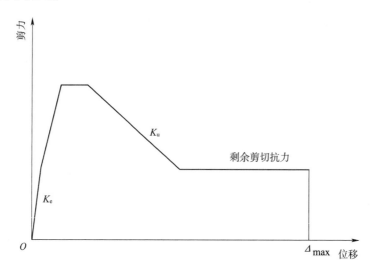

图9-15 剪切抗力的包络曲线[82]

2)许斌和曾翔[50]开展的 RC 梁冲击试验

为了进一步验证所提出的方法,模拟了许斌和曾翔[50]进行的 RC 梁冲击试验。试验装置和试件的尺寸分别如图9-16a)和 b)所示。所有试件的尺寸均为 310mm 高,150mm 宽和 2700mm 长。每个试件的纵向钢筋和箍筋配筋率分别为 1.45% 和 0.22%。所用混凝土材料的单轴抗压强度为 26.9MPa,纵向钢筋和箍筋直径分别为 16mm 和 6mm,屈服强度分别为 477MPa 和 550MPa。表9-2列出了每个冲击工况对应的落锤质量和速度。该冲击试验的更多细节见文献[50]。所构建的非线性纤维梁柱单元模型如图9-16c)和 d)所示。类似地,基于上述方法确定模型相关参数($K_c = 5.50 \times 10^8$N/m 和 $C_L = 6.99$)。此外,通过 Vector2 模型和相应的处理方法获得了剪切能力曲线,以定义在有限元模型中的剪切弹簧,如图9-16e)和f)所示。

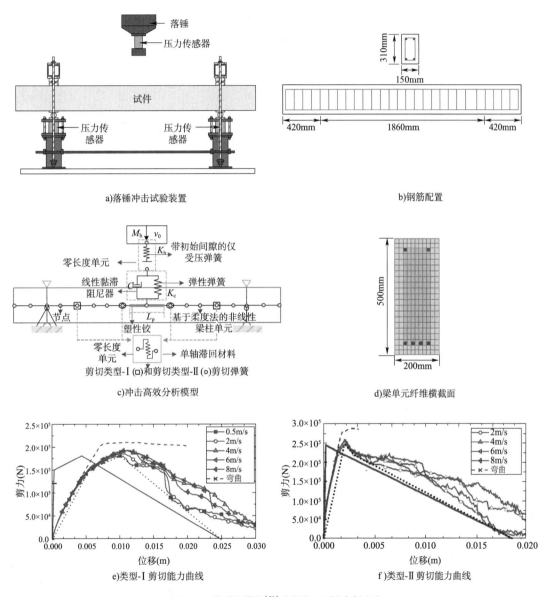

图 9-16 许斌和曾翔[50]进行的 RC 梁冲击试验

由上述模型分析得到的结果(冲击后的变形模式、冲击力和跨中位移)以及相应的试验数据如图 9-17 所示。由图可知,采用所提出的方法预测的结果不仅在破坏模式上,还在冲击力和跨中位移方面都与试验结果吻合较好。除了整体变形之外,在测试试件 BD2～BD5(特别是在试件 BD3 中)中观察到的冲切剪切裂缝(类型-Ⅱ)以及在试件 BD1 中出现的类型-Ⅰ剪切裂缝都可以很好地被提出的方法捕获,如图 9-17a) ～ e)所示。

表 9-2 冲击试验相关参数概况及试验关键数据与高效模型分析结果比较

参考试验	编号	ID	几何参数			冲击参数			冲击力			位移		
			$b(d)$ (mm)	$h(d)$ (mm)	净跨 (m)	落锤质量 (kg)	速度 (m/s)		试验 (kN)	高效模型 (kN)	F_T/F_A	试验 (mm)	高效模型 (mm)	D_T/D_A
Fujikake 等 (2009)	1	1322-0.3	150	250	1.4	400	2.42		177	178	1.006	7.79	6.02	0.773
	2	1322-0.6	150	250	1.4	400	3.43		258	249	0.965	11.73	11.14	0.950
	3	1322-1.2	150	250	1.4	400	4.85		310	353	1.139	22.89	21.24	0.928
	4	1322-2.4	150	250	1.4	400	6.85		340	427	1.256	27.86	30.67	1.101
	5	1616-0.15	150	250	1.4	400	1.71		121	123	1.017	6.22	5.53	0.889
	6	1616-0.3	150	250	1.4	400	2.42		168	173	1.030	11.16	9.64	0.864
	7	1616-0.6	150	250	1.4	400	3.43		245	248	1.012	19.43	18.49	0.952
	8	1616-1.2	150	250	1.4	400	4.85		312	348	1.115	36.9	35.3	0.957
	9	2222-0.3	150	250	1.4	400	2.42		199	180	0.905	7.79	5.67	0.728
	10	2222-0.6	150	250	1.4	400	3.43		263	254	0.966	11	10.7	0.973
	11	2222-1.2	150	250	1.4	400	4.85		314	360	1.146	21.44	20.21	0.943
	12	2222-2.4	150	250	1.4	400	6.85		441	370	0.839	32.51	31.69	0.975
赵德博 等 (2017)	13	D-1700	200	500	3	1700	4.6		1344	1173	0.873	41.22	40.43	0.981
	14	D-1300	200	500	3	1300	5.56		1500	1389	0.926	49	42	0.857
	15	D-868	200	500	3	868	7.14		1647	1697	1.030	47.4	43.4	0.916
	16	C-1700	200	500	3	1700	4.6		1377	1183	0.859	—	—	—
	17	C-1300	200	500	3	1300	5.56		1471	1404	0.954	67	63.1	0.942
	18	C-868	200	500	3	868	7.14		1750	1706	0.975	67.8	66.4	0.979

续上表

参考试验	编号	ID	几何参数			冲击参数			冲击力			位移		
			$b(d)$ (mm)	$h(d)$ (mm)	净跨 (m)	落锤质量 (kg)	速度 (m/s)		试验 (kN)	高效模型 (kN)	F_T/F_A	试验 (mm)	高效模型 (mm)	D_T/D_A
Zeng 等 (2014)	19	BD1	150	310	1.86	253	4.15		891	670	0.752	11.9	10.8	0.908
	20	BD2	150	310	1.86	253	7.11		1396	1183	0.847	23.7	26.1	1.101
	21	BD3	150	310	1.86	253	11.96		1940	1898	0.978	64.9	69.5	1.071
	22	BD4	150	310	1.86	578	7.81		1466	1310	0.894	78.5	76.1	0.969
	23	BD5	150	310	1.86	578	5.1		980	860	0.878	36.5	34.7	0.951
Saatci 等 (2009)	24	SS1a-1	250	410	3	211	8		—	1253	—	12.2	13.26	1.087
	25	SS2a-1	250	410	3	211	8		—	1252	—	10.54	12.37	1.174
	26	SS3a-1	250	410	3	211	8		1407	1260	0.896	10.7	11.2	1.047
	27	SS1b-1	250	410	3	600	8		1765	1580	0.895	39.5	37.78	0.956
	28	SS2b-1	250	410	3	600	8		1645	1580	0.960	38	36.9	0.971
	29	SS3b-1	250	410	3	600	8		—	1590	—	35.26	34.4	0.976
Demartino 等 (2017)	30	FL1	330	330	1.6	1582	2.25		483	581	1.203	10.3	9.77	0.949
	31	FL2	330	330	1.6	1582	2.25		481	548	1.139	9.63	9.92	1.030
	32	FM1	330	330	1.6	1582	3		702	704	1.003	28.3	27.7	0.979
	33	FM2	330	330	1.6	1582	3		652.7	663	1.016	35.4	32.1	0.907
	34	FH1	330	330	1.6	1582	4.5		1047	992.5	0.948	75.4	83.8	1.111
	35	FH2	330	330	1.6	1582	4.5		1009	937.7	0.929	79.3	89.9	1.134

续上表

参考试验	编号	ID	几何参数			冲击参数			冲击力			位移		
			$b(d)$ (mm)	$h(d)$ (mm)	净跨 (m)	落锤质量 (kg)	速度 (m/s)		试验 (kN)	高效模型 (kN)	F_T/F_A	试验 (mm)	高效模型 (mm)	D_T/D_A
Liu 等 (2017)	36	E1F1	200	200	1.4	442	4.84		480	472.6	0.985	33.3	30.5	0.916
	37	E2F1	200	200	1.4	568	6.85		563.2	671.8	1.193	79.2	74.4	0.939
	38	E1F2	200	200	1.4	442	4.84		515.3	486.9	0.945	24.5	24	0.980
	39	E2F2	200	200	1.4	568	6.85		671.7	687.3	1.023	62.5	62.5	1.000
	40	E1F3	200	200	1.4	442	4.84		511.7	492.7	0.963	20.3	21.1	1.039
	41	E2F3	200	200	1.4	568	6.85		617.4	696	1.127	58.8	56.7	0.964
	42	E2F1S1	200	200	1.2	568	6.85		623.5	656.7	1.053	68	61.8	0.909
	43	E2F3S1	200	200	1.2	568	6.85		587	682	1.162	47.2	46	0.975
	44	E2F1S2	200	200	1	568	6.85		682.6	652	0.955	51.8	49.6	0.958
	45	E2F3S2	200	200	1	568	6.85		882.9	680	0.770	—	—	—
	46	E1F3L6	200	200	1.4	442	4.84		519	493	0.950	27.1	30.2	1.114
	47	E2F3L6	200	200	1.4	568	6.85		695.5	697	1.002	—	—	—
								平均值			0.988		平均值	0.970
								变异系数			0.0127		变异系数	0.008

注：b 为截面宽度；d 为截面直径；h 为截面高度；F_T 为试验冲击力峰值；F_A 为模型冲击力峰值；D_T 为试验位移峰值；D_A 为模型位移峰值。

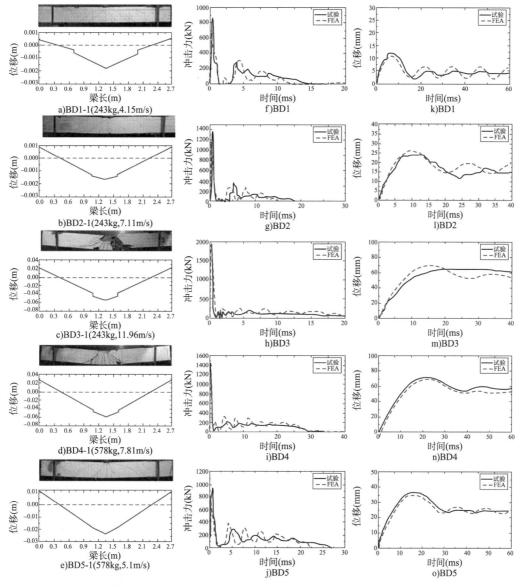

图9-17 许斌和曾翔[50]进行的试验和有限元模拟的冲击响应对比

3) Saatci and Vecchio[49]开展的RC梁冲击试验

Saatci和Vecchio[49]也进行了RC梁冲击试验（图9-18），以研究RC梁在冲击荷载下的剪切机制。该试验研究了三种箍筋配筋率（$\rho=0.1\%$、0.2%和0.3%）的RC梁在两种不同冲击能量下的冲击响应。所有试件的横截面尺寸均为410mm高，250mm宽，梁的净跨度为3000mm，纵向钢筋配筋率为2.75%。所用混凝土材料的单轴抗压强度为44.7~50.1MPa，纵向钢筋和箍筋直径分别为30mm和7mm，屈服强度分别为464MPa和605MPa。该试验相关的更多细节见文献[49]。类似地，建立图9-16c)所示的基于梁柱单元的高效分析模型。基于上述方法确定模型相关参数（$K_c=30\times10^8$N/m和$C_L=3.02$）。此外，图9-19为采用Vector2模型和相应的处理方法获得的剪切能力曲线。有限元模型中，剪切弹簧采用这些相应的剪切能力曲线定义。相应的数值结果如图 9-20 所示。由图可知:模型预测的冲击响应与试验数据能较好地吻合。值得注意的是,在文献[49]中没有关于冲击力的研究,但在试验中测量了支座反力。因此,本书比较了支座反力,如图 9-20m)~(r)所示。由图可知,预测的支座反力结果与试验测量的反力一致。值得指出的是,因为试验中采用压力传感器测量反作用力,所以在试验结果中忽略了支座处拉杆的拉力。

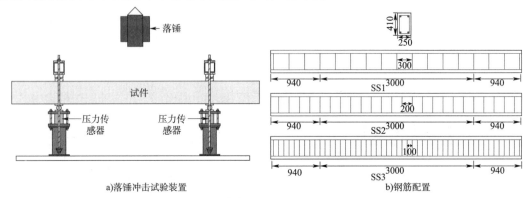

图 9-18 Saatci 和 Vecchio[49] 进行的 RC 梁冲击试验(尺寸单位:mm)

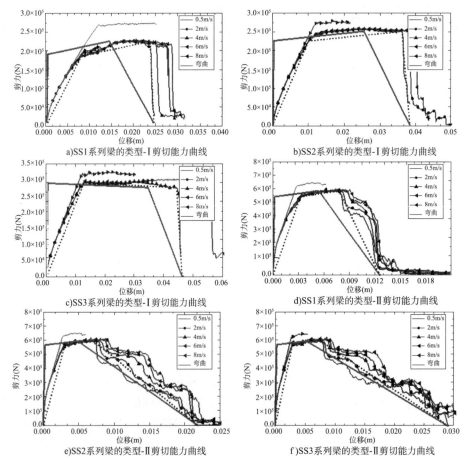

a)SS1系列梁的类型-Ⅰ剪切能力曲线

b)SS2系列梁的类型-Ⅰ剪切能力曲线

c)SS3系列梁的类型-Ⅰ剪切能力曲线

d)SS1系列梁的类型-Ⅱ剪切能力曲线

e)SS2系列梁的类型-Ⅱ剪切能力曲线

f)SS3系列梁的类型-Ⅱ剪切能力曲线

图 9-19 Saatci 和 Vecchio[49] 进行的试验和 Vector2 模型计算获得的剪切能力曲线

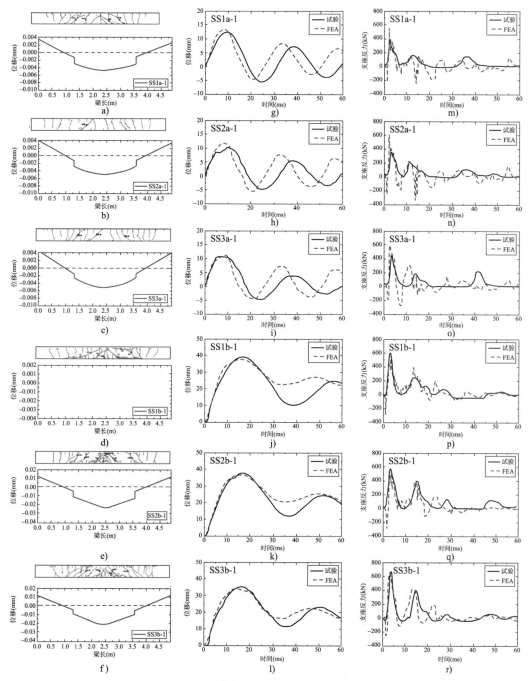

图 9-20 Saatci 和 Vecchio[49] 进行的试验和有限元模拟的冲击响应对比

4) Demartino 等[81] 开展的圆形 RC 墩柱冲击试验

除了 RC 梁的冲击试验外,还有 Demartino 等[81] 进行了圆形 RC 墩柱冲击试验。与上述落锤冲击试验不同,该试验采用了水平冲击试验装置,如图 9-21a) 所示。试验中的参数变化包括:三种冲击能量(表 9-2)和两种不同的箍筋配筋率($\rho = 0.3\%$ 和 0.09%)。所有试件的纵向钢筋配筋率均为 0.9%。墩柱试件的直径为 330mm，长度为 1700mm，净高度为 1600mm，如图 9-21b）所示。所用混凝土的单轴抗压强度为 28MPa，纵向钢筋和箍筋的屈服强度分别为 427MPa 和 416MPa。与上述处理方法一样，建立了基于非线性梁柱单元的冲击高效分析模型[图 9-21c)]，其中图 9-21d) 和 e) 中的剪切能力曲线用于定义剪切弹簧。

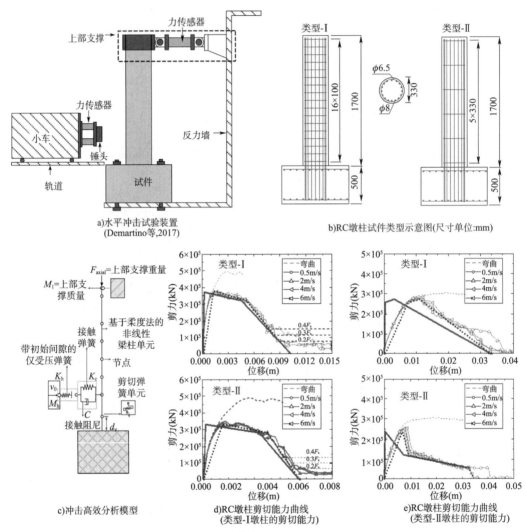

图 9-21 Demartino 等[81]进行的圆形 RC 墩柱冲击试验
注：F_s 为残余剪切能力。

图 9-22 给出了由高效分析模型预测的冲击力、位移响应、撞击后的变形模式和相应的试验结果。对于破坏模式，数值模拟表明，所有墩柱都表现出剪切破坏，这与试验结果一致。如图 9-22g)、m)、j) 和 p) 所示，对于具有相对轻微剪切损伤的冲击工况 FL1 和 FL2，预测的冲击力和位移响应与试验数据吻合良好。对于具有相对严重的剪切损伤的其他四个冲击工况，与试验结果相比，模型预测的冲击力持时更短，并且跨中峰值位移更大。这些与在赵德博等[12,47]的 C 系列梁观察到的模拟结果相同。类似地，这归因于墩柱实际上存在或多或少

的剩余剪切抗力。与赵德博等[12]的 C 系列梁一样,本小节研究了剩余剪切抗力比(剩余剪切抗力取 $0.2R_s \sim 0.4R_s$)的影响,如图 9-22 所示。类似于赵德博等[12,47]的 C 系列梁,当考虑 $0.3R_s \sim 0.4R_s$ 的剩余剪切抗力时,数值模拟结果与试验结果能够更好地吻合。

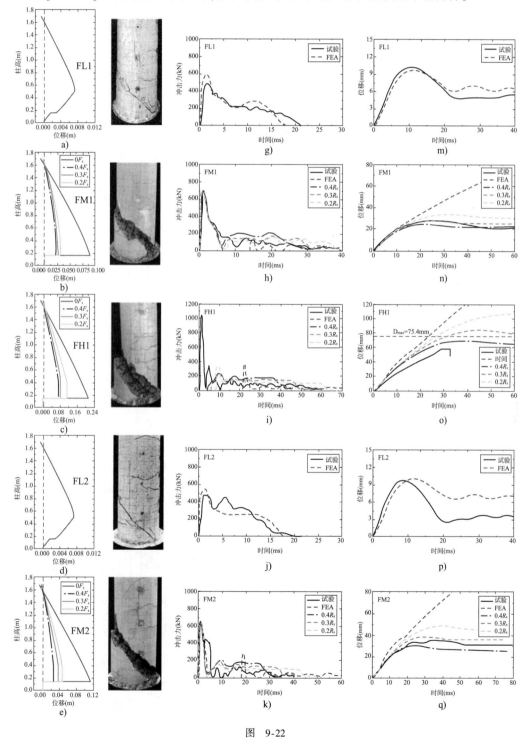

图 9-22

桥梁船撞分析

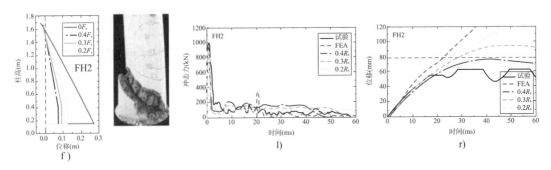

图 9-22 Demartino 等[81] 进行的试验和有限元模拟的冲击响应对比

除了发生剪切破坏的冲击工况之外,有必要检查在弯曲破坏的构件上添加剪切弹簧的影响。因此,采用带剪切弹簧的有限元模型重新模拟了 9.2.4 节中提到的冲击试验。从图 9-4～图 9-6 可以看出,这些模型的结果与没有剪切弹簧的模型相同,进一步证明了所提出方法的有效性。

9.4 轴向受压 RC 墩柱的建模和验证

RC 墩柱是传递桥梁和建筑结构中上部荷载的关键承载构件。除了承受荷载之外,与不受轴向荷载的梁构件相比,RC 墩柱可能具有更高的遭受侧向冲击荷载(船舶和车辆碰撞)的风险。因此,需要检验所提出的建模方法对于轴向受压的 RC 墩柱冲击分析的适用性。

与 RC 梁的冲击试验相比,很少有试验研究轴向受压 RC 墩柱的抗冲击性能。为此,在本书第 5 章中开展了这样的试验研究,以探索轴向受压 RC 墩柱的抗冲击性能,下面将采用第 5 章的试验结果来验证所提出建模方法的有效性。

采用本章提出的方法建立如图 9-23c)和 d)所示的有限元模型,以分析轴向受压 RC 墩柱的抗冲击性能。除了接触碰撞点,在有限元模型中墩柱的两端定义了塑性铰。轴向荷载施加在其中一个墩柱端部,如图 9-23c)所示。类似地,构建相应的 Vector2 模型(图 9-24),以估计两类剪切裂缝的剪切能力曲线(图 9-25)。

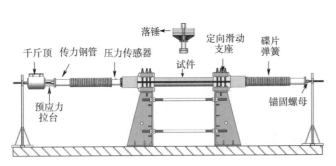

a)受压墩柱落锤冲击试验装置(本书第5章)

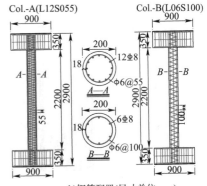

b)钢筋配置(尺寸单位:mm)

图 9-23

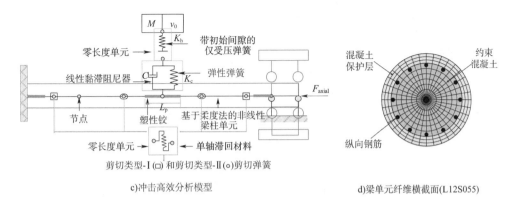

c) 冲击高效分析模型

d) 梁单元纤维横截面(L12S055)

图 9-23　本书第 5 章轴向受压 RC 墩柱的试验和提出的冲击高效分析模型

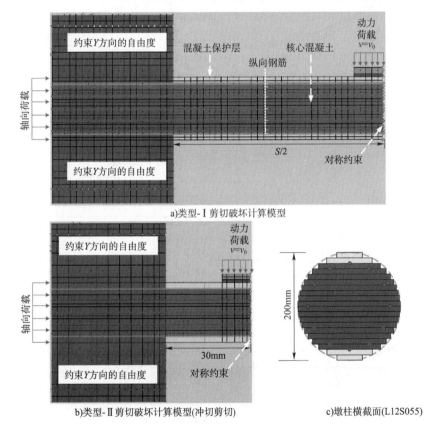

a) 类型-Ⅰ剪切破坏计算模型

b) 类型-Ⅱ剪切破坏计算模型(冲切剪切)

c) 墩柱横截面(L12S055)

图 9-24　用于预测受压墩柱剪切能力曲线的 Vector2 模型

对于受冲击的 RC 墩柱,由冲击高效分析模型预测的冲击力、位移响应、撞击后的破坏模式以及相应的试验数据如图 9-26 ~ 图 9-28 所示。由图可知,试验数据和数值结果之间吻合良好,表明所提出的建模方法也适用于受压 RC 墩柱的冲击分析。对于冲击工况 E2F3L6 和 E2F3S2,可以通过所提出的方法完全捕获墩柱试件的破坏。此外,预测了 E2F3S1 和 E2F3S2 工况下墩柱试件的剪切损伤或失效。当然,与数值模拟不同,从试验中观察到的剪切破坏模式并不对称,这是因为混凝土的材料特性具有随机性。综上可知,所提出的方法能够识别冲击荷载下受压 RC 墩柱的破坏模式。

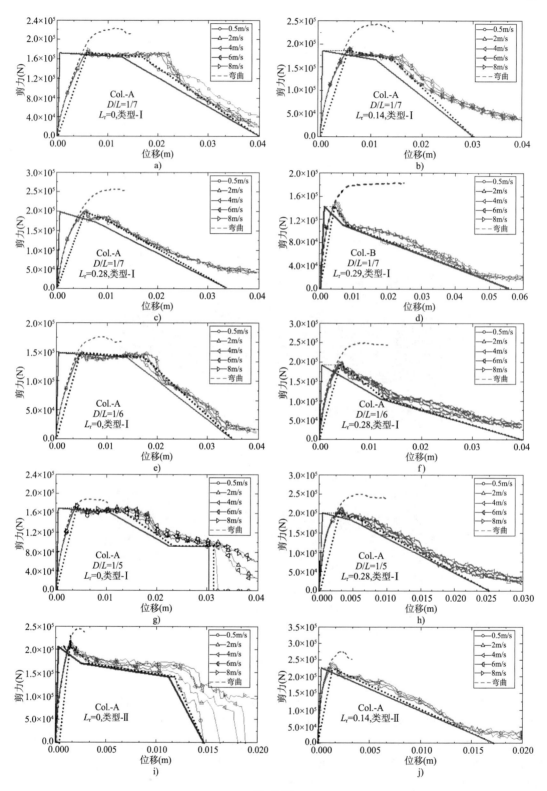

图 9-25

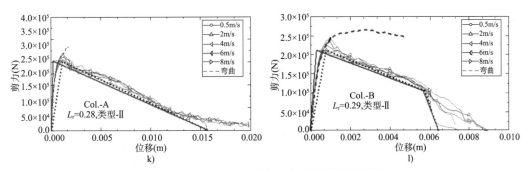

图 9-25 由 Vector2 模型计算的受压墩柱剪切能力曲线

注：D 为墩柱截面直径，L 为墩柱支撑间的长度（跨度），L_r 为轴压比。

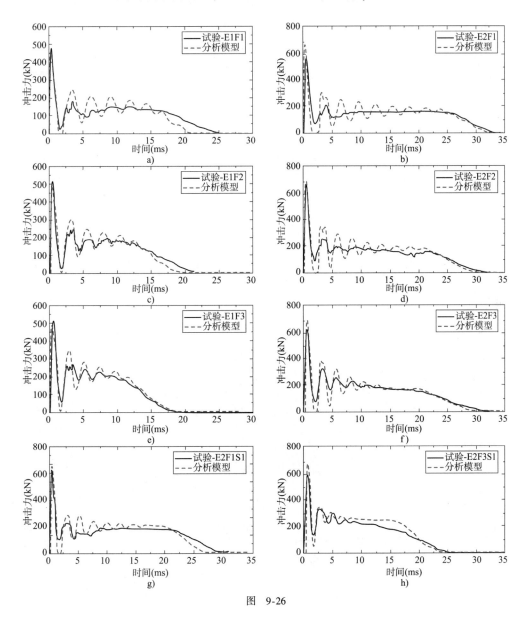

图 9-26

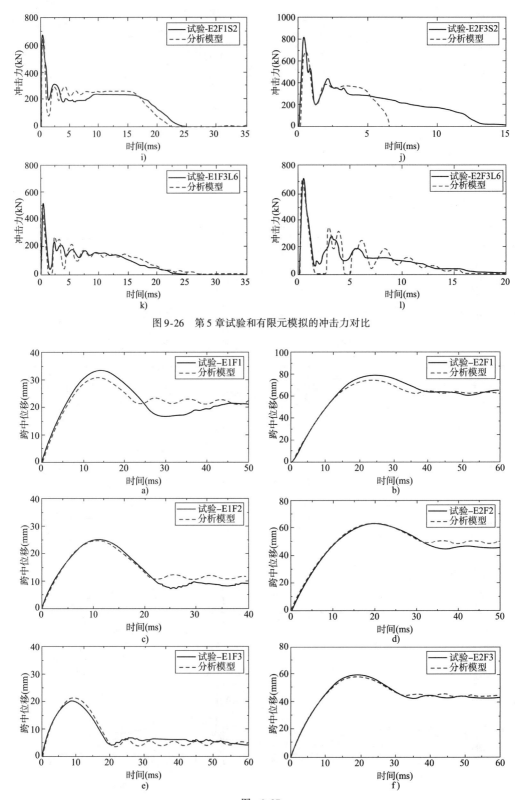

图 9-26 第 5 章试验和有限元模拟的冲击力对比

图 9-27

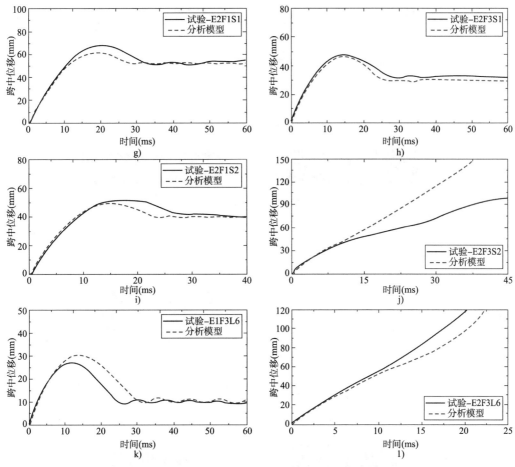

图 9-27 第 5 章试验和有限元模拟的跨中位移对比

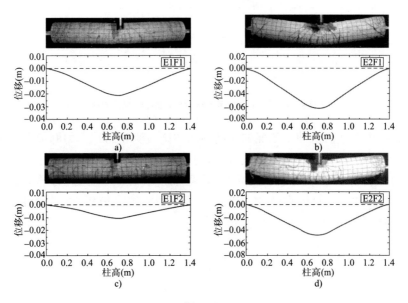

图 9-28

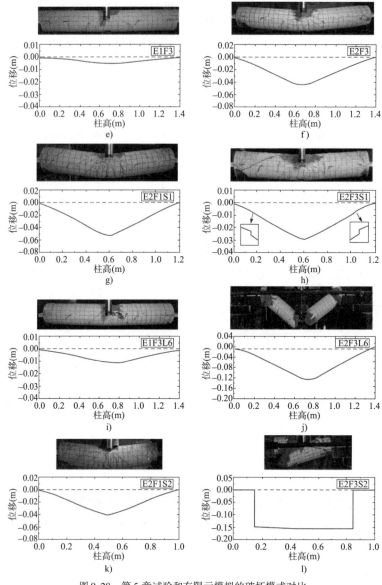

图 9-28　第 5 章试验和有限元模拟的破坏模式对比

表 9-2 总结了上述所有冲击工况的模型预测和试验测量的冲击力峰值和最大位移以及试验与预测冲击响应的比值。可以发现,冲击力峰值的试验与预测比值的平均值为 0.988,变异系数(COV)为 1.27%。对于最大位移,试验与预测冲击响应比值的平均值为 0.970,变异系数(COV)为 0.8%。总体来说,这表明了本章建立的高效分析方法具有良好的精度,且可以用于识别冲击下不同类型的破坏模式。

9.5　本章小结

本章基于非线性梁单元提出了冲击荷载下 RC 梁和柱的高效分析模型,并进行了广泛

验证,主要得到了以下结论:

(1)建立了基于非线性宏观单元描述冲击物体和受冲击的 RC 构件之间局部相互作用的方法以及用隐式求解器模拟冲击物体初始冲击速度的方法。

(2)建立了一种简单的方法来考虑混凝土和钢筋的应变率效应,通过适当地近似应变率效应,证明了传统的纤维横截面单元能够较好地预测 RC 构件由冲击引起的动力弯曲行为。

(3)通过在纤维横截面单元上耦合额外的剪切弹簧以捕获由冲击荷载引起的两类剪切裂缝(正常裂缝和冲切剪切裂缝),提出了一种能够同时体现 RC 墩柱在冲击载荷下的弯曲和剪切行为特性的方法。该方法可以有效地预测受到低速冲击荷载的 RC 梁和柱的弯曲和剪切响应。

(4)收集了近 50 个 RC 构件的落锤或水平冲击试验,用于验证所提出的建模方法的有效性。该方法在预测 RC 梁和柱的冲击力、冲击引起的挠度和破坏模式方面表现出较令人满意的性能。此外,所提出的方法在计算效率方面明显优于具有 3-D 实体单元的精细有限元模型。所提出的建模方法可以轻易地应用到任何包含非线性纤维梁柱单元和离散宏观单元的有限元软件中而不需进行编码。该优点极大地促进了所提出的方法在基础设施的冲击模拟中的应用,例如经受船舶和车辆碰撞的桥梁结构。

第二篇探讨了冲击作用下 RC 墩柱的损伤演化过程、破坏机理及剩余承载能力。在此基础上,建立了精细接触碰撞分析方法和基于纤维梁单元的高效分析方法,并验证了该方法的有效性。对于被撞桥梁主要构件,将第一篇建立的船撞荷载确定方法与本篇评估 RC 墩柱在强非线性碰撞下的抗撞能力分析方法结合,采用本篇方法模拟,即可进行桥梁抗撞能力分析与评估,具体的计算案例可参考作者及团队近期相关研究论文[83-85]。需要指出的是,该方面部分工作仍然值得进一步深入研究,这也是作者当前开展的主要研究工作之一。

本章参考文献

[1] CONSOLAZIO G R,COWAN D R. Nonlinear analysis of barge crush behavior and its relationship to impact resistant bridge design[J]. Computers & Structures,2003,81(8-11):547-557.

[2] DO T V,PHAM T M,HAO H. Dynamic responses and failure modes of bridge columns under vehicle collision[J]. Engineering Structures,2018,156:243-259.

[3] YUAN P,HARIK I E. Equivalent barge and flotilla impact forces on bridge piers[J]. Journal of Bridge Engineering,2010,15(5):523-532.

[4] FAN W,YUAN W C. Numerical simulation and analytical modeling of pile-supported structures subjected to ship collisions including soil-structure interaction[J]. Ocean Engineering,2014,91:11-27.

[5] ABDELKARIM O I,ELGAWADY M A. Performance of bridge piers under vehicle collision[J]. Engineering Structures,2017,140:337-352.

[6] CONSOLAZIO G R,COWAN D R. Numerically efficient dynamic analysis of barge collisions with bridge piers[J]. Journal of Structural Engineering,2005,131(8):1256-1266.

[7] FAN W, YUAN W C, YANG Z, et al. Dynamic demand of bridge structure subjected to vessel impact using simplified interaction model[J]. Journal of Bridge Engineering, 2011, 16(1): 117-126.

[8] FAN W, YUAN W C, ZHOU M. A nonlinear dynamic macro-element for demand assessment of bridge substructures subjected to ship collision[J]. Journal of Zhejiang University Science A: Applied Physics and Engineering, 2011, 12(11): 826-836.

[9] LIU B, FAN W, GUO W, et al. Experimental investigation and improved FE modeling of axially-loaded circular RC columns under lateral impact loading[J]. Engineering Structures, 2017, 152: 619-642.

[10] GUNER S. Performance assessment of shear-critical reinforced concrete plane frames[D]. Toronto: University of Toronto, 2008.

[11] GUNER S, VECCHIO F J. Simplified method for nonlinear dynamic analysis of shear-critical frames[J]. ACI Structural Journal, 2012, 109(5): 727-737.

[12] ZHAO D B, YI W J, KUNNATH S K. Numerical simulation and shear resistance of reinforced concrete beams under impact[J]. Engineering Structures, 2018, 166: 387-401.

[13] BERTRAND D, KASSEM F, DELHOMME F, et al. Reliability analysis of an RC member impacted by a rockfall using a nonlinear SDOF model[J]. Engineering Structures, 2015, 89: 93-102.

[14] FELDMAN A, SIESS C P. Investigation of resistance and behavior of reinforced concrete members subjected to dynamic loading: part II[D]. Illinois: University of Illinois at Urbana-Champaign, 1958.

[15] WENG Z Y. Impact effect of reinforced concrete beam and plate subjected to impact loading[J]. Nuclear Power Engineering, 1989, 10(3): 45-52.

[16] SUARIS W, SHAH S. Inertial effects in the instrumented impact testing of cementitious composites[J]. Cement, Concrete and Aggregates, 1981, 3(2): 77-83.

[17] WANG W, MORGENTHAL G. Dynamic analyses of square RC pier column subjected to barge impact using efficient models[J]. Engineering Structures, 2017, 151: 20-32.

[18] WANG W, MORGENTHAL G. Reliability analyses of RC bridge piers subjected to barge impact using efficient models[J]. Engineering Structures, 2018, 166: 485-495.

[19] GENDY S, AYOUB A. Explicit fiber beam-column elements for impact analysis of structures[J]. Journal of Structural Engineering, 2018, 144(7): 04018068.

[20] CONSOLAZIO G R, DAVIDSON M T. Simplified dynamic analysis of barge collision for bridge design[J]. Transportation Research Record: Journal of the Transportation Research Board, 2008, 2050(1): 13-25.

[21] FAN W, LIU Y Z, LIU B, et al. Dynamic ship-impact load on bridge structures emphasizing shock spectrum approximation[J]. Journal of Bridge Engineering, 2016, 21(10): 04016057.

[22] ZEINODDINI M, PARKE G, HARDING J. Axially pre-loaded steel tubes subjected to lateral impacts: an experimental study[J]. International Journal of Impact Engineering, 2002, 27

(6):669-690.

[23] PRIESTLEY M N,SEIBLE F,CALVI G M. Seismic design and retrofit of bridges[M]. New York:John Wiley & Sons,1996.

[24] AASHTO. LRFD bridge design specifications [M]. 8th ed. Washington, D. C.: AASHTO,2017.

[25] JIANG H,CHORZEPA M G. An effective numerical simulation methodology to predict the impact response of pre-stressed concrete members[J]. Engineering Failure Analysis,2015, 55:63-78.

[26] YI W J,ZHAO D B,KUNNATH S K. Simplified approach for assessing shear resistance of reinforced concrete beams under impact loads[J]. ACI Structural Journal,2016,113(4): 747-756.

[27] HALLQUIST J. LS-DYNA keyword user's manual:Version 97[M]. Livermore,California: Livermore Software Technology Corporation(LSTC),2012.

[28] WU Y C,CRAWFORD J E. Numerical modeling of concrete using a partially associative plasticity model[J]. Journal of Engineering Mechanics,2015,141(12):04015051.

[29] CONSOLAZIO G R,DAVIDSON M T,COWAN D R. Barge bow force-deformation relationships for barge-bridge collision analysis[J]. Transportation Research Record:Journal of the Transportation Research Board,2009(2131):3-14.

[30] MURRAY Y D, ABU-ODEH A Y, Bligh R P. Evaluation of LS-DYNA concrete material model 159[R]. United States. Federal Highway Administration. Office of Research,Development,and Technology,2007.

[31] MANDER J B,PRIESTLEY M J,PARK R,et al. Theoretical stress-strain model for confined concrete[J]. Journal of Structural Engineering,1988,114(8):1804-1826.

[32] MURRAY Y D. Users manual for LS-DYNA concrete material model 159[R]. United States. Federal Highway Administration. Office of Research, Development, and Technology,2007.

[33] 徐锋. 复杂应力状态下钢筋与混凝土的粘结性能[D]. 大连:大连理工大学,2012.

[34] 徐有邻,邵卓民,沈文都. 钢筋与混凝土的粘结锚固强度[J]. 建筑科学,1988,4(4): 8-14.

[35] 叶见曙. 结构设计原理[M]. 4版. 北京:人民交通出版社股份有限公司,2018.

[36] MALVAR L J. Bond of reinforcemen under controlled confinement[R]. Port Hueneme:Naval Civil Engineering Laboratory,1991.

[37] MOOSAVI M,JAFARI A,KHOSRAVI A. Bond of cement grouted reinforcing bars under constant radial pressure[J]. Cement and Concrete Composites,2005,27(1):103-109.

[38] MO K H,VISINTIN P,ALENGARAM U J,et al. Bond stress-slip relationship of oil palm shell lightweight concrete[J]. Engineering Structures,2016,127:319-330.

[39] VECCHIO F J,COLLINS M P. The modified compression-field theory for reinforced concrete

elements subjected to shear[J]. ACI Structural Journal,1986,83(2):219-231.

[40] VECCHIO F J. Disturbed stress field model for reinforced concrete:formulation[J]. Journal of Structural Engineering,2000,126(9):1070-1077.

[41] FERCHE A C,PANESAR D K,SHEIKH S A,et al. Toward macro-modeling of alkali-silica reaction-affected structures[J]. ACI Structural Journal,2017,114(5):1121-1129.

[42] WONG P S,VECCHIO F J,TROMMELS H. Vector2 & Formworks user's manual[M]. 2nd ed. Toronto:University of Toronto,2013.

[43] FUJIKAKE K,LI B,SOEUN S. Impact response of reinforced concrete beam and its analytical evaluation[J]. Journal of Structural Engineering,2009,135(8):938-950.

[44] FAN W,YUAN W C,CHEN B S. Steel fender limitations and improvements for bridge protection in ship collisions[J]. Journal of Bridge Engineering,2015,20(12):06015004.

[45] THILAKARATHNA H M I. Vulnerability assessment of reinforced concrete columns subjected to vehicular impacts[D]. Brisbane City,Australia:Queensland University of Technology,2010.

[46] FUJIKAKE K,SENGA T,UEDA N,et al. Study on impact response of reactive powder concrete beam and its analytical model[J]. Journal of Advanced Concrete Technology,2006,4(1):99-108.

[47] 赵德博. 冲击荷载作用下钢筋混凝土梁响应特征及设计方法研究[D]. 长沙:湖南大学,2017.

[48] HO J. Inelastic design of reinforced concrete beams and limited ductilehigh-strength concrete columns[D]. Hong Kong:the University of Hong Kong,2003.

[49] SAATCI S,VECCHIO F J. Effects of shear mechanisms on impact behavior of reinforced concrete beams[J]. ACI Structural Journal,2009,106(1):78-86.

[50] 许斌,曾翔. 冲击荷载作用下钢筋混凝土梁性能试验研究[J]. 土木工程学报,2014,47(2):41-51,61.

[51] 曾翔. 冲击和快速加载作用下钢筋混凝土梁柱构件性能试验与数值模拟研究[D]. 长沙:湖南大学,2014.

[52] HUGHES G,BEEBY A W. Investigation of the effect of impact loading on concrete beams[J]. Structural Engineer,1982,60B:45-52.

[53] HUGHES G,SPEIRS D M. An investigation of the beam impact problem[M]. Slough:Cement and Concrete Association,1982.

[54] BENTUR A,MINDESS S,BANTHIA N. The behaviour of concrete under impact loading:experimental procedures and method of analysis[J]. Materials and Structures,1986,19(5):371-378.

[55] KISHI N,NAKANO O,MATSUOKA K,et al. Experimental study on ultimate strength of flexural-failure-type RC beams under impact loading[C]. Washington,D. C.:Transactions,SMiRT16,2001.

[56] KISHI N, MIKAMI H, MATSUOKA K G, et al. Impact behavior of shear-failure-type RC beams without shear rebar[J]. International Journal of Impact Engineering, 2002, 27(9): 955-968.

[57] CHEN Y, MAY I M. Reinforced concrete members under drop-weight impacts[J]. Proceedings of the Institution of Civil Engineers—Structures and Buildings, 2009, 162(1): 45-56.

[58] KISHI N, MIKAMI H. Empirical formulas for designing reinforced concrete beams under impact loading[J]. ACI Structural Journal, 2012, 109(4): 509-519.

[59] 曾翔, 许斌. 无腹筋钢筋混凝土梁抗冲击行为试验研究[J]. 土木工程学报, 2012, 45(9): 63-73.

[60] ADHIKARY S D, LI B, FUJIKAKE K. Dynamic behavior of reinforced concrete beams under varying rates of concentrated loading[J]. International Journal of Impact Engineering, 2012, 47: 24-38.

[61] ADHIKARY S D, LI B, FUJIKAKE K. Strength and behavior in shear of reinforced concrete deep beams under dynamic loading conditions[J]. Nuclear Engineering and Design, 2013, 259: 14-28.

[62] 许斌, 曾翔. 冲击作用下钢筋混凝土深梁动力性能试验研究[J]. 振动与冲击, 2015, 34(4): 6-13, 39.

[63] ZHAN T B, WANG Z H, NING J G. Failure behaviors of reinforced concrete beams subjected to high impact loading[J]. Engineering Failure Analysis, 2015, 56: 233-243.

[64] ADHIKARY S D, LI B, FUJIKAKE K. Low velocity impact response of reinforced concrete beams: experimental and numerical investigation[J]. International Journal of Protective Structures, 2015, 6(1): 81-111.

[65] 霍静思, 胡开赢. RC梁冲击破坏机理试验研究与残余变形预测方法探讨[J]. 湖南大学学报: 自然科学版, 2017, 44(1): 112-117.

[66] FEYERABEND M. Hard transverse impacts on steel beams and reinforced concrete beams[D]. Karlsruhe: University of Karlsruhe(TH), 1988.

[67] LOEDOLFF M J. The behaviour of reinforced concrete cantilever columns under lateral impact load[D]. Stellenbosch: University of Stellenbosch, 1989.

[68] REMENNIKOV A M, KAEWUNRUEN S. Impact resistance of reinforced concrete columns: experimental studies and design considerations[M]//Progress in Mechanics of structures and Materials. Baca Raton, FL: CRC Press, 2007.

[69] ZHANG X H, HAO H, LI C. Experimental investigation of the response of precast segmental columns subjected to impact loading[J]. International Journal of Impact Engineering, 2016, 95: 105-124.

[70] 刘飞. 钢筋混凝土桥墩抗车辆撞击机理研究[D]. 长沙: 湖南大学, 2017.

[71] OU Y C, NGUYEN D N. Modified axial-shear-flexure interaction approaches for uncorroded and corroded reinforced concrete beams[J]. Engineering Structures, 2016, 128: 44-54.

[72] POPOVICS S. A numerical approach to the complete stress-strain curve of concrete[J]. Cement and Concrete Research,1973,3(5):583-599.

[73] GUO W,FAN W,SHAO X D,et al. Constitutive model of ultra-high-performance fiber-reinforced concrete for low-velocity impact simulations[J]. Composite Structures,2018,185:307-326.

[74] Japan Society of Civil Engineers. Impact behavior and design of structures: structural engineering Series 6[M]. Tokyo:JSCE,1993.

[75] CARTA G,STOCHINO F. Theoretical models to predict the flexural failure of reinforced concrete beams under blast loads[J]. Engineering Structures,2013,49:306-315.

[76] ELWOOD K J. Modelling failures in existing reinforced concrete columns[J]. Canadian Journal of Civil Engineering,2004,31(5):846-859.

[77] LEE H,MOSALAM K M. Seismic evaluation of the shear behavior in reinforced concrete bridge columns including effect of vertical accelerations[J]. Earthquake Engineering and Structural Dynamics,2014,43(3):317-337.

[78] BENTZ E C,VECCHIO F J,COLLINS M P. Simplified modified compression field theory for calculating shear strength of reinforced concrete elements[J]. ACI Structural Journal,2006,103(4):614-624.

[79] GHANNOUM W M,MOEHLE J P. Rotation-based shear failure model for lightly confined RC columns[J]. Journal of Structural Engineering,2012,138(10):1267-1278.

[80] BENTZ E C. Sectional analysis of reinforced concrete members[D]. Toronto:University of Toronto,2000.

[81] DEMARTINO C,WU J G,XIAO Y. Response of shear-deficient reinforced circular RC columns under lateral impact loading[J]. International Journal of Impact Engineering,2017,109:196-213.

[82] KRAUTHAMMER T,BAZEOS N,HOLMQUIST T. Modified SDOF analysis of RC box-type structures[J]. Journal of Structural Engineering,1986,112(4):726-744.

[83] FAN W,SUN Y,SUN W,et al. Effects of corrosion and scouring on barge impact fragility of bridge structures considering nonlinear soil-pile interaction[J]. Journal of Bridge Engineering,2021,26(8):04021058.

[84] FAN W,SHEN D J,HUANG X,et al. Reinforced concrete bridge structures under barge impacts:FE modeling,dynamic behaviors,and UHPFRC-based strengthening[J]. Ocean Engineering,2020,216:108116.

[85] FAN W,SUN Y,YANG C,et al. Assessing the response and fragility of concrete bridges under multi-hazard effect of vessel impact and corrosion[J]. Engineering Structures,2020,225:111279.

第3篇
典型桥梁船撞防护结构分析方法

第10章　考虑桩土相互作用的桩承防撞结构精细化分析
第11章　桩承结构抗撞能力高效分析方法
第12章　桥梁防撞钢套箱高效分析与设计方法

第10章 考虑桩土相互作用的桩承防撞结构精细化分析

10.1 绪述

当采用前几章的方法分析时,若发现桥梁结构的防撞能力低于相应的需求,则需要通过合理的方法或措施来降低船撞概率或提高桥梁结构自身防撞能力。通常的方法和措施有采用合理的导航措施来减小事故发生的概率、控制船舶通航条件、设计合理的防撞结构等[1-3]。

独立桩承防撞结构由于具有与桥梁结构分离且防撞能力较强等优点而常常被实际工程采用。例如,主跨跨径近80m的挪威Tromsø桥先后采用两种独立桩承防撞结构:一种是由混凝土桩和刚性混凝土承台组合而成的防撞结构,先后被10000DWT船舶和1560DWT船舶撞毁;另一种是建于1975年的由钢管混凝土桩和环形刚性混凝土梁组合而成的防撞结构,预计的防撞能力为能够阻止初速度为8节的7000DWT船舶的碰撞[1,2]。澳大利亚的Tasman大桥则采用一个由8根直径为3.0m的预应力混凝土桩和刚性混凝土承台组合而成的防撞结构,设计要求其通过桩顶和桩底产生的塑性铰能够阻止初速度为8节的35000DWT船舶的碰撞[1]。近年来,位于阿根廷Paraná河上跨径为350m的斜拉桥也设计了相应的独立桩承防撞结构,设计要求其能够阻止初速度为9节的43000DWT船舶的碰撞(初始碰撞动能为453MN·m)[1-6]。尽管这种桩承防撞措施在实际工程被广泛采用,但对于它在船撞作用下的破坏模式以及破坏的全过程研究尚较少,大多数工程仅采用经验的能量或静力方法来设计防撞结构[1-3]。

本章将采用非线性接触有限元技术建立考虑几何非线性、材料非线性以及接触非线性的船舶-防撞结构-土体相互作用的有限元模型,计算分析船舶与桩承防撞结构的动力相互作用过程与特点,以及船撞下防撞结构的主要破坏模式,为第11章构建高效、合理的防撞能力分析方法提供基础。同时,本章对接触碰撞模型涉及的混凝土材料本构模型、人工边界、桩周土体初始应力场等关键性问题进行探讨,为今后类似问题的分析提供参考。

10.2 桩承防撞结构性能分析的接触碰撞模型

10.2.1 研究对象

选取位于阿根廷Paraná河上跨径350m斜拉桥的独立桩承防撞结构作为研究对象的原型[5-7](图10-1)。根据该桥位水文地质条件以及通航船舶情况,要求该桩承防撞结构不但能够通过发生大变形来吸收较高的碰撞动能[28桩的防撞结构需能够吸收碰撞动能 $KE = 1/2 \times 43000 \times 4.64^2 = 463(MJ)$],而且要求其适应 $-33 \sim -23.05\text{m}$ 的冲刷条件[7]。

由图 10-1 可知,该防撞结构由混凝土承台和桩径为 2.0m 的钢管混凝土群桩组成,且承台与桥梁下部结构的净距为 17.5m。混凝土承台与钢管混凝土桩之间采用简支方式连接,即连接群桩的承台仅传递剪力给防撞结构,这样,在水平船撞作用下桩顶将不会产生弯矩,且桩身不会产生轴向拉力和压力。桩基中的钢管采用屈服强度为 690MPa 和最小抗拉强度为 790MPa 的高强钢材,桩基厚度为 24mm,桩长为 55~60m,最小桩间间距为 2.5m,最小防撞桩桩数为 4 根。

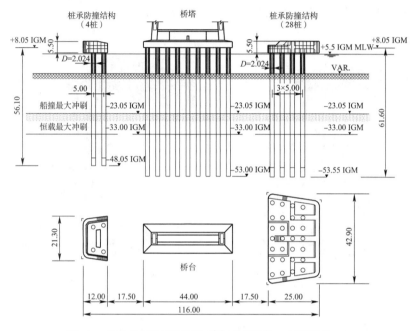

图 10-1 独立桩承防撞结构形式[7](尺寸单位:m;高程单位:m)

10.2.2 接触碰撞模型

为了探讨船舶与防撞结构之间的相互作用全过程及特点,进而为构建合理、高效的分析方法提供依据,建立了船舶与图 10-1 中 4 桩防撞结构碰撞时的接触碰撞模型,如图 10-2 所示。模型中,船舶采用第 2 章中建立的 5000DWT 和 10000DWT 两种吨位的船舶。考虑到文献[5-7]的信息有限,本章对模型中所需的尺寸和参数给予了适当的补充。对于防撞结构部分,桩基承台、桩中混凝土及桩周土体都采用单点积分的实体单元来模拟,而钢管采用壳单元来模拟。

10.2.3 材料本构及参数

在图 10-2 所示接触碰撞模型中,混凝土(桩和承台)采用 MAT_CSCM_CONCRETE(MAT_159)模型模拟,钢管采用塑性硬化的 MAT_PLASTIC_KINEMATIC 模型模拟。此外,因 LS-DYNA 中同样已有多种土体本构模型(MAT_SOIL_AND_FOAM、MAT_SOIL_CONCRETE 和 MAT_MOHR_COULOMB 等),桩周土体的合理选取也是一项复杂的工作。考虑到土的力学性质比混凝土更为复杂,且受水文地质条件影响很大,而文献[5-7]中都没有提供相应的资料,故为了简便,采用较为经典的莫尔-库仑(Mohr-Coulomb)模型进行分析,其破坏准则[8,9]为:

$$\begin{cases} \tau_{max} = c + \sigma_n \tan\varphi \\ f(\sigma_i) = \frac{1}{2}(\sigma_1 - \sigma_3) + \frac{1}{2}(\sigma_1 + \sigma_3)\sin\varphi - c\cos\varphi \end{cases} \quad (10\text{-}1)$$

式中,c 和 φ 为土的黏聚力和内摩擦角,是描述土体强度性质最为基本的力学参数;τ_{max} 为剪切破坏面上的剪应力,即土的剪切强度;σ_n 为破坏面上的法向应力;σ_i 为土体某点第 i 主应力。

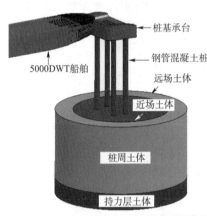 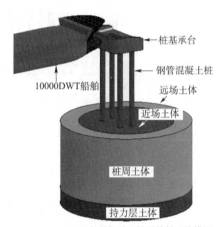

a) 5000DWT船舶与独立桩承接触碰撞模型　　b) 10000DWT船舶与独立桩承接触碰撞模型

图 10-2　防撞结构有限元模型

限于文献[5-7]仅提供了混凝土单轴抗压强度,故采用 MAT_159 内置的经验公式由单轴抗压强度(f_c = 34MPa)来确定其他材料参数,具体见表10-1。对于钢管的硬化模量,则由文献[5-7]给出的屈服强度、极限强度、弹性模量和断裂应变计算而来。同样,限于文献[5-7]没有提供土类型及性质,故参考我国《工程地质手册》[10]和 Reese[9] 推荐土的物理及力学指标来确定。为了简便,假定桩基埋深范围内的土层性质都相同,且桩底持力层为密砂。为了节约计算成本以及满足下文土体边界条件的要求,将桩周土体区分为近场土体和远场土体。对于近场土体,为了能够考虑船撞作用下桩-土的非线性相互作用及土体破坏等情况,采用上述的 Mohr-Coulomb 模型来模拟,而对于基本保持弹性的远场土体,则采用 MAT_ELASTIC (MAT_001)来模拟,其中,土体弹性模量由 $E = 2G(1 + \nu)$ 计算确定(其中,G 为土体的剪切模量,ν 为泊松比),具体见表10-1。

材料模型参数　　　　　　　　　　　　　　　　　　　　　　　表 10-1

MAT_159	密度 (kg/m³)	应变率	单轴抗压强度 (MPa)	粗集料粒径大小 (mm)
承台	2.40×10^3	1.00	34.0	19
桩基	2.40×10^3	1.00	34.0	19

续上表

MAT_003	密度(kg/m³)	弹性模量(MPa)	泊松比	硬化模量(MPa)	屈服强度(MPa)	断裂应变
钢管	7.85×10^3	2.10×10^5	0.3	1.03×10^3	690	0.1
MAT_173	浮重度(N/m³)a	剪切模量(MPa)	泊松比	内摩擦角(°)	黏聚力(kPa)	剪胀角(°)
近场黏土[b]	7.00×10^3	3.85	0.30	0	100	0
近场砂土[b]	10.0×10^3	20.0	0.25	38	1.0	8
MAT_001	密度(kg/m³)	弹性模量(MPa)		泊松比	—	—
弹性承台	2.40×10^3	3.0×10^4		0.2	—	—
MAT_001	浮重度(N/m³)a	密度(kg/m³)		弹性模量(MPa)	泊松比	—
远场黏土	7.00×10^3	0.714×10^3		10.0	0.30	—
远场砂土	10.0×10^3	1.02×10^3		50.0	0.25	—
持力层砂土	10.0×10^3	1.02×10^3		100.0	0.25	—

注:a. 由于处于水位线以下的土体受水的浮力作用,浮重度 γ' 等于土的饱和重度减去水的重度,因此在计算时采用土的密度为 $\rho' = \gamma'/9.8$;

b. 黏土为硬黏土,砂土为中密砂土。

目前 LS-DYNA 中的土体本构都是理想弹塑性材料,显然这与实际中的土体本构存在区别[图 10-3a)],尤其是对于黏土而言。因此,为了使基于 Mohr-Coulomb 准则土材料模型能够更合理地反映桩-土相互作用过程中土的力和位移情况,需要对土体的剪切模量或弹性模量进行等效,记为 G_{se} 和 E_{se}。若采用达到极限强度之前{若参考文献[9]中的黏土应力-应变关系,则为达到 8 倍 ε_{50} 之前,其中,ε_{50} 为土体达到极限强度一半时所对应的特征应变,见图 10-3a)}基于两者应变能相等的原则进行等效,则有

$$\int_0^{8\varepsilon_{50}} 0.5 \left(\frac{\varepsilon}{\varepsilon_{50}}\right)^{1/3} d\varepsilon = \frac{(8\varepsilon_{50} - 2c_u/E_{se}) + 8\varepsilon_{50}}{2} \quad (10\text{-}2)$$

式中,c_u 为土体的不排水抗剪强度,满足 $c_u = 0.5(\sigma_1 - \sigma_3)$。求解式(10-2)及 E_{se} 与 G_{se} 之间的关系,则有

$$\begin{cases} E_{se} = c_u/(2\varepsilon_{50}) \\ G_{se} = \dfrac{c_u}{4\varepsilon_{50}(1+\nu)} \end{cases} \quad (10\text{-}3)$$

采用上述方法和土参数(硬黏土,$\varepsilon_{50} = 0.005$)可以确定表 10-1 中黏土等效弹性模量和剪切模量。

10.2.4 接触类型及定义

在 LS-DYNA 中,一般通过定义合理的接触来模拟钢管与混凝土之间的黏结,主要有两种接触类型。一种是不考虑钢管与混凝土滑移的理想黏结的接触类型,如 TIED_SURFACE_TO_SURFACE,其特点是将从面节点约束限制在主面(目标面)上;另一种是考虑接触界面滑移失效的固连接触类型,如 TIED_SURFACE_TO_SURFACE_FAILURE,其破坏准则为[11]:

$$\left[\frac{\max(0.0,\sigma)}{\mathrm{FS}}\right]^2 + \left[\frac{\tau}{\mathrm{FD}}\right]^2 - 1 > 0 \tag{10-4}$$

式中，σ 为接触界面的正应力；τ 为接触界面的剪应力；FS 为定义的失效拉应力；FD 为定义的失效剪应力。图 10-2 所示模型中，与文献[5-7]静力分析时相同，假定防撞桩的钢管与混凝土之间为理想黏结，采用不考虑滑移的固连接触类型模拟。同时，为了提高计算效率，采用单面搜索的 CONTACT_AUTO_NODE_TO_SURFACE 考虑钢管混凝土桩与土体之间的接触。在此接触定义中，将网格相对较小的钢管和混凝土作为从面，网格较粗的土体作为主面，以避免出现不切实际的穿透而导致计算结果不可靠。而船舶与防撞结构之间的接触定义与第 2 章的接触碰撞模型相同，故在此不再赘述。为了满足承台与桩之间在船撞作用下仅传递剪力的要求，采用 CONSTRAINED_NODE_SET 定义承台与桩共同截面上的节点具有共同的水平方向的自由度（X 和 Y），但释放竖直方向的自由度（Z）。

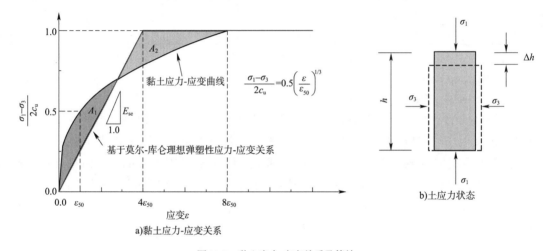

图 10-3　黏土应力-应变关系及等效

10.2.5　人工边界条件及讨论

采用有限元技术对岩土介质进行动力分析时，一个关键问题是如何处理实际的无穷远边界与有限的有限元计算域。通常，为了使有限土体能与实际半无限性土体的能量（波）在土介质中的传播情况保持一致，需要对截取的有限土体的边界进行人工处理（人工边界）。由于实际应力波在土介质中传播的复杂性和多样性，人工边界仍是岩土有限元分析技术中的热点和难点。目前，典型的处理方法有边界元法、无反射边界法和无限元法等。在 LS-DYNA 中，能较为方便地通过 BOUNDARY_NON_REFLECTING 定义无反射边界，故本研究采用此方法来处理图 10-2 所示模型的土体边界。无反射边界（黏性边界）的基本思想是通过在实体单元的外表面段上施加阻抗力以模拟无限域的影响，阻抗力定义为[11-13]：

$$\begin{cases} \sigma = -\rho v_p v_{\mathrm{normal}} \\ \tau = -\rho v_s v_{\mathrm{shear}} \end{cases} \tag{10-5}$$

式中，σ 为法向抗力；τ 为切向抗力；ρ 为材料密度；v_p 为压缩波速；v_s 为剪切波速；v_{normal}、

v_{shear}分别为边界上的法向速度和切向速度。

需要注意的是,LS-DYNA 中的无反射边界仅对高频的波动效果较好,然而当存在中、低频的波动时,不能反映人工边界的力学特性。这表明无反射边界设置于线弹性材料的外边界上才能合理反映能量向无穷远辐射的特征-无应力波反射;而对于非线性材料,在动力荷载作用下极容易诱发中、低频的波动,此时施加的无反射边界则无法有效地吸收边界能量,使得选取的有限计算域存在应力波的反射,导致计算被应力波干扰而使结果失真。

以采用显式的中心差分法分析一直径为 50m、高度为 31m 的无桩自由场在突加重力荷载作用下的情况为例,由图 10-4 所示结果可以发现:①当无反射边界设置于远场弹塑性材料(莫尔-库伦模型,采用表 10-1 中的远场黏土参数)的侧向边界时,自由场将产生很大的侧向变形[图 10-4a)],应力状态也与期望的情况大相径庭,说明了这种黏性人工边界不宜设置于弹塑性材料边界上;②若将在分析中保持弹性的远场土体用线弹性材料模拟,则无反射边界能够较好地起到侧向约束作用,如图 10-4b)所示。同时,也说明了在图 10-2 所示的船舶-防撞结构-土体相互作用分析模型中,将桩周土体区分为近场土体和远场土体很重要。

a)弹塑性材料上设置NON_REFLECTING边界

b)弹性材料上设置NON_REFLECTING边界

图 10-4　不同材料本构对无反射边界有效性的影响

10.3　土体初始应力场分析方法及讨论

10.3.1　土体初始应力场

由式(10-4)可知,土体材料具有屈服与围压息息相关的力学性质。因此,若要正确地反映船撞作用下桩-土相互作用过程中的接触刚度和桩周土体的破坏情况,则首先需要准确、合理地模拟土体的初始应力场。若不考虑附加应力场的影响,土体初始应力场即为土体的自重应力场,其竖向应力(σ_{sz})在同一土层内随深度呈线性变化,可写为:

$$\sigma_{sz} = \gamma z \tag{10-6}$$

式中,γ 为土体的重度,地下水位以上采用天然重度,地下水位以下采用浮重度 γ';z 为土层深度。假定土体为半无限弹性体,则有侧限条件为两个水平方向应变为零,两个水平方向应力相等。根据广义胡克定律,自重下土体的水平应力(σ_{sx}和 σ_{sy})为:

$$\sigma_{sx} = \sigma_{sy} = K_0 \sigma_{sz} \tag{10-7}$$

式中，K_0 为土的侧向压力系数，与土的泊松比 ν 相关，即 $K_0 = \nu/(1-\nu)$。对于表 10-1 中两种类型的土体，砂土和黏土 K_0 分别为 0.33 和 0.50。

10.3.2 基于 LS-DYNA 的土体初始应力场分析方法

船舶-防撞结构-土体的接触碰撞分析中涉及高度的非线性，尤其是接触非线性，往往使得隐式求解很难收敛，故一般需要采用以 LS-DYNA 为代表的基于显式算法求解的程序来分析。然而，利用这些程序分析时，需要进行缜密的考虑和细致的处理，否则会导致不合理的初始应力状态，并影响桩-土相互作用过程中的接触刚度，进而造成计算结果不正确。直观上，在船舶-防撞结构-土体的接触碰撞分析中，土体的自重应力场的分析相当于在计算持时范围内施加一个恒定的重力速度 [图 10-5a]。在动力分析中采用这种加载方式相当于突加荷载，以单自由度体系为例，必然造成质点以静力位移 u_{st} 为中心做正弦振动 [图 10-5b]。因此，在船舶-防撞结构-土体的接触碰撞分析中，不能简单地在 LS-DYNA 中直接采用 LODE_BODY_Z 关键字进行静力形式的自重分析。为此，在形式上将分析过程分为：①第一阶段——土体初始应力场阶段（或结构及土体自重分析阶段）；②第二阶段——船舶-防撞结构-土体动力相互作用分析阶段。

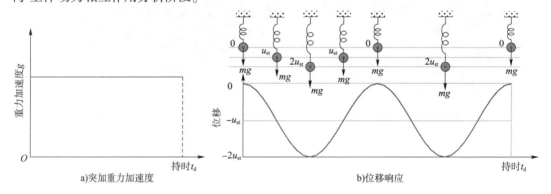

图 10-5 突加重力加速度及位移响应

就 LS-DYNA 而言，在进行瞬态动力分析之前，开展应力初始化（自重分析）的方法主要有以下几种[11,14]：

（1）显式动力松弛方法。该方法在瞬态分析之前的一个"伪"时间内进行拟静力分析，将"伪"时间内分析得到的单元应力及构形用于后续分析的应力初始化。在显式动力松弛方法中，采用基于全局动能的收敛准则，即满足下列条件时，动力松弛计算收敛：

$$^{i}KE < cvtol \cdot KE_{max} \tag{10-8}$$

式中，^{i}KE 为当前步全局动能；KE_{max} 为最大的全局动能；cvtol 为相对容许误差，默认值一般为 0.001(1.0‰)。为了能够重复利用初始应力分析的结果，显式动力松弛方法在具体运用中常见的方式是：利用显式动力松弛结束阶段生成的 drdisp.sif 文件进行应力初始化分析。

（2）临界阻尼法。该方法在瞬态分析前半段，对所需要考虑重力影响的模型施加临界阻尼 C_{cr} 和重力荷载，直至计算结果达到稳定，输出重启动文件（runrsf 或 d3dump），终止计算；然后，删除临界阻尼，重启动进行后续的瞬态分析。该方法的优点是不需要考虑收敛性问题,但是需要首先预估合理的模型最小频率 $\omega_{\min}$,然后利用公式 $C_{cr}=2\omega_{\min}$ 估算关键的临界阻尼,且当 $\omega_{\min}$ 较小时需要较长的计算时间才能达到自重下的稳定状态。

(3)隐式静力分析法。这种方法就具体的操作而言,有几种不同的形式,其中较为典型的一种方式是:首先进行自重的隐式静力分析,并通过 INTERFACE_SPRINGBACK_LSDYNA 生成 dynain 文件,用于后续的显式瞬态分析。dynain 文件主要记录每个单元的二阶应力张量及变形信息,故可以用于初始化。

将上述的方法运用于土体初始应力场分析则可以发现:由于动力分析时土体人工边界的特殊性(与静力分析不同,与单元节点变形率相关),有些方法不适用,或至少在操作上不能实现。由于采用了无反射的黏性人工边界,若采用与节点变形率相关的临界阻尼法可能会对人工边界造成干扰,重启动删除临界阻尼也可能会引起人工边界抗力变化,进而造成后续的土体自重应力场重分布或引起不能忽略的数值震荡,故不建议将该方法用于土体初始应力场分析。而对于隐式静力分析法,由于土体在静力和动力分析时人工边界存在差异(图 10-6),且 dynain 文件只能记录单元的应力张量及变形信息,不能记录及初始化约束反力,因此土体初始应力发生应力重分布,使结果不合理。对和图 10-4 相同的模型,基于隐式静力分析法可得到如图 10-7 所示结果,该结果表明:虽然通过隐式静力分析法求解能够得到合理的土体初始应力场[图 10-7a)、b)和 d)、e)],但该方法中静-动力边界存在差异,使得后续显式瞬态动力分析中的自重应力与期望结果大相径庭[图 10-7c)和 f)],这表明了隐式静力分析法用于土体初始应力场分析的局限性;理论上,这种缺陷可以通过在瞬态分析中施加静力边界的约束反力来改善,但由于边界上的节点众多,逐点输入外力在操作上不切实际。

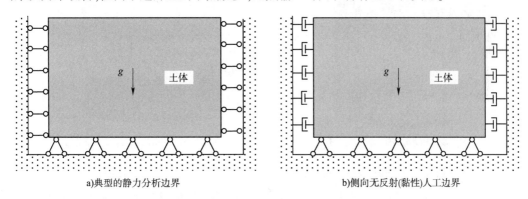

a)典型的静力分析边界　　　　　　　　b)侧向无反射(黏性)人工边界

图 10-6　静力和动力分析时土体的人工边界

采用显式动力松弛方法的潜在优势在于:在动力松弛的拟静力分析阶段能将定义的无反射边界自动转变成静力分析时的约束边界[图 10-6a)],然后在显式瞬态动力分析中转变成动力的黏性人工边界[图 10-6b)][11]。但若采用基于 drdisp.sif 文件的显式动力松弛方法,则限于 drdisp.sif 文件中只有节点各自由度的位移向量 $\boldsymbol{u}=\{u_x,u_y,u_z,\theta_x,\theta_y,\theta_z\}^{\mathrm{T}}$,通过施加初始位移计算得到单元初始应力张量,也无法提供动力松弛的拟静力分析阶段中边界的约束反力。因此,采用基于 drdisp.sif 文件的显式动力松弛方法也会出现同隐式静力分析法一样的问题,即出现瞬态分析时重力作用下土体初始应力重分布,因而在操作上是不切实际的。

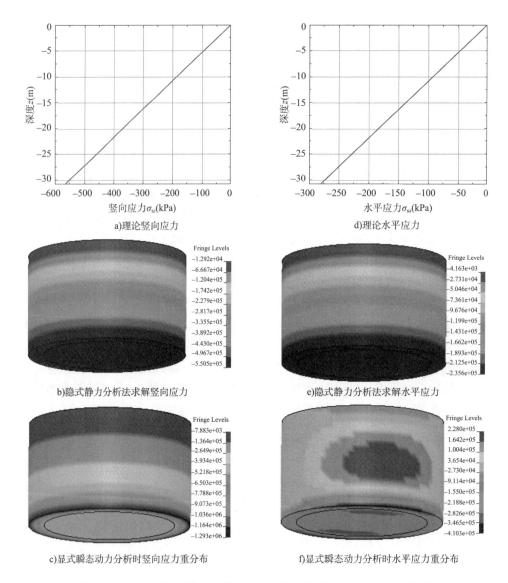

图 10-7 基于隐式静力分析法土体初始应力计算及静-动力人工边界差异的影响

综上所述,由于涉及静-动力人工边界的差异及转换,目前常见的方法及方式在土体初始应力场分析上的运用都存在一定的局限。然而,基于显式算法的 LS-DYNA 具有强大的重启动功能,即可以在任何所需的计算时间点生成重启动文件(runrsf 或 d3dump),该文件可用于经修改后的其他计算。与 dynain 和 drdisp.sif 等中间文件不同,d3dump 能够提供所分析模型计算终止时的全部信息。鉴于此,考虑显式动力松弛方法具有对人工边界自动转换的能力,因此本书采用动力松弛与重启动相结合的分析方法对土体初始应力场进行分析,具体操作如下:

(1)建立需考虑重力影响的局部模型。对船舶-防撞结构-土体相互作用而言,主要是土体部分,也可能需分析防撞结构部分(发生大变形后,$P\text{-}\Delta$ 效应可能对防撞结构能力有显著的影响)。

(2) 将建立的模型基于显式动力松弛分析方法进行自重的拟静力分析,计算得到土体初始应力及结构的自重应力。

(3) 显式动力松弛分析完毕后,不立即结束计算,而是让其自动进入瞬态动力分析阶段,计算短暂持时后,生成重启动文件 d3dumpnn 文件,终止计算。该步骤中,主要利用了显式动力松弛方法对静-动力人工边界具有自动转换的能力,以及能合理地传递边界的约束反力等特点。

(4) 在局部模型的基础上,添加船舶等其他部分模型,基于建立的船舶-防撞结构-土体相互作用的模型和步骤(3)生成的 d3dumpnn 文件,进行完全重启动分析,直至计算完成。

10.4 船舶-防撞结构-土体接触碰撞分析结果与讨论

10.4.1 土体应力场分析结果及讨论

采用上述提出的土体初始应力场分析方法,对图 10-2 的接触碰撞模型计算土体初始应力(图 10-8)。由图 10-8 可知,土体应力与式(10-6)和式(10-7)计算的理论结果吻合较好,并且在瞬态分析中能够保持相对稳定,表明了计算的可靠性,为后续接触碰撞分析中合理反映桩-土相互作用过程提供了良好的依据。

另外,由于土体是相对软弱的材料,在自重作用下将产生一定的变形,因此土体的假定冲刷线与实际情况有所出入,进而影响自由桩长。一般来说这种影响较为有限,可以在初始模型中利用弹性理论预先进行调整。根据各向同性弹性材料的胡克定理,则有

$$\frac{\partial u_{sz}}{\partial z} = \varepsilon_{sz} = \frac{1}{E}[\sigma_{sz} - \nu(\sigma_{sx} + \sigma_{sy})] \quad (10\text{-}9)$$

式中,ε_{sz} 为单元的竖向应变。将式(10-7)代入式(10-9),经积分则有

$$u_{sz} = \frac{1-\nu-2\nu^2}{E(1-\nu)}\int_0^H \gamma z dz = \frac{\rho g H^2(1-\nu-2\nu^2)}{2E(1-\nu)} \quad (10\text{-}10)$$

式中,ρ 为土的密度;g 为重力加速度;H 为土层高度。

假定需建模的高度为 H_m,已知的实际高度为 $H_s = H_m - u_{sz}$,根据式(10-10),则建模高度为:

$$H_m = \frac{2E(1-\nu) - \sqrt{4E^2(1-\nu)^2 - 8\rho g H_s E(1-\nu)(1-\nu-2\nu^2)}}{2\rho g(1-\nu-2\nu^2)} \quad (10\text{-}11)$$

式(10-11)是在理想侧限条件($\varepsilon_{sx} = \varepsilon_{sy} = 0$)下推导而来的,因此修正高度的结果与有限元结果将会存在一定的差别,且式(10-11)计算结果偏小,尤其在瞬态的动力分析中侧向的黏性边界会发生一定的侧向变形,使自重下的土体竖向变形进一步加大。但总体上这种差别较小,故不予以考虑。若考虑的实际高度为 $H_s = 31.0$m,由表 10-1 中的土体参数及式(10-11),对于砂土和黏土建模的厚度 H_m 可分别调整为 31.08m 和 31.16m。

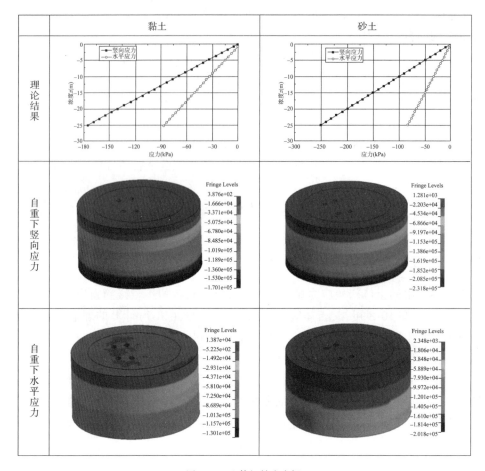

图 10-8 土体初始应力场

10.4.2 独立桩承防撞结构船撞作用下的破坏模式

在设计独立桩承防撞结构时,一般假定该防撞结构在船撞作用下发生整体弯曲破坏[5-7]。当桩顶与连接承台之间铰接时,这种整体弯曲破坏通常表现为在略低于冲刷线的位置形成塑性铰,并且在船撞水平力作用下不断发生延性变形来耗散船舶的初始碰撞动能 KE。因此,为了探讨独立桩承防撞结构在船撞作用下是否发生设计期望的延性破坏,对采用两种不同材料本构的承台碰撞情况进行分析,其中一种为不考虑承台损失的理想弹性材料,另一种为不含钢筋的素混凝土材料(表 10-1)。以 5000DWT 船舶以 4m/s 初始速度碰撞独立桩承防撞结构为例,结果如图 10-9 和图 10-10 所示。

图 10-9 与图 10-10 表明:当假定承台弹性不出现损伤时,在船撞作用下桩承防撞结构出现设计期望的整体弯曲破坏。其具体过程可概括为:首先桩基发生弹性变形,然后在略低于冲刷线的桩身位置处出现塑性变形[图 10-9a)],直至船舶撞击速度降为零(图 10-10),最后防撞结构中的弹性变形能释放,船舶反向运动,防撞结构回弹。整个船舶-防撞结构相互作用的持时较长(当船舶速度为零时,持时 $t_L \approx 4.0s$),说明通过桩基础的整体延性变形能有

效地耗散船舶的初始碰撞动能,起到防撞以保护桥梁结构的作用。但当承台采用更符合实际的混凝土损伤本构模型时[图10-9b)],承台与船舶接触碰撞后不久,承台就出现了剪切裂缝。在非常短的时间内这些裂缝不断发展直至承台完全破坏,表现为典型的脆性剪切破坏,且设计用于防撞的桩基础基本没有变形,也没有出现较大的损伤,船舶撞击速度仅在初始接触的短持时内(约0.8s内)略有降低,此后不再变化(图10-10)。这说明由于承台过早地发生脆性剪切破坏,无法有效将船舶水平作用力传递到设计防撞的桩基础上。此时防撞结构不能有效阻止船舶与被保护的桥梁结构相撞。

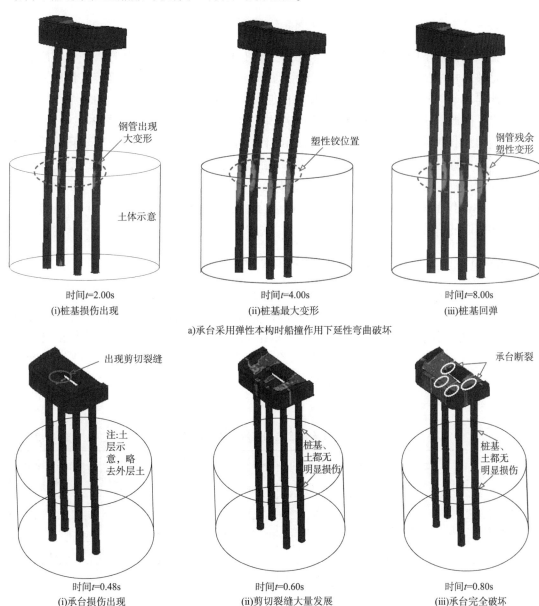

图10-9 独立桩承防撞结构船撞作用下的破坏模式

桥梁船撞分析

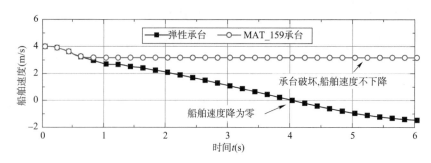

图 10-10　不同承台材料模型下的船舶速度

对比两种截然不同的破坏模式,可以发现:若在实际工程中,对传力的承台和连接节点不予以足够的重视,没有进行抗冲切等破坏形式的设计与验算,承台或连接节点将成为防撞结构的薄弱环节,进而导致桩基础延性防撞的能力得不到发挥,会给需保护的桥梁结构留下安全隐患。因此,为了充分发挥防撞结构桩身具有的延性及耗能能力,在具体工程设计中,可借用结构抗震的延性设计方法(又称能力设计原则)的思路,通过设置强度差异对承台及连接节点等构件进行能力保护设计,从而保证其能有效地传递水平的船撞力,这也是桩承防撞结构设计过程中至关重要的一步,需要给予足够的重视。而在目前大多数实际设计工作中[1,2,5-7],往往仅考虑防撞结构桩身的耗能能力,而不强调承台与防撞结构桩身的强度差异,这是值得我们注意的。

10.4.3　独立桩承防撞结构的响应特点分析与讨论

为了更进一步掌握桩承防撞结构在船撞作用下的响应特点及性能,采用图 10-2 所示的有限元模型及表 10-1 中的参数,进行表 10-2 中不同初始条件或边界条件工况的接触碰撞分析,得到图 10-11～图 10-13 所示结果。出于简便的需要,分析中假定研究对象已进行了必要的能力保护设计,通过合理设置承台、连接节点及桩基础的强度差异,使得船撞作用下主要发生桩身的延性弯曲破坏,而承台将采用不考虑损伤的弹性材料进行分析。

船舶-独立桩承防撞结构接触碰撞分析工况　　表 10-2

工况编号[a]	船舶		桩周土层性质	初始碰撞动能 (MJ)	初始碰撞冲量 (MN·s)
	类型[b]	速度(m/s)			
S1_1C	5000DWT	1.0	黏土	3.79	7.57
S1_2C	5000DWT	2.0	黏土	15.14	15.14
S1_2S	5000DWT	2.0	砂土	15.14	15.14
S1_3C	5000DWT	3.0	黏土	34.07	22.71
S1_4S	5000DWT	4.0	砂土	60.56	30.28
S1_4C	5000DWT	4.0	黏土	60.56	30.28
S2_1C	10000DWT	1.0	黏土	6.57	13.13

续上表

工况编号[a]	船舶		桩周土层性质	初始碰撞动能（MJ）	初始碰撞冲量（MN·s）
	类型[b]	速度（m/s）			
S2_2C	10000DWT	2.0	黏土	26.26	26.26
S2_3C	10000DWT	3.0	黏土	59.09	39.39
S2_4C	10000DWT	4.0	黏土	105.05	52.52

注：a. 工况编号中，S1代表5000DWT船舶，S2代表10000DWT船舶，_后的数字1代表初始碰撞速度为1.0m/s，2代表初始碰撞速度为2.0m/s，以此类推，末位字母S代表砂土，C表示黏土；
   b. 船舶都是满载碰撞情况。

由船舶与防撞结构接触力时程，以及船舶与桩顶速度的关系（图10-11与图10-12），可明显识别出船舶与桩承防撞结构动力相互作用的四个阶段。总体上讲，与图3-1理论结果大同小异，但考虑到进一步探讨船舶-独立防撞结构相互作用机理及后续构建高效合理分析方法的需要，详细分析如下：

(1) 初始碰撞阶段。在此阶段，船舶速度 $\dot{u}_v(t)$ 大于桩顶速度 $\dot{u}_{ps}(t)$，即有 $\dot{u}_v(t) > \dot{u}_{ps}(t)$（$u_{ps}$ 表示桩顶位移）。船舶由于受到防撞结构阻挡而减速，防撞结构因被撞而加速，直至两者速度相等。同时，接触力时程呈现出一幅值较大的脉冲荷载（相比后续阶段），主要是船首发生损伤，防撞结构则由于碰撞作用时间较短而尚未发生位移，故主要表现出与承台质量相关的惯性抗力。

(2) 近似或等速度加载阶段。船舶速度与桩顶速度大体相同，即有 $\dot{u}_v(t) \approx \dot{u}_{ps}(t)$，且由于防撞结构不断发生变形来耗散船舶的初始碰撞动能 KE，故两者速度不断下降，直至为零，至此加载阶段结束。由于结构的惯性效应和船舶速度与桩顶速度的差异，前期会出现局部的加卸载震荡，而随着作用时间的增加，由于存在内部的阻尼机制（船舶-承台，桩-土接触过程中的摩擦作用等），这一现象将逐渐消失或变得不显著。对比10种工况的计算结果可以发现（图10-11与图10-12），随着初始碰撞动能 KE 的增加，这种局部的震荡效应持时变短。这是因为在初始碰撞阶段中，初始碰撞能量越大，则船首损伤越严重，且船首与防撞结构的接触面积越大，从而两者间的摩擦作用越大，使得船舶与防撞结构的速度更快地稳定并达到一致。

与初始碰撞阶段不同的是，此时防撞结构主要依靠与刚度性质相关的抗力来抵抗船舶的进一步行进。在较大的初始碰撞动能下，独立防撞结构将发生延性的弯曲破坏，船舶与防撞结构之间的接触力将主要受防撞结构的水平抗推能力控制。

(3) 卸载阶段。在该阶段，船舶速度与桩顶速度仍然相同，但方向与初始速度相反，直至防撞结构与船首中的弹性变形能完全释放（主要是防撞结构的弹性变形能释放）。此时，船舶与防撞结构接触力主要与防撞结构的卸载刚度相关。

(4) 自由振动阶段。此阶段，船舶与独立防撞结构已脱离，两者之间的相互作用结束，防撞结构由受迫振动转变为以脱离时的初始条件 [$u_{ps}(t_d)$ 和 $\dot{u}_{ps}(t_d)$] 为基础的自由振动，且由于内外部的阻尼机制耗散振动的能量，故振幅将逐步减小直至结构静止。

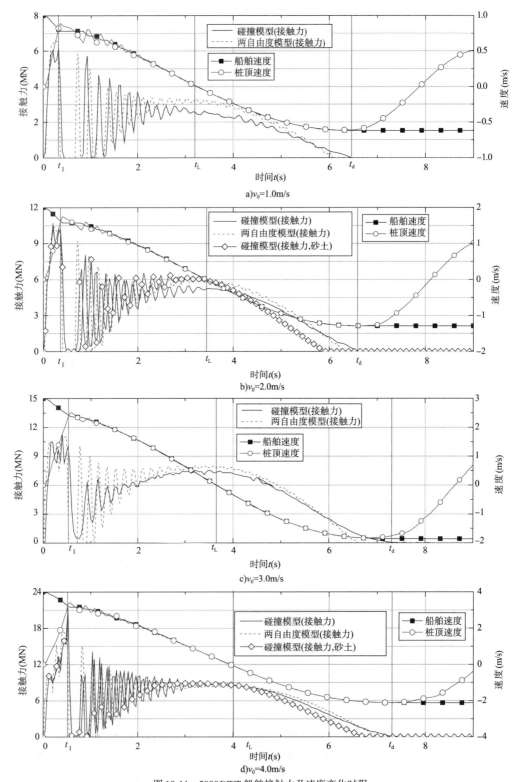

图 10-11 5000DWT 船舶接触力及速度变化时程

注:t_I 为初始碰撞阶段持时;t_L 为加载阶段持时;t_d 为整个碰撞过程持时。

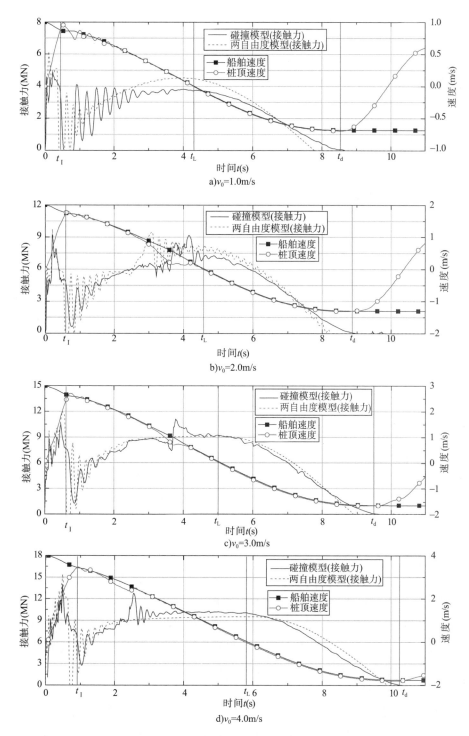

图 10-12 10000DWT 船舶接触力及速度变化时程

图 10-13 表明:随着初始碰撞动能 KE 的增加(表 10-2),桩顶位移逐渐增加,其主要是由船舶初始碰撞动能转换成桩承防撞结构的变形能所致,这也为后续建立合理的基于能量的

简化分析法提供了基础;由于分析中的中砂和硬黏土都具有较好的土体抗力,所以针对两种土体进行分析的结果基本相同。此外,大量的 RC 梁冲击试验表明[15-18]:在冲击作用下,结构的最大位移能较为明确地反映整体的弯曲破坏程度及发展过程,是一个行之有效的衡量结构损伤或破坏的指标。而这里分析的桩承防撞结构与船舶相互作用,类似于这些试验中 RC 梁与落锤之间的作用,都属于低速冲击问题。因此,类似地,对于桩承防撞结构,桩顶位移也能较好地反映结构在船撞作用下的损伤或破坏程度,可作为评估桩承结构防撞性能(能力)的有效指标,这将在第 11 章结合基于 $P\text{-}a$ 曲线的分析方法进一步讨论。

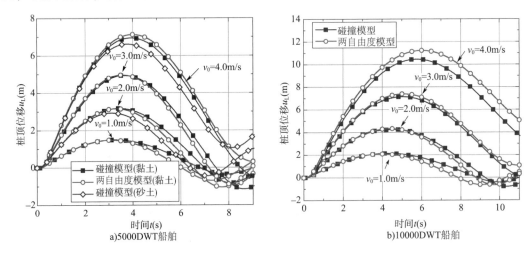

图 10-13　独立防撞结构桩顶位移

10.5　本章小结

在本章中,采用显式动力非线性接触有限元技术,建立了考虑桩土相互作用的独立桩承防撞结构在船撞作用下的精细接触碰撞模型,分析了船撞作用下独立桩承防撞结构的响应特点,为后续构建高效、合理的分析方法提供了依据,主要工作及结论如下:

(1)分析和讨论了接触碰撞模型中的桩周土体人工边界。结果表明:若将黏性无反射人工边界设置于弹塑性材料模型侧向边界上(莫尔-库仑模型),则自由场将发生较大的侧向变形,应力状态也与期望的情况相差较大,说明了由于具有仅在高频的波动作用下效果较好的特点,黏性无反射人工边界不宜设置于弹塑性材料上。因此,在船舶-防撞结构-土体相互作用分析中,将桩周土体区分为近场土体和远场土体(线弹性材料)是必要的。

(2)探讨了接触碰撞模型中的土体初始应力场分析方法。结果表明:由于所分析的问题中涉及静-动力人工边界的差异及转换,故既有方法都不太适合。鉴于此,提出了动力松弛与重启动相结合的分析方法,实例运用表明:该方法的计算结果与理论结果吻合,能够较好地模拟船舶-防撞结构-土体相互作用分析中的土体应力场。

(3)采用构建的接触碰撞模型,分析了独立桩承防撞结构的破坏模式。结果表明:依据承台的强度情况,主要有两种破坏模式,一种是耗能较好的延性弯曲破坏,另一种是脆性剪切破坏。因此，在实际工程中，为了充分发挥独立承桩防撞结构桩身的延性及耗能能力，可以采用类似结构抗震的能力设计方法，通过设置强度差异对承台及连接节点等构件进行能力保护设计，从而保证其能够较为有效地传递水平的船撞力。

（4）针对延性的弯曲破坏情况，分析了船撞作用下桩承防撞结构的响应特点。结果表明：由接触力时程，以及船舶速度与桩顶速度的关系，可清楚地识别出船舶与独立防撞结构相互作用的四个阶段，即初始碰撞阶段、近似或等速度加载阶段、卸载阶段、自由振动阶段。同时，随着初始碰撞动能的增加，桩顶位移逐渐增加，其主要是由船舶初始碰撞动能主要转换成桩承防撞结构的变形能所致。

本章参考文献

[1] AASHTO. Guide specification and commentary for vessel collision design of highway bridges [S]. Washington, D. C. : AASHTO, 1991.

[2] AASHTO. Guide specifications and commentary for vessel collision design of highway bridges [S]. 2nd ed. Washington, D. C. : AASHTO, 2009.

[3] LARSEN O D. Ship collision with bridges: the interaction between vessel traffic and bridge structures[M]. Zürich, Switzerland: IABSE, 1993.

[4] TAMBS-LYCHEP. Vulnerability of Norwegian bridges across channels[M]//IABSE Colloquium on Ship Collision with Bridges and Offshore Structures. Copenhagen, 1983.

[5] SAUL R, HUMPF K, PATSCH A. Bridge protection system for the Rosario-Victoria Bridge, Argentina[J]. Structural Engineering International, 2003(4): 227-231.

[6] SAUL R, HUMPF K, PATSCH A. The Rosario-Victoria cable-stayed bridge across the river Paraná in Argentina and its ship impact protection system[C]. Pusan, Korea: Proceedings of the First International Conference on Steel and Composite Structures, 2001: 1011-1018.

[7] PATSCH A, GERBAUDO C F, PRATO C A. Analysis and testing of piles for ship impact defenses[J]. Journal of Bridge Engineering, 2002, 7(4): 236-244.

[8] OETTL G, STARK R F, HOFSTETTER G. A comparison of elastic-plastic soil models for 2D FE analyses of tunnelling[J]. Computers and Geotechnics, 1998, 23(1-2): 19-38.

[9] REESE L C, VAN IMPE W F. Single piles and pile groups under lateral loading[M]. Boca Raton: CRC Press, 2000.

[10] 《工程地质手册》编委会. 工程地质手册[M]. 5版. 北京: 中国建筑工业出版社, 2018.

[11] HALLQUIST J. LS-DYNA keyword user's manual: Version 971[M]. Livermore, California: Livermore Software Technology Corporation(LSTC), 2012.

[12] DING J H, JIN X L, GUO Y Z, et al. Numerical simulation for large-scale seismic response analysis of immersed tunnel[J]. Engineering Structures, 2006, 28(10): 1367-1377.

[13] KOUROUSSIS G, VERLINDEN O, CONTI C. Finite-dynamic model for infinite media: corrected solution of viscous boundary efficiency[J]. Journal of Engineering Mechanics, 2011,

137(7):509-511.

[14] HALLQUIST J O. LS-DYNA theory manual[M]. Livermore, California: Livermore Software Technology Corporation, 2006.

[15] DELHOMME F, MOMMESSIN M, MOUGIN J P, et al. Simulation of a block impacting a reinforced concrete slab with a finite element model and a mass-spring system[J]. Engineering Structures, 2007, 29(11):2844-2852.

[16] FUJIKAKE K, LI B, SOEUN S. Impact response of reinforced concrete beam and its analytical evaluation[J]. Journal of Structural Engineering, 2009, 135(8):938-950.

[17] FUJIKAKE K, SENGA T, UEDA N, et al. Study on impact response of reactive powder concrete beam and its analytical model[J]. Journal of Advanced Concrete Technology, 2006, 4(1):99-108.

[18] TACHIBANA S, MASUYA H, NAKAMURA S. Performance based design of reinforced concrete beams under impact[J]. Natural Hazards and Earth System Sciences Dicussions, 2010, 10(6):1069-1078.

第11章 桩承结构抗撞能力高效分析方法

11.1 概　　述

在实际工程的设计工作中,若要广泛采用第10章建立的船舶-防撞结构接触碰撞模型分析结构船撞性能,不但耗时、费力,而且对计算人员提出了较高的要求,不利于设计人员集中解决桩承防撞结构设计中的主要问题和矛盾。因此,建立简便、高效且能反映船舶-防撞结构相互作用特点及船撞作用下损伤破坏程度的方法十分必要。然而,限于目前对船桥碰撞问题的认识水平,设计独立桩承防撞结构时大多采用规范(经验)静力法或是简单的能量分析方法,其既没有分析动力效应的影响,也没有考虑船舶-防撞结构相互作用以及两者相对的强度(能力)对能量分布和破坏模式的影响,所以存在较为明显的不足。

在此背景下,本章旨在建立船撞作用下桩承防撞结构能力(性能)分析的合理方法,从而为今后合理、高效地设计防撞结构乃至整个桥梁结构的性能研究提供思路和基础。首先,采用本书探讨的基于 $P\text{-}a$ 曲线分析船撞问题的思路,结合桩承防撞结构船撞响应特点,建立了船舶-防撞结构的两自由度相互作用模型。然后,对非线性两自由度模型中的参数及确定方法进行详细的探讨与分析,并采用实际工程算例对模型进行了分析和验证。同时,在两自由度模型的基础上,基于能量守恒和动量守恒,探讨了更为简单的估计防撞结构最大位移及峰值船撞力的方法。最后,结合第10章及本章研究,总结了桩承防撞结构一般设计流程,为今后的设计提供了思路。

11.2 船舶-防撞结构相互作用模型及运动方程

11.2.1 非线性两自由度模型

沿用第2章和第3章中基于 $P\text{-}a$ 曲线船-桥相互作用分析的思路,结合第10章接触碰撞模型分析得到的船撞作用下独立桩承防撞结构的响应特点,建立两自由度模型来分析船舶-防撞结构相互作用过程及防撞结构在船撞作用下的性能,如图11-1所示。

在如图11-1所示的模型中,船舶仍然采用基于非线性宏观单元的单自由度体系来描述。此外,由图10-11和图10-12接触碰撞分析结果可知,在近似或等速度加载阶段的初始,存在接触力的震荡现象,而后随着作用时间的增加,由于内在的阻尼机制(如船舶-承台、桩-土接触过程中的摩擦作用等)的存在,震荡现象逐渐消失或变得不显著。因此,为了在两自由度相互作用模型中合理刻画这一现象,在前面非线性宏观单元基础上增加一个接触阻尼(c_v)单元,如图11-1b)所示。

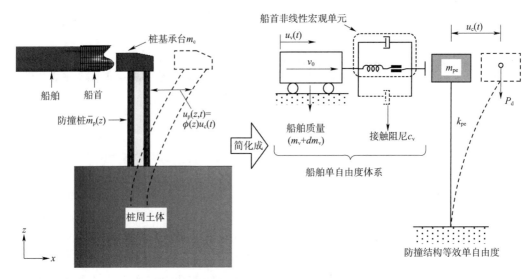

a) 船舶-防撞结构-土体相互作用的接触碰撞模型　　　b) 船舶-防撞结构相互作用的两自由度模型

图 11-1　船舶-防撞结构相互作用及两自由度模型

11.2.2　运动方程及求解

对上述船舶单自由度体系，可采用类似于式(2-1)所式动力方程描述：

$$(m_v + dm_v)\ddot{u}_v(t) + c_v[\dot{u}_v(t) - \dot{u}_c(t)] + P_d(u_v - u_c, \text{sign}\dot{u}_v) = 0 \quad (11\text{-}1)$$

式中，$\dot{u}_c$、u_c 分别为桩承防撞结构桩顶速度和位移；$\ddot{u}_v(t)$ 为船舶加速度；$\dot{u}_v(t)$ 为船舶速度；u_v 为船舶位移。

独立桩承防撞结构也采用非线性单自由度描述，相应的动力方程为：

$$m_{pe}\ddot{u}_c(t) + R_p(u_c, \text{sign}\dot{u}_c) = P_d(u_v - u_c, \text{sign}\dot{u}_v) + c_v[\dot{u}_v(t) - \dot{u}_c(t)] \quad (11\text{-}2)$$

式中，m_{pe} 为单自由度的等效质量；R_p 为桩承防撞结构的等效抗力；$\ddot{u}_c$ 为防撞结构单自由度的加速度。

对于船舶-桩承防撞结构相互作用的两自由度模型，可根据式(11-1)和式(11-2)，将体系的动力方程写为：

$$\begin{bmatrix} m_v + dm_v & \\ & m_{pe} \end{bmatrix} \begin{Bmatrix} \ddot{u}_v \\ \ddot{u}_c \end{Bmatrix} + \begin{bmatrix} c_v & -c_v \\ -c_v & c_v \end{bmatrix} \begin{Bmatrix} \dot{u}_v \\ \dot{u}_c \end{Bmatrix} + \begin{bmatrix} k_v(t) & -k_v(t) \\ -k_v(t) & k_p(t) + k_v(t) \end{bmatrix} \begin{Bmatrix} u_v \\ u_c \end{Bmatrix} = \begin{Bmatrix} 0 \\ 0 \end{Bmatrix}$$

$$(11\text{-}3)$$

式中，$k_v(t) = P_d(u_v - u_c, \text{sign}\dot{u}_v)/(u_v - u_c)$，在加载阶段可理解为船首 P_d-a 曲线的割线刚度；同理，$k_p(t) = R_p(u_c, \text{sign}\dot{u}_c)/u_c$，在加载阶段可理解为防撞结构抗力-位移曲线的割线刚度。

由式(11-3)可知，船撞桩承结构问题在动力学上仍然可理解为在初始碰撞速度 v_0 条件下的自由振动问题。显然，在明确各部分质量和刚度特征的情况下，利用逐步数值积分方法便可求解式(11-3)，得到简化的两自由度相互作用模型中各个自由度的动力响应。在本章中，采用中心差分方法求解式(11-3)，对应的方程[1,2]为：

$$u_{i+1} = \hat{k}^{-1}\hat{P}_i \tag{11-4}$$

其中,

$$\hat{k} = \frac{1}{(\Delta t)^2}m + \frac{1}{2\Delta t}c \tag{11-5}$$

$$\hat{P}_i = -\frac{m}{(\Delta t)^2}u_{i-1} + \frac{c}{2\Delta t}u_{i-1} + \frac{2m}{(\Delta t)^2}u_i - ku_i \tag{11-6}$$

$$ku_i = \begin{cases} P_{di}(u_v - u_c, \text{sign}\dot{u}_v) \\ R_{pi}(u_c, \text{sign}\dot{u}_c) - P_{di}(u_v - u_c, \text{sign}\dot{u}_v) \end{cases} \tag{11-7}$$

式中,u 为位移向量;i 为计算时间步;m 为质量矩阵,属于式(11-3)中的第一项质量部分;k 为刚度矩阵,属于式(11-3)中的第三项刚度部分。

第 3 章中图 3-1 仅是用来讨论基本的相互作用特点,由于船撞作用下桥梁结构的响应由多阶振型参与贡献,结构部分的等效单自由度体系的参数很难甚至无法确定。而对本章讨论的独立桩承防撞结构而言,由于其结构形式简单,且响应特点(如图 10-13)与其他冲击荷载类似[3-6],故可以借鉴类似的等效准则来确定防撞结构等效单自由度体系的参数。对于船舶部分,非线性宏观单元的模型参数确定方法具体可见第 2 章,在此不再赘述。下面将以第 10 章的桩承防撞结构为例,对上述两自由度模型涉及的参数及确定方法进行讨论。

11.3 独立桩承防撞结构的等效抗力分析与讨论

借鉴爆炸分析中利用单自由度模型确定等效参数的思路[3-6],对于防撞结构,可按照被撞的承台位置与实际结构的位移相等的准则分别确定简化模型中的等效质量(m_{pe})和等效抗力等。

由于船撞作用相当于在防撞结构的承台上施加一个集中力荷载(由文献[3]可知,荷载系数为 $K_L = P_e/P_t = 1.0$,且有抗力系数 $K_R = k_{pe}/k_t = K_L = 1.0$,其中 P_e 为等效荷载,P_t 为真实荷载,k_{pe} 为等效刚度,k_t 为真实刚度),因此确定等效刚度(抗力)较为简单,即:①当结构处于弹性阶段时,等效刚度 k_{pe} 为防撞结构在承台发生单位位移时所需的力;②当结构处于非弹性阶段时,等效抗力 $R_p(u_c)$ 为承台在集中力荷载作用下位移为 u_c 时防撞结构的抗力,其可方便地通过 Pushover 方法计算得到。

11.3.1 单桩抗力分析及讨论

对于图 10-2 所示的独立桩承防撞结构,可采用两种不同模型得到桩顶水平推力与位移的曲线,一种为基于接触模拟的桩土相互作用有限元模型[图 11-2a)],另一种为基于非线性 Winkler 地基梁(Beam on Nonlinear Winkler Foundation,BNWF)模型的纤维截面有限元模型[图 11-2b)]。

在基于接触模拟的桩土相互作用有限元模型[图 11-2a)]中,除为了节约计算成本进行的是单桩分析外,其他所采用的材料本构及参数与图 10-2 所示接触碰撞模型一致,均采用显式动力的 LS-DYNA 计算。而在基于 BNWF 的纤维截面有限元模型[图 11-2b)]中,采用 PEER(Pacific Earthquake Engineering Research Center,太平洋地震工程研究中心)开发的

OpenSees 进行分析。其中,采用 p-y 和 t-z 曲线定义的零长度单元(Zero-Length Element)模拟桩土相互作用,土弹簧的从节点通过自由度耦合与桩节点相连;钢管桩采用 OpenSees 中的 nonlinearBeamColumn 单元,相应的非线性纤维截面网格划分如图 11-2b)所示。

a)基于接触模拟的桩土相互作用有限元模型

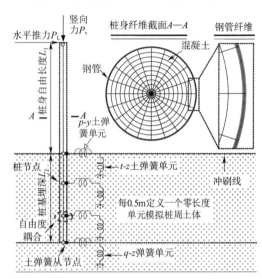
b)基于BNWF的纤维截面有限元模型

图 11-2　单桩防撞能力的 Pushover 分析模型

在基于 BNWF 的纤维截面有限元模型中,分别采用 OpenSees 材料模型中的 PySimple1、TzSimple1 和 QzSimple1 单轴材料模型来定义 Zero-Length Element 中的 p-y、t-z 和 q-z 土弹簧本构关系。模型中,不同土体的单位桩长极限承载力 P_{ult}、t_{ult} 和 q_{ult},以及荷载达到极限抗力的一半时所对应的位移 y_{50} 和 z_{50} 可由表 10-1 中土体参数确定,桩侧摩阻力与 p-y 土弹簧极限抗力比值 C_d 取 0.10,具体方法可参考文献[7-10]。钢管采用双线性的 Hardening 单轴材料本构,模型参数由表 10-1 确定;混凝土则采用不考虑抗拉强度的 Concrete01 单轴材料本构,相应的应力-应变关系与文献[11]相同,其他参数见表 10-1。采用上述模型对表 11-1 所列的不同工况进行了单桩 Pushover 分析,得到如图 11-3 所示结果。

单桩 Pushover 分析工况　　　　　　　　　　　表 11-1

编号	接触模型	BNWF 模型	黏土	砂土	应变率	P-Δ 效应
Case1	√		√		√	
Case2	√		√			
Case3		√	√			
Case4		√	√			√
Case5		√		√		√

从理论上讲,相比基于接触模拟的精细有限元模型,采用弹塑性纤维截面的梁单元模型[图 11-2b)]包含一些额外的假设[4-6,8-10,12-16]:①满足平截面假定;②扭转与弯矩、轴力不耦

合且为弹性;③忽略截面的剪切变形;④每个纤维仅考虑轴向应力等。由于钢管桩此时主要发生弯曲破坏,受上述假设的影响非常有限,因此相同条件下两模型的结果吻合较好(见图 11-3 中的 Case2 和 Case3),从而也进一步相互验证了两模型计算结果的合理性和可靠性。考虑到相比基于接触模拟的精细有限元模型,采用弹塑性纤维截面的梁单元模型具有简单、计算效率高等优点,故建议在实际工程分析中采用。

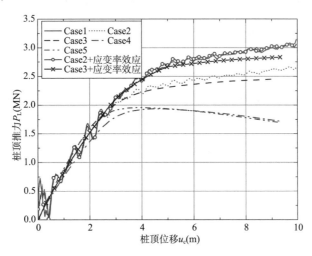

图 11-3 单桩等效抗力曲线

注:图中接触模型的结果采用五点平滑方法处理,加载速率为 1.0m/s。

同时,图 11-3 表明:对于表 10-1 中两种桩周土体,由于两者分别为强度较大的砂土和黏土,因此两种土体下钢管桩的等效抗力大同小异,这也是图 10-11 中两种土体情况下船撞动力响应基本相同的原因;同时,对比 Case3 和 Case4 则可发现,随着钢管桩桩顶变形的增大,由承台自重引起的 P-Δ 效应将显著地降低桩基的等效抗力,故为了使设计更加安全,在实际分析中应予以考虑。

11.3.2 应变率对钢管桩能力的影响分析及讨论

由图 11-3(Case1 和 Case2)可知,材料的应变率效应对钢管桩的能力具有一定影响,但要清楚地刻画这一因素的影响程度并不容易。由于应变率对混凝土强度的影响情况尚无广泛认可的关系式,因此其分析较为困难。然而,与第 2 章中为了避免低估船撞作用下的结构动力需求而必须考虑船首应变率效应不同的是,此时可假定应变率对钢管桩能力的提高是一种能力的富余,出于保守和简便的目的,可予以忽略。当然,也可以通过简便的方式适当加以考虑。假定主要考虑应变率对最大弯矩截面的能力提高,则对于顶部受水平荷载的悬臂钢管桩,仅考虑钢管的应变率影响,就可以采用如下推导的公式来进行分析。

基于线弹性理论,在悬臂钢管桩桩顶受集中力作用下,最大弯矩截面的曲率(κ)与桩顶位移(u_c)满足如下关系:

$$\kappa = \frac{M}{EI} = \frac{3}{H_e^2} u_c \tag{11-8}$$

式中，M 为最大弯矩截面弯矩；E 为悬臂钢管桩的刚度；I 为悬臂钢管桩的惯性矩；H_e 为悬臂钢管桩的高度。同时，根据截面的几何变形协调条件，截面某点的纵向线应变(ε)可写为：

$$\varepsilon = y\kappa \quad (11\text{-}9)$$

式中，y 为截面该点与中性轴的距离。若对式(11-9)两侧求导，则有

$$\dot{\varepsilon} = \frac{\partial \varepsilon}{\partial t} = y\frac{\partial \kappa}{\partial t} \quad (11\text{-}10)$$

将式(11-8)代入式(11-10)，则有

$$\dot{\varepsilon} = \frac{3y}{H_e^2}\dot{u}_c \quad (11\text{-}11)$$

式(11-11)表明：悬臂钢管桩最大弯矩截面的应变率 $\dot{\varepsilon}$ 与桩顶变形速度 $\dot{u}_c$ 之间的关系，可用于显式地考虑应变率对钢管桩在船撞作用下能力的提高。将式(11-11)代入式(2-5)，可得到应变率提高系数(β)为：

$$\beta = 1 + \left(\frac{\dot{\varepsilon}}{C}\right)^{1/D} = 1 + \left(\frac{3y\dot{u}_c}{CH_e^2}\right)^{1/D} \quad (11\text{-}12)$$

为了显式地运用式(11-12)，$\dot{u}_c$ 的取值值得讨论。偏于保守考虑，可取所分析过程中钢管桩桩顶的平均速度进行计算。

通过对比图11-3中各工况的结果可以发现，应变率对钢管桩的能力提高受桩顶位移的影响，当位移较小时，考虑应变率的工况与不考虑时相比抗力并未提高；但发生一定位移后，随位移的增加，应变率对抗力的影响逐渐增大。这是因为，应变率主要对钢材屈服后强度有显著的提高作用[式(2-5)]，因此若钢管未发生屈服，则应变率无显著影响，应变率对桩顶抗力的影响依赖于最大弯矩截面的塑性变形程度。鉴于此，在运用式(11-12)时，还需要明确最大弯矩截面塑性变形程度，如图11-4所示。出于简便考虑，可区别出开始屈服和截面完全屈服两个状态，两个状态之间采用线性插值来处理。

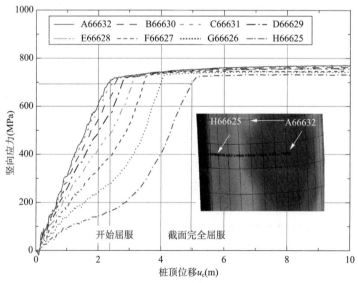

图11-4　最大塑性变形截面的竖向应力与桩顶位移的关系

开始屈服之前,取应变率提高系数 $\beta=1.0$。而截面完全屈服时,对于钢管桩,可首先采用等效面积法来确定式(11-12)中的 y_{eq} 值,即有

$$y_{eq} = \frac{\pi D^2}{4D} = 0.785D \tag{11-13}$$

式中,对于本章研究对象,D 取钢管桩内外径的平均值 2.024m,则有 $y_{eq}=1.59$m。偏于安全考虑,H_e 可取自由桩长与 3 倍桩径之和,即有 $H_e=37.24$m。由上述参数及式(11-12),则可以计算得到如图 11-5 所示的应变率在不同桩顶位移下的提高系数。

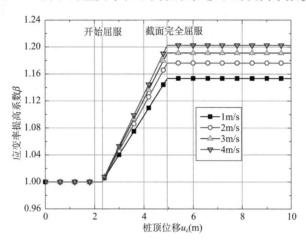

图 11-5　不同桩顶位移下应变率提高系数

采用上述思路及图 11-5 所示的应变率提高系数,可得到图 11-3 所示结果。计算结果与直接考虑应变率的有限元模型结果吻合,说明了采用上述方法能有效地考虑应变率对防撞钢管桩能力的影响。

11.3.3　群桩的等效抗力分析及讨论

当桩间距(S_L)较小时(一般认为 S_L 小于 7 倍或 8 倍桩径 D)[17,18],在水平荷载作用下,桩身位移引起的土体应力将相互交叉影响[又称为遮蔽效应(Shadowing Effect)][17-24],且后排桩桩前土体可能出现应力松弛甚至间隙[19],使得在相同位移情况下,前排桩受力大于后排桩,群桩的平均单桩承载力低于相对应的单独单桩承载力,这种现象被称为群桩效应。对于这里研究的桩承防撞结构(图 10-1),由于桩间中心距仅约为桩径的 2.5 倍(即 $S_L/D\approx 2.5$),因此由接触碰撞分析结果(图 11-6)可以发现:船撞作用下存在明显的群桩遮蔽效应和桩-土间隙,这造成了前排桩土体受力大于后排桩[图 11-6b)]。因此,在确定独立桩承防撞结构的抗力时,需要合理地对群桩效应加以考虑。

为了考虑群桩效应,对于基于接触模拟的模型需要建立相应的群桩模型进行分析,这将使得模型更为复杂,且导致计算效率进一步降低,故不建议采用。而对于基于 BNWF 的纤维截面有限元模型,则可以较为方便地采用已广泛研究和应用的 P_m 乘子系数(P-multiplier)[7,19-24] 来考虑群桩效应对独立桩承防撞结构水平承载力的影响,如图 11-7a)所示。但是,

P_m 乘子系数影响因素众多，除受 S_L/D 显著影响外，还受场地、土体性质、同一排桩桩间距 S_T、荷载的大小、桩基类型及施工方法等因素的影响，这使得学者或规范推荐的 P_m 取值仍然存在较大差异[23-27]，如图 11-7 所示。

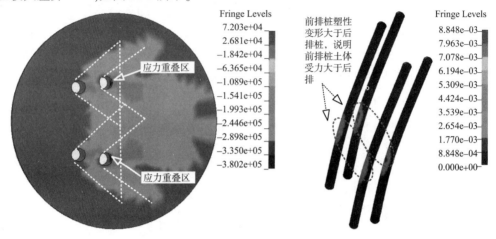

a) 土体应力楔及遮蔽效应，$t=4.0s$ b) 钢管桩塑性变形，$t=4.0s$

图 11-6 船撞作用下独立桩承防撞结构的群桩效应

注：图中为 5000DWT 船舶以 4m/s 碰撞防撞结构。

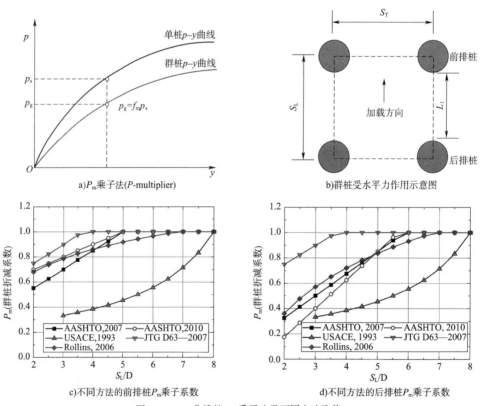

a) P_m 乘子法(P-multiplier)   b) 群桩受水平力作用示意图

c) 不同方法的前排桩 P_m 乘子系数   d) 不同方法的后排桩 P_m 乘子系数

图 11-7 p-y 曲线的 P_m 乘子法及不同方法取值

注：图中 JTG D63—2007 规范中参数为 $D=2.048m, n=2, b_2=0.6$。

在图 11-7 中，我国 JTG D63—2007 规范[27]采用类似但区别于 P_m 乘子系数的群桩折减系数（这里假定两者可比较），可将其表达为[27]：

$$P_m = b_2 + \frac{1-b_2}{0.6}\frac{L_1}{h_1} = b_2 + \frac{1-b_2}{0.6}\frac{S_L/D - 1}{3(1+1/D)} \leq 1.0, \quad L_1 < 0.6h_1 \quad (11\text{-}14)$$

式中，b_2 为与平行于水平作用力方向的一排桩的桩数 n 有关的系数（当 $n=1$ 时，$b_2=1.0$；当 $n=2$ 时，$b_2=0.6$；当 $n=3$ 时，$b_2=0.5$；当 $n>3$ 时，$b_2=0.45$）；h_1 为地面或局部冲刷线以下的计算埋入深度，可取 $h_1=3(D+1)$，但不得大于地面或局部冲刷线以下桩入土深度；L_1 为平行于水平作用力方向的桩间净距[图 11-7b)]，L_1 与 S_L 满足 $L_1 = S_L + D$，故可以得到式 (11-14) 中 S_L/D 的表达式。与其他方法不同的是，式 (11-14) 除需已知 S_L/D 值外，还必须已知桩径 D，且不能考虑桩所处位置（即前排桩，还是后排桩）的影响。由图 11-7 可知，JTG D63—2007 计算的值偏大，尤其是当考虑后排桩的影响时。这是因为 JTG D63—2007 规范中采用的弹性 m 法主要用于土体发生小变形的情况，这意味着水平荷载较小或土体位移较小，且土体前后排应力重叠效应较为有限，故相应的群桩折减系数较大。对于本书分析的独立桩承防撞结构，船撞作用下桩身和土体都发生较为显著的弹塑性变形（图 11-6），采用 JTG D63—2007 规范推荐值可能会高估结构的防撞能力而使设计偏于不安全，故不建议采用。美国 USACE(1993) 规范[26]也是采用与 JTG D63—2007 一样的群桩折减系数概念，且同样不考虑桩所处位置的影响。由图 11-7 可知，相比其他方法，USACE 规范的 P_m 值明显偏小（尤其对前排桩而言），这可能造成结果过于保守而使设计不经济，故也不建议采用。对于其他三种 P_m 推荐值，采用图 11-2b) 所示的基于 BNWF 的纤维截面有限元模型可计算得到图 11-8 所示的结果。

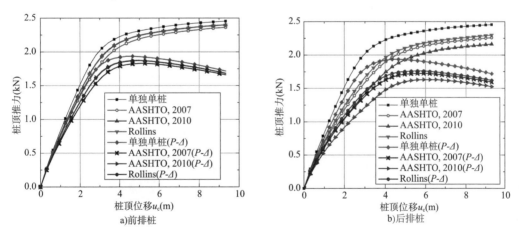

图 11-8 群桩效应及 P_m 取值的影响

图 11-8 表明：对于前排桩的 P_m 值，三者相差不大，因此相应的桩顶抗推能力相差不大；而后排桩由于 P_m 值较小，当不考虑群桩效应的桩顶抗推能力时则下降较多，其中 AASHTO (2010) 结果最小。将图 11-8a) 和 b) 乘每排桩数，即可得到防撞结构群桩的等效抗力（图 11-9）。由图 11-9 可知，除不考虑群桩效应的等效抗力有明显下降外，由三种不同规范或公式计算的结果相差不大，偏于保守考虑，可取略偏小的 AASHTO (2010) 建议值计算。

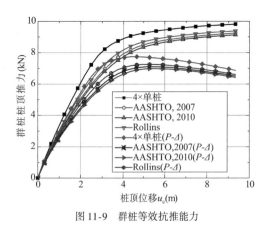

图 11-9 群桩等效抗推能力

11.3.4 防撞结构抗力的滞回模型

由图 10-11 和图 10-12 可知,船舶与防撞结构之间共有四个不同的相互作用阶段。上述 Pushover 分析,仅反映防撞结构加载时(包括初始碰撞阶段和近似或等速度加载阶段)的力学性质。因此,为了使非线性两自由度模型能完整地分析船舶-防撞结构相互作用过程中的四个阶段,还需要确定卸载阶段和自由振动阶段防撞结构的力学性质(即力-位移关系或刚度)。换言之,需要确定船撞作用下桩承防撞结构抗力的完整滞回模型。在结构抗震分析中,已有许多不同形式的滞回模型被提出,并被用于描述杆、梁和柱等不同构件在周期荷载作用下的力和位移关系[28,4-6],如图 11-6 所示。并且为了描述结构更为复杂的强度和刚度退化、倒塌等行为,滞回模型仍然需要不断地丰富和发展[29-31]。

理论上,在船撞分析时可采用与地震分析时相同的滞回模型,也可以通过采用图 10-2b)的模型计算得到钢管桩的滞回曲线(图 11-10)。然而,考虑到具有单向性的船撞荷载与往复振动的地震作用不同,船撞荷载的桩顶峰值位移发生在首次正向加载过程(图 10-12 和图 10-13)中。因此,没有必要采用复杂的抗震滞回模型或计算得到的滞回曲线(图 11-11 和图 11-10),可在结合船撞荷载及防撞位移特点的基础上,对已有滞回模型进行适当的简化或改进,从而得到更适合船撞分析的抗力滞回模型。

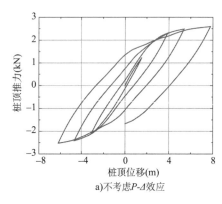
a) 不考虑 $P-\Delta$ 效应

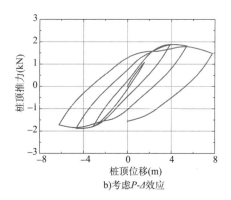
b) 考虑 $P-\Delta$ 效应

图 11-10 钢管桩滞回曲线

Krauthammer 等[4-6]在 Clough 滞回模型的基础上,针对具有明显单向性的爆炸荷载,提出了适合爆炸分析的梁柱构件滞回模型。由于船撞作用与爆炸冲击作用的荷载特点类似(即都具有明显单向性),故对于船撞作用下的独立防撞结构可采用类似的滞回模型,如图 11-12 所示。在该滞回模型中,首次加载阶段的桩顶抗力及位移关系由上述 Pushover 分析确定,出于简便考虑,此后的加卸载过程都采取线性化处理,具体刚度的确定方法见图 11-12。

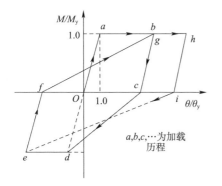
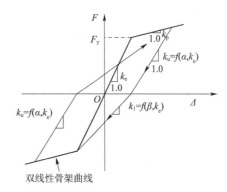

a) Clough滞回模型[4]　　　　　　b) 修正Takeda滞回模型[28]

图 11-11　典型的梁柱抗力滞回模型

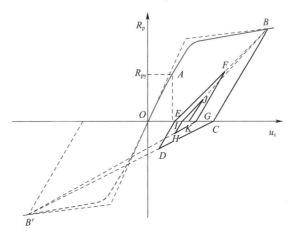

图 11-12　船撞作用下防撞结构的滞回模型

注：$A \sim K$ 为曲线各关节点。

11.4　防撞结构等效质量的确定及分析

11.4.1　线性弹性分析时

假定承台质量为 m_c，桩基础分布质量为 $\overline{m}_p(z)$，船撞作用下桩基础的变形形函数为 $\phi(z)$（图 11-1），桩基的位移 $u_p(z,t)$ 和速度 $\dot{u}_p(z,t)$ 可表示为：

$$\begin{cases} u_p(z,t) = \phi(z) u_c(t) \\ \dot{u}_p(z,t) = \phi(z) \dot{u}_c(t) \end{cases} \quad (11\text{-}15)$$

由式(11-15)可得，独立桩承防撞结构的动能为：

$$\mathrm{KE}_p = \frac{1}{2}\left[\int_0^H n\overline{m}_p(z)\dot{u}_p^2(z,t)\mathrm{d}z + m_c \dot{u}_c^2(t)\right] = \frac{\dot{u}_c^2(t)}{2}\left[n\int_0^H \overline{m}_p(z)\phi^2(z)\mathrm{d}z + m_c\right]$$

$$(11\text{-}16)$$

对于图 11-1b)所示防撞结构的等效单自由度模型,其动能为:

$$\mathrm{KE}_{\mathrm{pe}} = \frac{1}{2} m_{\mathrm{pe}} \dot{u}_{\mathrm{c}}^2(t) \tag{11-17}$$

若使实际结构的动能与等效单自由度模型的动能相等,则由式(11-16)和式(11-17)可以确定防撞结构的等效质量,即:

$$m_{\mathrm{pe}} = n \int_0^H \overline{m}_{\mathrm{p}}(z) \phi^2(z) \mathrm{d}z + m_{\mathrm{c}} \tag{11-18}$$

此外,可以定义等效质量系数 K_{m}[3],其表示等效质量 m_{pe} 与总质量 m_{t} 之比,由式(11-18)有

$$K_{\mathrm{m}} = \frac{m_{\mathrm{pe}}}{m_{\mathrm{t}}} = \frac{\int_0^H \overline{m}_{\mathrm{p}}(z) \phi^2(z) \mathrm{d}z + m_{\mathrm{c}}}{\int_0^H \overline{m}_{\mathrm{p}}(z) \mathrm{d}z + m_{\mathrm{c}}} \tag{11-19}$$

由于承台与钢管桩之间铰接,在弹性响应阶段可将该独立桩承防撞结构视为顶部有集中质量为 m_{c}、线质量为 $n\overline{m}_{\mathrm{p}}(z)$ 的悬臂结构,通常满足边界条件的形函数[2,3,28]有

$$\begin{cases} \text{静力挠曲形式} \quad \phi(z) = \frac{3}{2}\frac{z^2}{H^2} - \frac{1}{2}\frac{z^3}{H^3} \\ \text{三角函数形式} \quad \phi(z) = 1 - \cos\frac{\pi z}{2H} \\ \text{二次函数形式} \quad \phi(z) = \frac{z^2}{H^2} \end{cases} \tag{11-20}$$

对于假定悬臂结构的钢管桩,由式(11-16)~式(11-20)可以得到不同形函数形式下的等效质量 m_{pe} 及对应的质量系数 K_{m},结果见表 11-2。

等效质量计算及形函数的影响　　　　　　表 11-2

等效高度 H (m)	m_{c} ($\times 10^6$ kg)	$\overline{m}_{\mathrm{p}}$ ($\times 10^3$ kg)	等效质量 m_{pe} ($\times 10^6$ kg)			质量系数 K_{m}		
			静力挠曲	三角函数	二次函数	静力挠曲	三角函数	二次函数
$H_1 = 31.1$	1.33	8.73	1.584	1.574	1.545	0.656	0.652	0.640
$H_1 + 3D = 37.1$	1.33	8.73	1.633	1.622	1.587	0.623	0.618	0.605
$H_1 + 5D = 41.1$	1.33	8.73	1.666	1.653	1.615	0.603	0.598	0.584

注:表中 $H_1 + 3D$ 是指假定土层下 3 倍桩径(D)嵌固。

由表 11-2 可知:①各种形函数计算的防撞结构的等效质量大同小异,但 Biggs[3]认为相比其他形式的形函数,静力挠曲形式的形函数更容易确定(对于复杂的边界条件,也可以简便地由图 11-2 所示模型计算得到),且对于冲击形式的荷载更为合理,故后续将采用静力挠曲形式的形函数;②由于承台集中质量与钢管桩桩身质量相比较大,故不同的桩身等效高度对防撞结构等效质量影响有限。

11.4.2 弹塑性分析时

理论上讲,不同的阶段(弹性阶段或完全塑性阶段),用于确定等效质量的形函数 $\phi(z)$ 应该不相同,等效质量 m_{pe}(或等效质量系数 K_m)也会不同[4-6]。Krauthammer 等[4-6]构建爆炸作用下的等效单自由度模型时,对该问题进行了详细的探讨。因此,借鉴他们的思路[4-6],对于图 11-3 和图 11-9 所示防撞结构等效抗力曲线中的每个荷载步 j 有

$$m_{pe}^{(j)} = n \int_0^H \overline{m}_p(z) \phi_j^2(z) \mathrm{d}z + m_c \tag{11-21}$$

$$K_m^{(j)} = \frac{m_{pe}^{(j)}}{m_t} = \frac{\int_0^H \overline{m}_p(z) \phi_j^2(z) \mathrm{d}z + m_c}{\int_0^H \overline{m}_p(z) \mathrm{d}z + m_c} \tag{11-22}$$

式中,$\phi_j(z)$ 是指荷载步 j 所对应的形函数,可采用归一化后的静力挠曲曲线。因此,动力分析时对于两自由度模型中计算时间步 i,可将等效质量系数 K_m 写为:

$$^{(i)}K_m = K_m^{(j)} + \left[\frac{K_m^{(j+1)} - K_m^{(j)}}{u_c^{(j+1)} - u_c^{(j)}} \right] [^{(i)}u_c - u_c^{(j)}] \tag{11-23}$$

其中,

$$u_c^{(j)} < {}^{(i)}u_c \leqslant u_c^{(j+1)} \tag{11-24}$$

为了探讨不同荷载步形函数对等效质量的影响,以图 10-2 所示的防撞结构为例,将由 BNWF 模型 Pushover 分析得到的静力位移归一化后作为形函数,然后由式(11-21)和式(11-22)可得到图 11-13 所示结果。

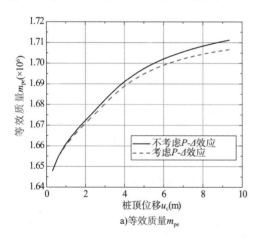
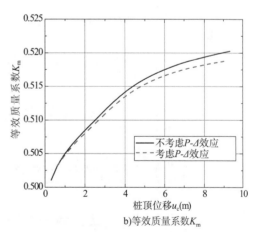

a) 等效质量 m_{pe}
b) 等效质量系数 K_m

图 11-13 基于 Pushover 曲线的等效质量及等效质量系数

图 11-13 表明:随着桩顶位移增加(或桩身及土弹簧塑性变形增加),等效质量 m_{pe} 及相应的等效质量系数 K_m 也逐渐增大,但增大有限,故可忽略结构弹塑性变形程度对等效质量(或等效质量系数)的影响,也可采用式(11-23)或平均值处理。此外,P-Δ 效应在大变形情况下对等效质量(或等效质量系数)也有一定影响,但非常有限,可不予考虑。

11.5 非线性两自由度模型的验证及讨论

11.5.1 接触阻尼与验证分析

根据上述分析得到的桩承防撞结构等效抗力及质量参数,以及第 2 章中基于 P_d-a 曲线的船舶模型及参数,采用图 11-1 所示的两自由度模型,计算得到图 11-14 和图 11-15 所示结果。

图 11-14 和图 11-15 结果表明:对桩顶位移而言,由于其主要与自身的动力特性相关,故基本不受接触阻尼的影响;而对于船舶与承台之间的接触力,若不考虑接触阻尼(c_v),两自由度模型的结果与接触碰撞模型结果之间将呈现出显著差异。因此,为了得到合理的接触力时程,有必要对相互作用模型中的接触阻尼进行探讨。Fujikake 等[32]在 RC 梁冲击试验及分析方法研究中指出:落锤与梁之间的接触阻尼(c_2)与梁的质量(m_1)、落锤的质量(m_2)、落锤与梁之间的接触刚度(k_2)相关,可写为:

$$c_2 = \xi c_{cr} = 2\xi \sqrt{\left(\frac{m_1 m_2}{m_1 + m_2}\right) k_2} \qquad (11\text{-}25)$$

式中,ξ 为阻尼比;c_{cr} 为局部响应的临界阻尼。类似地,对船舶与承台之间的接触阻尼(c_v)也可以参考式(11-25)确定,具体可写为:

$$c_v = \xi c_{cr} = 2\xi \sqrt{\frac{(m_v + dm_v) m_{pe}}{m_v + dm_v + m_{pe}} K_u} \qquad (11\text{-}26)$$

式中,K_u 为船舶的卸载刚度,取值可参考 2.3.6 节。

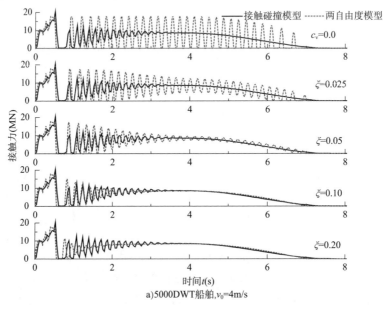

a)5000DWT船舶,v_0=4m/s

图 11-14

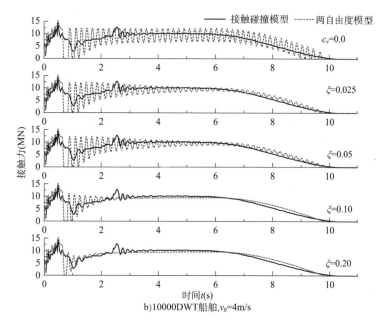

图 11-14 接触阻尼对船舶与承台接触力的影响

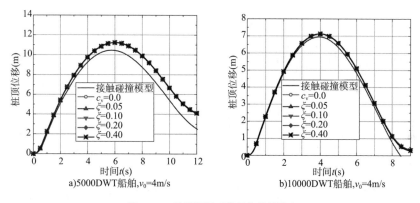

图 11-15 接触阻尼对桩顶位移的影响

以式(11-26)为基础,对阻尼比 ξ 分别为 0.025、0.05、0.10 和 0.20 时的情况进行了分析,结果表明:对于 5000DWT 船舶($v_0=4\text{m/s}$),阻尼比 $\xi=0.10$ 时,两自由度模型的接触结果与接触碰撞模型吻合较好;而对于 10000DWT 船舶($v_0=4\text{m/s}$),阻尼比 $\xi=0.20$ 时,结果较优。采用这两种阻尼比对表 10-2 中的其他工况进行分析,如图 10-11~图 10-13 所示,结果表明:由两自由度模型计算得到的船舶与承台接触力以及桩顶位移,都能较好地与接触碰撞模型结果吻合,这验证了基于两自由度模型分析桩承结构防撞性能的有效性,且相比接触碰撞模型,两自由度模型计算的效率显著提高。

11.5.2 桩承防撞结构峰值位移及基于能量的估计

在初始碰撞阶段,由于船舶对防撞结构作用时间较短(<1.0s),桩承防撞结构变形较小

(图10-13),则与刚度相关的抗力也较小,尤其是相对于船舶与防撞结构之间的接触力而言。因此,可假定此阶段为理想的非弹性碰撞,根据上述验证的两自由度模型,动量守恒方程可写为:

$$(m_v + dm_v)v_0 = (m_{pe} + m_v + dm_v)v_I \Rightarrow v_I = \frac{m_v + dm_v}{m_{pe} + m_v + dm_v}v_0 \quad (11-27)$$

式中,v_I为初始碰撞阶段结束时(t_I)船舶与防撞结构共同的速度,见图10-11和图10-12。为了验证式(11-27)的有效性,将图10-11和图10-12的结果与式(11-27)计算值进行对比(图11-16)。图11-16表明:将初始阶段假定为理想的非弹性碰撞是合理的,式(11-27)准确地估计了初始碰撞阶段船舶与防撞结构的共同速度;随着初始碰撞动能KE的增加,式(11-27)与碰撞模型的速度差近似呈线性增大,这是因为初始碰撞动能KE越大,阶段I持时就相对越长,故而与理想的非弹性碰撞略有区别。

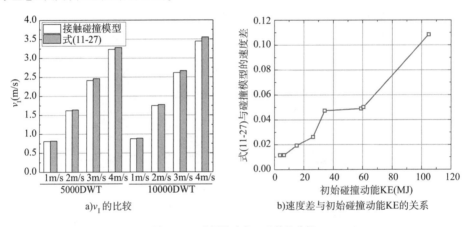

a) v_I 的比较   b)速度差与初始碰撞动能KE的关系

图11-16 共同的速度 v_I 比较及分析

在此基础上,对于理想非弹性的初始碰撞阶段,其对应的能量损失 E_{IL} 可由下式计算:

$$E_{IL} = \frac{1}{2}(m_v + dm_v)v_0^2 - \frac{1}{2}(m_{pe} + m_v + dm_v)v_I^2 \Rightarrow E_{IL} = \frac{(m_v + dm_v)m_{pe}}{2(m_{pe} + m_v + dm_v)}v_0^2 \quad (11-28)$$

由初始碰撞阶段结束时刻至桩承防撞结构发生最大位移时刻(即近似或等速度加载阶段结束时),基于两自由度模型,能量守恒方程如下:

$$\frac{1}{2}(m_v + dm_v)v_0^2 - E_{IL} = \int_0^{u_{cmax}} f_{pe}(u_c)du_c + \underbrace{\int_{a_I}^{a_L} P_d(a)da}_{\approx 0} = \int_0^{u_{cmax}} f_{pe}(u_c)du_c \quad (11-29)$$

式中,u_{cmax}为桩承防撞结构的桩顶最大位移;$a_I = u_v(t_I) - u_c(t_I)$;$a_L = u_v(t_L) - u_c(t_L)$。由于此阶段船舶与防撞结构速度近似相等[即速度差$\dot{a}(t) \approx 0$],故$t_I$至$t_L$时刻,船舶与桩顶位移差几乎不变(即$a_I = a_L$),因此相对应的船首变形能近似为零。根据式(11-28)和式(11-29),结合之前章节中分析得到的桩承防撞结构的等效抗力关系(即R_p-u_c关系),则可以求得反映桩承防撞结构破坏程度或防撞能力的峰值位移。同样,为了评估上述思路的有效性及合理性,将其与接触碰撞模型及非线性两自由度模型进行对比分析,见表11-3。

桩承防撞结构峰值位移及基于能量的估计   表 11-3

船舶	速度 v_0	接触碰撞模型位移(m)	两自由度模型		式(11-29)	
			u_{cmax}(m)	误差(%)[a]	u_{cmax}(m)	误差(%)
5000DWT	1m/s	1.493	1.479	-0.903	1.477	-1.056
	2m/s	3.169	3.152	-0.546	3.156	-0.396
	3m/s	4.933	4.960	0.548	4.978	0.918
	4m/s	6.944	7.125	2.595	7.157	3.054
10000DWT	1m/s	2.142	2.081	-2.832	2.080	-2.865
	2m/s	4.262	4.329	1.561	4.475	5.007
	3m/s	7.138	7.385	3.451	7.413	3.845
	4m/s	10.457	11.230	7.388	11.250	7.580

注：a. 误差等于(其他方法位移-接触碰撞模型位移)/接触碰撞模型位移×100%。

由表11-3可知：①采用上述两自由度模型或式(11-29)，都能够合理地估计不同初始碰撞条件下的桩承防撞结构峰值位移，说明了这两种方法都能用于评估桩承防撞结构的防撞性能；②相比而言，两自由度模型结果略优于式(11-29)计算结果，其原因是两自由度模型能够反映船舶与结构的动力相互作用全过程，不需要上述假设条件；③在高能量碰撞情况下(如10000DWT船舶，$v_0=4.0\text{m/s}$)，由于基于BNWF模型计算的单桩等效抗力曲线在大位移时的抗力值小于接触碰撞模型的结果(图11-3)，故误差略有提高，且两种方法估计的结果都略偏大。

11.5.3 桩承防撞结构峰值船撞力及基于 P-a 曲线的估计

由图10-11和图10-12可知，船舶与桩承防撞结构之间的峰值接触力大体上都发生在初始碰撞阶段。同时，初始碰撞阶段可视为受防撞结构刚度性质影响很小的理想非弹性碰撞阶段。因此，由初始接触至初始碰撞阶段结束，船舶-防撞结构系统内损失的能量大部分都转变成了船首的变形能，即有

$$E_{IL} = \frac{(m_v + dm_v)m_{pe}}{2(m_{pe} + m_v + dm_v)}v_0^2 = \int_0^{a_I} P_d(a)\text{d}a \tag{11-30}$$

显然，初始碰撞阶段满足 $u_v \gg u_c$ 的条件，故可采用类似于第3章中建立的船撞时程分析法确定该阶段的船撞力时程。首先由式(11-30)求得最大撞深 a_I，然后根据动量定理确定初始碰撞阶段持时 t_I，即有

$$\int_0^{t_I} P_d(t)\text{d}t = (m_v + dm_v)(v_0 - v_I) = \frac{(m_v + dm_v)m_{pe}}{m_v + dm_v + m_{pe}}v_0 \tag{11-31}$$

为了验证上述思路的有效性，对表10-2中的工况进行分析，得到如图11-17和表11-4所示结果。

图11-17和表11-4表明：①由式(11-30)、式(11-31)以及图3-14所示的思路可得到初始碰撞阶段的船撞力时程，且结果总体上与接触碰撞模型一致，说明了上述思路的有效性；②相比两自由度模型，10000DWT船舶撞击下，时程分析的峰值船撞力误差有所减小，但整

个时程曲线的估计逊于两自由度模型的结果,其主要原因是,对于高能量碰撞情况,初始碰撞阶段与理想非弹性碰撞的假设有所出入;③相比上述方法,AASHTO 规范和我国《公路桥涵设计通用规范》(JTG D60—2015)的计算误差都非常大,进一步说明了当前规范方法的局限性,以及采用上述方法对柔性桩承防撞结构进行分析的必要性。

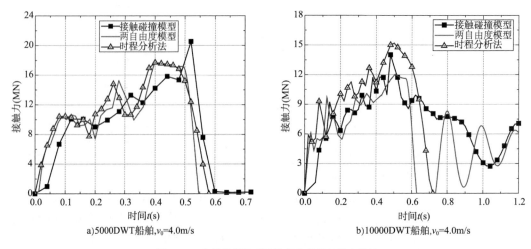

图 11-17　初始阶段桩承防撞结构峰值船撞力估计

初始阶段峰值船撞力估计　　　　　　　　　　表 11-4

船舶	速度 (m/s)	接触碰撞模型船撞力 (MN)	两自由度模型		时程分析		AASHTO 规范		我国《公路桥涵设计通用规范》(JTG D60—2015)	
			P_{max}(MN)	误差(%)[a]	P_{max}(MN)	误差(%)	P_{max}(MN)	误差(%)	P_{max}(MN)	误差(%)
5000DWT	1.0	6.17	6.56	6.30	6.54	5.95	8.49	37.52	25.40	75.71
	2.0	10.60	10.46	-1.35	10.40	-1.88	16.97	60.10	25.40	58.27
	3.0	11.30	11.06	-2.15	10.80	-4.47	25.46	125.27	25.40	55.51
	4.0	20.53	17.79	-13.36	17.71	-13.75	33.94	65.32	25.40	19.17
10000DWT	1.0	4.89	6.15	25.95	5.98	22.42	12.00	145.60	35.80	86.35
	2.0	9.29	9.75	5.00	9.18	-1.23	24.00	158.34	35.80	74.05
	3.0	11.10	12.04	8.47	11.81	6.41	36.00	224.32	35.80	68.99
	4.0	14.00	15.39	9.9	15.18	8.42	48.00	242.76	35.80	60.88

注:a. 误差等于(其他方法船撞力 - 接触碰撞模型船撞力)/接触碰撞模型船撞力×100%。

11.6　桩承防撞结构的设计思路

综合第 10 章与本章的分析研究成果,基于防撞结构两种不同的破坏形式(包括整体的弯曲延性破坏和局部的脆性破坏),对确定的碰撞情况,可总结形成图 11-18 所示的桩承防撞结构的设计思路。

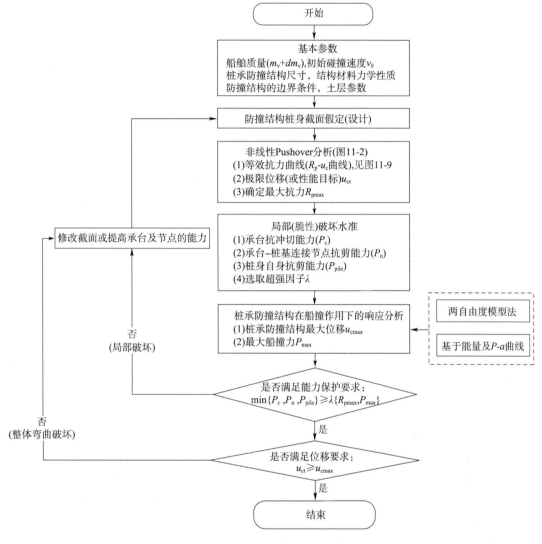

图 11-18　桩承防撞结构的设计流程

在图 11-18 的思路中,对整体的延性破坏情况,采用桩顶位移(u_c)作为性能指标,可根据投资-收益平衡来确定可接受的性能目标(u_{ct})。若采用单一防止倒塌的设计目标,则相应的极限条件为非线性 Pushover 分析得到的防撞结构最大位移[12]。通过与非线性两自由度模型或式(11-29)计算得到的桩顶最大位移 u_{cmax} 对比,确定是否满足防撞设计的性能目标。若不满足,则可以通过改善桩身截面或桩数来提高桩承防撞结构的防撞能力,直至达到性能要求。

同时,若要设计符合船撞作用下桩承结构延性耗能的要求,则需要借鉴结构抗震设计中的能力保护设计原则或思路[28]。通过设置延性构件(如防撞桩)与不宜发生非弹性变形的能力保护构件(如桩基承台、承台与防撞桩的连接节点等)之间的安全强度差异,来确保防撞结构在高能量船撞作用下发生期望的延性变形,而不是出现过早使防撞结构丧失功能的脆

性破坏模式(图10-9),即要求设计满足下列能力保护条件:

$$\min\{P_\mathrm{c},P_\mathrm{n},P_\mathrm{pile}\}\geqslant\lambda\{R_\mathrm{pmax},\varphi P_\mathrm{max}\} \qquad (11\text{-}32)$$

式中,P_c为承台抗冲切能力;P_n为承台与桩基连接节点的抗剪能力;P_pile为桩身抗剪能力;λ为选定的超强因子;R_pmax为桩承防撞结构最大等效抗力;P_max为最大船撞力(通常发生在初始碰撞阶段),可采用两自由度模型或式(11-31)来确定;φ为折减系数,其指抵抗P_max时,除了结构抗力部分外,还有结构惯性力部分,因此需要适当折减,具体如何折减还值得深入研究,出于保守考虑,可取$\varphi=1.0$。

对于整体的弯曲延性破坏情况,可以采用本章建立的两种方法(即两自由度模型或基于能量与P-a曲线的方法)来进行分析;而对于局部的脆性破坏情况,具体的设计方法和过程则有待进一步研究和探讨。

11.7 本章小结

结合第10章船舶-防撞结构接触碰撞分析的响应特点,研究探讨了船舶-防撞结构相互作用的非线性两自由度模型,以及估计桩承结构防撞性能(最大桩顶位移)与峰值船撞力的方法,主要工作及结论如下:

(1)构建了船舶-防撞结构相互作用的非线性两自由度模型。在该模型中,船舶采用基于P_d-a曲线的单自由度体系,桩承结构则基于桩顶位移等效原则简化成另一个单自由度。此外,为了考虑碰撞过程中(尤其在近似或等速度加载阶段)的摩擦等效应,在两自由度之间引入了一个接触阻尼单元。

(2)为了得到防撞结构的等效抗力函数,采用基于接触模拟和基于BNWF的有限元模型进行了非线性Pushover分析,探讨了应变率效应、群桩效应对抗力函数的影响。结果表明:①两模型得到的结构等效抗力曲线一致,相互验证了彼此的合理性及可靠性;②推导了应变率影响的计算公式,其结果与有限元模型计算结果吻合;③目前各规范及方法的群桩折减系数计算方法差异较大,有待进一步研究。同时,为了使两自由度模型能够完整反映船舶-防撞结构相互作用过程,结合船撞荷载特点,给出了船撞作用下合理的防撞结构滞回模型。

(3)基于实际结构与等效单自由度动能等效原则,给出了桩承防撞结构等效质量的计算公式,并对形函数形式以及结构变形的影响进行了讨论。结果表明:①对于桩承防撞结构,不同形式的形函数对其等效质量的影响都较为有限;②考虑到对于复杂边界而言,静力挠曲形式的形函数相比于其他形式的形函数更易于确定,建议在分析中采用;③随着桩顶位移的增大(塑性变形增大),防撞结构等效质量在一定范围内增大,但幅度不大,故可忽略结构弹塑性变形程度对等效质量的影响。

(4)采用接触碰撞模型验证了船舶-防撞结构的非线性两自由度模型的有效性及合理性,并对接触阻尼参数进行了讨论。结果表明:在合理的接触阻尼下,两自由度模型的接触力时程能较好地与接触碰撞模型吻合。同时,以两自由度模型为基础,探讨了基于P-a曲线的桩承防撞结构峰值位移及峰值船撞力的估计方法。通过比较发现,简化的估计方法能较好地与接触碰撞模型结果吻合,为简便、高效地设计桩承防撞结构提供了依据。

(5) 对于防撞结构的两种不同破坏形式,总结形成了基于能力保护策略的桩承结构的防撞设计思路。在该设计思路中,选取桩顶位移为性能指标,进行基于性能的延性设计,同时为了满足防撞结构延性耗能的需求,对承台及节点等传力构件进行了能力保护设计。

本章参考文献

[1] CHOPRA A. K. Dynamics of Structures: theory and Applications to Earthquake Engineering [M]. 3rd ed. New York: Pearson Education Inc., 2007.

[2] CLOUGH R W, PENZIEN J. Dynamics of structures[M]. 3rd ed. Berkeley: Computers & Structures, Inc., 1995.

[3] BIGGS J M. Introduction to structural dynamics[M]. New York:McGraw-Hill College, 1964.

[4] KRAUTHAMMER T, SHAHRIAR S. A computational method for evaluating modular prefabricated structural element for rapid construction of facilities, barriers, and revetments to resist modern conventional weapons effects[R]. Minnesota: Minnesota Univ Minneapolis, 1988.

[5] TRAN T P. Effect of short-duration-high-impulse variable axial and transverse loads on reinforced concrete column[D]. Gainesville, Florida: University of Florida, 2009.

[6] MORENCY D. Large deflection behavior effect in reinforced concrete column under severe dynamic short duration load[D]. Gainesville, Florida: University of Florida, 2010.

[7] REESE L C, VAN IMPE W F. Single Piles and Pile Groups under Lateral Loading[M]. Rotterdam: Balkema, 2001.

[8] OpenseesWiki[EB/OL]. http://opensees.berkeley.edu/wiki/index.php/Main_Page.

[9] API. Recommended practice for planning, designing, and constructing fixed offshore platforms-Load and resistance factor design[S]. Washington, D. C.:American Petroleum Institute, 1993.

[10] BOULANGER R W. PySimple1 Material[EB/OL]. https://opensees.berkeley.edu/wiki/index.php/PySimple1_Material.

[11] PATSCH A, GERBAUDO C F, PRATO C A. Analysis and testing of piles for ship impact defenses[J]. Journal of Bridge Engineering, 2002, 7(4): 236-244.

[12] FUJIKAKE K, SENGA T, UEDA N, et al. Study on impact response of reactive powder concrete beam and its analytical model[J]. Journal of Advanced Concrete Technology, 2006, 4(1): 99-108.

[13] TACHIBANA S, MASUYA H, NAKAMURA S. Performance based design of reinforced concrete beams under impact[J]. Natural Hazards and Earth System Sciences, 2010, 10 (6): 1069-1078.

[14] DELHOMME F, MOMMESSIN M, MOUGIN J P, et al. Simulation of a block impacting a reinforced concrete slab with a finite element model and a mass-spring system[J]. Engineering Structures, 2007, 29(11): 2844-2852.

[15] HARARI I, BARBONE P E, MONTGOMERY J M. Finite element formulations for exterior problems: application to hybrid methods, non - reflecting boundary conditions, and infinite elements[J]. International Journal for Numerical Methods in Engineering, 1997, 40(15): 2791-2805.

[16] CHEN S C, LU X Z, REN A Z, et al. Fiber Beam Element Model for the Collapse Simulation of Concrete Structures under Fire[M]. Berlin: Speringer, 2007.

[17] ROLLINS K M, OLSEN K G, JENSEN D H, et al. Pile spacing effects on lateral pile group behavior: Analysis[J]. Journal of Geotechnical and Geoenvironmental Engineering, 2006, 132(10): 1272-1283.

[18] 常林越. 水平荷载作用下桥墩及桩基的静力与动力响应分析[D]. 杭州: 浙江大学, 2010.

[19] ROLLINS K M, PETERSON K T, WEAVER T J. Lateral load behavior of full-scale pile group in clay[J]. Journal of Geotechnical and Geoenvironmental Engineering, 1998, 124(6): 468-478.

[20] BROWN D A, MORRISON C, REESE L C. Lateral load behavior of pile group in sand[J]. Journal of Geotechnical Engineering, 1988, 114(11): 1261-1276.

[21] BROWN D A, O'NEILL M W, HOIT M, et al. Static and dynamic lateral loading of pile groups[M]. Washington, D. C.: National Academy Press, 2001.

[22] ROLLINS K M, LANE J D, GERBER T M. Measured and computed lateral response of a pile group in sand[J]. Journal of Geotechnical and Geoenvironmental Engineering, 2005, 131(1): 103-114.

[23] ASHOUR M, ARDALAN H. Employment of the p-multiplier in pile-group analysis[J]. Journal of Bridge Engineering, 2011, 16(5): 612-623.

[24] SALGADO R. The Engineering of Foundation[M]. New York: McGraw Hill, 2008.

[25] AASHTO. LRFD bridge design specifications[M]. 8th ed. Washington, D. C.: AASHTO, 2007.

[26] U. S. Army Corps of Engineers (USACE). Design of pile foundations[M]. Washington, D. C.: Technical engineering and design guide No. 1, 1993.

[27] 中华人民共和国交通部. 公路桥涵地基与基础设计规范: JTG D63—2007[M]. 北京: 人民交通出版社, 2007.

[28] PRIESTLEY M J N, SEIBLE F, CALVI G M. Seismic design and retrofit of bridges[M]. New York: John Wiley & Sons, 1996.

[29] IBARRA L F, MEDINA R A, KRAWINKLER H. Hysteretic models that incorporate strength and stiffness deterioration[J]. Earthquake Engineering & Structural Dynamics,

2005, 34(12): 1489-1511.

[30] IBARRA L F, KRAWINKLER H. Global collapse of frame structures under seismic excitations[R]. Berkeley: Pacific Earthquake Engineering Research Center, College of Engineering, University of California, 2005.

[31] LIEL A B. Assessing the collapse risk of California's existing reinforced concrete frame structures: Metrics for seismic safety decisions[D]. California: Stanford University, 2008.

[32] FUJIKAKE K, LI B, SOEUN S. Impact response of reinforced concrete beam and its analytical evaluation[J]. Journal of Structural Engineering, 2009, 135(8):938-950.

第 12 章 桥梁防撞钢套箱高效分析与设计方法

12.1 概 述

采用精细接触碰撞有限元模型可模拟船-桥-防撞套箱相互作用过程。然而,正如第11章所述,精细有限元技术费时费力,在防撞装置设计中应用受到限制,尤其在初步方案设计阶段,诸多设计参数需要不断迭代优化。而简化的解析计算方法计算快速、所需参数少且计算结果相对准确。但相比于精细有限元数值模拟方法,目前简化的解析计算方法在船桥碰撞中应用较少,尤其是针对桥梁防护装置。

目前已有研究采用简化的解析计算方法研究船-船碰撞问题[1,2],尽管方法有一定的相似性,但钢套箱与船舶舷侧结构存在着诸多的不同(如外形、尺寸等)。因此,这些船-船碰撞分析的简化解析计算方法不能直接用于船-防撞套箱碰撞分析。若能在船-船碰撞解析研究的基础上,通过考虑船-防撞套箱碰撞特点,建立适合钢套箱的简化分析方法,从而准确、快速地推导出船舶撞击钢套箱的撞击力(能量)-撞深曲线,将有望大大提高桥梁防撞装置的分析与设计效率[3,4]。此外,目前船-船碰撞研究中,学者们大多针对球鼻首船舶的撞击展开分析研究,而楔形首虽为一种常见的船首形状,但与其相关的碰撞研究却未得到足够重视。钢套箱的变形损伤与撞击船首的形状有着密切的关系,因此研究两类不同船舶撞击下桥梁防撞套箱装置的防护性能具有重要意义。

本章以船-船碰撞中构件在不同受力情形、不同破坏模式下的解析计算方法[2,5-13]为基础,提出了一套合理、完整的,适用于船舶撞击桥梁钢结构护舷(钢套箱)抗撞性分析的解析计算方法,考虑了球鼻首船舶、楔形首船舶两类不同外形船首结构,拓展了简化的解析计算方法的适用范围。为了验证所建立方法的有效性,采用精细有限元技术对船舶撞击钢套箱进行精细化建模仿真分析。通过对比有限元仿真结果与所建立方法计算得到的结果,验证了所建立方法在桥梁防撞钢套箱性能估计中的准确性和适用性。在此基础上,结合能力保护理念及能量守恒原理,建立了防撞钢套箱的高效设计方法。

12.2 钢套箱构件变形机理分析

钢套箱通常由竖向外板、顶板、底板、纵横舱壁、加劲肋等组成。当船舶开始接触钢套箱并向前行进压溃时,随着撞击深度的增大,各个构件参与碰撞并通过自身的变形损伤(撕裂、断裂、压弯和屈曲等)来更加充分地吸收撞击能量。在船舶撞击钢套箱的解析计算中,需分别对竖向外板的撕裂、纵横舱壁的屈曲、加劲肋的弯曲断裂等构件破坏行为的变形机理进行解析计算,最后将各个构件的吸能性能综合在一起,即可得到整个钢套箱在撞击过程中的撞击力-撞深和能量-撞深关系曲线。

12.2.1 外板遭遇刚性球体挤压阻力解析计算

Wang 等[9]曾根据球鼻首外形运用塑性力学中的上限定理提出了外板抵抗球首船撞击的简化力学模型,如图 12-1 所示。

边界为 $2R$ 的圆形外板受到半径为 r 的刚性球体撞击,在其破裂前撞击力 F 和撞击深度 Δ 关系如下[9]:

$$F = \pi \sigma_y t R \sin\alpha (1 + r/R) \quad (12\text{-}1)$$

$$\Delta = R\tan\alpha + r(1 - 1/\cos\alpha) \quad (12\text{-}2)$$

式中,σ_y 为材料的屈服强度;R 为外板的变形区域半径;r 为球首简化得到的刚性球体半径;t 为板的厚度;Δ 为撞击深度。

当 r 远小于 R 时,可将刚性球体视为一点,其荷载形式为点荷载,如图 12-2 所示。式(12-1) 可简化为如下形式:

$$F \approx \pi \sigma_y t \Delta \quad (12\text{-}3)$$

通常情况下,球鼻首的球鼻部分较尖锐,采用式(12-3) 计算外板变形阻力更为方便、快捷。

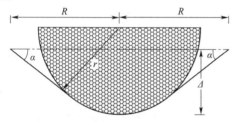

图 12-1　刚性球体挤压下外板变形示意

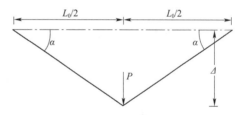

图 12-2　点荷载作用下外板变形示意

12.2.2 外板遭遇楔形刚体挤压阻力解析计算

孙斌等[8]对楔形首撞击船舶舷侧外板进行了研究,将外板损伤变形的能量耗散分为膜拉伸能量耗散 E_m 和两边塑性铰线的弯曲变形能量耗散 E_b,建立了外板在楔形船首撞击下的解析计算公式:

$$F = \frac{\dot{E}_m + \dot{E}_b}{\dot{\Delta}} = 0.5 N_0 H (\sin\alpha_1 + \sin\alpha_2) + \\ M_0 (L_1 + L_2) \frac{\cos^2\theta}{H} + M_0 H \left(\frac{\cos^2\alpha_1}{L_1} + \frac{\cos^2\alpha_2}{L_2} \right)$$

$$(12\text{-}4)$$

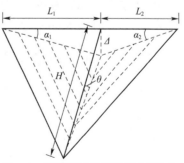

图 12-3　楔形刚体挤压下外板变形示意

式中,L_1、L_2 为撞击点距离外板变形区域左右边界的距离;H 为变形区的高度;各角度标注如图 12-3 所示;M_0 和 N_0 分别为单位长度板条的极限弯矩和极限力,大小分别为:

$$M_0 = \frac{\sigma_0 t^2}{4} \quad (12\text{-}5)$$

$$N_0 = \sigma_0 t \tag{12-6}$$

12.2.3 板的面内撕裂阻力解析计算

Ohtsubo 和 Wang[12]对船舶搁浅时船底外板遇到的楔形体撕裂问题进行了研究。他们假设板材的断裂是由其达到延性极限引起的,认为板材在撕裂过程中塑性变形和摩擦是耗能的主要因素,而断裂是次要的因素,从而推导出板材撕裂问题的一种上限解,解释了板材撕裂过程中的破坏机理。

外板在受到角度为 2θ 的楔形体撞击后,其撕裂过程中的阻力分为瞬时撕裂力 F_p 和摩擦力 F_f,其中 F_f 为 F_p 在摩擦位移方向上的投影。因此,最终获得的板材面内撕裂过程中力-位移关系为[12]:

$$F = F_P + F_f = F_P \left(1 + \frac{\mu}{\tan\theta}\right) = 1.51\sigma_0 t^{1.5} l^{0.5} (\sin\theta)^{0.5} \left(1 + \frac{\mu}{\tan\theta}\right) \tag{12-7}$$

式中,σ_0 为材料的流动应力,通常认为是材料的屈服强度和极限强度总和的一半,下文各公式中 σ_0 也均按此定义;t 为板厚;l 为撕裂长度;θ 等于楔形体角度的 $1/2$;μ 为摩擦系数,其值取 $0.15 \sim 0.3$。

12.2.4 板的穿透模型阻力解析计算

Wang 等[13]通过一系列的试验证实了在穿透模型过程中外板破裂后仍具有一定的承载力,且其破坏模式与板的面内撕裂阻力解析机理极为相似,均涉及了被撞击物前端尖角处较大的膜拉伸以及较远端的显著弯曲。由式(12-7)得到板破裂后其承载力与撞击深度的关系式如下[13]:

$$F = 1.51\sigma_0 t^{1.5} l^{0.5} n \left[\sin\left(\frac{n-2}{2n}\pi\right)\right]^{0.5} (\tan\theta + \mu) \tag{12-8}$$

式中,l 为每一道裂缝的长度;n 为裂缝的个数,花瓣形裂缝 $n=4$,$(n-2)\pi/n$ 为相邻裂缝之间形成的角度。当撞击物前端过于尖锐时,例如锐利的球鼻首或楔形首,相邻两道裂缝形成的角度依附于前端的夹角 2θ,即 $(n-2)\pi/(2n) = \theta$。一般尖锐的前端撞击外板会形成的裂缝个数 $n=2$,此时 $(n-2)\pi/(2n) = 0$ 导致式(12-8)不再适用,将 θ 代入式(12-7)较为合适[2]。

12.2.5 肋板折叠模型阻力解析计算

图 12-4 所示为肋板折叠模型图。Liu 等[7]在以往研究的基础上,建立了更为合理的解析模型,提出了新的肋板简化分析方法,给出了肋板在压碎过程中初始及后续折叠阶段更为精确的阻力计算公式。他们在研究中将一个完整的折叠变形区域设为 $3H$,当 $b_1 = b_2 = b$ 时,第一道折叠中平均压碎力 F_m 为[7]:

$$F_m = 3.541\sigma_0 t^{5/3} b^{1/3} \tag{12-9}$$

$$H = 0.4436 b^{2/3} t^{1/3} \tag{12-10}$$

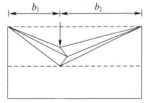

图 12-4 肋板折叠模型

12.2.6 十字板压碎模型解析计算

钢套箱内部有非常多的横肋与竖桁相互交错,从而形成十字板的结构。Zhang[5]对十字板的阻力进行了解析计算研究,得到的十字板压碎模型如图12-5所示。十字板破坏模式类似于肋板压碎破坏模式,将第一道折叠区域设为$2H$,其中$H=1.103(tb)^{0.5}$,据此Zhang[5]推导出了X形、T形、L形等多种不同截面形式的纵、横梁组合结构受压下在第一道折叠中的平均变形阻力,如下所示[5]。

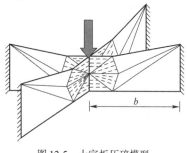

图12-5 十字板压碎模型

(1) X形截面:

$$\begin{cases} F_X = 3.2874\sigma_0 t^{1.5} c^{0.5} + 4.048\sigma_0 t^2 \\ c = 4b \end{cases} \quad (12\text{-}11)$$

(2) T形截面:

$$\begin{cases} F_T = 2.8470\sigma_0 t^{1.5} c^{0.5} + 3.036\sigma_0 t^2 \\ c = 3b \end{cases} \quad (12\text{-}12)$$

(3) L形截面:

$$\begin{cases} F_L = 2.3245\sigma_0 t^{1.5} c^{0.5} + 2.025\sigma_0 t^2 \\ c = 2b \end{cases} \quad (12\text{-}13)$$

式中,b为十字板交点到边界的距离,即纵(横)肋长度的一半。当十字板结构在第N_0道折叠中发生破裂后,假设阻力维持恒定,其后续的平均压碎力F为:

$$F = 1.6437\sigma_0 t^{1.5} c^{0.5} + (3N_0 - 2)1.012\sigma_0 t^2 \quad (12\text{-}14)$$

通过给定钢材的断裂应变,可以计算出构件在第几道折叠中破裂,即N_0的值。

$$N_0 = \text{Int}\left[0.408\left(\frac{b}{t}\right)^{0.5}\sqrt{2\varepsilon_c}\right] + 1 \quad (12\text{-}15)$$

式中,ε_c为钢材的断裂应变。

12.3 钢套箱抗撞性能的解析计算方法

12.3.1 计算方法基本假定

在解析计算方法中通常会适当引入一些合理的假定[9],这些基本假定简化了结构真实受力情况,便于快速、有效地建立结构理论模型。结合桥梁防撞钢套箱的构造特点,归纳出适合于钢套箱抗撞性分析的基本假定如下:

(1) 保守地假定船首为刚体,依靠钢套箱的变形来吸收能量;
(2) 假定船首以恒定速度沿着撞击方向持续前进,不考虑速度变化造成的影响;
(3) 不考虑钢套箱内部各构件的相互作用,假定彼此之间的阻力相互独立;

（4）各构件的力学模型中，假定以没有发生变形损伤的其他构件作为局部受力破坏的边界；

（5）假定计算撞深最大为钢套箱内、外板间距，在船舶撞击钢套箱的过程中，内板已与桥墩紧密贴合，没有变形空间。

12.3.2 不同外形船首的碰撞情景

不同外形的船首在与钢套箱的碰撞过程中，接触到其内部各个构件时的撞深不同。这意味着各个构件参与受力并耗散能量的撞深时刻会因为船首外形的不同而不同。另外，在不同外形船首撞击作用下钢套箱的损伤面积也会有显著不同，其参与耗能的构件数目、各个构件损伤程度都会有明显差异。因此，船首外形参数的确定至关重要。

文献[5]中给出了用于解析计算的球鼻首与楔形首简化模型，如图 12-6 所示。球鼻首几何模型主要参数包括：上甲板楔形夹角 2θ、船首高度 H_{deck}、首柱倾角 φ 以及球鼻处半椭球体 3 个半径 R_L、R_V、R_H。由于半椭球体是最先接触且碰撞钢套箱的部分，会随着船首行进，挤压并刺穿钢套箱，因此与半椭球体尺寸有关的 3 个半径是最重要的外形参数。文献[5]中，假定其值均与 H_{deck} 成比例，关系如下：

$$\begin{cases} R_L = 0.300 H_{deck} \\ R_V = 0.125 H_{deck} \\ R_H = 0.050 H_{deck} \end{cases} \qquad (12\text{-}16)$$

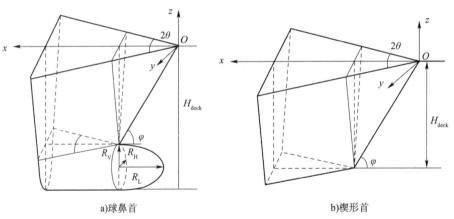

a) 球鼻首   b) 楔形首

图 12-6　两种典型船首简化模型

然而，实际中的球鼻首与式（12-16）所描述的比例并不总是相同的，由式（12-16）计算所得的 R_H 与实际值相比往往明显偏小，文献[11]也指出了该公式存在的局限性且不建议使用。文献[14]给出了球鼻首的另一种设计准则，也定义了 R_L、R_V、R_H 三个参数，其值确定涉及船舶长度、宽度、吃水深度等，计算时相对复杂。因此，本章在构建撞击船舶球鼻首的简化模型过程中，也采用 R_L、R_V、R_H 三个参数指标，具体数值的确定依据真实船舶外形，并不建议以式（12-16）来确定。关于文献[5]中提到的几何模型，在解析计算方法中产生的困难将在 12.4 节详细说明与讨论。

依据不同尺寸的球鼻首,将球鼻首船大致分为大球鼻首与小球鼻首两类,以此来讨论球鼻首外形的影响因素。图 12-7 所示为两类球鼻首撞击钢套箱的情形,大、小球鼻首除了三个半径 R_L、R_V、R_H 有明显差异外,小球鼻首首柱倾角 φ_1 也大于大球鼻首首柱倾角 φ_2。小球鼻首在碰撞过程中,随着位移的持续增大,球鼻以上楔形部分将接触并挤压钢套箱上甲板。因此,简化分析计算可分成两个主要阶段:①球鼻首的初始接触碰撞;②楔形体参与的后续碰撞。而对于大球鼻首来说,由于钢套箱内、外板间距有限,即使在最大撞深时刻也仅有球鼻首参与碰撞,表明在碰撞的全过程中,楔形体始终未与钢套箱顶板接触,这将简化解析计算流程。因此,大、小球鼻首定义的区别在于其上部楔形体是否会参与到挤压钢套箱的过程中。

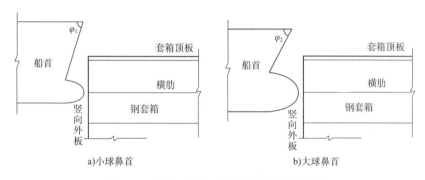

图 12-7 不同尺寸下的球鼻首碰撞情形立面示意

楔形首几何模型主要参数包括:上甲板楔形夹角 2θ、船首高度 H_{deck}、首柱倾角 φ。与球鼻首模型中球鼻部分的半椭球体水平半径 R_H 类似,对于楔形首撞击钢套箱的场景而言,楔形夹角 2θ 至关重要,2θ 值越小,船首接触到竖桁的时刻就会越晚,如图 12-8 所示。这将直接影响船首撞击下钢套箱的构件参与数量及损伤面积。

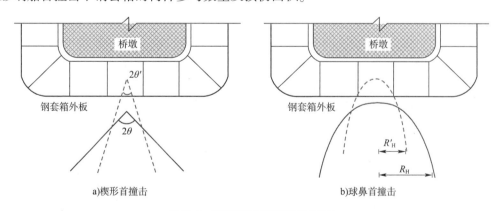

图 12-8 两类船首碰撞情形平面示意

12.3.3 关于钢套箱被撞位置不同的讨论

船首与钢套箱初始碰撞位置的不同,可能会导致构件变形区域的改变、参与受力的位移顺序以及提供阻力的构件数量的不同,最终使得钢套箱整体吸能效果有一些差异。例如,

Gao 等[2]在对海上浮式生产储油船(FPSO)遭遇撞击的研究中选取了3个典型被撞位置,得到了差异较大的撞击力-位移曲线。因此,对钢套箱初始被撞位置进行讨论很有必要。

针对钢套箱的立面构造,可定义4种不同点荷载的作用位置(图12-9):①十字板交点;②横肋某点;③竖桁某点;④竖桁和横肋组成的舱壁内部某点。初始碰撞位置的不同会给钢套箱竖向外板及内部各构件的受力顺序及参与情况带来一定影响。一般来说,无论是球鼻首船舶抑或是楔形首船舶,其尖锐的船首结构,在初始接触的时刻均可视为点荷载。另外,相比于排水量大于10000DWT的船舶舷侧结构,钢套箱纵横舱壁间距较小,这意味着套箱竖向外板由于受到未变形的横肋、竖桁约束,变形区域较小,在较小的撞深下外板就会破裂并进入撕裂模式,因此在一定计算精度范围内,采用式(12-3)计算外板破裂前变形阻力是合理的简化。

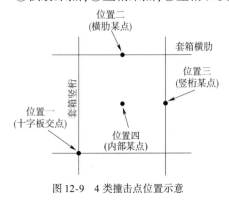

图 12-9 4 类撞击点位置示意

12.3.4 钢套箱内外构件参与碰撞情况

根据以上定义的4类撞击情形(撞击位置),结合钢套箱结构特点,下面将分别讨论钢套箱内外构件的参与碰撞情况。

1)不同撞击位置下的外板变形计算

基本假定中规定:各构件以没有发生变形损伤的其他构件作为局部受力破坏的边界。因此,由于外板受到未变形的纵、横肋约束,不同的撞击位置会带来不同的初始变形区域,如图12-10所示4个面积不同的矩形(阴影区域)。

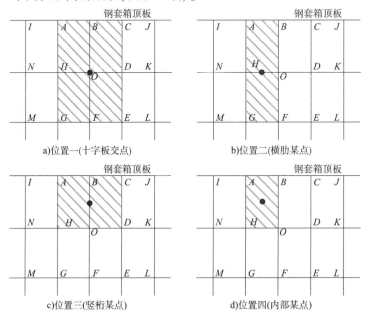

图 12-10 不同撞击位置下的外板初始变形区域

(1) 位置一：初始撞击位置为十字板交点。

初始撞击位置为十字板交点，如图 12-10a) 所示，即撞击点为 O 点。对于外板抗力计算而言，其初始变形区域为矩形 $ACEG$，在外板撕裂前的抗力计算中，短边 HO 即为图 12-3 中的 L_1。在后续式(12-18)计算临界撞深时，l_0 的值即为 HO 段长度。

(2) 位置二：初始撞击位置为横肋某点。

初始撞击位置为横肋某点，如图 12-10b) 所示，即撞击点为 HO 上某点。对于外板抗力计算而言，其初始变形区域为矩形 $ABFG$，在外板撕裂前的抗力计算中，短边 HO 即为图 12-3 中的 L_1 与 L_2 之和。在后续式(12-18)计算临界撞深时，l_0 的值即为撞击点与 H 点或 O 点的距离。

(3) 位置三：初始撞击位置为竖桁某点。

初始撞击位置为竖桁某点，如图 12-10c) 所示，即撞击点为 BO 上某点。对于外板抗力计算而言，其初始变形区域为矩形 $ACDH$，在外板撕裂前的抗力计算中，后续式(12-18)计算临界撞深时，l_0 的值即为撞击点距离边 AC、CD、HD 的最小值。

(4) 位置四：初始撞击位置为内部某点。

初始撞击位置为内部某点，如图 12-10d) 所示。对于外板抗力计算而言，其初始变形区域为矩形 $ABOH$，在外板撕裂前的抗力计算中，后续式(12-18)计算临界撞深时，l_0 的值即为撞击点距离边 AB、BO、HO、AH 的最小值。

综合上述四种不同位置对外板初始变形区域影响的讨论，可以看出：不同撞击点使得外板破裂进入撕裂模式的临界撞深有所差别。一般而言，初始变形区域越大，外板阻力越大，破裂时的临界撞深也越大，参与耗能更多。

2) 不同撞击位置下的内部构件变形计算

不同撞击位置下的钢套箱内部构件参与受力的顺序也会不同。下面以图 12-11 为例，分别对四种不同位置下钢套箱内部各构件参与碰撞情况展开分析。其中，IJ 为钢套箱顶板，图中所示为由 5 道竖桁、2 道横肋、1 道顶板组成的纵横舱壁结构。

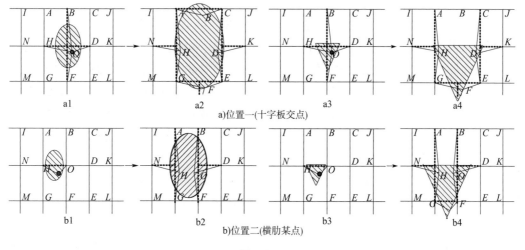

图 12-11

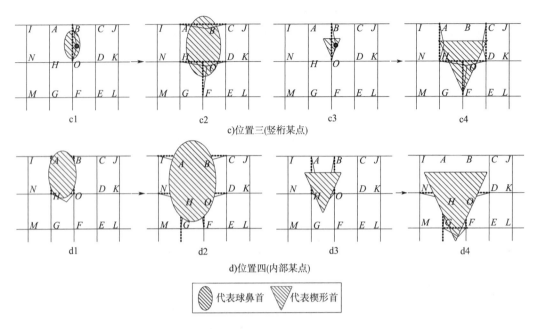

图 12-11　两类船舶撞击钢套箱不同位置时内部构件参与碰撞情况示意

(1) 位置一：初始撞击位置为十字板交点。

如图 12-11a) 所示，初始撞击位置为 O 点。对于球鼻首船舶，一旦船首与钢套箱接触，如图 12-11a)-a1 所示，首先受挤压的是由 HD 与 BF 所组成的 X 形十字板。在其压溃后，随着撞深的增大，球鼻首会接触到 H、D、B 和 F 点。撞击至 H、D 点时，钢套箱内参与受力的构件为由 HN、HA、HG 构成的 T 形构件和与之对称的由 DK、DC、DE 构成的 T 形竖、横肋组合结构；撞击至 B、F 点时，参与受力的是横肋 AC 以及与 F 点相连的三条边所构成的 T 形构件，如图 12-11a)-a2 所示。

对于楔形首船舶而言，如图 12-11a)-a3 所示，假设楔形体最先接触到 O 点，首先参与受力的为由 HD 与 BF 组成的 X 形十字板。随着楔形首的进一步前进，如图 12-11a)-a4 中所示的三角形面积增大（顶边位置不变），下一步将接触至 H、D 和 F 点。当碰撞至 H、D 点时，参与受力的构件为由 HN、HA、HG 构成的 T 形构件和与之对称的由 DK、DC、DE 构成的 T 形竖、横肋组合结构；当碰撞至 F 点时，参与受力的构件为与 F 点相连的三条边所构成的 T 形构件。值得一提的是，一般情况下两道竖桁的间距与两道横肋之间的距离有所不同，所以在计算不同的 T 形构件阻力时，式 (12-12) 中参数 c 的选取应视具体情形而定。

(2) 位置二：初始撞击位置为横肋某点。

如图 12-11b) 所示，初始撞击位置为横肋某点。对于球鼻首船舶，如图 12-11b)-b1 所示，首先受挤压的是横肋 HO。在其折叠压碎后，随着撞深的进一步增大，球鼻首会接触到 H 点和 O 点。此时，钢套箱内参与受力的构件为由 NH、AH、GH 构成的 T 形构件和由 DO、BO、FO 构成的 T 形竖、横肋组合结构，如图 12-11b)-b2 所示，两个 T 形构件参与受力的先后顺序取决于撞击点与 H 点和 O 点的距离。

对于楔形首船舶而言,如图 12-11b)-b3 所示,楔形体最先接触到横肋某点,首先参与受力的为横肋 HO。随着楔形首的进一步前进,如图 12-11b)-b4 中所示的三角形面积增大(顶边位置不变),下一步将接触至 H、O 点和横肋 GF。当碰撞至 H、O 点时,参与受力的构件为由 NH、AH、GH 构成的 T 形构件和由 DO、BO、FO 构成的 T 形竖、横肋组合结构;当碰撞至横肋 GF 时,横肋 GF 开始变形,参与受力。

(3)位置三:初始撞击位置为竖桁某点。

如图 12-11c)所示,初始撞击位置为竖桁某点。对于球鼻首船舶,如图 12-11c)-c1 所示,首先受挤压的是竖桁 BO。在其折叠压碎后,随着撞深的进一步增大,球鼻首会接触到 B 点和 O 点。此时,钢套箱内参与受力的构件为横肋 AC 和由 HO、DO、FO 构成的 T 形竖、横肋组合结构,如图 12-11c)-c2 所示。

对于楔形首船舶而言,如图 12-11c)-c3 所示,楔形体最先接触到竖桁某点,首先参与受力的为竖桁 BO。随着楔形首的进一步前进,如图 12-11c)-c4 中所示的三角形面积增大(顶边位置不变),下一步将接触至 O 点、竖桁 AH 和竖桁 CD。当碰撞至 O 点时,参与受力的构件为由 DO、HO、FO 构成的 T 形构件;当碰撞至竖桁 AH 和竖桁 CD 时,竖桁开始变形,参与受力。

(4)位置四:初始撞击位置为内部某点。

如图 12-11d)所示,初始撞击位置为内部某点。对于球鼻首船舶,如图 12-11d)-d1 所示,随着撞深的增加,受挤压的变为竖桁 BO、竖桁 AH、横肋 AB 和横肋 HO。在其折叠压碎后,随着撞深的进一步增大,球鼻首会接触到 A、B、H 和 O 点。当碰撞至 A、B 点时,参与受力的构件为横肋 IA、BC。图 12-11 中 AC 为钢套箱顶板,当碰撞至 A、B 点时,A、B 点附近丧失了有效的边界条件,受力的横肋 IA、BC 以膜弯曲耗能为主,耗散的能量极为有限,可忽略不计。当碰撞至 H、O 点时,参与受力的构件为由 NH、GH 组成的 L 形构件和由 DO、FO 组成的 L 形竖、横肋组合结构,如图 12-11d)-d2 所示。

对于楔形首船舶而言,如图 12-11d)-d3 所示,随着撞深的增加,受挤压的变为竖桁 BO、竖桁 AH 和横肋 HO。随着楔形首的进一步前进,如图 12-11d)-d4 中所示的三角形面积增大(顶边位置不变),下一步将接触至 O、H 点和横肋 GF。当碰撞至 H、O 点时,参与受力的构件为由 NH、GH 组成的 L 形构件和由 DO、FO 组成的 L 形竖、横肋组合结构;当碰撞至横肋 GF 时,横肋开始变形,参与受力。

3)不同位置下的撞击力有限元计算结果

根据上述分析,不同撞击位置会导致外板的初始变形区域不同,同时也会使得内外部构件参与的顺序有所区别,例如对于第一类位置,在撞击零时刻套箱内部的十字板即开始发生变形;对于第二、三类位置,首先参与受力的则是单独一道横肋或竖桁;而对于第四类位置,撞击发生在内部一点,直到船首接触到矩形四个角点时才会有交叉十字构件参与受力,这意味着与前三类的撞击位置相比,其内部构件参与受力的位移时刻稍稍滞后,但在后续很短的撞深范围内,会有多个 T 形、L 形构件同时或依次发生变形,参与受力。

根据上述分析,通过后续精细化有限元技术模拟得到了图 12-12 所示撞击力-撞深曲线,其中横坐标表示撞深 0~0.20m。由图 12-12 可知,对于位置一,因外板变形区域较大和撞击初始时刻内部十字板构件参与受力,故初始撞击力斜率最大;对于位置四,在撞击初始时刻套箱内部构件未参与受力,故初始撞击力斜率最小。另外,由于钢套箱内部构件具有排布密、间距小的特点,与撞击处相邻的构件能够较快参与受力。因此,当撞深达到0.2m时,不同位置下的钢套箱撞击力趋于一致,与船舶舷侧结构相比,后续撞击力差别相对较小。

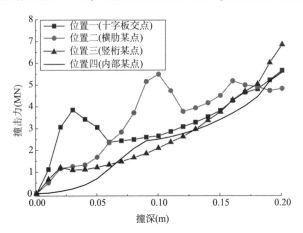

图12-12 四类位置下撞击力-撞深曲线示意

12.3.5 构件撕裂临界撞深的确立

对于钢套箱竖向外板,在破裂前后其阻力大为不同,破裂前主要以膜拉伸及弯曲能量耗散的方式抵抗撞击,而破裂后的外板阻力大大降低,视为撕裂变形。因此,找到外板撕裂的临界撞深是合理、准确预测钢套箱抗撞性能的重要一步。一般情况下,外板的变形增大至材料的断裂应变 ε_0 时,视为外板撕裂。图12-2给出了点荷载作用下外板的变形示意,其中虚线为变形前外板水平方向长度 l_0,实线为撞深达到 Δ 时外板变形后的长度 l,板的拉伸应变如下:

$$\varepsilon = (l - l_0)/l_0 = 1/\cos\alpha - 1 \qquad (12\text{-}17)$$

当 $\varepsilon = \varepsilon_0$ 时,外板撕裂,由 $\cos\alpha$ 与撞深 Δ 的几何关系可推出此时的临界撞深 Δ_0 为:

$$\Delta_0 = \frac{l_0}{2}\sqrt{\varepsilon_0^2 + 2\varepsilon_0} \qquad (12\text{-}18)$$

在单轴拉伸试验中,低碳钢的断裂应变一般为0.2~0.35。考虑到尺寸效应和材料缺陷,Amdahl[15]提出了在全尺寸船侧模型中,断裂应变取0.05~0.10。设计者可以考虑实际情况,根据设计标准或其他研究中的建议值自行选取,本章研究中取 $\varepsilon_0 = 0.10$。

对于十字板、肋板等受力后先折叠再压碎的构件,每道折叠深度为 $2H$,假设一次折叠后板件进入撕裂破坏阶段,那么在参与构件较多的情形下,尤其是钢套箱内部结构的阻力计算会明显不足,因此,需要通过式(12-15)确定在第 N_0 道折叠中构件破碎,那么整个构件的折叠深度为 $D = (N_0 - 1) \times 2H$。

12.3.6 加劲肋的简化计算方法

由于加劲肋不是主要受力构件,其分担阻力的能力有限,但也不可忽视,故采用等效厚

度法[16]简化计算加劲肋的阻力,将加劲肋的横截面积均匀分布给外板,便可得到等效厚度 t_{eq} 如下:

$$t_{eq} = t + A_1/d \tag{12-19}$$

式中, t 为外板自身厚度; A_1 为加劲肋横截面积; d 为相邻两道加劲肋的间距。

12.3.7 解析计算方法流程

综合上述研究内容,给出钢套箱抗撞性能估计的解析计算方法,汇总至图12-13。

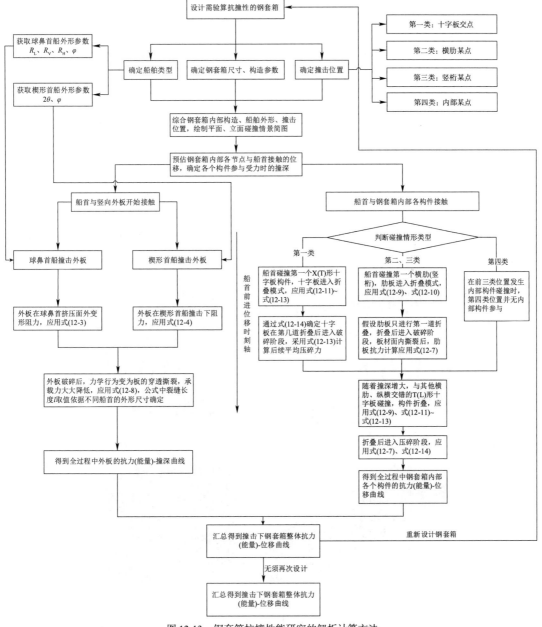

图12-13 钢套箱抗撞性能研究的解析计算方法

12.4 基于解析计算方法估计固定式钢套箱能力曲线

12.4.1 计算模型

本节建立了简化船首模型、简化固定式钢套箱模型,以便于确定解析计算方法的普遍适用性。通过选取精细化的 5000DWT 球鼻首船模型和某主桥固定式钢套箱模型,将采用解析计算方法得到的结果和数值模拟结果对比,验证了适用于钢套箱的解析计算方法在实际工程应用中的准确性。下面将介绍各个船首和钢套箱的尺寸设计,内、外部构造及其相应的有限元模型。

1)船首模型

由文献[5]提出的简化船模设计尺寸,分别建立了船首模型Ⅰ和Ⅱ。如图 12-14 所示,假定球鼻首船的船首高度 $H_{\text{deck}} = 8\text{m}$,上甲板楔形夹角的一半 $\theta = 17°$,首柱倾角 $\varphi = 63°$,球鼻椭球部分 $R_L = 2.4\text{m}$、$R_V = 1\text{m}$、$R_H = 0.4\text{m}$。楔形首船的船首高度 $H_{\text{deck}} = 6.2\text{m}$,上甲板楔形夹角的一半 $\theta = 30°$,首柱倾角 $\varphi = 74°$。船首Ⅰ和Ⅱ的有限元模型材料为 Q235 钢,密度 $\rho = 7850\text{kg/m}^3$,弹性模量 $E = 2.06 \times 10^5 \text{MPa}$,泊松比 $\nu = 0.3$,假定船首外壳为刚体,采用壳单元建立,厚度 10mm。船首Ⅲ选取 Fan 等[17]建立的精细化 5000DWT 球鼻首船模型,同时假定船首外板为刚体,不发生变形损伤,能量耗散均由防撞装置承担。限于篇幅,具体尺寸构造见文献[17]。船首Ⅲ为实际船舶,在解析计算方法中船首按图 12-6a)进行几何简化处理,球鼻半椭球部分经过测量分别为 $R_L = 3.884\text{m}$、$R_V = 2.388\text{m}$、$R_H = 2.299\text{m}$。由此可见,相比于实际船舶尺寸,由式(12-16)计算所得的船首模型Ⅰ中 R_H 值明显偏小。

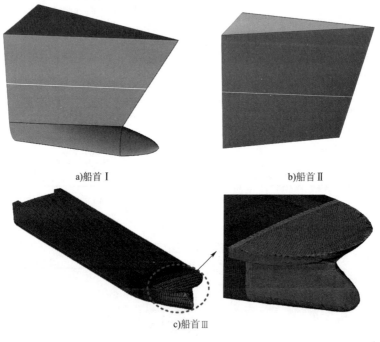

a)船首Ⅰ   b)船首Ⅱ

c)船首Ⅲ

图 12-14 船首模型

2）固定式钢套箱模型

结合钢套箱的基本构造特点，在方柱墩四周建立了图 12-15a）所示的固定式钢套箱Ⅰ。钢套箱Ⅰ构造简单、受力明确，由竖桁、横肋、竖向内板、竖向外板、顶板、底板构成。方柱墩墩高为 26m，截面尺寸为 4m×12m；承台高为 6m，截面尺寸为 10m×18m；钢套箱横肋间距为 1.25m，竖桁间距为 0.5m，内、外板间距为 2m。

考虑到简化分析方法在实际工程中的适用性，钢套箱Ⅱ选取文献[4]构建的用于椒江二桥主塔防撞的精细化防撞钢套箱模型，见图 12-15b）。钢套箱Ⅱ为固定式钢护舷，由 Q235C 钢制成，通过牛腿等构件与主塔承台相连，承台与钢套箱内壁间设置了厚度为 10cm 的橡胶块。套箱主要构件为竖向外板、竖向内板、顶板、底板、横肋、竖桁及加劲肋等，平面呈流线型，外板具有一定弧度，以便于紧贴桥墩；立面为三折线型，套箱宽度从顶板处 2m 逐渐扩大到中部 2.5m，再缩减到底板处 2m。内部横肋间距为 1.75m，竖桁间距为 0.6~0.8m 不等，竖向加劲肋间距分为 0.6m 和 1.4m 两种。钢套箱钢板厚度均为 10mm。其他具体构造介绍见文献[4]。固定式钢套箱Ⅰ、Ⅱ的有限元模型中钢板材料为 Q235 钢材，采用理想线性强化弹塑性力学模型 MAT_PLASTIC_KINEMATIC 定义，屈服强度为 235MPa，单元失效应变取 0.2，并依据文献[18]设置应变率参数 $C=1.32\times10^6 s^{-1}$，$P=8$。

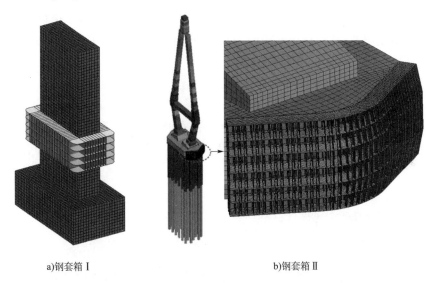

a）钢套箱Ⅰ   b）钢套箱Ⅱ

图 12-15 钢套箱模型

12.4.2 解析计算方法验证与讨论

采用 12.4.1 节中已建立好的船首、桥梁防撞钢套箱模型，综合上述讨论采用解析计算方法展开钢套箱抗撞性能分析，并利用数值模拟方法进行验证。拟定了如表 12-1 所示的 5 个算例。算例 1 和算例 2 为船首Ⅰ分别撞击钢套箱Ⅰ、Ⅱ，陈述了船首Ⅰ的不合理性及解析计算方法的缺陷；算例 3 为船首Ⅲ撞击钢套箱Ⅱ，验证了解析计算方法用于计算实际工程中的固定式钢套箱在球鼻首船舶撞击作用下抗撞性能的准确性；算例 4 为船首Ⅱ撞击钢套箱Ⅱ，验证了解析计算方法用于计算实际工程中的固定式钢套箱在楔形首船舶撞击作用下抗撞性能的准确性;算例5为船首Ⅱ撞击钢套箱Ⅰ。同时分析了撞击过程中船舶撞击速度变化对结果的影响。

算例介绍　　　　　　　　　　表12-1

算例编号	描述	钢套箱钢板厚度
1	船首Ⅰ撞击钢套箱Ⅰ	10mm
2	船首Ⅰ撞击钢套箱Ⅱ	10mm
3	船首Ⅲ撞击钢套箱Ⅱ	10mm/8mm/12mm
4	船首Ⅱ撞击钢套箱Ⅱ	10mm/8mm/12mm
5	船首Ⅱ撞击钢套箱Ⅰ	10mm

为了验证解析计算方法在不同材料厚度下的适用性,如表12-1所示,算例3、算例4不仅验证了10mm钢板厚度下钢套箱的抗力-位移关系,还通过减少(增大)材料厚度,对8mm及12mm钢板厚度下钢套箱遭遇撞击的情况采用解析计算方法和仿真模拟方法进行结果对比,验证不同厚度下解析计算方法得出的钢套箱抗力-位移曲线的准确性。

各算例有限元模型中船首模型均为刚体,不发生变形,完全依靠钢套箱消耗能量。同时,设置船首速度恒定为1m/s。由于材料应变率效应,动力冲击中钢套箱材料会有更高的强度。为与数值模拟方法对应,在解析计算方法中,通过设置动力放大系数来反映材料流动应力强度。

不同速度下材料的应变率采用文献[5]方法确定,如式(12-20)所示:

$$\dot{\varepsilon} = v_x/S \tag{12-20}$$

式中,v_x为冲击工程中法向的速度;S为肋骨间距,在钢套箱中体现为竖向内、外板间距。

根据文献[19]确定动态流动应力σ_0^d,见式(12-21):

$$\sigma_0^d = \sigma_0\left[1+\left(\frac{\dot{\varepsilon}}{C}\right)^{1/P}\right] \tag{12-21}$$

式中,C、P为Cowper-Symonds常数,按文献[18]取$C=1.32\times10^6 s^{-1}$,$P=8$,与有限元模型参数一致。

1)算例1

钢套箱Ⅰ在船首Ⅰ撞击下,解析计算方法和数值模拟方法得到的力(能量)-撞深曲线如图12-16所示。如图12-16a)所示,在AB段,球鼻首开始接触钢套箱,竖向外板与首先接触到的十字板结构参与受力,撞击力在最初撞深范围内迅速升高。竖向外板在B点发生破裂,承载力大大降低,撞击力迅速降低至C点。随着船首的持续前进,球鼻以上楔形部位在D点接触到套箱顶板,随即顶板和竖桁组成的T形结构参与受力,抗力持续增加到E点。在EF段,竖向外板及T形结构破裂,抗力迅速降低。

对比两种方法结果可知,解析计算所得的竖向外板破裂前抗力远远大于数值模拟结果。这是因为采用的船首Ⅰ是按文献[5]确定的外形参数,正如12.3.2节所述,该船首椭球水平半径R_H过小,导致船首对钢套箱竖向外板的损伤面积较小。同时,由12.3.1节中的基本假定可知,以相邻两道未参与碰撞的竖桁作为变形区域(远大于实际变形区域),会使解析计算中竖向外板抗力偏大,与数值模拟结果不同。考虑到文献[5]给出的模型尺寸与实际船首尺寸相差较大,尤其是 R_H 值过小,而且解析计算方法中该类船舶对钢套箱竖向外板的抗力作用计算不准确,需进一步研究。因此,在目前的解析计算方法中不建议采用式(12-16)来确定球鼻首简化几何模型参数。

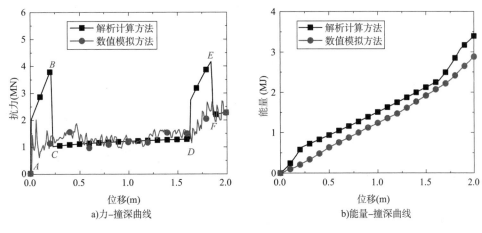

图 12-16 算例 1 结果

2)算例 2

钢套箱Ⅱ在船首Ⅰ撞击作用下,解析计算方法和数值模拟方法得到的力(能量)-撞深曲线如图 12-17 所示。由图 12-17 可知,与算例 1 相同,算例 2 解析计算方法高估了竖向外板对船首Ⅰ的抗力。同时,从能量的角度看,算例 2 中两者差异在 2.5MJ 左右,而算例 1 中能量差异相对较小。这是因为算例 1 中被撞击的钢套箱Ⅰ竖桁间距只有 0.5m,竖向外板破裂前变形区域即为 2 倍竖桁间距,为 1m;而钢套箱Ⅱ作为固定在斜拉桥主塔承台上的钢套箱,尺寸更大,被撞击处的竖桁间距为 0.774m,2 倍竖桁间距即变形区域为 1.548m。假定的变形区域扩大,也使得计算抗力值差异更加明显。由于船首Ⅰ在实际碰撞中,钢套箱竖向外板产生的抗力极小,若在解析计算方法中忽略这部分抗力,可得到如图 12-17c)和 d)所示的计算结果。此时,两种方法得到的结果吻合较好,这也确定了针对 Zhang[5] 提出的船首几何简化模型,解析计算方法目前无法很好地预测外板抗力,有待进一步研究。

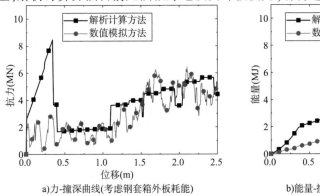
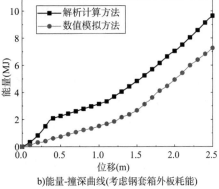

a)力-撞深曲线(考虑钢套箱外板耗能)　　b)能量-撞深曲线(考虑钢套箱外板耗能)

图 12-17

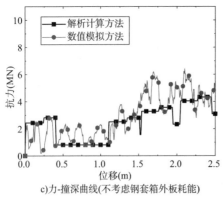 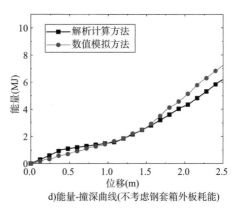

c) 力-撞深曲线(不考虑钢套箱外板耗能)　　d) 能量-撞深曲线(不考虑钢套箱外板耗能)

图12-17　算例2结果

根据上述两算例可知,解析计算方法依旧可以采用图12-6a)所示的简化几何模型,而球鼻首椭球部分的 R_L、R_V、R_H 建议根据实际吨位的船舶尺寸确定。例如,所采用的5000DWT球鼻首船舶,$R_L=3.884m$、$R_V=2.388m$、$R_H=2.299m$,或可依据文献[14]中给出的设计准则来确定 R_L、R_V、R_H,但不推荐采用式(12-16)。下文关于球鼻首船舶的解析计算中,均按照实际船舶尺寸确定简化几何模型中的 R_L、R_V、R_H。

3) 算例3

算例3为船首Ⅲ撞击三种不同钢板厚度下的固定式钢套箱Ⅱ。船首Ⅲ为依据设计图纸制造的5000DWT球鼻首船舶,外形尺寸更合理;钢套箱Ⅱ代表了实际工程中所应用的钢套箱,其造型更符合工程实际,外部呈流线型,内部构造也相对复杂,包括加劲肋的布置、竖桁的中空处理等,而这对钢套箱Ⅱ的计算与验证尤为重要。

船首Ⅲ撞击钢套箱Ⅱ(厚度10mm)下的力(能量)-撞深曲线如图12-18所示。由于钢套箱竖向内、外板间距为2.5m,因此整个撞击过程中最大撞深为2.5m,从球鼻首撞击钢套箱竖向外板开始直到接触钢套箱竖向内板。由于在撞击发生后,钢套箱竖向内板紧贴桥墩而没有变形空间,所以不考虑内板耗能。图12-18a)中 B 点对应外板破裂时刻位移,竖向外板破裂后,其抗力迅速降低至 C 点,D 点对应横向两道对称十字板参与受力时刻位移,撞击力快速上升至 E 点。EF 段撞击力的提高主要是由于十字板在折叠压碎过程中受到平均压碎力的影响。当十字板在第三道折叠中破碎后,抗力降低至 G 点。HI 段撞击力上升是由球鼻首船舶球鼻以上楔形部分碰撞到钢套箱顶板处,顶板及其附近的竖桁参与受力导致。由图12-18可知,解析计算所得的力(能量)-撞深曲线与数值模拟结果吻合较好。

图12-19和图12-20所示分别为厚度8mm和厚度12mm的钢套箱遭遇撞击时的力(能量)-撞深曲线。由图12-19可知,由于钢板厚度较小,数值模拟结果与解析计算方法下的抗力均较小,钢套箱耗能亦较小。相比于图12-19,图12-20所示为增大钢板厚度时的计算结果,抗力和能量都有所增大。

总体而言,解析计算方法对于三种不同厚度的钢套箱的抗撞能力均给出了较好的预测。

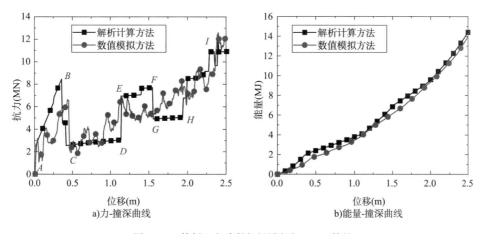

图 12-18 算例 3(钢套箱钢板厚度为 10mm)结果

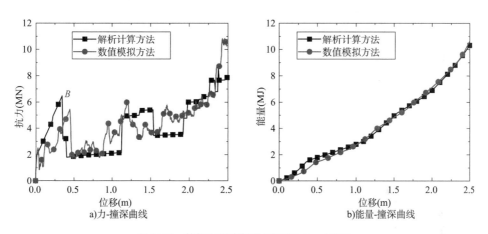

图 12-19 算例 3(钢套箱钢板厚度为 8mm)结果

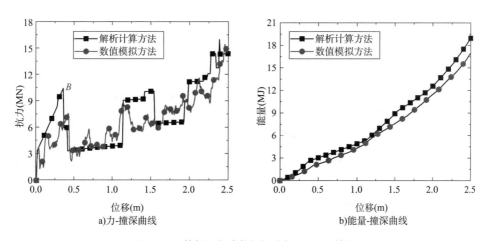

图 12-20 算例 3(钢套箱钢板厚度为 12mm)结果

4)算例 4

算例 4 采用船首 Ⅱ 撞击三种不同钢板厚度下的钢套箱 Ⅱ,其计算结果如图 12-21 ~

图 12-23 所示。钢套箱Ⅱ竖向内、外板间距为 2.5m,而撞深仅计算到 2.1m。因为钢套箱Ⅱ立面为三折线,楔形首撞击点在折线段处,如图 12-24 所示,船首在向前行驶 2.1m 后会撞击桥墩承台,所以钢套箱的有效耗能路径仅为 2.1m。对于钢套箱的立面设计中有弧度或折线处理的,在不同水位、不同船舶高度下,其耗能路径均有可能不同,需多加考虑。

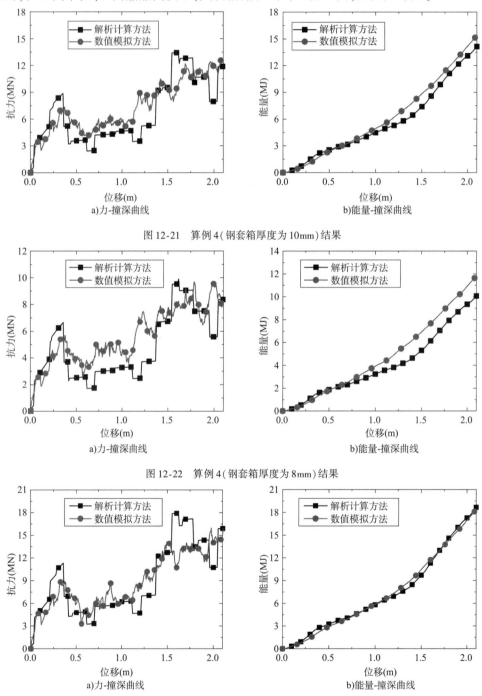

图 12-21 算例 4(钢套箱厚度为 10mm)结果

图 12-22 算例 4(钢套箱厚度为 8mm)结果

图 12-23 算例 4(钢套箱厚度为 12mm)结果

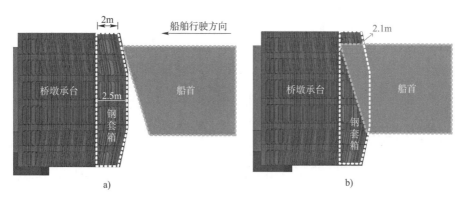

图 12-24　楔形首行进过程图解

由图 12-21~图 12-23 可知,除了当钢板厚度为 8mm 时,解析计算方法对钢套箱耗能能力估计相对保守以外,其余预测吻合较好,出于安全性的考虑,整体上不同钢板厚度下的钢套箱耗能能力预测均较为准确。

算例 4 验证了解析计算方法对实际工程中的固定式钢套箱在楔形首船舶撞击作用下抗撞性能分析的准确性。一般而言,球鼻首船舶撞击作用下,钢套箱的损伤区域主要是球鼻撞击部分,其他区域损伤相对较轻;而楔形首船舶撞击作用下,损伤面积从撞击点向下部、两边不断延伸,相比球鼻首船舶,楔形首船舶撞击作用下钢套箱的损伤面积更大,如图 12-25 所示。因此,比较算例 3、算例 4 可以看出,同等撞深情况下楔形首抗力、能量耗散均大于球鼻首撞击情况。

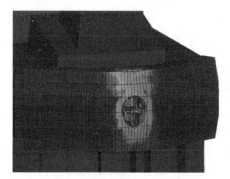
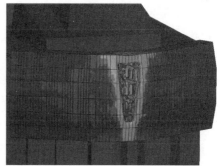

a)球鼻首船舶撞击作用下损伤　　　　　　　b)楔形首船舶撞击作用下损伤

图 12-25　两类船舶撞击作用下钢套箱损伤示意

5)算例 5

图 12-26 所示为船首Ⅱ撞击钢套箱Ⅰ时所得到的结果,由图可知解析计算结果与数值模拟结果能较好地吻合,进一步验证了解析计算方法用于楔形首船舶撞击作用下钢套箱抗撞性能分析的准确性。与上文所述一致,相比于算例 1、算例 2,由于楔形首船舶对钢套箱破坏程度高,同等撞深下抗力、能量耗散也大于球鼻首船舶撞击情况。钢套箱Ⅰ内部构件竖桁、横肋间距更小,排列更密集,而解析计算方法忽略了各构件之间的相互作用。因此,如图 12-26 所示,随着撞深增加,参与受力的构件增多,且由于解析计算方法忽视了相互作用,钢套箱整体抗力相较于数值模拟方法略小。对于构件间的相互作用,需进一步研究。

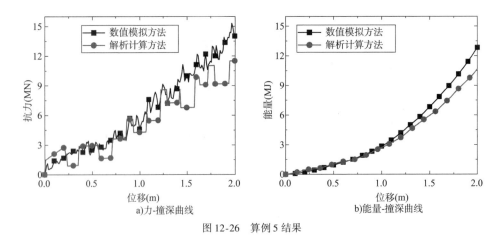

a) 力-撞深曲线　　　　　　　　　b) 能量-撞深曲线

图 12-26　算例 5 结果

6) 不同速度设置对比

上述算例中假定船舶撞击速度恒定,即使船首从接触钢套箱开始至走完钢套箱的整个耗能路径均保持匀速运动,以研究钢套箱的极限耗能能力。而在实际事故中,由于在撞击过程中随着能量不断耗散,更多的动能不断转化为结构内能,船舶撞击速度会不断下降直至碰撞结束,这与假设有所不同。为了探讨实际碰撞过程和恒定速度碰撞下的力-撞深关系的区别,下文对算例 3(钢套箱钢板厚度 10mm) 及算例 5,分别设置初速度和恒定速度进行讨论。

图 12-27 给出了球鼻首与钢套箱 II 碰撞(算例 3)时的数值模拟计算结果。当船首以 1m/s 的初速度行驶时,力-撞深曲线会在末端进入力卸载阶段。由图 12-27 可知,力卸载阶段前两条曲线基本重合,撞击力并无较大差异,表明总体上该假设的影响是有限的。此外,以算例 5 为基础开展了楔形首在两种不同速度设定方式下的有限元计算,如图 12-28 所示,同样力卸载阶段前的力-撞深关系能很好地吻合。由此可知,对于不同外形船首、不同构造的钢套箱,解析计算方法中速度恒定这一假设的影响均是较为有限的。实际中以估计钢套箱抗撞性能(即力-撞深曲线)为主要目标,当速度恒定时,可简化计算,且采用解析计算方法可以得到钢套箱的耗能大小,从而快速设计钢套箱构造与尺寸等。

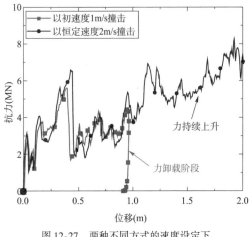

图 12-27　两种不同方式的速度设定下力-撞深关系对比(算例 3)

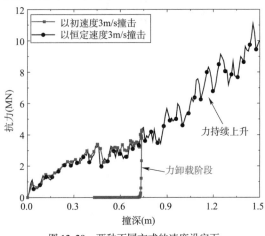

图 12-28　两种不同方式的速度设定下力-撞深关系对比(算例 5)

12.5 浮式钢套箱碰撞响应特点

相比固定式的钢套箱,随着水位变化而发生升降变化的浮式钢套箱更为广泛地运用于实际工程中。下面将探讨所提出的解析计算方法在浮式钢套箱中的适用性。出于简便考虑,假设碰撞过程中不考虑水介质的影响。通常水介质被认为可消散部分能量,因此这种假设将会使设计趋于保守。

12.5.1 浮式钢套箱碰撞模型

本章依托肇庆大桥扩建桥梁进行浮式钢套箱的设计。肇庆大桥扩建桥梁采用箱形变截面预应力混凝土刚构-连续组合桥梁。扩建主桥通航孔跨径与旧桥跨径一致,即 4×136m,为满足水利要求,跨越联安围大堤位置采用155m一跨跨越堤身断面,主桥桥跨布置为(86 + 4 × 136 + 155 + 81)m。通航设两主通航,通航水位 13.764m,主通航孔净高 18m,净宽 122.5m,上顶宽 91m。在图 12-29 所示的有限元模型中,对于主要研究的主墩和过渡墩(如图 12-29 中 P43 桥墩),采用实体单元来模拟桥墩和承台部分,采用梁单元来模拟桩基础。考虑到桩周土体的影响,采用两个方向的土弹簧来模拟桩与土的接触关系。

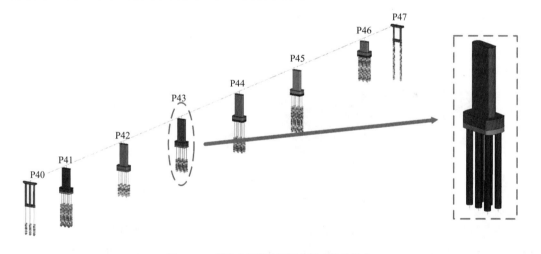

图 12-29 肇庆大桥扩建桥梁全桥有限元模型

针对 P43 桥墩的外形尺寸,设计了图 12-30 所示的浮式钢套箱构造,包括竖向外板、内板,顶、底板,多道横肋、竖桁,T 形加劲肋及橡胶护舷。整个钢套箱高度为 5m,在初步设计中,竖向内、外板间距为 2.5m,所有钢制构件厚度为 10mm。

依据设计图纸,构建了图 12-31 所示的有限元模型。网格划分尺寸为 8cm,单元总数达 197068 个。其中,除橡胶护舷采用实体单元外,其他各构件均采用壳单元。钢套箱中钢板材料为 Q235 钢材,采用理想线性强化弹塑性力学模型 MAT_PLASTIC_KINEMATIC 定义,屈服强度为 235MPa,单元失效应变为 0.2,并依据文献[18]设置应变率参数 $C = 1.32 \times 10^6 \text{s}^{-1}$,$P = 8$。橡胶护舷采用橡胶本构 MAT_MOONEY_RIVLIN_RUBBER 定义,密度 $\rho = 1180 \text{kg/m}^3$,

泊松比 $\nu = 0.49$,硬度相关常量 $A = 3.94 \times 10^5$,$B = 9.9 \times 10^4$。

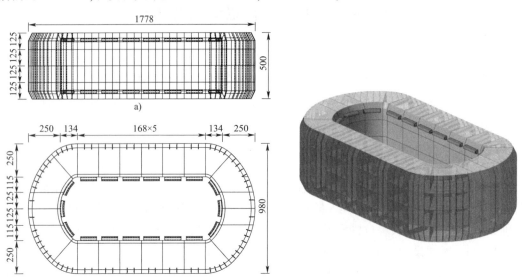

图12-30　浮式钢套箱构造示意(尺寸单位:cm)　　图12-31　浮式钢套箱有限元模型

选用的船舶为2000DWT球鼻首船舶[20],如图12-32所示,采用壳单元建立。整船单元个数为151630,其中船首为精细化模型,单元个数为123068,网格划分尺寸约为8cm。船首部分除外板厚度为14mm外,其余构件板厚10mm。

图12-32　2000DWT球鼻首船舶有限元模型

船首钢材为A32高强度钢材,对A32钢材进行单轴拉伸试验,试件如图12-33所示,试验所得的工程应力-应变曲线见图12-34。MAT_PIECEWISE_LINEAR_PLASTICITY(MAT_024)材料模型被广泛地应用于仿真分析中来模拟钢板[18,19,21-23],该材料模型需要输入材料的有效(真实)应力-有效塑性应变曲线。采用文献[21]的处理方法,将试件的工程应力-应变关系转变为真实应力-应变曲线,如图12-34所示。

在2000DWT球鼻首船舶模型中,A32钢材的材料模型参数如表12-2所示。考虑到船首精细化模型中网格尺寸与厚度关系为 $l/t \approx 8$,按文献[24],有限元模拟中材料的有效塑性失效应变取0.3。

12.5.2　数值模拟结果及响应特点分析

采用12.5.1节的有限元模型,对肇庆大桥扩建桥梁主跨桥墩P43展开了船舶撞击力研究。图 12-35 所示为 2000DWT 球鼻首船舶分别以 2m/s、3m/s、4m/s 初速度撞击 P43 桥墩的撞击力-时间曲线。

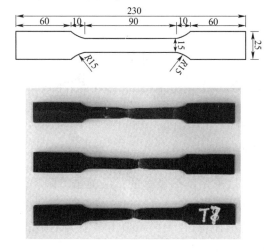

图 12-33 试验试件(尺寸单位:mm)　　　　　图 12-34 船首钢板材料本构

2000DWT 球鼻首船舶船首材料参数　　　　　　　　　　　　　　表 12-2

MAT_PIECEWISE_LINEAR_PLASTICITY(MAT_024)							
MID	RO	E	PR	SIGY	ETAN	FAIL	TDEL
1	7850	2.06×10^{11}	0.30	0.000	0.000	0.300	0.000
C	P	LCSS	LCSR	VP			
1.32×10^6	8	1	0	1			
EPS1	EPS2	EPS3	EPS4	EPS5	EPS6	EPS7	EPS8
0.000	0.000	0.000	0.000	0.000	0.000	0.000	0.000
ES1	ES2	ES3	ES4	ES5	ES6	ES7	ES8
0.000	0.000	0.000	0.000	0.000	0.000	0.000	0.000
DEFINE_CURVE							
LCID	SIDR	SFA	SFO	OFFA	OFFO	DATTYP	LCINT
1	0	1.000	1.00×10^6	0.000	0.000	0	0
	A1	O1					
	0.00	332.0853					
	4.53×10^{-3}	332.3453					
	8.62×10^{-3}	335.8554					
	1.23×10^{-1}	341.1856					
	…	…					
	2.95×10^{-1}	588.4555					
	3.00×10^{-1}	589.7556					

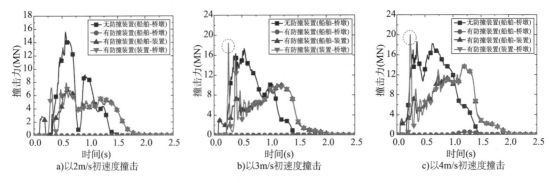

图 12-35 肇庆大桥 P43 桥墩船舶撞击力时程曲线

由图 12-35 可以看出,当船舶撞击速度为 2m/s 时,采用防撞装置的桥墩撞击力降幅较大。当船舶撞击速度为 3m/s、4m/s 时,浮式钢套箱在与桥墩接触的时刻,产生了极大的撞击力,甚至高过了无防撞装置的桥墩峰值力。就保护桥墩而言,过大的峰值力是极为不利的。同时,这种接触初始时刻桥墩与钢套箱产生极大撞击力的现象,普遍地出现在浮式钢套箱的仿真分析中,如文献[6]中。因此,研究并减弱该响应是必要的。

图 12-36 所示为船撞作用下浮式钢套箱与船首、桥墩的相互作用过程。首先,在船首与钢套箱接触之后,钢套箱会被船首推动直至与桥墩发生接触。随后钢套箱内、外壁将分别受到船首和桥墩的挤压。由于浮式钢套箱内板附着的缓冲块(D 型护舷)刚度小,相比于钢套箱外板的变形,缓冲块发生的变形更大甚至被完全压缩,如图 12-36d)所示。接着钢套箱开始从外板逐渐变形压缩,参与主要的耗能,直至碰撞结束,如图 12-36e)、f)所示。

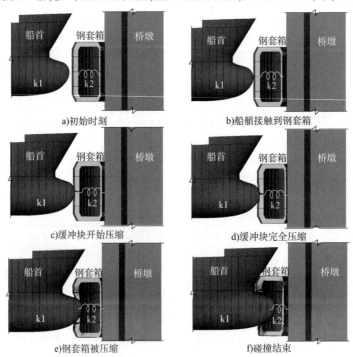

图 12-36 浮式防撞装置-船首-桥墩三者相互作用过程

在钢套箱内板缓冲块被完全压缩这一过程中,如果缓冲块耗能能力不足,在接触瞬间变形失效,那么将使得钢套箱内板与桥墩以较大的速度接触。由于钢套箱内板接触面积大、刚度大,容易在与桥墩接触瞬间产生极大的峰值撞击力。因此,稍增大缓冲块的耗能能力,可以使其在钢套箱内板与桥墩的接触过程中有效地改变接触面积,这将有利于减小接触瞬间的峰值撞击力。

12.6 基于内置钢板 D 型橡胶护舷的性能优化

浮式钢套箱初始时刻极大撞击力现象的产生,是由于钢套箱与桥墩之间的初始刚度大,而用来改变二者接触关系的 D 型橡胶护舷刚度太低,在二者接触的瞬间完全变形,故钢套箱直接拍击在了桥墩上,从而产生了极大的撞击力。

传统 D 型橡胶护舷的材料为橡胶,对于高能量的撞击而言,耗能能力完全不足,需要改进其性能。因此,本节通过在 D 型橡胶护舷内壁设置一圈 4mm 厚度的不锈钢板,如图 12-37c)所示,来增强其抗压性能,从而改善桥墩与浮式钢套箱之间的接触关系。

a)厂家生产的D型橡胶护舷　　b)传统D型橡胶护舷有限元模型　　c)内置钢板的D型橡胶护舷

图 12-37　D 型橡胶护舷

由于浮式钢套箱中 D 型橡胶护舷会与水接触,出于防锈蚀的考虑,内置钢板材料选用 304 不锈钢。对不锈钢试件进行了 3 组单轴拉伸试验,试验数据如图 12-38a)所示。采用文献[21]的处理方法,将试件 1 的工程应力-应变曲线转变为真实应力-应变曲线,如图 12-38b)所示。

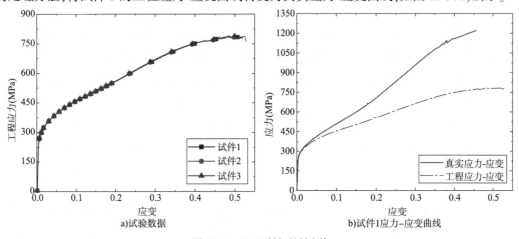

图 12-38　304 不锈钢材料本构

在数值仿真分析中,内置钢板采用理想线性强化弹塑性力学模型 MAT_PLASTIC_KINEMIC 本构关系简化图 12-38b) 所示材料真实应力-应变曲线,屈服强度为 270MPa,其余参数设置见表 12-3。

内置钢板(304 不锈钢)材料参数　　　表 12-3

MID	RO	E	PR	SIGY	ETAN	BETA
1	7850	1.90×10^{11}	0.305	2.70×10^8	2.19×10^9	0.000
SRC	SRP	FS	VP			
1.32×10^6	8	0.18232	1			

图 12-39 给出了对 D 型橡胶护舷性能优化后的撞击力时程曲线。对比无浮式钢套箱、有钢套箱但无内置钢板橡胶护舷的数值模拟结果,可以看出在初速度为 3m/s、4m/s 等较大船舶动能撞击时,内置钢板使桥墩与浮式钢套箱之间的接触关系大为改善,钢套箱的初始撞击力得到了明显的削减。

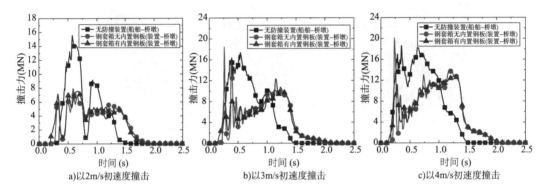

图 12-39　D 型橡胶护舷性能优化后仿真结果

12.7　基于解析计算方法预测浮式钢套箱能力曲线

本节运用 12.3 节所述适用于钢套箱的解析计算方法,对浮式钢套箱的抗撞性能进行解析计算,较快速地得到了其撞击力(能量)-撞深曲线,并采用数值模拟方法验证了结果的准确性。在运用数值模拟方法中,撞击船首刚化,不参与耗能,设置船舶撞击速度恒定为 2m/s,同时考虑应变率效应。

通过改变钢套箱钢板厚度及耗能路径长度(即钢套箱内、外板间距),设计了表 12-4 所示的 6 个算例,分别包含 8mm、10mm、12mm 三种不同厚度的钢板和 2.5mm、3.5m 两种不同长度的耗能路径。

浮式钢套箱解析计算算例汇总　　　表 12-4

算例编号	钢套箱钢板厚度(mm)	钢套箱内、外板间距(m)
1	8	2.5

续上表

算例编号	钢套箱钢板厚度(mm)	钢套箱内、外板间距(m)
2	8	3.5
3	10	2.5
4	10	3.5
5	12	2.5
6	12	3.5

图 12-40 所示为算例 1(钢套箱厚度 8mm,间距 2.5m)的解析计算结果和数值模拟结果对比,两种计算方法的结果吻合得非常好,最大撞击力分别为 8.52MN 和 8.43MN,误差为 1.42%,最大能量耗散分别为 11.90MJ 和 11.87MJ,误差为 0.25%。除此之外,相比于数值模拟结果,解析计算结果也很好地反映了撞击力和能量的变化趋势。

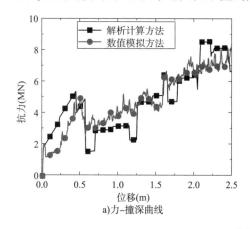
a)力-撞深曲线

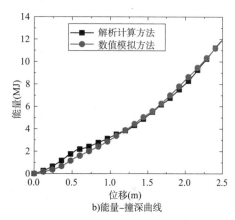
b)能量-撞深曲线

图 12-40　算例 1 计算结果

图 12-41 所示为算例 2(钢套箱厚度 8mm,间距 3.5m)的解析计算结果和数值模拟结果对比,两种计算方法的结果同样吻合得非常好。相比算例 1,算例 2 增加了钢套箱竖向内、外板间距,这会使套箱的耗能进一步增大,两种方法得到的最大能量耗散分别为 18.62MJ 和 18.40MJ,相比于算例 1 分别增长了约 56% 和 55%。而与此同时,两种方法得到的最大撞击力分别为8.52MN 和 8.25MN,与算例 1 几乎没有差别,这是由于在算例 2 延长的 1m 耗能路径中,主要参与受力的是在 2.5m 前已经变形损伤的构件,耗能模式以剪切破坏为主,并未有新的构件参与耗能,因此撞击力并未持续增加。

综合算例 1 和算例 2 计算结果可以看出,延长钢套箱的耗能路径是一个可以有效提高钢套箱抗撞性能的设计思路,在增大耗能能力的同时,保证了撞击力不会有明显的提高,有利于提高桥墩结构的安全性。

对于提高钢套箱耗能能力的方法,除了延长耗能路径外,也可以增加钢套箱钢板厚度,图 12-42 所示为算例 3(钢套箱厚度 10mm,间距 2.5m)的计算结果。相较算例 1,算例 3 将钢套箱钢板厚度从 8mm 增加至 10mm。解析计算方法和数值模拟方法得到的最大撞击力分别为 13.44MN 和 12.28MN,最大能量耗散分别为 16.92MJ 和 15.85MJ。与算例 1

相比均有所增大。图12-43所示为算例4的计算结果,即在算例3的基础上延长了耗能路径,两种方法的最大撞击力分别为13.36MN和12.97MN,最大能量耗散分别为26.36MJ和26.51MJ。

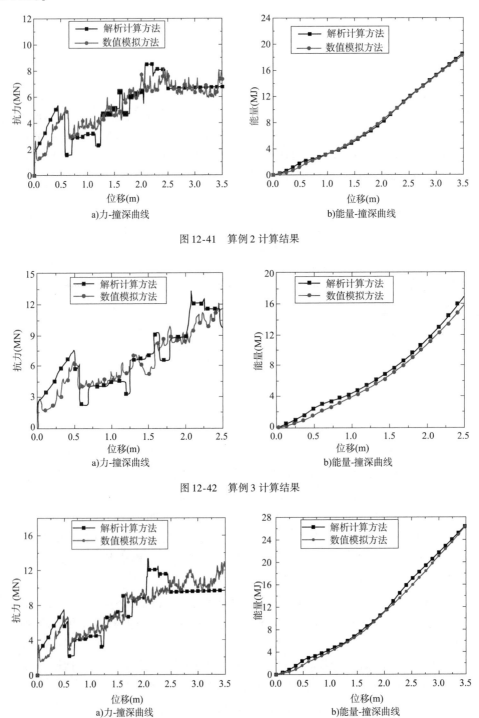

图12-41　算例2计算结果

图12-42　算例3计算结果

图12-43　算例4计算结果

除了对 8mm 和 10mm 厚度的钢套箱抗撞性能进行计算外,同样也设计了 12mm 厚度的钢套箱,来进一步提高其耗能能力。图 12-44 所示为算例 5(钢套箱厚度 12mm,间距 2.5m)的计算结果,解析计算方法和数值模拟方法得到的最大撞击力分别为 17.81MN 和 16.30MN,最大能量耗散分别为 22.49MJ 和 20.65MJ。算例 6 在算例 5 的基础上增大钢套箱内、外板间距,计算结果如图 12-45 所示,两种方法计算得到的最大撞击力分别为 17.80MN 和 15.63MN,最大能量耗散分别为 35.52MJ 和 33.13MJ,撞击力和耗能能力进一步增大。

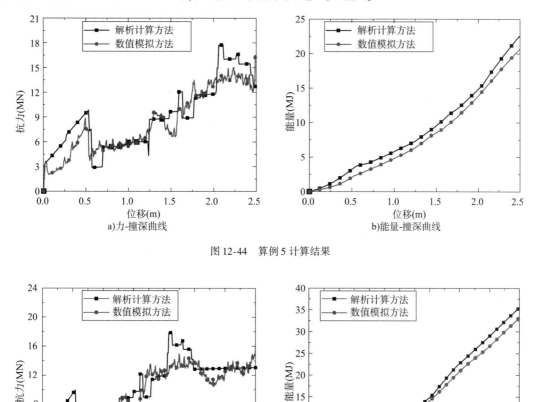

图 12-44　算例 5 计算结果

图 12-45　算例 6 计算结果

通过对比上述 6 个算例的结果,可以看出对于不同厚度、不同间距的钢套箱,解析计算方法与数值模拟方法的结果均有较好的吻合。再结合 12.4.2 节中给出的 5 个算例,表明了对于不同撞击速度(12.4.2 节中船首速度恒定为 1m/s,本节船首速度恒定为 2m/s)、不同船型及不同外观尺寸的钢套箱的抗撞性能的分析,运用解析计算方法均能得到准确度较高的能力曲线。

12.8 浮式钢套箱的简化设计

12.7 节通过解析计算方法得到了浮式钢套箱的能力曲线,本节将在此基础上,提出基于钢套箱抗力-撞深曲线的简化设计方法(图 12-46)[1],阐述钢套箱的简化设计方法,包括对能量需求的预计,对船首撞深、套箱撞深、峰值撞击力的预测等。

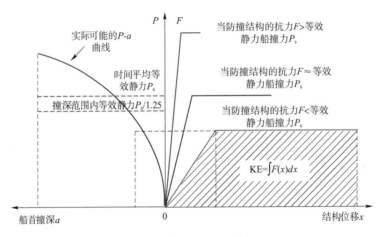

图 12-46 防撞措施设计方法

桥梁防撞钢套箱体系的防撞思路是将船舶动能更多地转化为钢套箱的变形能,从而使得桥墩的变形能降低,以维护桥梁结构的安全。在不考虑桥墩附近水域的能量耗散时,从能量守恒定律的角度出发,船舶、钢套箱、桥墩三者组成体系中的能量关系应如式(12-22)所示:

$$E_0 = E_f + E_v + E_s \tag{12-22}$$

$$E_0 = \frac{1}{2}m_v v_0^2 \tag{12-23}$$

式中,E_0 为船舶初始动能;m_v 为船舶总质量;v_0 是船舶撞击前的速度;E_f 为钢套箱的变形能;E_v 为船首的变形能;E_s 为桥墩的变形能。将动能和变形能的表达式展开,式(12-22)可写为:

$$\frac{1}{2}m_v v_0^2 = \int_0^{a_f} P_f(a)\mathrm{d}a + \int_0^{a_v} P_v(a)\mathrm{d}a + \int_0^{a_s} P_s(a)\mathrm{d}a \tag{12-24}$$

式中,$\int_0^{a_f} P_f(a)\mathrm{d}a$ 为钢套箱 P_f-a 曲线从 0 到钢套箱撞深 a_f 的积分;$\int_0^{a_v} P_v(a)\mathrm{d}a$ 为船首 P_v-a 曲线从 0 到船首撞深 a_v 的积分;$\int_0^{a_s} P_s(a)\mathrm{d}a$ 为桥墩 P_s-a 曲线从 0 到桥墩位移 a_s 的积分,由于桥墩的位移一般有限,相较于前二者,$\int_0^{a_s} P_s(a)\mathrm{d}a$ 的值一般较小。P_f-a、P_v-a、P_s-a 三条曲线完全独立,分别表示钢套箱、船首及桥墩各自的阻力随位移的变化关系。而积分 $\int_0^{a_f} P_f(a)\mathrm{d}a$、$\int_0^{a_v} P_v(a)\mathrm{d}a$ 和 $\int_0^{a_s} P_s(a)\mathrm{d}a$ 是相互关联的,三者代表了各自的变形能,三者之和为船舶的初始动能。当 $\int_0^{a_f} P_f(a)\mathrm{d}a$ 占据整体能量的主要部分时,代表碰撞能量大部分被钢

套箱变形耗散。

当钢套箱的耗能充足时,由于碰撞力的实际变化是连续的,船首、钢套箱和桥墩三者相互作用时,碰撞力取 P_f、P_v 和 P_s 中的最小值。钢套箱作为耗能构件,一般而言其刚度低于船首,同时远低于桥墩,因此更容易发生变形从而耗能,所以 P_f 是碰撞过程中的控制因素,此时峰值撞击力 $P_0 = P_f = P_v = P_s$,在明确 P_f、P_v 和 P_s 的值时,通过式(12-24)可得到钢套箱撞深 a_f、船首撞深 a_v 和桥墩位移 a_s。

当钢套箱的耗能不足,需要桥墩和船首提供更多的变形参与才能完全耗散碰撞能量时,撞击力 P_0 会大于 P_f,导致 P_f 不再是碰撞过程中的控制因素。但此时钢套箱已完全参与碰撞,无法提供更多的耗能,因此 $\int_0^{a_{f,\max}} P_f(a)\mathrm{d}a$ 的大小是明确的,$a_{f,\max}$ 为钢套箱的最大撞深,即钢套箱的竖向内、外板间距。式(12-24)可以简化为:

$$\frac{1}{2}m_v v_0^2 - E_{f,\max} = \int_0^{a_v} P_v(a)\mathrm{d}a + \int_0^{a_s} P_s(a)\mathrm{d}a \tag{12-25}$$

式中,$E_{f,\max}$ 为钢套箱的最大耗能。由于刚度大小的相对关系,此时 P_v 为碰撞过程中的控制因素,峰值撞击力 $P_0 = P_v = P_s$,根据 P_v 和 P_s 的值,通过式(12-24)亦可得到船首撞深 a_v 和桥墩位移 a_s。

本节将联合 12.7 节通过解析计算方法得到的钢套箱 P_f-a 曲线,以及通过数值模拟方法得到的船首 P_v-a 曲线和桥墩 P_s-a 曲线,采用上述方法预测船首撞深、钢套箱撞深及峰值撞击力,并通过数值模拟方法验证其准确性,从而更好地运用解析计算方法指导钢套箱的初步设计。

用于描述船首在与钢套箱接触过程中损伤耗能的船首 P_v-a 曲线,由于接触关系的缘故,而与传统的船-桥碰撞中的船首 P-a 曲线有所区别。图 12-47c)所示为船首在与钢套箱碰撞过程中的真实损伤示意:整个球鼻首刺入钢套箱内,由于刚度的关系,其损伤变形可能十分轻微;而当船舶动能较大时,船首上甲板可能会与桥墩接触从而发生严重变形,因此很难建立符合实际船首损伤要求的刚性墙。

本章分别建立了图 12-47a)所示的刚性墙Ⅰ和图 12-47b)所示的刚性墙Ⅱ,当输入能量低、船首损伤小时,刚性墙Ⅰ更符合实际损伤;当输入能量高,球鼻首上部也参与变形时,刚性墙Ⅱ更接近实际损伤。

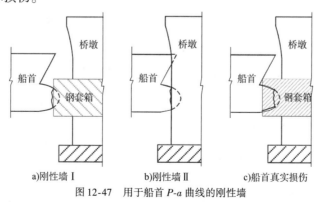

图 12-47 用于船首 P-a 曲线的刚性墙

刚性墙Ⅰ和Ⅱ的有限元模型分别如图 12-48 和图 12-49 所示,通过数值模拟方法,使刚性墙以 0.3m/s 恒定速度挤压船首,得到了两条船首 P_v-a 曲线。

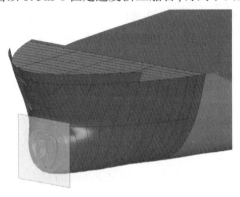
图 12-48　船首-刚性墙有限元模型 I

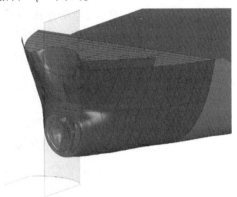
图 12-49　船首-刚性墙有限元模型 II

同样通过采用数值模拟方法,在桥墩被撞区域设置位移加载,从而得到桥墩抗力和位移的关系曲线 P_s-a 曲线。至此,用于钢套箱简化设计方法的 P_f-a、P_v-a、P_s-a 曲线均已全部得出,其中船首 P_v-a 曲线有两条,分别为:采用刚性墙 I 建立的 P_v-a(I) 曲线和采用刚性墙 II 建立的 P_v-a(II) 曲线。

下面将从能量守恒的角度对表 12-4 中给出的算例进行不同速度下的船首、钢套箱撞深和撞击力预测。与 12.7 节不同的是,12.3 节中解析计算方法和数值模拟方法均假设船舶撞击速度恒定,且船首为刚性材料,用于得到钢套箱的最大耗能能力;而本节设置的船舶撞击速度分别为 2m/s、3m/s、4m/s,用于研究不同动能输入下的钢套箱防护能力,同时船首材料选取表 12-2 给出的有效塑性本构,允许船首发生变形,参与耗能,尽可能地模拟真实的碰撞事故。

基于船首 P_v-a(I) 曲线计算的钢板厚度为 8mm 钢套箱设计分析如图 12-50 所示。图中分别给出了解析计算方法得出的钢板厚度为 8mm 钢套箱的 P_f-a 曲线、桥墩的 P_s-a 曲线,以及船首 P_v-a(I) 曲线。当船舶撞击速度为 2m/s 时,输入总能量 $E_0 = m_v v_0^2/2 = 5.5$(MJ),此时钢套箱耗能充足,当撞击力从 A 点持续增长至 B 点时,由于钢套箱 P_f-a 曲线在此处下降,撞击力将不会继续上升,峰值撞击力 P_0 即为 B 点的 Y 轴坐标值。同时,船首 P_v-a(I) 曲线中 $P_0 = P_v(a_{v,0})$,其中 $a_{v,0}$ 即为船首撞深;桥墩 P_s-a 曲线中 $P_0 = P_s(a_{s,0})$,其中 $a_{s,0}$ 即为桥墩位移。确定了船首和桥墩参与碰撞的变形能,可再通过式(12-24)求出 $\int_0^{a_f} P_f(a)\mathrm{d}a$,从而明确钢套箱撞深 $a_{f,0}$,船舶撞击速度 2m/s 作用下的船首、钢套箱撞深、撞击力预测如图 12-50 所示,对应的 X 轴坐标值分别为船首撞深 $a_{v,0} = 0.13$m 和钢套箱撞深 $a_{f,0} = 1.47$m,对应的 Y 轴坐标值为此时的峰值撞击力,其值为 5.36MN。

当船舶撞击速度为 3m/s 时,输入总能量为 $E_0 = 12.38$MJ,此时钢套箱的耗能也是充足的,预测撞深和撞击力的分析方法与船舶撞击速度为 2m/s 时相同,此时撞击力从 A 点持续增长至 B 点之后,还会继续增加至 C 点,撞击速度 3m/s 碰撞作用下的船首、钢套箱撞深、撞击力预测如图 12-50 所示。从上述分析中可以看出,钢套箱 P_f-a 曲线中的极值力往往是分析中的控制性因素。因此,以 3m/s 下的计算工况为例,建立了图 12-51 所示的极值力与能量关系曲线图,由于桥墩耗能极少,忽略不计。图 12-51 改善了图 12-50 无法直接反映能量大小的问题,左侧为 P_v-a、P_f-a 曲线通过积分得到的船首、钢套箱撞深和能量的关系曲线,右侧为 P_v-a、P_f-a 曲线中极值力和能量的关系,因为两个极值点之间也存在积分面积,因此在极值力和耗能的关系曲线中,能量会在极值点跃迁。下面将通过图 12-51 说明如何预测撞深等。

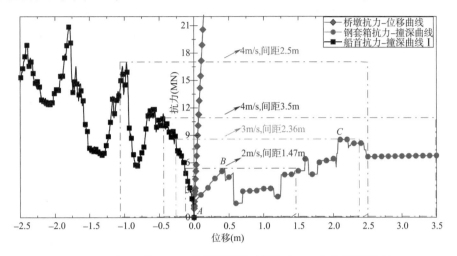

图 12-50 基于船首 P_v-a(I)曲线计算的钢板厚度为 8mm 钢套箱设计分析

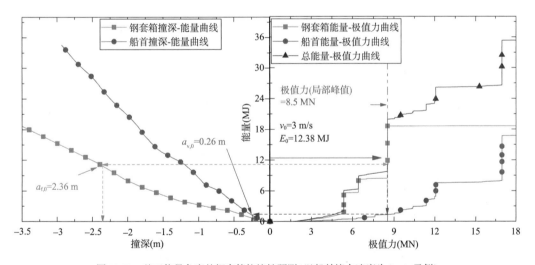

图 12-51 基于能量角度的钢套箱抗撞性预测(以船舶撞击速度为 3m/s 示例)

图 12-51 中右侧为极值力与整体能量的关系曲线,当输入总能量 $E_0=12.38$ MJ 时,通过该曲线可以判断出碰撞过程中的峰值力 $P_0=8.5$ MN。钢套箱 P_f-a 曲线中极值力和能量曲线在 P_0 处不连续,无法直接判断钢套箱耗能。而船首 P_v-a 曲线中极值力和能量曲线在此处连续,因此可以得到船首耗能,从而间接地得到钢套箱耗能 $E_f=E_0-E_v$。在明确钢套箱和船首耗能后,通过图 12-51 左侧船首、钢套箱撞深和能量的关系曲线,可以得到船首撞深 $a_{v,0}=0.26$m,钢套箱撞深 $a_{f,0}=2.36$m。

当船舶撞击速度为 4m/s 时,钢板厚度为 8mm 的钢套箱无论内、外板间距是 2.5m 还是

3.5m,都无法提供充足的耗能,此时钢套箱耗能 $E_f = E_{f,max}$,通过式(12-25)可预测撞深及撞击力。

图12-52为基于船首 P_v-a(Ⅱ)曲线计算的钢板厚度为8mm钢套箱设计分析。可以看到,由于刚性墙Ⅱ更多地考虑了球鼻首以上部分的耗能,相比于图12-50中 P_v-a(Ⅰ)曲线,同等撞深下船首 P_v-a(Ⅱ)曲线抗力更大。图12-53为碰撞体系中各部分的 E-a 曲线,可以看出由于桥墩位移受限,一般情况下桥墩位移消耗的能量十分有限,当桥墩被撞点位移 a_s 达到10cm时,桥墩耗能 E_s 不足1MJ,因此可以忽略。

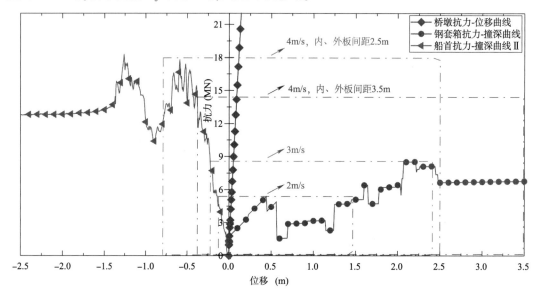

图12-52 基于船首 P_v-a(Ⅱ)曲线计算的钢板厚度为8mm钢套箱设计分析

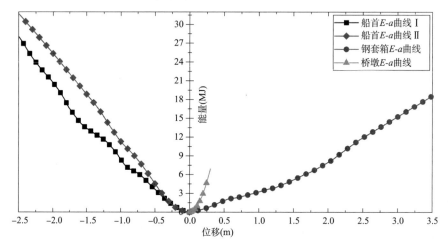

图12-53 钢板厚度为8mm钢套箱能量设计分析

不同速度下钢板厚度为8mm钢套箱与船首撞深的预测结果汇总至图12-54,通过数值模拟方法计算结果来验证预测结果的准确性。对比数值与解析可以看出,相比于船首 P_v-a(Ⅱ)曲线,P_v-a(Ⅰ)曲线预测的钢套箱撞深更为接近数值模拟结果,这是由于 P_v-a(Ⅱ)曲线在较大程度上提高了船首的刚度,使得船首的耗能参与反而降低,且低于实际值,因此有时对钢套箱的撞深预测结果会偏大,这种情况在钢套箱钢板厚度为10mm的计算中更为明显。而对于船首撞深的预测,$P_v\text{-}a(\text{II})$曲线的计算结果更接近数值模拟结果,这是由于船首$P_v\text{-}a(\text{I})$曲线忽视了船首上部分的耗能,需要船首参与更多的变形,从而增大了船首撞深。

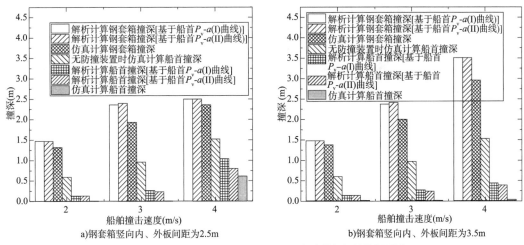

图12-54　不同速度下钢板厚度为8mm钢套箱与船首撞深预测

图12-55所示为不同速度下钢板厚度为8mm钢套箱的撞击力预测,通过数值模拟方法计算结果来验证准确性。由于船首$P_v\text{-}a(\text{II})$曲线初始斜率过大,4m/s速度下撞击3.5m宽度的钢套箱时,撞击力估算过大。除此之外,其余各预测结果均较为准确。整体而言,解析计算方法预测得到的船首撞深、钢套箱撞深及峰值撞击力与数值模拟结果的误差在合理的范围内,就用于钢套箱前期设计而言,其精度是可以接受的,这表明了钢套箱简化设计方法的准确性。

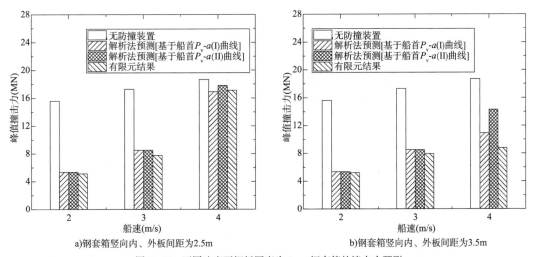

图12-55　不同速度下钢板厚度为8mm钢套箱的撞击力预测

同样,本章也采用简化设计方法对不同材料厚度的钢套箱做了设计分析预测,基于船首

P_v-a（Ⅰ）、P_v-a（Ⅱ）曲线计算的钢板厚度为 10mm 钢套箱设计分析分别如图 12-56、图 12-57 所示。基于船首 P_v-a（Ⅰ）曲线钢套箱设计分析如下：

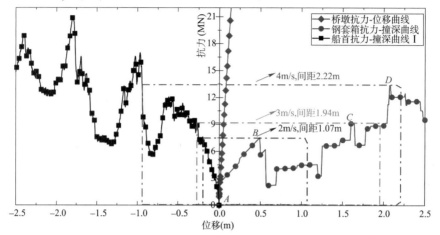

图 12-56　基于船首 P_v-a（Ⅰ）曲线计算的钢板厚度为 10mm 钢套箱设计分析

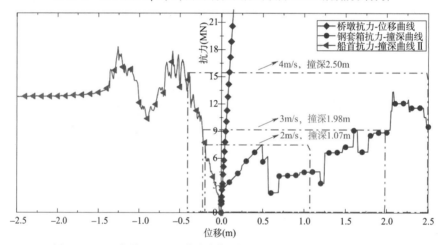

图 12-57　基于船首 P_v-a（Ⅱ）曲线计算的钢板厚度为 10mm 钢套箱设计分析

当船舶撞击速度为 2m/s 时，船舶总动能 $E = mv^2/2 = 5.5$MJ。如图 12-56 所示，在发生碰撞的过程中，力从 A 点增大至 B 点，到达 B 点后钢套箱（钢套箱抗力-撞深曲线）无法提供更大的撞击力，因此力会维持在 B 点的水平，船首、桥墩的撞深保持不变，钢套箱撞深继续增大，直至消耗掉船舶所有初始动能。图中箭头指示了撞击速度 2m/s 时的撞深预测。当撞击力达到 B 点时，船首撞深（船首抗力-撞深曲线Ⅰ）达到 0.13m，消耗能量为 0.44MJ；当桥墩发生了 3cm 的侧向位移时，消耗能量为 0.09MJ，此时剩余的 4.97MJ 能量，由钢套箱不断增大撞深来消耗；当钢套箱撞深增大至 1.07m 时，钢套箱耗能为 4.97MJ，即此时能量完全耗散。

当船舶撞击速度为 3m/s 时，船舶总动能为 12.38MJ。在碰撞过程中，力先从 A 点增大至 B 点，此时船首、桥墩的撞深保持不变，钢套箱撞深持续增大。当力增大至 C 点时，船首、桥墩撞深也进一步增大，而钢套箱的抗力无法立即增大，因此钢套箱继续依靠撞深增大来消耗能量。如图 12-56 所示，当钢套箱撞深达到 1.94m 时，能量完全耗散。

当船舶撞击速度为 4m/s 时,船舶总动能为 22MJ。此时撞击力会越过 C 点继续增大直到 D 点,船首撞深也会有较大的增长,如图 12-56 所示。此时,钢套箱撞深为 2.22m。

从图 12-56 中也可以看出,竖向内、外板间距 2.5m,厚度 10mm 的钢套箱完全可以抵御 2000DWT 船舶满载时以 4m/s 初速度撞击。

图 12-58 给出了碰撞体系中船首、钢套箱和桥墩各部分的 E-a 曲线。船首、钢套箱撞深预测结果和数值模拟对比结果见图 12-59,碰撞过程中峰值撞击力预测结果和数值模拟结果汇总于图 12-60。相比于钢板厚度为 8mm 算例的计算分析,钢板厚度为 10mm 钢套箱的 P_f-a 曲线抗力更大,因此在钢套箱具有足够宽度的情况下,除前文对图 12-55 结果特别说明外,各速度碰撞下的峰值撞击力也有所提高,这也意味着船首产生了更大的变形损伤,同时相较于钢板厚度为 8mm 算例,船首撞深也有所提高。另外,由于船首参与了更多的耗能,在基于船首 P_v-a(Ⅰ)曲线的设计分析中,竖向内、外板间距为 2.5m 的钢套箱的耗能能力已经足够,无须再设计宽度 3.5m 的钢套箱。

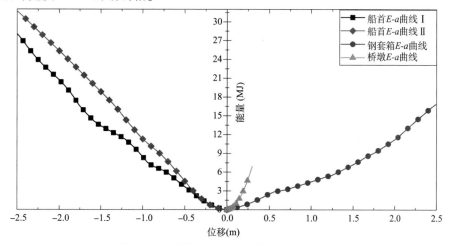

图 12-58　钢板厚度为 10mm 钢套箱能量设计分析

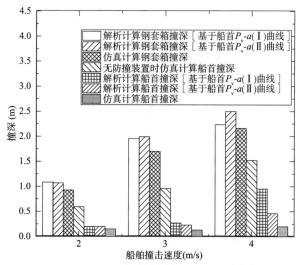

图 12-59　不同速度下钢板厚度为 10mm 钢套箱与船首撞深预测
注:钢套箱内、外板间距为 2.5m。

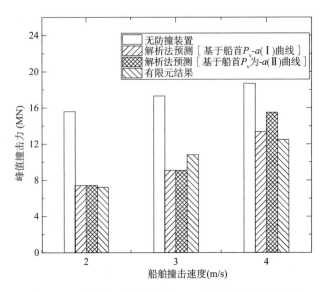

图 12-60　不同速度下钢板厚度为 10mm 钢套箱的撞击力预测

注:钢套箱内、外板间距为 2.5m。

对钢板厚度为 12mm 的钢套箱做了如下设计分析预测,基于船首 P_v-a(Ⅰ)、P_v-a(Ⅱ)曲线计算的钢板厚度为 12mm 钢套箱设计分析分别如图 12-61、图 12-62 所示。相比于 8mm、10mm 算例,厚度为 12mm 钢套箱的耗能能力更强,但同时撞击力更大。

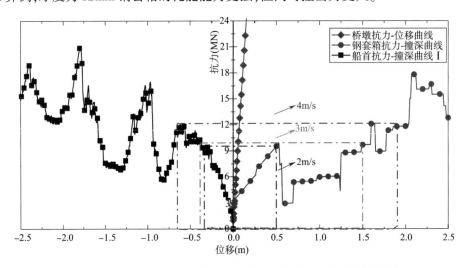

图 12-61　基于船首 P_v-a(Ⅰ)曲线计算的钢板厚度为 12mm 钢套箱设计分析

对于钢板厚度为 12mm 钢套箱的预测过程同上,此处不再一一赘述。船首、钢套箱撞深预测结果和数值模拟对比结果见图 12-63,碰撞过程中峰值撞击力预测结果和数值模拟结果汇总于图 12-64。可以看出,由于材料厚度的改变,钢套箱刚度增大,撞深会随之进一步减少,但与此同时,船首的损伤加大。同时,船舶撞击速度 4m/s 下峰值撞击力较大,但与无防撞装置时相比,降幅不大。因此,不推荐钢板厚度为 12mm 的设计方案。

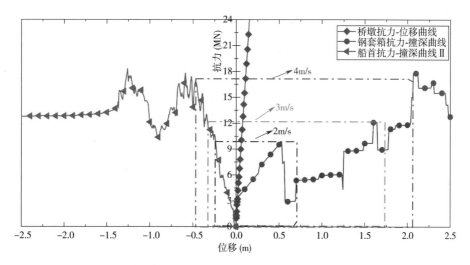

图 12-62　基于船首 P_v-a(Ⅱ)曲线计算的钢板厚度为 12mm 钢套箱设计分析

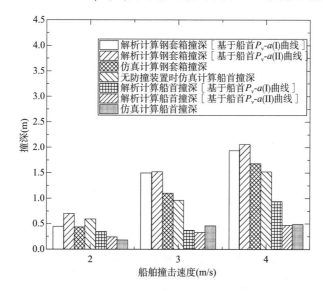

图 12-63　不同速度下钢板厚度为 12mm 钢套箱与船首撞深预测

注：钢套箱内、外板间距为 2.5m。

通过上述分析可以看到，在钢套箱耗能能力足够的情况下，一味地增大材料厚度可能会适得其反，不仅浪费了材料成本，而且在高能量冲击下不能很好地保护桥梁结构，同时也对船首造成了更多的损伤。钢套箱是一种柔性耗能装置，合理的材料厚度才能完全发挥其耗能性能。

针对肇庆大桥扩建桥梁 P43 桥墩，在不改变钢套箱构造的基础上，讨论的不同板厚、不同间距的几种情形中，推荐采用钢板厚度 8mm、宽度 3.5m 或钢板厚度 10mm、宽度 2.5m 这两种形式的钢套箱。前者充分发挥了钢套箱的耗能能力，同时船舶、钢套箱、桥墩三者相互作用时撞击力较低，较好地保护了桥梁结构。但由于钢套箱的能力略显不足，需要船首参与一部分变形耗能。后者耗能能力相对充足，对船首有一定的保护作用，同时在钢套箱的防护下,撞击作用力也有较为明显的降幅,远小于桥墩结构可以抵御的最大冲击荷载。

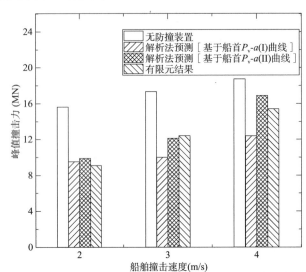

图 12-64　不同速度下钢板厚度为 12mm 钢套箱的撞击力预测

注：钢套箱内、外板间距为 2.5m。

综上所述,通过解析计算方法结合能量守恒定律提出的简化分析方法,可以快速预计不同结构形式的钢套箱在不同速度、不同吨位的船舶撞击作用下的撞击力和撞深,从而方便调整钢套箱各个方面参数以满足设计需求。因此,该简化分析方法可以有效地用于钢套箱的初步设计中,高效、准确地指导钢套箱前期设计。

12.9　本章小结

本章基于船-船碰撞解析研究,分析了钢套箱竖向外板、横肋、竖桁等构件的变形机理与破坏模式,提出了估计桥梁防撞钢套箱抗力-撞深关系的解析计算方法,建立了基于能量的简化设计方法。本章的主要结论如下[25]:

(1)讨论了不同船首外形下的碰撞情形,分析了钢套箱在不同撞击位置下的撞击力差异,结果表明：由于钢套箱与船舶舷侧结构的尺寸差异,其横肋、竖桁排布密、间距小,故撞击点处相邻构件能够很快参与受力,不同撞击位置下的撞击力差异并不显著。

(2)阐述了在不同初始撞击位置下,钢套箱内部各构件的变形参与顺序及整体变形情况,结合不同船首外形撞击作用下的钢套箱受力情形,构建了典型的碰撞场景模型,提出了同时适用于球鼻首船舶、楔形首船舶撞击作用下的钢套箱抗撞性能的解析计算方法,并给出了钢套箱抗力的简化分析流程框架示意。

(3)运用提出的解析计算方法,计算得到了不同构造的钢套箱在球鼻首、楔形首等船首撞击下的力-撞深关系曲线,通过数值模拟方法对多个碰撞模型的结果进行了验证,吻合性较好,表明了解析计算方法的有效性。

(4)讨论了解析计算方法中船舶撞击速度恒定这一基本假定的正确性,通过数值模拟方法对比了船舶撞击速度设定和恒定速度设置下的钢套箱抗力-位移关系曲线,在力卸载阶段前两条曲线基本一致,表明了解析计算方法中速度恒定这一假定的影响较为有限,在钢套箱的抗撞性能分析中是合理的。

(5)研究了浮式与固定式钢套箱在结构响应上的差异,对浮式钢套箱与桥墩接触时有可能出现较大初始撞击力的情况进行了讨论与分析,同时给出了出现该响应现象的解决方法,通过有限元计算表明了浮式钢套箱在进行结构优化后,与桥墩接触过程中的初始撞击力得到了明显减小。

(6)分析了不同钢板厚度,不同竖向内、外板间距下钢套箱的耗能能力,给出了防撞钢套箱的设计策略,增大钢板厚度或钢套箱竖向内、外板间距均可以有效地提高钢套箱的耗能能力,相比于钢套箱材料厚度的改变,增大宽度是一种更好的方法,不仅可以消耗更多的能量,同时也不会显著提高撞击力。

(7)基于解析计算方法,从能力保护和能量守恒的角度将桥梁防撞体系碰撞过程中的能量耗散分为船首耗能、钢套箱耗能和桥梁结构(桥墩)耗能三部分,提出了钢套箱的简化设计方法,快速预测了多个不同参数的钢套箱在不同船舶撞击速度下的峰值撞击力、钢套箱最大撞深及船首撞深,将预测的结果与数值模拟方法计算结果进行了对比,误差在合理的范围内,表明了该简化分析方法可以有效地运用于钢套箱的初步设计。

本章参考文献

[1] HARIS S, AMDAHL J. An analytical model to assess a ship side during a collision[J]. Ships and Offshore Structures, 2012, 7(4): 431-448.

[2] GAO Z G, HU Z Q, WANG G, et al. An analytical method of predicting the response of FPSO side structures to head-on collision[J]. Ocean Engineering, 2014, 87: 121-135.

[3] 樊伟. 船撞下桥梁结构动力需求及桩承结构防撞能力分析方法[D]. 上海:同济大学, 2012.

[4] FAN W, YUAN W C, CHEN B S. Steel fender limitations and improvements for bridge protection in ship collisions[J]. Journal of Bridge Engineering, 2015, 20(12): 06015004.

[5] ZHANG S M. The mechanics of ship collisions[D]. Kongens Lyngby: Department of Naval Architecture and Offshore Engineering, Technical University of Demmark, 1999.

[6] JIANG H, CHORZEPA M G. Case study: evaluation of a floating steel fender system for bridge pier protection against vessel collision [J]. Journal of Bridge Engineering, 2016, 21(11): 05016008.

[7] LIU B, GUEDES S C. Simplified analytical method for evaluating web girder crushing during ship collision and grounding[J]. Marine Structures, 2015, 42: 71-94.

[8] 孙斌,胡志强,王晋. 楔形船艏撞击舷侧外板的结构响应分析[J]. 振动与冲击, 2016, 35(23): 46-50, 79.

[9] WANG G, OHTSUBO H, ARITA K. Large deflection of a rigid-plastic circular plate pressed

by a sphere[J]. Journal of Applied Mechanics,1998,65(2):533-535.

[10] HONG L. Simplified analysis and design of ships subjected to collision and grounding[D]. Trondheim,Norway:Norwegian University of Science and Technology,2009.

[11] LIU B. Analytical method to assess double-hull ship structures subjected to bulbous bow collision[J]. Ocean Engineering,2017,142:27-38.

[12] OHTSUBO H,WANG G. An upper-bound solution to the problem of plate tearing[J]. Journal of Marine Science and Technology,1995(10):46-51.

[13] WANG G,ARITA K,LIU D. Behavior of a double hull in a variety of stranding or collision scenarios[J]. Marine Structures,2000,13(3):147-187.

[14] SCHNEEKLUTH H,BERTRAM V. Ship design for efficiency and economy[M]. 2nd ed. Oxford:Butterworth-Heinemann,1998.

[15] AMDAHL J. Side collision[D]. Copenhagen:22nd WEGEmT Graduate School,Technical University of Denmark,1995.

[16] PAIK J K,CHUNG J Y,CHUN M S. On quasi-static crushing of a stiffened square tube[J]. Journal of Ship Research,1996,40(3):258-267.

[17] FAN W C,YUAN W. Ship bow force-deformation curves for ship-impact demand of bridges considering effect of pile-cap depth[J]. Shock and Vibration,2014(1):201425.

[18] GETTER D J,KANTRALES G C,CONSOLAZIO G R,et al. Strain rate sensitive steel constitutive models for finite element analysis of vessel-structure impacts[J]. Marine Structures,2015,44:171-202.

[19] JONES N. Structural impact[M]. 2nd ed. Cambridge:Cambridge University Press,2011.

[20] FAN W,GUO W,SUN Y,et al. Experimental and numerical investigations of a novel steel-UHPFRC composite fender for bridge protection in vessel collisions[J]. Ocean Engineering,2018,165:1-21.

[21] VILLAVICENCIO R,SOARES C G. Numerical plastic response and failure of a pre-notched transversely impacted beam[J]. Ships and Offshore Structures,2012,7(4):417-429.

[22] LIU B,SOARES C G. Experimental and numerical analysis of the crushing behaviour of stiffened web girders[J]. International Journal of Impact Engineering,2016,88:22-38.

[23] VILLAVICENCIO R,LIU B,SOARES C G. Experimental and numerical analysis of a tanker side panel laterally punched by a knife edge indenter[J]. Marine Structures,2014,37:173-202.

[24] ALSOS H S,AMDAHL J,HOPPERSTAD O S. On the resistance to penetration of stiffened plates,Part II:numerical analysis[J]. International Journal of Impact Engineering,2009,36(7):875-887.

[25] FAN W,ZHANG Z W,HUANG X,et al. A simplified method to efficiently design steel fenders subjected to vessel head-on collisions[J]. Marine Structures,2020,74:102840.